EL CAMINO DE SANTIAGO

Isidro G. Bango Torviso

BANCO BILBAO VIZCAYA

Espasa Calpe

La mayoría de las fotografías que ilustran esta obra han sido realizadas por el autor.
Han colaborado también: Archivo Espasa Calpe, AISA y Oronoz.

Dirección General
Jorge Hernández Aliques

Dirección Editorial
Juan González Álvaro

Dirección Grandes Obras
Jorge Montoro

Dirección de Producción
Antonio Merodio Cogolludo

Diseño y maqueta
Ángel Sanz Martín

Editorial Espasa Calpe, S. A.
Carretera de Irún, km 12,200. 28049 Madrid

PRÓLOGO

En 1999, año santo compostelano, cuando estamos a un año para que finiquite el segundo milenio, en una época en la que se considera que lo sucedido ayer es viejo y ya no está de moda, las gentes, después de cientos y cientos de años, todavía siguen circulando por la senda que discurre en pos de la blanca estela de las estrellas, camino del *Finis Terrae* en busca de una tumba donde se dice que está el cuerpo del apóstol Santiago, el Hijo del Trueno.

Las circunstancias políticas de la Europa actual obligan a los hombres que están forjando su unidad a buscar en el pasado unas señas de identidad que permitan fundamentar en ellas unos nexos históricos de comunidad ideológica. Se ha nombrado a Carlomagno, pese al sentido patrimonial que tenía de sus estados, el paradigma de europeísta. Las cruzadas fueron la primera empresa militar conjunta de los ejércitos de Europa. Las peregrinaciones serían el tercero de los referentes históricos de lo que se ha llamado la «europeidad».

En su constante discurrir por los caminos, los peregrinos, movidos por unos emotivos ideales espirituales comunes, rompían las fronteras artificiales de los hombres, constituyendo una única nación, la de los creyentes. Alemanes, suecos, ingleses, italianos, húngaros, polacos, franceses, los hispanos de los diferentes reinos y todo un largo etcétera formaban un solo pueblo, el de los «marchadores de la fe».

En este libro abordaremos el conocimiento de los tres factores fundamentales de lo que significó la peregrinación: los hombres, la romería y los caminos. ¿Qué hizo a los hombres abandonar la comodidad de sus hogares y disponerse a arrostrar los peligros de un proceloso camino? ¿Cómo fueron sus condiciones de vida durante la peregrinación? ¿Qué medios disponían las ciudades y pueblos para acogerlos o facilitarles su deambular por los caminos? ¿Qué visitaban los peregrinos en los lugares por donde pasaban? ¿Qué se conserva en estos sitios que rememore el paso de los romeros? En las páginas siguientes, al responder a todos estos interrogantes, se ha intentado el mayor grado de objetividad posible. Existe entre la historiografía especializada y, sobre todo, en la divulgación de la misma, un desmesurado afán de explicar multitud de aspectos de nuestro pasado cultural a partir del fenómeno de las peregrinaciones, como si éstas fuesen una especie de «ungüento amarillo» que todo lo justifica. La peregrinación jacobea tuvo una gran importancia en sí misma, el hecho de que millones de personas circulasen por los caminos de Europa, de España por lo que nos interesa en este libro, es suficiente para que sea uno de los fenómenos sociales más trascendentes de nuestra historia.

Cuando se estudia el fenómeno de la peregrinación, se pone todo el énfasis en lo que ésta significó para el desarrollo de nuestra cultura. Como veremos, será una polémica estéril, pese a lo mucho que se haya escrito sobre el particular; es evidente que los miles de peregrinos pasaron rápidamente en busca de su meta en Compostela y, a su regreso, la prisa era aún mayor, pues les esperaba la comodidad de su hogar. Ante estas circunstancias de viaje, poco es lo que puede quedar de tan apresurados caminantes; sin embargo, hay un aspecto decisivo e indudable, el conocimiento de nuestras tierras, de nuestras gentes, de nuestras cosas, en una palabra, de nuestra cultura. La ignota y exótica España, en un confín de Europa, va a ser conocida «en directo» por miles, millones, de peregrinos que llevarán en la retina multitud de imágenes. En nuestro recorrido por la misma ruta de los peregrinos iremos viendo los edificios, los tipos humanos y las costumbres, que los impresionaron y que contribuyeron a configurar la imagen de la España medieval que se difundió por Europa.

SANTIAGO, LOS PEREGRINOS Y LA ROMERÍA

SANTIAGO EL MAYOR, HIJO DEL TRUENO

¿**Q**ué sabemos del apóstol Santiago? Si nos atenemos a lo que se podrían considerar fuentes documentales directas o próximas a su existencia, casi nada. Cuando en el siglo IX se descubre en un confín de Europa, en el Finisterre, su tumba, era, aunque en los evangelios se le considera entre los discípulos dilectos del Maestro, uno de los apóstoles menos populares. Sin embargo, desde entonces, las cosas cambiarán radicalmente, miles, millones de peregrinos circularán por los caminos de Europa, arrostrando dificultades y peligros, para postrarse ante su sepultura. Estas gentes, transidas por el amor al Apóstol, querrán tener más y mejores noticias sobre su vida y milagros. La respuesta a su demanda será un perfil biográfico sumido en las luces y las sombras de la historia y la piadosa fantasía.

IMAGEN HISTÓRICA

Santiago y su hermano Juan, hijos del pescador galileo Zebedeo, al ser llamados por Jesús, abandonaron a su padre. La atracción del Maestro fue tal que no dudaron un instante en seguirle. Estas breves palabras de Mateo nos dan una lacónica, pero muy expresiva, visión del momento de la conversión:

> Pasando más adelante —después de haber llamado Jesús a Pedro y Andrés— vio a otros dos hermanos: Santiago el de Zebedeo y Juan, su hermano, que en la barca, con Zebedeo, su padre, componían las redes, y los llamó. Ellos, dejando luego la barca y a su padre, le siguieron (Mateo, 4, 21-22).

De la referencia que Marcos nos hace de este suceso parece que podemos deducir que Zebedeo tenía una cierta posición social, al menos contaba con el trabajo de asalariados:

> Ellos —Santiago y Juan— luego, dejando a su padre Zebedeo en la barca con los jornaleros, se fueron en pos de Él (Marcos 1, 20-21).

Los dos hermanos y Pedro ocuparon siempre un lugar de privilegio al lado de Jesús. A este respecto las referencias evangélicas son muy elocuentes; Clemente de Alejandría no duda en considerarlos junto con Pedro «los predilectos del Salvador». De su fogosidad nos da idea la reacción que tuvieron contra los samaritanos que se negaban a dar albergue a Jesús y sus discípulos cuando se encaminaban a Jerusalén:

> Los discípulos, Santiago y Juan, dijeron: «Señor, ¿quieres que digamos que baje fuego del cielo que los consuma?» (Lucas, 9, 54-56).

Actitudes como ésta debieron inducir al Maestro a denominarlos hijos del trueno (Marcos, 3, 18-19). Durante la Edad Media las gentes sintieron una especial admiración por esta nota distintiva de su carácter, y así aparece recogida en la obra de Jacobo de la Vorágine:

> Llámasele —se refiere a Santiago— Boanerges o hijo del trueno por la conmoción que su predicación producía; en efecto, cuando ejercía su ministerio hacía temblar de espanto a los malos, sacaba de su tibieza a los perezosos, y despertaba a todos con la profundidad de sus palabras. Hay un texto de Beda aplicado por él a Juan Bautista, pero perfectamente aplicable a este apóstol; ese texto dice así: «Su voz resonaba tan fuertemente que llegaba a los últimos confines; de haber levantado un poco más el tono, el mundo hubiese sido incapaz de contener la resonancia dentro de sus propios límites.»

Santiago se convertirá en el primero de los apóstoles que sufrirá el martirio. Bajo el reinado de Herodes Agripa (40-44 d. C.) sería ajusticiado por la espada, en el año 44, cumpliéndose así la promesa que había hecho a Jesús de beber de su mismo cáliz (Mateo, 20, 22 y sigs.).

A estos datos, los únicos que podríamos considerar indiscutiblemente históricos en su biografía, se podría añadir el episodio de su prendimiento según el relato de Eusebio de Cesarea fundándose en la autoridad de Clemente:

Capitel de la cabecera de la catedral de Lérida, primeros años del siglo XIII. Representación del martirio de Santiago en presencia de Herodes.

culto y veneración que podríamos considerar «normal», tal vez algo fríos. Carente de la dimensión histórica de Pedro, sin el prestigio que le podría dar la evangelización de un territorio o país, no habiendo redactado ningún texto que pudiese ser fundamento de la doctrina, todo este cúmulo de circunstancias, motivadas seguramente por su pronto martirio, contribuyó a oscurecer su personalidad, limitándose su popularidad al mero referente evangélico de la predilección que le había dispensado Cristo. El sorprendente hallazgo de lo que se consideró su cuerpo en la Galicia de pleno siglo IX cambiará radicalmente su imagen, su nombre será musitado en los rezos devotos de los fieles de Europa. A partir de entonces, la piedad popular y el culto poder eclesiástico se van a encargar de darnos luz sobre las tinieblas en las que había permanecido inmersa la figura de uno de los Hijos del Trueno.

SANTIAGO Y ESPAÑA

La primera noticia que tenemos sobre una posible evangelización de España por Santiago es muy tardía, hacia principios del siglo VII. Se trata de un *Breviarium Apostolorum* escrito en latín por autores occidentales siguiendo fuentes bizantinas, donde se referencian los lugares de misión de los apóstoles, atribuyendo el Occidente a la actividad de Santiago, Felipe y Mateo. La realidad histórica de este texto es absolutamente contestada por los especialistas. En lo que se refiere en concreto a Santiago se expresa así:

> Santiago, cuyo nombre significa el que suplanta, hijo de Zebedeo, hermano de Juan, predica aquí en España y en el Occidente, bajo el reinado de Herodes fue ajusticiado con la espada y fue sepultado en Achaia Marmárica. El ocho de las calendas de Agosto.

A partir de esta referencia se difunde por Europa, de manera muy esporádica, la noticia de Santiago como evangelizador de España. Todo parece indicar que, ante la ausencia de una tradición documentada sobre la evangelización de lo que por entonces era una de las zonas geográficas más importantes de la cristiandad, era necesario subsanar esta carencia atribuyendo la misión apostólica a aquellos discípulos de Jesús a los que no se les documentaba con una actividad misionera muy concreta en los textos antiguos. Que el hecho, en el caso concreto de Santiago, no fue cierto es la ignorancia que sobre el tema se tiene en la misma España durante siglos. La Iglesia hispana primitiva jamás tuvo conciencia de que se pudiese considerar de carácter apostólico; las pruebas en este sentido son totalmente incontrovertibles. El primer testimonio español absolutamente seguro sobre la difusión de la evangelización de la

En aquel tiempo —evidentemente el de Claudio— el rey Herodes se puso a maltratar a algunos de la Iglesia. Y mató a Santiago, el hermano de Juan, con la espada.

Acerca de este Santiago, Clemente, en el libro VII de su *Hypotyposeis,* añade un relato digno de mención, afirmando haberlo tomado de una tradición anterior a él. Dice que el que le introducía ante el tribunal, conmovido al verle dar testimonio, confesó que también él era cristiano.

Ambos, pues —dice Clemente—, fueron llevados juntos de allí, y en el camino pidió a Santiago que le perdonara, y éste, después de mirarle un instante, dijo: «La paz esté contigo, y le besó.» Y así es cómo los dos fueron decapitados a un tiempo (Hist. Ecl., II, 9, 1-4).

Como miembro del Colegio Apostólico recibió por parte de la cristiandad antigua y altomedieval un

Península por Santiago corresponde a una interpolación de una obra de san Isidoro, *De ortu et obitu patrum,* redactada hacia el año 650.

Pese a la autoridad de Isidoro, su interpolador no consiguió que los hispanos aceptasen la evangelización jacobea, habrá que esperar más de un siglo para que se convierta en un ideal patrio. Entre los resistentes astures, esforzados en la configuración de un estado que debía forjar su desarrollo frente a un enemigo poderoso —el invasor musulmán—, la idea de un santo protector particular encontró una tierra abonada en la que iba a fructificar rápidamente.

Beato de Liébana, en su célebre *Comentario al Apocalipsis,* señalaba ya a Santiago en relación con la evangelización de España. Un himno litúrgico, conocido como *O Dei Verbum patris,* dedicado al monarca astur Mauregato (783-788), se ocupa en su quinta estrofa de los dos Hijos del Trueno, mientras que la décima la consagra específicamente a Santiago reconociéndole como protector: «Cabeza áurea refulgente de España, nuestro patrono y defensor particular.» Se le invoca aquí ya como un verdadero patrono protector de un estado, al que se le pide que proteja al rey, al clero y al pueblo, los preserve de daños y enfermedades, de suerte que con su ayuda puedan alcanzar la gloria final. Durante algún tiempo se ha considerado que este poema era obra del mismo Beato; hoy día se discute esta autoría, aunque no cabe duda que ambos casos, los comentarios apocalípticos y el himno, corresponden a la ideología oficial de una misma época, la de la elite gobernante en las Asturias de finales de la octava centuria.

Con los datos actuales resulta difícil una interpretación indiscutible del fenómeno jacobeo en el núcleo de resistencia astur; sin embargo, parece que se convirtió en importante instrumento impulsor del orden nacional de un estado que se encontraba en una situación embrionaria, necesitada de todo tipo de apoyos legitimadores. Un grupo de resistentes astures frente al poder islámico van a ser reconducidos por una elite de religiosos para constituir un incipiente estado. Esta minoría rectora, al conocer las noticias que corrían por la Europa carolingia sobre la misión hispana de Santiago, las hace suyas y las utiliza como factor de prestigio; el tema será tan determinante que, con el paso del tiempo, el propio Apóstol se convertirá en el guerrero sagrado, verdadero contrapunto cristiano frente al fanático musulmán que combate en una guerra santa.

El hallazgo del mausoleo apostólico

Si en el 800 era ya una realidad aceptada por todos el que España fuese una tierra evangelizada por Santiago el Mayor, el lugar de enterramiento de éste todavía no se situaba en el territorio peninsular. Los catálogos apostólicos más difundidos por entonces indicaban su sepultura en Palestina, ya en Judea, ya en Cesarea, o en Marmárica, región desértica que se extendía entre el delta del Nilo y la Cirenaica. El lugar Achaia Marmárica, citado como hemos visto en el *Breviarium Apostolorum,* resulta desconocido, aunque, lógicamente, no debe considerarse un topónimo ajeno al medio geográfico de la región Marmárica.

Convencidos ya los astures de su evangelización por Santiago, tan sólo faltaba que su cuerpo hubiese sido enterrado en su territorio y el santo tuviese a bien manifestarlo a sus devotos. Era ésta una fórmula ya clásica en la actitud de los mártires de la Iglesia primitiva en relación con los fieles que les veneraban. El hallazgo del sepulcro de un santo se interpretaba así como su aceptación de las piadosas ofrendas que un pueblo le presentaba. Unos fenómenos prodigiosos tuvieron lugar en la parte más occidental del reino astur, antes del 834. En este año, según consta en una copia tardía —siglo XII— de un diploma de Alfonso II (791-842), el monarca tuvo conocimiento del hallazgo del cuerpo de Santiago acudiendo con los notables de su corte para venerarlo como patrono y señor de toda España. Dispuso el monarca que se construyese en aquel lugar sagrado una basílica para el culto jacobeo.

Serán también fuentes documentales tardías, entre las más importantes la conocida como «Concordia de Antealtares» (1077), las que nos suministren los detalles de las circunstancias en que se produjo la invención. Parece ser que el suceso tuvo lugar bajo el reinado de Alfonso II siendo obispo de Iria Teodomiro. Un ermitaño, llamado Pelayo, presenció unas extrañas luminarias que ardían por la noche sobre el bosque en que habitaba, y a veces a las luces le sucedían apariciones angélicas. Tan extraños prodigios se hicieron extensivos a otros habitantes de la cercana parroquia de San Félix de Lovio. Informado Teodomiro como obispo del lugar decidió investigar personalmente tan curioso fenómeno. Después de una concienzuda preparación para la pesquisa, ayunó tres días para investirse con la consiguiente gracia divina, se adentró en el bosque y halló en medio de la maleza un pequeño edificio que no dudó en identificar como el sepulcro del apóstol Santiago.

VISIÓN DEVOTA DE SANTIAGO: DE LA TEORÍA CULTA A LA PIEDAD POPULAR

Hasta aquí nos hemos referido al Santiago histórico, cuyas escasas coordenadas biográficas aparecen documentadas en testimonios más o menos fiables, pero desde luego los únicos aceptados por la totalidad de la historiografía eclesiástica. En los apartados siguientes nos ocuparemos de la imagen que el pueblo tiene del Apóstol, poco importa que su fundamento se remonte a más que dudosas fuentes legendarias, pues la devoción de sus fieles las elevaron a la categoría de certidumbre indiscutible y, por ellas, sufrieron y se alegraron. De todos los puntos cardinales acudían al Finisterre de Galicia, donde estaba enterrado uno de los discípulos predilectos de Cristo, peregrino como ellos mismos, caballero de la fe frente al enemigo infiel, y, sobre todo, la última esperanza para unos hombres necesitados de ser confortados material o espiritualmente.

IMÁGENES DE SANTIAGO

Las imágenes de Santiago responden a una rica variedad tipológica. Como todos los discípulos directos de Cristo aparecerá representado en las series de apostolados que tanta difusión han tenido. Pero su iconografía se verá enriquecida por su condición de patrono de un país y por el extraordinario éxito de las peregrinaciones.

La imagen de Santiago presenta las mismas pautas que la del resto de los miembros del colegio apostólico. En las series más antiguas aparece representado con túnica y con los pies descalzos. A veces, siguiendo un esquema de santo muy convencional, suele ser portador de un libro. Cuando, hacia 1200, se puso de moda que los mártires llevasen en sus manos los símbolos del martirio, Santiago suele ser portador de la espada de su degollación. A veces, esta última fórmula se confunde con el carácter militar del Santo, especialmente con todo lo relacionado con la Orden de Santiago de la Espada. Una bonita escultura policromada del Apóstol sedente blandiendo una espada podemos contemplar en el conocido Pórtico del Paraíso, en la catedral de Orense, esculpido en el siglo XIII.

La importancia de la peregrinación fue tal, que muy pronto los elementos emblemáticos de Santiago serán prendas u adornos característicos de los peregrinos. No son la imagen completa de un peregrino —su tipología icónica más extendida, de la que nos ocuparemos a continuación—, sino simplemente elementos sueltos que lo identifican de una manera indudable. El apostolado románico de la Cámara Santa, en la catedral de Oviedo, posee un Santiago portador de bordón y bolsa con una concha. Tipo iconográfico muy similar al de un altorrelieve de la iglesia románica de Santa Marta de Tera (Zamora). Concha y bordón aparecen aplicados a la indumentaria como si se tratase de insignias. La imagen que centra el Pórtico de la Gloria efigia a Santiago todavía a la manera convencional de los apóstoles, aunque lleva en la mano no el bordón propio del peregrino, pero sí un bastón que alude a su vocación peripatética. Por entonces ya se había definido la idea del mismo Santiago como peregrino, sin embargo su difusión en imágenes plásticas se generalizará muy avanzado el siglo XIII. En el XV, siguiendo una fórmula icónica bien conocida de la entrega de los símbolos de la pasión a Cristo, existe una pintura atribuida a un discípulo de Marçal de Sax, conservada en el Museo de Arte de Cataluña, que representa la entrega del bordón y el libro por los ángeles a Santiago.

Una iconografía muy extraña, indicada por L. Reau, es la de Santiago portador de la cruz recruzada; sin duda, es una solución nada española que ha sido aplicada en varios países europeos por analogía lógica con otras composiciones similares. Los arzobispos fundadores de iglesias regionales o nacionales suelen figurar con este tipo de cruz como atributo. Al considerar a Santiago como el primer arzobispo de la Iglesia española no dudan en caracterizarlo de esta forma.

SANTIAGO PEREGRINO

Definida una iconografía convencional de peregrino desde finales del siglo XI *(vid.* este tema en el apartado que se le dedica en el capítulo de los peregrinos), no se le aplica muy pronto al Apóstol. Durante un largo período de tiempo la imagen del Santo sólo portará algún detalle distintivo de la peregrinación; acabamos de citar el Santiago que recibe a sus devotos en el Pórtico de la Gloria. Su verdadero símbolo son las veneras; ellas le identifican por toda Europa, y su poder curativo es ampliamente divulgado desde los años finales de la undécima centuria. Este milagro, atribuido al papa Calixto, explica por qué los peregrinos regresaban a sus casas con las conchas, que se convertirían en el bálsamo que todo lo cura:

Corriendo el año mil ciento seis de la encarnación del Señor, a cierto caballero en tierras de Apulia se le hinchó la garganta como un odre lleno de aire. Y como no hallase en ningún médico remedio que le sanase, confiado en Santiago apóstol dijo que si pudiese hallar alguna concha de las que suelen llevar consigo los peregrinos que regresan de Santiago y tocase con ella su garganta enferma, tendría remedio inmediato. Y habiéndola encontrado en casa de cierto peregrino vecino suyo, tocó su garganta y sanó, y marchó luego al sepulcro del Apóstol en Galicia.

Desde el siglo XIII la caracterización de Santiago como un peregrino es ya muy habitual, extendiéndose su iconografía por toda Europa (sobre los detalles de su atuendo, véase lo que decimos en el apartado dedicado a los peregrinos). Se ha querido

ver en el Santiago peregrino descalzo una significada referencia a su condición de apóstol, que sería una supervivencia de un tipo de iconografía más antigua; sin embargo, no creo que sea éste su verdadero significado, parece más conveniente interpretarlo como la imagen del peregrino por excelencia. Aquellos que interpretaban la peregrinación como un largo proceso de purificación, solían hacer su viaje descalzos. Veremos cuántos testimonios de personas de muy cualificada condición espiritual cumplieron de este modo la peregrinación. El detalle descriptivo de la indumentaria alcanzará notas de verdadero pintoresquismo en la producción de los pintores del último gótico, tanto en las reproducciones sobre tabla como en la de los libros miniados.

La forma más difundida es representarle de pie, generalmente en actitud de marcha. A lo largo de los diferentes caminos que conducen a Compostela, es relativamente corriente contemplarlo en las portadas de las iglesias que jalonan la ruta. Así lo vemos en la fachada de San Cernin de Pamplona o, a pie mismo de la calle, en el Santo Sepulcro de Estella. A veces hay que tener cuidado porque se confunde con la figura de san Roque.

A partir del siglo XVI se va perdiendo el sentido de la peregrinación, lo que conlleva una dulcificación del rigor de su práctica. Una talla de Santiago peregrino a caballo se conserva en el Museo de las Peregrinaciones de Astorga; es una obra de arte popular, seguramente del siglo XVIII. El Apóstol aparece elegantemente ataviado cabalgando en un simpático caballito. Esta imagen nada tiene que ver con el espíritu que movía a los más piadosos peregrinos de la Edad Media.

Durante el siglo XVI se desarrolló un prototipo que le representa bajo la forma ya absolutamente tópica de peregrino, pero adoptando una enfática postura sedente con un libro en las manos. La actitud solemne es la de un príncipe de la Iglesia; el hábito de peregrino es sólo una referencia a algo que le emblematiza. Así lo pintó Juan de Flandes, hacia 1506-1507, para un retablo de san Miguel conservado en la catedral de Salamanca. Por el mismo tiempo volvemos a encontrar un tipo iconográfico similar en la Puerta de Romeros del Hospital del Rey, de Burgos.

Existen diversas imágenes que representan a Santiago coronando a los peregrinos o bien teniéndolos junto a él; de ellas nos ocuparemos al tratar de las representaciones de los peregrinos.

DEL SANTIAGO PATRÓN DE ESPAÑA AL CABALLERO Y AL MATAMOROS

La imagen de Santiago asimilada a la de tantos caballeros victoriosos de la cultura medieval es una realidad en cuanto a ciertos aspectos épicos, pero sin embargo la ideología que lo hace posible muestra ya, como ha indicado Ruiz Maldonado, un origen fundamentado en su propio culto que separa radicalmente los planteamientos iconográficos. Por el contrario, durante la Edad Moderna, las imágenes de Santiago tendrán una amplia repercusión en la formación de la iconografía de otros santos hispanos que ejercitarán una milicia combatiente contra la morisma.

Desde que en una de las estrofas del himno de Mauregato se le declarase patrón de España, se irá implicando cada vez más en la lucha contra los enemigos del reino:

Oh verdadero y digno Santísimo Apóstol,
Cabeza refulgente y áurea de España,
Protector y patrono tradicional nuestro,
Líbranos de la peste, males y llagas,
Y sé la salvación que viene del cielo.

Se atribuye ya al reinado de Fernando I su representación como caballero combatiente contra el Islam; su intervención permitió a las tropas del rey Fernando la conquista de Coimbra (sobre este tema, *vid.* el apartado del peregrino caballero). La trascendencia del suceso fue tal que la *Historia Silense* dejó constancia del hecho, uniendo definitivamente la imagen de Santiago con la guerra santa que significaba la Reconquista. El autor del *Poema de Mio Cid* nos muestra en una de sus estrofas cómo se ha popularizado la imagen del paladín cristiano; en el fragor de la batalla se impetra su nombre:

Vierais allí tanta lanza hundir y alzar
traspasar y romper tantas adargas
quebrantar y desmallar tantas lorigas
salir tintos en sangre tantos pendones blancos,
y a tantos caballos espléndidos trotar sin sus dueños.
Los moros gritan «¡Mahoma!», y los cristianos «¡San-
[tiago!»
en muy poco espacio cayeron muertos al menos
[mil trescientos.

Para los cristianos de más allá de los Pirineos, Santiago había utilizado para liberar España de los moros al más glorioso de los monarcas, el legendario Carlomagno. En estas palabras del obispo Turpín vemos cómo se aparece el Apóstol a Carlomagno y le convoca a la lucha para que consiga liberar el territorio, por donde circularán los peregrinos hasta su sepulcro en Compostela:

... todavía vergonzosamente oprimida por los sarracenos. Por esto me asombro enormemente de que no hayas liberado de los sarracenos mi tierra, tú que tantas ciudades y tierras has conquistado. Por lo cual

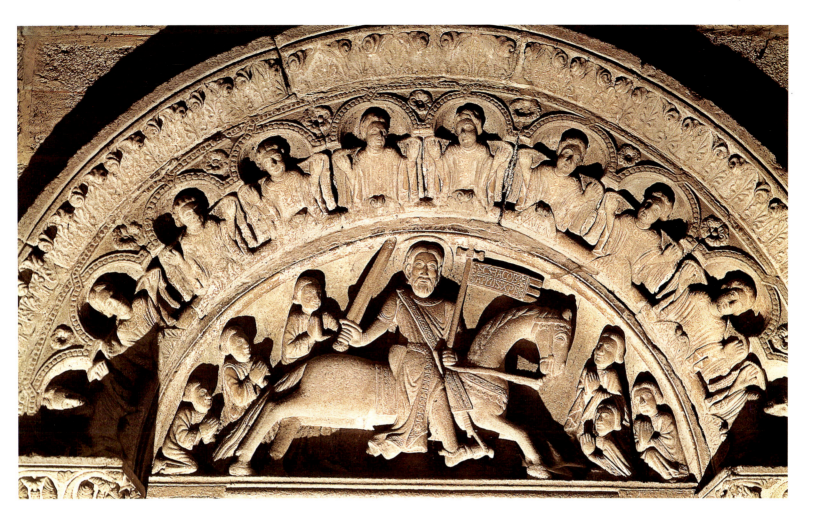

te hago saber que así como el Señor te hizo el más poderoso de los reyes de la tierra, igualmente te ha elegido entre todos para preparar mi camino y liberar mi tierra de manos de los musulmanes, y conseguirte por ello una corona de inmarcesible gloria. El camino de estrellas que vistes en el cielo significa que desde estas tierras hasta Galicia has de ir con un gran ejército a combatir a las pérfidas gentes paganas, y a liberar mi camino y mi tierra, y a visitar mi basílica y sarcófago. Y después de ti irán allí peregrinando todos los pueblos, de mar a mar, pidiendo el perdón de sus pecados y pregonando las alabanzas del Señor...

Una vez que los peregrinos cruzaban el Puerto de Cize, iban descubriendo los lugares donde habían tenido lugar las famosas gestas del ejército de Carlomagno en su reconquista del territorio: Roncesvalles y las proezas de Roldán; Monjardín, donde fue derrotado Furro; el combate singular de Roldán y Ferragut en Nájera; el prodigio del campo donde florecieron las lanzas de algunos caballeros, en los prados de Sahagún (sobre todos estos hechos, *vid.* en la descripción de los itinerarios).

Al finalizar el siglo XI, toda Europa ardía en deseos místico-belicosos de recuperar los Santos Lugares y enfrentarse en guerra abierta contra los sarracenos. Los cruzados marchaban a Oriente y algunos venían a Occidente, a España, donde, desde hacía siglos, se entablaba ya una guerra de religión. En cierto modo, había un total paralelismo entre Jerusalén y Compostela, ambas meta de las

principales peregrinaciones, ambas ideal cristiano frente al infiel. Caballeros del Santo Sepulcro, de San Juan o de Santiago, no sólo combatían como cruzados para reconquistar un territorio cristiano, sino que sus casas acogían a los peregrinos.

Será el legendario suceso de Clavijo el que consolide definitivamente la imagen del Santiago caballero participando junto al ejército cristiano en la lucha contra los moros: montado en un corcel blanco, portando en una mano el estandarte del alférez de la milicia de la fe, mientras que con la otra blande una espada con la que cercena las cabezas de los infieles. En un documento falsificado de Ramiro I, el monarca establece un voto perpetuo en honor del Apóstol:

Tras esta victoria inesperada por la milagrosa aparición del Beatísimo Santiago, patrono y defensor nuestro, decidimos ofrendar al mismo este don perpetuo. Por eso establecemos para toda España y lugares que Dios permita liberar de los sarracenos, y en nombre del apóstol Santiago que se dé cada año y a modo de primicia una medida de grano y otra de vino por cada yunta de tierra para sostenimiento de los canónigos que residan y oficien en la iglesia de Santiago. También concedemos y confirmamos que cuando los cristianos de toda España invadan la tierra de los moros, den del botín obtenido la parte que le corresponda a un guerrero montado.

¿Qué hecho de armas fue éste que dio lugar a la falsificación de un documento de este tipo? Se trata

Tímpano con la representación de Santiago, en el crucero de la catedral de Santiago. Primer tercio del siglo XIII.

Capitel de la fachada del llamado Palacio de los Reyes de Navarra (Estella), obra tardorrománica. Se representa el torneo singular que mantuvieron Roldán, paladín de Carlomagno, y el moro Ferragut, en Nájera.

Sobre la roca, el castillo medieval que recuerda los ecos bélicos de la célebre batalla de Clavijo. Según la tradición popular, fue aquí donde Santiago cabalgó por primera vez junto a las tropas cristianas.

de la legendaria gesta de Clavijo, fortaleza situada en una gran roca en las cercanías de la riojana Albelda. Una serie de reyes holgazanes se habían comprometido con los moros a entregarles un tributo de cien doncellas con el fin de que les permitiesen vivir en paz. Contra esto reaccionaría Ramiro I, quien, después de reunir un gran concilio de notables en León, movilizó a todo el país —tan sólo quedaron ancianos, mujeres y niños para atender las labores de los campos—, con el fin de dirigirse contra el enemigo musulmán. La tropa cristiana fue sorprendida y desbaratada en Albelda, retirándose los fugitivos a las rocas de Clavijo. Allí, mientras que esperaban el desastre final del día siguiente, se le apareció el Apóstol al monarca y le recordó que él era su patrono y protector, por lo que al otro día, por mandato de Dios, asistiría el mismo Apóstol a la batalla montado en un caballo blanco. Enardecidos los cristianos por esta noticia emprendieron la lucha y, en efecto, Santiago apareció jinete en su albo corcel, consiguiéndose así una victoria clamorosa, propiciada por la muerte de cerca de setenta mil moros.

La verdad es que el tributo no se pagó al principio, aunque sí es cierto que tendría una confirmación real perfectamente documentada con los reyes Alfonso XI y Pedro I, lo que favoreció su difusión generalizada a partir del siglo XV.

La imagen del Santiago cabalgando con las huestes cristianas se consolidó de manera definitiva en el siglo XII. Al finalizar esta centuria, se leían en la catedral compostelana tres lecciones que celebraban las victorias de los reyes portugueses sobre los moros con la ayuda de Santiago. Los versos latinos resaltan el lujo de las armas, los atuendos y los arneses de la caballería cristiana. Entre los jinetes sobre caballos blancos, marcha esplendoroso el Apóstol:

Cuando en Jerusalén atacaban el templo enemigos,
vióse del cielo bajar un milagroso escuadrón:
Blancos caballos, armas de oro y brillantes vestidos
y caballeros que son guardia leal de la fe.
Pues la virtud del Señor y del cielo el ejército entero
contra los que odian la fe libran batallas sin fin.
Muchos por eso que lo merecieron por serle más
[fieles,
a Santiago el Mayor vieron con ellos luchar.

Toda esta teoría de ideas sobre el sentido épico de Santiago tuvo su plasmación en una riquísima colección de imágenes que representan al Apóstol montado en un caballo blanco, portando estandarte y blandiendo la espada, con el trofeo de las cabezas de los moros muertos o sin ellas. En la catedral de Compostela, en el brazo meridional del crucero, se encuentra la representación conocida más antigua de este tema: un tímpano pétreo, realizado en el primer tercio del siglo XIII. Como ha indicado Ángel Sicart:

Desde el tímpano se abre un gran paréntesis, por cuanto en cien años no se han conservado ejemplos de Santiago sobre un caballo al galope. Es en 1326 cuando se lleva a cabo el «Tumbo B» de la catedral compostelana y en él aparece de nuevo el Apóstol con unas características que sin duda se inspiran en el conocido grupo escultórico. Sin embargo, tiene su importancia por cuanto va a ser ésta la representación más antigua, hasta ahora conocida, de Santiago Matamoros; a sus pies aparecen los infieles degollados, dando paso así a un enriquecimiento de su iconografía que se convertirá en un futuro no muy lejano en la más popular y representativa del Apóstol.

Desde entonces se han sucedido las imágenes con los mismos elementos, variando tan sólo el criterio compositivo de los gustos de la época y la calidad de los artífices. El carácter de patrono de España ha he-

Detalles de las puertas de la iglesia parroquial de Villadangos del Páramo (León), talla en madera datada en en siglo XVIII. Los ejércitos cristianos, capitaneados por Ramiro I y Santiago frente al ejército musulmán de Abderramán, en la batalla de Clavijo, según la interpretación de un artista popular.

*Imagen de Santiago
(monasterio de Santa
María de las Huelgas,
Burgos), siglo XIII. El brazo
derecho es articulado, para
poder proceder al acto de
armar a los caballeros.*

le enseñaron esta bandera entre las numerosas reliquias que se atesoraban en él:

Vimos después la bandera de Santiago que llevan los cristianos a la guerra contra los infieles; es de color rojo y tiene pintada la imagen del santo con vestidura blanca y montado también en un caballo blanco; el caballo y las vestiduras tienen pintadas unas conchas como las que suelen traer en sus esclavinas los peregrinos; esta bandera está ya muy consumida por los años. Contaban los sacerdotes que en la primera batalla a que habían ido con aquella bandera, trece mil cristianos que bajo ella estaban, y que se habían convertido después de la muerte de Santiago, derrotaron y ahuyentaron a cien mil infieles con el auxilio divino y de Santiago. Apareció en aquella batalla con ceñidas ropas blancas y montado en un caballo blanco, como está pintado en la bandera, y esto ocurrió después de la muerte de Santiago.

Frente a la popularidad del Santiago Matamoros, el relacionado solamente con el espíritu caballeresco es mucho más limitado. Parece lógico; el primero afecta al sentimiento nacional, a la historia de todos, mientras que el otro aparece restringido a un segmento social más reducido, el de los caballeros. Su tipo icónico más significativo será la talla que se guarda en la capilla de Santiago en el monasterio de las Huelgas de Burgos. Se trata de una imagen sedente, con los brazos articulados, portadora de una espada, que era utilizada para la investidura de los caballeros.

Los miembros de la Orden de Santiago emplearon la espada, símbolo del martirio de su patrón, como emblema, pero terminaron por darle una figura muy peculiar, una espada en forma de cruz. La conocidísima escultura del Doncel de Sigüenza muestra sobre su pecho el emblema de la orden a la que pertenece.

A veces, la composición iconográfica se complica, intentando conseguir una imagen sintetizadora de todos los atributos que caracterizan al Santo. El monumental cuadro de Antonio de Pereda, pintado para el convento de las Comendadoras de Santiago (Madrid), nos da una extraordinaria visión de exaltación barroca: Santiago de pie, con túnica y manto según fórmula muy de apóstol, abraza el bordón de peregrino, mientras que en el fondo se recortan las escenas del martirio y la batalla de Clavijo. Pero, a pesar de todos estos componentes, hay un detalle que pone en consonancia el cuadro con el convento para el que ha sido pensado, las comendadoras, la vieja orden militar: a los pies del Santo, en un lugar tremendamente emblemático, la armadura del Apóstol con la cruz-espada en rojo brillante sobre la plata.

La iconografía del Santiago caballero se diferencia de la del Santiago portador de la espada de su martirio sólo en la forma de empuñarla. Hacia ade-

cho que los grandes artistas de cada momento se hayan ocupado de su representación, pero a su vez la gran aceptación que tuvo entre las gentes sencillas hace que sea también una constante del arte popular. Las figuras de la puerta de la iglesia de Villadangos del Páramo y las del templo de Santiago de Logroño, nos muestran dos dimensiones del arte, dos criterios estéticos, pero las dos corresponden a la ilustración de un sentimiento nacional con una gran aceptación popular.

Se guardaba en la catedral compostelana el «verdadero estandarte» del apóstol Santiago, el que llevaban las tropas cristianas en batalla contra el moro. Cuando visitó el templo León de Rosmithal de Blatna (1465-1467), cuñado del rey Jorge de Bohemia,

Detalle del sepulcro del llamado Doncel de Sigüenza, Capilla de los Arce (catedral de Sigüenza). Figura en su pecho la cruz de los caballeros de Santiago.

lante o en actitud de imponerla, como en el ejemplo de la capilla del hospital burgalés, es la fórmula caballeresca por excelencia.

HISTORIAS DE SANTIAGO

La presencia de Santiago en las composiciones iconográficas relativas al mensaje cristológico es constante. Su relevancia como apóstol le hace estar presente en muchas de las escenas decisivas de la vida pública de Cristo: la vocación de Santiago y Juan, la Resurrección de la hija de Jairo, la Elección de los doce, la Transfiguración en el Monte Tabor, la Oración en el Huerto, etc. Sin embargo, en estas representaciones no se puede considerar su protagonismo iconográfico, pues es uno más.

Santiago predicando el evangelio.—Un texto hebreo del siglo V, después traducido al latín y el griego, conocido como el «Pseudo-Abdias» —es el ya citado *Breviarium Apostolorum*—, nos describe una visión apócrifa de la actividad de los apóstoles. En lo que se refiere a Santiago, nos transmite la noticia de su predicación en Judea y Samaria y su decapitación. Por primera vez, se cita aquí el episodio del mago Hermógenes, asunto que parece una verdadera réplica del de san Pedro y Simón Mago (recogido en «Actas de los Apóstoles», 8, 18-24).

El patriarca judío Abiathar llamó al mago Hermógenes para que hiciese renegar de su fe a Santiago. En esta acción intervendría también como intermediario un acólito del mago llamado Phileto; sin embargo, éste sería convertido por Santiago, aunque Hermógenes consiguió embrujarlo. A petición del hijo de Phileto, Santiago liberó a su padre del hechizo. Hermógenes envió entonces una nube de demonios para someter al Apóstol, mas, les hizo rebelarse contra el mismo mago. Por intervención de Phileto, éste se convierte a la fe de Cristo. Santiago le entregó su propio bastón para que se defendiese de los demonios, mientras que Hermógenes le daba sus libros de magia para ser arrojados al agua. La historia de esta conversión es narrada ampliamente en el capítulo noveno del libro I del *Codex Calixtinus*, donde se dice que la consecuencia de esta conversión...

> Viendo, pues, los judíos que había convertido a este mago, a quien tenían por invencible, de tal manera que incluso todos sus discípulos y amigos que solían concurrir a la sinagoga habían creído en Jesucristo por intervención de Santiago, ofrecieron dinero a los dos centuriones que tenían el mando de Jerusalén, llamados Lisias y Teócrito, y le detuvieron y le metieron en la cárcel.

Después de estas peripecias, Santiago fue remitido por el patriarca judío a Herodes Agripa que decretó su ejecución. Camino del martirio, Santiago convirtió a uno de sus guardianes, tal como ya conocemos por fuentes más antiguas; sin embargo, se introduce ahora como novedad su nombre, Josías. También se incluye, en estos últimos instantes previos a su martirio, la curación de un paralítico.

Sobre la predicación de Santiago no existen muchas imágenes; generalmente adquirieron su máximo desarrollo con la pintura gótica, componiéndose entonces algunos de los prototipos que se recrearán hasta el arte popular del siglo XVIII. El tema más difundido será el enfrentamiento con Hermógenes y la nube de demonios, aunque casi siempre reduciéndose a un aspecto casi anecdótico. Una tabla de Paolo de San Leocadio, del retablo de Santiago, en la iglesia de Villarreal de los Infantes (Castellón de la Plana), es una bella muestra de la pintura de en torno a 1500, en la que se representa la predicación del santo ante un grupo de personas en el interior de un edificio; a través de un vano se ve en la lejanía el episodio de la nube de diablos de Hermógenes.

El tema de la predicación en España nunca tuvo un gran desarrollo, ni en las referencias narrativas, ni en las imágenes. Los datos más significativos que manejaban los devotos en la Edad Media aparecen reflejados en la hagiografía redactada por Jacobo de la Vorágine:

> El apóstol Santiago, después de la Ascensión del Señor, predicó durante algún tiempo por las regiones de Judea y de Samaria, trasladándose luego a España y sembrando en sus tierras la palabra de Dios; pero viendo que el fruto que obtenía era escaso y que a pesar de haber predicado mucho en dicho país no había logrado reclutar en él más que nueve discípulos dejó allí a dos de ellos para que siguieran predicando, tomó consigo a los otros siete y regresó a Judea. El maestro Juan Beleth dice que el apóstol Santiago convirtió en España solamente a una persona.

Este fracaso de la predicación jacobea por tierras hispanas no tuvo una iconografía propia hasta muy tarde, centrándose prácticamente en el tema de la aparición de la Virgen del Pilar. El retablo de Santiago de la catedral de Tarazona, atribuido a Pedro Díaz de Oviedo, fechado en 1497, presenta un ciclo de cuatro escenas entre las que figura la aparición de la Virgen. De medio siglo antes debe ser la tabla con idéntica representación, que formaba parte de un retablo dedicado a Santiago, en la iglesia parroquial de Tamarite de Litera. Esta iconografía conocerá un amplísimo desarrollo a partir de este momento, pero será en función del culto mariano más que el del propio santo.

La degollación tiene al principio una representación muy escueta, siguiendo esquemas de martirios convencionales, en los que se muestra al santo y sus verdugos, generalmente ante la autoridad que decreta su muerte. Un capitel de la capilla septentrional, de la catedral de Lleida, reproduce el martirio de esta forma tan esquemática hacia 1200: Herodes sentado ordena a uno de sus esbirros que se cumpla la sentencia de muerte; a continuación el santo, de rodillas, va a ser decapitado. El gótico enriqueció la escena describiendo con especial cuidado los detalles. El cuadro de Navarrete representando la degollación, en El Escorial, con un concepto monumental de las figuras muy renacentista, es una de las más logradas creaciones del tema.

El traslado del cuerpo y su entierro en Compostela.—La primera gran dificultad que supone el hallazgo del cuerpo de Santiago en Galicia es explicar cómo aparece en este lugar de la Tierra tan lejos de la Jerusalén donde fue martirizado. La respuesta no parece que tuviese que violentar demasiado lo que se podría considerar la lógica martirial de la época, pues era normal el traslado de los cuerpos santos a lugares que se convertirían en el centro neurálgico de su culto. Será un texto compuesto en Galicia entre fines del siglo IX y principios del siguiente el que nos permita conocer los detalles de los diferentes avatares acaecidos en el largo transporte del cadáver de Santiago. Este documento, conocido como «Epístola del Papa León», nos ha sido transmitido por tres variantes antiguas, y en la actualidad se ha fijado más exactamente su contenido y supuesto autor, proponiendo la siguiente denominación «Pseudoepístola de León, patriarca de Jerusalén».

La carta se inicia con un saludo del patriarca de Jerusalén a los reyes de los francos, vándalos, godos y romanos participándoles el traslado milagroso del cuerpo de Santiago, que había sido degollado por Herodes en Jerusalén, hasta España. Se habían encargado de su transporte los siete discípulos del Apóstol, navegando durante siete días en un barco guiado por la mano de Dios. Por fin el barco recala en un lugar llamado Bisria, situado entre la con-

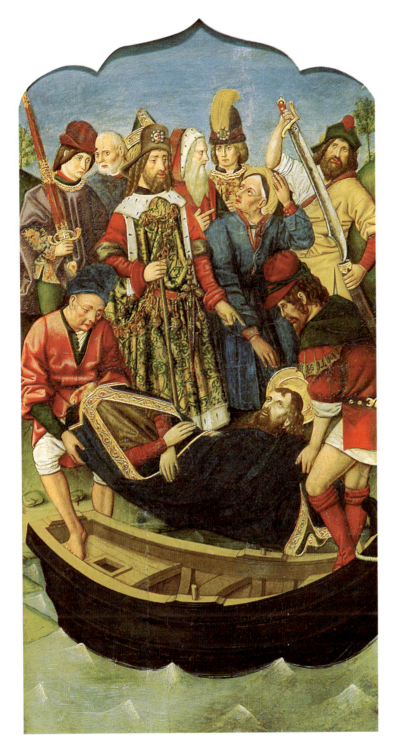

fluencia de los ríos Sar y Ulla. Al llegar a este lugar, el cuerpo de Santiago fue levantado por los aires y conducido hacia el sol. Los discípulos, apesadumbrados por el rapto, recorren más de doce miliarios hasta que se encuentran con el cadáver de su maestro que yace ya sepultado bajo un monumento de arcos marmóreos en un lugar que no se cita. Tres de estos discípulos, con la ayuda de Santiago, consiguen exterminar un dragón que vivía en el monte Illicino, que desde entonces será conocido como Monte Sacro. Estos tres discípulos recibirán como premio el ser enterrados junto a su maestro, mientras que los otros cuatro regresarán a Jerusalén y comunicarán al patriarca León lo sucedido. Se concluye la epístola con una exhortación de León en la que pide a los fieles que acuden al sepulcro que eleven sus preces al

Señor con plena confianza porque ciertamente allí está enterrado el cuerpo de Santiago.

Una variante sobre las peripecias de los discípulos en Galicia, que es recogida ya en todo su desarrollo en el Calixtino, corresponde a la actuación de la reina Lupa. Jacobo de la Vorágine lo sintetizó bajo una fórmula que sería reproducida en la mayoría de los santorales de Europa:

... abordaron Galicia (los discípulos con el cuerpo del Apóstol), en el reino de Lupa. Había entonces en España una reina que llevaba bien merecido este nombre. Depositaron el cuerpo sobre una piedra que se fundió como si fuera de cera, formándose así maravillosamente un sarcófago. Los discípulos se dirigieron a Lupa en estos términos: «El Señor te envía

Tabla gótica que representa el traslado del cuerpo del apóstol Santiago desde el puerto de Jafa a Galicia. La obra es de la escuela de Miguel Ximénez (Museo del Prado, Madrid).

Tabla gótica, pareja de la anterior, que muestra el traslado por tierras gallegas del cuerpo del santo. La obra es de la escuela de Miguel Ximénez (Museo del Prado, Madrid).

el cuerpo de su discípulo, a fin de que recibas muerto a aquel que no quisistes recibir vivo.» Le contaron también cómo el barco les había conducido hasta allí de forma milagrosa, pues el barco no tenía gobernalle, y le pidieron un lugar para enterrarle.

La pérfida reina los encaminó a la corte de un rey muy cruel, abrigando la esperanza de que éste los matase. Con la ayuda del Señor se libraron de diversas acechanzas, regresando sanos y libres a presencia de Lupa. Ésta, disgustada de verles de nuevo, les dijo que fuesen a un monte próximo para coger unos toros que enganchasen a un carro para conducir el cuerpo de Santiago al lugar donde levantarían un hermoso sepulcro. Sus intenciones eran que pereciesen en este monte, pues allí habitaba un terrible dragón y los toros eran salvajes...

> ... no adivinando su malicia, se dirigieron a la montaña, donde encontraron un dragón que vomitaba fuego. Iba éste a devorarlos cuando los discípulos hicieron la señal de la cruz y el dragón recibió un tajo que lo partió en dos por el vientre. Hicieron también la señal de la cruz sobre los toros que, de inmediato, se convirtieron en mansos y pacíficos como corderos. Los aparejaron entonces unciéndolos a un carro sobre el que pusieron el cuerpo de Santiago con la piedra en la que le habían depositado. Los bueyes entonces, sin que nadie les dirigiera, se encaminaron al palacio de la reina Lupa. Cuando ésta los vio, quedó estupefacta. Ella creyó y se hizo cristiana. Todo lo que los discípulos pidieron les fue concedido. Dedicó en honor de Santiago su palacio para hacer una iglesia, que la propia reina dotó magníficamente, después terminó su vida haciendo obras de caridad.

Un capitel del claustro de la catedral de Tudela, obra del último tercio del siglo XII, es el ciclo de imágenes más antiguo de los conservados en España. Se reproducen en él tres escenas: Santiago ante Herodes, martirio del Santo y traslación del cadáver por mar.

El capitel de la catedral leridana, al que ya hemos hecho referencia en relación al martirio, incluye también el traslado y entierro. El viaje es representado por el barco con el sarcófago y los discípulos. A continuación se contempla, bajo un templete con cortinas, el sepulcro. Un importante ciclo, mucho más amplio, debió ser un retablo dedicado a Santiago, procedente de Sant Jaume de Frontanyá, que se guarda actualmente en el Museo de Solsona; fue pintado hacia 1300. La parte conservada reproduce cinco escenas: la traslación por mar, el episodio de los bueyes, el joven ahorcado por culpa de una sirvienta despechada, el sustento milagroso de un pobre peregrino, Santiago recompensa la piedad de un peregrino. Durante los siglos XV y XVI, la escena

con los bueyes transportando el cuerpo de Santiago y el palacio de Lupa será una de las más representadas en los ciclos iconográficos.

Del milagro de la invención a la protección de sus devotos.—Desde el momento mismo del hallazgo de su cuerpo, acto que tuvo lugar de forma milagrosa, se sucederán las intervenciones extraordinarias del santo para proteger a sus fieles.

Una miniatura del siglo XII, en el «Tumbo A» de la catedral compostelana, representa el momento en que el obispo Teodomiro encuentra los tres sarcófagos, el de Santiago y los dos de los discípulos. Que la invención fue debida a una actuación sobrenatural queda indicado por la presencia de un ángel turiferario. Una escena de este tipo es reproducida también en el «Cartulario del Hospital de Santiago de Tournai».

El repertorio fundamental de los milagros obrados por Santiago, narrados bajo una forma literaria, quedó prácticamente definido durante la primera mitad del siglo XII. En el Códice Calixtino se recogen hasta un total de veintisiete milagros; veintidós de ellos forman el corpus principal, reunidos en el libro segundo. Su compilador nos explica la importancia que tiene la divulgación del milagro y su glosa por parte de personas competentes:

> Es de suma importancia encomendar a la escritura y dar perpetua memoria para honor de nuestro Señor Jesucristo los milagros de Santiago. Porque al ser narrados por expertos los ejemplos de los santos, son movidos piadosamente al amor y dulzura de la patria celestial los corazones de los oyentes.

El sentido paradigmático de estos milagros obliga a una selección cuidada de los temas, para que puedan ser tenidos en cuenta por todos aquellos hombres que tengan necesidad de la ayuda del Apóstol. Aparecerán aquí referenciados los hombres de toda condición, del caballero al comerciante; la intervención del Apóstol ayuda en todos los problemas, desde la enfermedad a cualquier tipo de crisis personal. Veamos en la siguiente relación, la misma que ofrece el propio redactor del códice, la variedad y contenido de los milagros:

1.° De los veinte hombres que liberó el Apóstol del cautiverio de los moabitas.
2.° Del hombre a quien le fue borrada la nota de un pecado por disposición divina sobre el altar de Santiago.
3.° Del niño que el Apóstol resucitó de entre los muertos en los Montes de Oca.
4.° De los treinta loreneses y del muerto a quien el Apóstol llevó en una noche desde los puertos de Cize hasta su monasterio.

5.° Del peregrino colgado a quien el Apóstol salvó de la muerte, aunque estuvo pendiente en el patíbulo treinta y seis días.

6.° Del poitevino a quien el Apóstol dio como ayuda un ángel en figura de asno.

7.° Del marinero Frisono, a quien vestido con su casco y escudo sacó el Apóstol de lo profundo del mar.

8.° Del obispo que, salvado del peligro del mar, compuso un responsorio de Santiago.

9.° Del soldado de Thabaria a quien dio el Apóstol poder vencer a los turcos y le libró de una enfermedad y del peligro del mar.

10.° Del peregrino caído al mar a quien el Apóstol, sujetándole por el cogote, llevó hasta el puerto por espacio de tres días.

11.° De Bernardo, a quien el Apóstol arrancó milagrosamente de la cárcel.

12.° Del caballero a quien el Apóstol libró de una enfermedad por el toque de una concha.

13.° Del caballero Dalmacio, a quien el Apóstol justificó gracias a su peregrino Raimberto.

14.° Del negociante a quien el Apóstol liberó de la cárcel.

15.° Del caballero a quien el santo Apóstol salvó en la guerra, muertos ya o prisioneros sus compañeros.

16.° Del caballero a quien en la agonía de la muerte, oprimido por los demonios, liberó el santo Apóstol por medio del báculo de un mendigo y el saquito de una mujercilla.

17.° Del peregrino que por amor al Apóstol se mató a instigación del diablo, y Santiago, con el auxilio de la santa madre de Dios, María, le volvió de la muerte a la vida.

18.° Del conde de San Gil, a quien abrió el Apóstol las puertas de hierro de su oratorio.

19.° De Esteban, obispo griego, a quien se apareció el santo Apóstol y le reveló cosas futuras y desconocidas.

20.° De Guillermo, caballero cautivo a quien un conde pegó con la espada en el cuello desnudo y no pudo herirle.

21.° Del lisiado, a quien se apareció el santo Apóstol en su basílica y en seguida le volvió al estado sano.

22.° Del hombre que fue vendido trece veces y otras tantas liberado por el Apóstol.

Se nos informa en el prólogo que estos milagros han ocurrido en diferentes lugares, no sólo en tierras de la cristiandad:

> ... Al recorrer el extranjero, conocí algunos de estos milagros en Galicia, otros en Francia, otros en Alemania, otros en Italia, otros en Hungría, otros en la Dacia, algunos más allá de los tres mares, diversa-

Traslado del cuerpo de Santiago. Tabla, Museo de Bellas Artes de Murcia. Según la leyenda, tras su martirio por parte de Herodes en Jerusalén, el cuerpo del santo fue transportado a España por siete de sus discípulos.

mente escritos, como es natural, en los distintos lugares; otros los aprendí en tierras bárbaras, donde el santo Apóstol tuvo a bien obrarlos, al contármelos quienes los vieron u oyeron; algunos los he visto con mis propios ojos, y todos ellos diligentemente, para gloria del Señor y del Apóstol los encomendé a la escritura.

El autor de la compilación se preocupa de que los milagros aparezcan bien documentados, se cita siempre que puede el año exacto en que sucedió y quién es el que lo narra. Dieciocho (números 1, 3, 5, 6, 7, 8, 9, 10, 11, 12, 13, 14, 15, 18, 19, 20, 21 y 22) se atribuyen al papa Calixto, con una cronología que va desde 1090 a 1135. Beda, presbítero y doctor que vivió en la corte de Ludovico Pío, es el autor del número 2, ocurrido en los tiempos del obispo Teodomiro. Al maestro Huberto, canónigo de Reims, se debe el número 4, cuya historia sucedió en 1080, mientras que a san Anselmo, arzobispo de Canterbury, corresponden los números 16 y 17, sin que se explicite su cronología.

Hemos venido haciendo alusión a la ilustración plástica de todas estas ideas que circulaban en torno a la figura de Santiago; veamos a continuación, con algo más de detalle, lo que sabemos sobre las imágenes jacobeas en España durante la Edad Media.

Imágenes románicas de Santiago son relativamente abundantes; sin embargo, pese a todo lo que se ha dicho sobre el considerarle un prototipo de santo del románico, no contamos más que con un número muy reducido de ciclos iconográficos de este período, incluso las escenas sueltas tampoco son habituales. De estas últimas conocemos la representación del hallazgo del sepulcro por Teodomiro, reproducida en el ya citado «Tumbo A», y el transporte del cuerpo de Santiago por sus discípulos que deco-

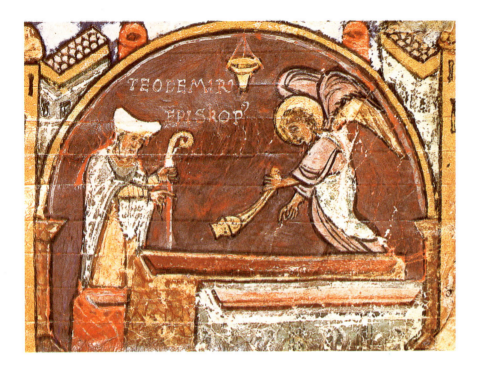

Tumbo A, siglo XII (catedral de Santiago de Compostela, Biblioteca). Miniatura representando a Teodomiro, obispo de Iria, cuando descubre el sepulcro de Santiago y sus discípulos.

ra el tímpano de la iglesia románica de Cereixo (La Coruña). Los ciclos de Lérida y Tudela se reducen a unas escenas muy convencionales de composición y caracterización de prototipos. La iglesia de San Juan Bautista de Uncastillo posee una decoración mural en la que se representan, según G. Borrás, el bautismo de Hermógenes y la conducción de Santiago ante Herodes. Como las del otro ciclo, se trata de unas composiciones iconográficas tan convencionales que pueden corresponder a la actividad de cualquier mártir. Si la identificación con escenas relacionadas con Santiago que han hecho sus estudiosos es correcta, pienso que el bautizado es Josías mejor que Hermógenes.

Durante el gótico el número de ciclos conservados es mucho más numeroso, adquiriendo sus escenas una mayor complejidad escenográfica en relación con las fuentes narrativas. Si hacia 1300 un fragmento de retablo como el ya referido de Frontanyá tiene cinco escenas, lo que nos hace suponer que debía ser mucho más amplio, no es habitual que los retablos tengan más de cuatro. Se prefieren las escenas referidas a la predicación del Apóstol, el martirio, la traslación por mar y el episodio de los bueyes con la reina Lupa. Los más conocidos conjuntos hasta 1500 son, además de los ya referidos como el de Tarazona:

— Retablo de Santiago el Mayor, procedente de la iglesia parroquial de Vallespinosa, pintado por Joan de Mates hacia 1400. Las escenas corresponden a la conversión de Hermógenes, Martirio del Santo, Traslación por mar del cadáver y Episodio de los bueyes con la reina Lupa.
— Retablo dedicado a los santos Ana y Santiago, del santuario de San Antonio de la Granadella. Obra de Jaume Ferrer I, del primer tercio del siglo XV. Son tres las escenas que se reproducen: Conversión de Hermógenes, Bautismo de Josías y Episodio de los bueyes en el palacio de la reina Lupa.
— Del retablo mayor de la catedral de León se conserva una tabla reproduciendo el episodio de los bueyes en el palacio de Lupa. Formaba parte de un conjunto dedicado a Santiago que contenía además: Degollación del Apóstol, Desembarco de los restos en Iria, Llegada de los restos a Compostela. Es obra de Nicolás Francés, fechada en 1434.
— Parte de un retablo, perteneciente a la Colección Muntadas, que se atribuye a Ramón Solá II. Tan sólo se conserva una tabla con la decapitación de Santiago.
— Cuatro fragmentos de un retablo dedicado a Santiago, de la iglesia parroquial de Tamarite de Litera. Obra atribuida a Pere García, en el tercer cuarto del siglo XV. Las cuatro escenas son: Vocación de Santiago, Aparición de la Virgen del Pilar a Santiago y sus discípulos, Martirio del Santo y Episodio de los bueyes en el palacio de Lupa.
— Retablo inglés de alabastro, donado a la catedral compostelana por el sacerdote John Goodyear cuando visitó la tumba del Apóstol en 1456 —a él nos referiremos en la visita de este año—. Se compone de cinco escenas cuyo significado explicitan los correspondientes rótulos latinos: Santiago y Juan convocados por Cristo mientras que pescaban, Santiago enviado a predicar la fe, Predicación de Santiago, Martirio del Santo y Traslación por mar del cadáver.
— El Museo del Prado guarda dos tablas con el Embarque del cuerpo del Santo en Jafa y el Episodio de los bueyes y Lupa. Formaban parte de un retablo del que no sabemos nada más, datado en el último tercio del siglo XV.

LOS PEREGRINOS

... ¿Quién es tan grande y excelsa personalidad, Santiago, a quien acuden a rezar innumerables cristianos del otro lado de los Pirineos y de más lejos aún? Es tan grande la multitud de los que van y vienen, que apenas se puede transitar por la calzada hacia Occidente.

Así se expresaba, según los autores de la *Historia Compostelana,* el embajador del emir Ali ben Yusuf (1106-1142), cuando se dirigía en misión diplomática a la corte de doña Urraca, en Santiago de Galicia. Los viajeros eran los peregrinos que acudían a riadas a postrarse ante la tumba del Apóstol. A principios del siglo XII, la peregrinación jacobea se encontraba en pleno auge y, aún, se mantendrá durante un par de centurias más. Los expertos han querido evaluar su número con una cierta exactitud; para ello han recurrido a diversas fórmulas de cálculo, teniendo en cuenta la voluntad expresada en los testamentos, el paso por determinados peajes, etc. Las cifras que ha dado el Centre Europeen d'Études Compostellanes de París parecen exageradas para la población de la época y las posibilidades de su circulación por la red viaria del momento; máxime si tenemos en cuenta que, como es natural, el período anual de viaje se limitaba a unos meses muy concretos, lo que hacía que la densidad punta fuese muy acusada. Según esta institución se estima una cifra entre 250.000 y 500.000 peregrinos anuales, en los tres siglos de máximo esplendor, rebajando sensiblemente las cantidades a partir del XIV.

Ignoro si alguna vez se podrá fijar por un metodo científico y fiable la estadística exacta de los que peregrinaron; lo evidente es que durante siglos un grupo importante de gentes tuvieron la necesidad de marchar por los caminos en busca de un lugar lejano, donde conseguir una estabilidad espiritual. La distancia en sí misma implicaba ya en la Europa de aquellos momentos grandes dificultades; sin embargo, éstas se incrementaban en las condiciones de carencias materiales —vestido, comida y hospedaje— en las que se debía caminar. Son numerosos los testimonios que nos muestran cómo muchos de los que emprendían la peregrinación esperaban no regresar, morir en la ruta; se concebía así el viaje como, a imitación de Cristo, una «pasión» que terminaba con la muerte.

Estas gentes inquietas, necesitadas de trascender su espiritualidad u otros anhelos de los que nos ocuparemos en los apartados siguientes, buscaban en el viaje por otras tierras su realización.

Al comienzo del siglo XII, las gentes podían acudir a santuarios relativamente próximos a su domicilio, pero los más importantes estaban más allá de las fronteras de los estados en que vivían: Roma, Jerusalén y Santiago de Compostela. En Roma se encontraba la tumba de san Pedro, el primero de los apóstoles, y la del mayor número de mártires de la Iglesia. Desde la gran renovación de Europa bajo los carolingios, la fascinación por la ciudad de san Pedro había hecho concurrir a ella a la mayoría de los poderosos de todos los reinos cristianos, no sólo atraídos por la enorme supervivencia cultural que atesoraba, sino por la autoridad espiritual que emanaba del pontífice y de los cuerpos de tantos santos

Refectorio de Peregrinos. *Pinturas de la Pía Almoina, c. 1330-1354. Lérida. Museo del Seminario.*

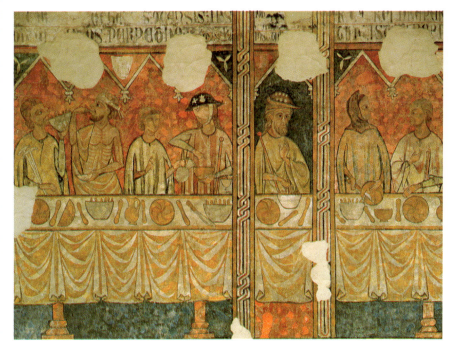

como allí reposaban. Baste como dato el que seis monarcas anglosajones de la Alta Edad Media estuviesen aquí enterrados. Los Santos Lugares, especialmente Jerusalén, siempre tuvieron el atractivo de encontrarse directamente en aquellos sitios en los que tuvo lugar el mensaje cristológico. Desde la muy temprana Edad Media se sucedieron, desde los más lejanos lugares donde había llegado el cristianismo, los viajeros que querían postrarse en aquellos sitios señalados por la presencia del mismo Jesucristo. Si todas las tumbas de los mártires fueron centro de una especial devoción, cómo no iba a serlo el del mismo Jesucristo, el Santo Sepulcro.

Cuando éste cayó bajo el dominio musulmán, la dificultad de acceso para los cristianos aumentó considerablemente; sin embargo, al cumplirse el milenio del sacrificio de Cristo, el simbolismo de su sepulcro en espera de un nuevo advenimiento milenarista incrementó los deseos de acudir a él por parte de los fieles. El llamamiento de Urbano II en 1095 y el desarrollo de las cruzadas al principio favorecieron un notable incremento de la peregrinación a Jerusalén.

La tercera de estas grandes peregrinaciones, la de la tumba del apóstol Santiago en el Finisterre, fue la última en aparecer, pero hubo momentos en que llegó a superar en popularidad a las otras. ¿A qué se debió el auge tomado por la peregrinación jacobea frente a las dos ya tradicionales? La respuesta no es fácil y, según el momento y área geográfica, muy diversa. Desde luego, el apoyo incondicional de los monjes de Cluny y de un pontífice como Calixto II fue decisivo para su propagación en la época crucial de los años finales del siglo XI y gran parte de la centuria siguiente. Justamente coincide con una serie de circunstancias que dificultan el viaje a los otros dos santuarios. Roma se ha convertido en una ciudad donde priman los intereses políticos; en ella se enfrentan el papa y el emperador por el dominio del mundo, en claro menoscabo de la espiritualidad. Jerusalén, después de los primeros éxitos de las tropas de los cruzados, ofrece demasiados riesgos a los cristianos occidentales. Junto a estas circunstancias de índole política, surgen los condicionamientos económico-sociales. Si hasta el siglo XI las grandes peregrinaciones eran algo excepcional, a partir de la centuria siguiente el viaje a lugares distantes se favorece a importantes sectores de la población, especialmente a la sociedad urbana. Esto conlleva que el costo de la peregrinación tenga una importancia decisiva a la hora de la elección. Según las tarifas sobre el voto de la peregrinación promulgadas en Flandes en el siglo XIII, un flamenco gastaba tres veces más para ir a Palestina que a Galicia.

En fin, superadas las diferentes crisis del milenio, tenemos a un gran número de personas viajando por los caminos de Europa. Aunque todos tienen como meta final un lugar santo —muchos de ellos, la tumba de Santiago—, lo que les mueve es algo muy heterogéneo, mezcla de mística piedad y simple escapismo; eso sí, siempre envuelto en la religiosa materialidad que practican los hombres medievales. En los apartados siguientes iremos viendo cuáles son las verdaderas causas por las que un peregrino medieval se pone en marcha. Ahora bien, si es verdad que existe toda una serie de motivaciones para que los hombres emprendan su peregrinación, abandonando su domicilio habitual, esto no hubiera sido posible sin la gran transformación económica y social del siglo XII. El historiador Georges Duby ha llamado la atención sobre este cambio que ha favorecido la masificación de la peregrinación:

En mi opinión, si podemos considerar el desarrollo económico como un factor capital del peregrinaje, es porque aflojó progresivamente la tenaza de todas las obligaciones que retenían al individuo prisionero del grupo. Hasta el siglo XII, las estructuras sociales eran aglutinantes; encerraban al individuo en solidaridades imperativas; a partir del siglo XII, los movimientos conjugados de la demografía y de la economía hicieron esta sociedad cada vez más fluida, y la persona se liberó poco a poco de las empresas comunitarias.

CLASES DE PEREGRINOS

El sentido de síntesis de las *Partidas* nos ofrece una inmejorable definición del peregrino en la sociedad del siglo XIII; con estos breves términos quedaban puestas de relieve sus características más significativas:

Romeros et pelegrinos se facen los homes para servir á Dios et honrar á los santos; et por sabor de facer esto estrañanse de sus linages et de sus lugares, et de sus mugeres, et de sus casas et de todo lo que han, et van por tierras agenas lazrando los cuerpos et despendiendo los haberes buscando los santuarios. Onde los homes que con tan buena entencion et tan santa andan por el mundo, derecho es que mientra que en esto andubieren que ellos et sus cosas sean guardadas de guisa que ninguno non se atreva de ir contra ellos faciéndoles mal.

En el mismo tratado jurídico se pone de manifiesto la diferencia entre los peregrinos a cualquier santuario y los que se encaminaban a Roma. No se trata de un concepto de peregrino diferente como pudiera entenderse por la especial atención que los juristas dedican al tema, sino simplemente un matiz condicionado por el nombre de los que viajan a Roma, que por ese motivo se denominarán romeros:

Romero tanto quiere decir como home que se parte de su tierra et va á Roma para visitar los santos lugares en que yacen los cuerpos de sant Pedro et sant Pablo, et de los otros que prisieron hi martirio por nuestro señor Iesu Cristo. Et pelegrino tanto quiere decir tanto como extraño que va visitar el sepulcro de Ierusalen et los otros santos lugares en que nuestro Iesu Cristo nació, et visquió et prisó muerte en este mundo, ó que anda en pelegrinaie á Santiago ó á otros santuarios de luenga tierra et estraña.

Pese a este afán de distinguir entre romero y peregrino, los hispanos de la época terminaron por llamar a todos, de manera indistinta, romeros o peregrinos. Sin embargo, en Europa, la importancia del número de fieles a Santiago fue de tal envergadura, que lo habitual era que fuesen éstos los peregrinos por antonomasia, mientras que los otros necesitaban la explicitación completa de su destino. En este sentido, estas palabras de Dante, en su *Vita nuova*, son muy aclaratorias:

Peregrino se puede interpretar de dos maneras, en sentido lato y en sentido estricto. En sentido lato, en la medida en que peregrino es todo el que se encuentra fuera de su patria. En sentido estricto, no se considera peregrino sino a quien se dirige a la casa de Santiago, o vuelve de ella. Sin embargo debe saberse que las gentes que viajan al servicio del Altísimo, reciben propiamente tres nombres: se les llama palmeros por el hecho de dirigirse a ultramar, en donde en numerosas ocasiones se proveen de la palma; se les llama peregrinos por dirigirse al santuario de Galicia, por encontrarse la sepultura de Santiago más lejos de su patria que cualquier otro Apóstol; se les llama romeros por el hecho de dirigirse a Roma.

¿Qué mueve a los hombres a abandonar sus hábitos diarios, trabajo y confort, y ponerse en marcha por unos caminos llenos de fatigas y peligros? La respuesta no puede ser única, son muchas las razones que impulsan a las personas a emprender la peregrinación. Según la época, las circunstancias variarán significativamente, aunque siempre primará en ellos el deseo de obtener alguna gracia. Estos párrafos, extraídos de un supuesto sermón del papa Calixto, resumen perfectamente qué es lo que podían esperar los hombres del siglo XII que peregrinasen al santuario compostelano en el confín occidental de Europa:

Nadie hay que pueda narrar los beneficios que el Santo Apóstol concede a los que le piden de todo co-

Torre románica de la catedral de Oviedo. La peregrinación compostelana tuvo un competidor en la del Salvador de Oviedo. La copla popular ha dejado una graciosa letra que testimonia esta competencia:
Quien va a Santiago /
Y no a San Salvador /
Sirve al criado /
Y deja al Señor.

razón. Pues han ido allá muchos pobres, que después han sido felices; muchos débiles, después sanos; muchos enemistados, luego en paz; muchos crueles, después piadosos; muchos lujuriosos, después castos; muchos seglares, luego monjes; muchos avaros, más tarde dadivosos; muchos soberbios, después humildes; muchos mentirosos, después sinceros; muchos despojadores de lo ajeno, que luego dieron hasta sus vestidos a los pobres; muchos perjuros, luego leales; muchos que formaron juicios falsos que luego proclamaron la verdad; muchas estériles las cuales fueron después madres; muchos perversos, después justos, por la gracia de Dios.

Pero, como bien indica el autor del sermón, se puede ir a Santiago a solicitar la intervención apostólica, pero también deben ir los fieles agradecidos que, en un momento determinado y ante una situación límite, recibieron su auxilio en cualquier lugar del mundo:

Brilla el Apóstol en Galicia con milagros divinos; mas también brilla en otros lugares, si la fe de sus devotos lo reclama: pues hace en toda tierra prodigios grandes e inefables, no sólo oculta, sino manifiestamente. A los enfermos da la salud; a los presos, la libertad; a las estériles, la fecundidad de sus hijos; a las parturientas, regreso a su patria; a los necesitados, el alimento; a los moribundos, muchas veces, la vuelta a la vida; a todos los afligidos, el alivio; suelta y rompe las cadenas, abre pronto las cárceles; regula el exceso de lluvias, serena el ambiente, refrena los vientos de las tormentas; los incendios del fuego devastador, por las oraciones de los hombres los extingue; impide que los ladrones maléficos y que los pérfidos gentiles dañen a los pueblos cristianos, como desearían; aplaca la ira y la venganza, da la tranquilidad. A todo el que le pide da el deseado auxilio, conforme a la ordenación de Dios, hasta a los gentiles, si le invocan fielmente. Con razón, pues, a este Santiago se le llama el Grande, pues grandes favores acostumbra a hacer en todas partes y a cualquiera.

EL PEREGRINO PIADOSO Y DEVOTO

Tradicionalmente, la Iglesia ha recomendado a sus fieles el acudir a los lugares santos para mostrar allí su piedad orando ante las reliquias de los mártires. Si importante era la oración, su importancia se acrecentaba si a ella se unían las dificultades de un penoso viaje. En este sentido, el viaje se convertía en un verdadero proceso ascético, un camino de perfección que, cuanto más duro, más predisponía el alma para el momento supremo del éxtasis ante la contemplación del cuerpo venerado. Se ha dicho, con toda razón, que el peregrino actuaba como un monje o un eremita a lo largo de los días que duraba su peregrinación. Circulaba por los caminos del mundo y, sin embargo, sus circunstancias de vida le hacían mostrarse alejado de él, renunciando como monjes y eremitas de todo lo que representaba la fugacidad material del siglo.

Mientras que algunos ampliaban el número de las penalidades, otros las reducían a lo que su corazón consideraba que era lo estrictamente necesario. Veremos más adelante cuáles eran el vestido y los medios de transporte, pero, adelantemos aquí ciertos detalles que nos permitirán conocer las condiciones que suavizaban o endurecían la peregrinación. Se conocen casos de peregrinos con la planta de los pies totalmente encallecida y con los pies tan deformados que no pueden ponerse ningún tipo de calzado. Viajar con los pies desnudos y con una ropa de áspera estameña, mortificando el cuerpo, contribuía a una mayor sublimación de la piedad y devoción del peregrino.

No era necesario extremar las dificultades del largo viaje. Cuando en julio de 1325, santa Isabel, reina de Portugal, peregrina a Santiago, lo hace en una cabalgadura; tan sólo en el Milladoiro, a una legua de la catedral compostelana, cuando divisaba ya sus torres, descendió del caballo y concluyó su viaje andando hasta la basílica misma del Apóstol. De igual manera actuó Alfonso XI en su peregrinación de 1332. Pero, si esta actitud podríamos llamarla convencional, y acorde con un sentido normal de la piedad, que reducía la dureza de la peregrinación a unos límites razonables, eran muchos los que la llevaban a una práctica absolutamente extremada. Aunque los casos que podemos referir corresponden a actitudes de los santos peregrinos, lo que podría hacernos creer que sólo en personas excepcionales se cumplía, fueron muchos los peregrinos anónimos que lo practicaron; pero, precisamente por ser «pobres sin nombre», la historia escrita no se ha ocupado de ellos de la misma forma que el biógrafo de Adelelmo (san Lesmes) nos cuenta como el Santo emprendió la peregrinación a Roma acompañado por un criado: nada más iniciar la marcha cambió sus ropas con el criado y, al poco tiempo, le mandó volverse...

> ... y él se dispuso para la peregrinación que iba a hacer con diferentes suertes de penalidades y mortificaciones. Su cama era el suelo duro y la almohada una piedra, y esto, después que había trasnochado muchas horas en oración; quitóse los zapatos de los pies, para que, llevándolos desnudos, sintiese más dificultad del camino. El que antes era socorro y ayuda de los pobres, él mismo trocándose la suerte, se quiso hacer pobre por Jesucristo, padeciendo hambre, sed, calor, frío y cansancio por el camino, y lo que había de comer era pedido de limosna, y si alguna vez le daban dinero no lo quería aceptar, pareciéndole que aquello ya era tener cuidado con el día siguiente, y que no cumplía con el consejo del Evangelio.

A veces no bastaba una sola peregrinación, era necesario repetirla, hacer otras a diferentes lugares, o no acabar nunca la que se había emprendido, permaneciendo hasta el fin de sus días junto a las veneradas reliquias.

La peregrinación se podía convertir en una especie de ejercicios espirituales periódicos. El biógrafo de Facio de Cremona nos cuenta que éste realizó dieciocho veces el viaje a Santiago. De un peletero de Lyón se dice que hacía todos los años la peregrinación jacobea. En el siglo XIV era bastante habitual que ciertas personas de piedad reconocida enriqueciesen su espíritu completando el mayor número posible de peregrinaciones. No sólo las tres grandes (Jerusalén, Roma y Santiago), que dadas las distancias y la situación política del momento hacían muy difícil llevarlas a término, sino otras muchas consideradas menores por su proximidad geográfica. Santa Brígida (1302-1373) em-

Cantigas de Santa María, de Alfonso X, segunda mitad del siglo XIII. Episodio de dos peregrinos ciegos que, de regreso de Santiago sin conseguir su curación, la obtendrán en el Santuario de Villalcázar.

prendió con su marido la peregrinación a Compostela, entre 1341 y 1343; de regreso, murió su esposo en Arrás, dedicándose desde entonces al ejercicio de la piedad y la caridad. Vestida con un tosco ropaje sujeto con cordeles, sin más lino que el velo que cubría su cabeza, dedicó gran parte del resto de su vida a visitar los grandes centros de la peregrinación: Roma, Jerusalén y otros santuarios. Algunas veces era al revés, se peregrinaba a Tierra Santa y Roma, y se cerraba el ciclo con Santiago. En el caso de Bona de Pisa, durante la segunda mitad del siglo XII, después de viajar a las dos primeras, dedicó el resto de su vida a peregrinar a Santiago y ayudar a los romeros que acudían a Compostela.

El caso de la inglesa Margery Kempe es muy representativo de la espiritualidad de su época, que veía materializado su misticismo en la peregrinación continua. Nacida en King's Lynn alrededor de 1373, pasó casi toda su vida viajando a los principales santuarios: a Jerusalén en 1413, a Roma y Asís al año siguiente, a Santiago de Compostela en 1417, a Noruega, Danzig-Gddansk, Stralsund, y a Wilsnack para ver las tres hostias milagrosas, y luego ver las cuatro reliquias famosas en Aquisgrán, el vestido de la Virgen, los pañales que habían envuelto al recién nacido Jesús, el paño con la sangre de la cabeza de san Juan Bautista, y el paño que Jesucristo había llevado durante la crucifixión. También acudía a los más famosos relicarios de Inglaterra: York, el convento de Nuestra Señora de Walsingham para ver una imagen de la Virgen, Londres, Leicester, etc. Aunque estaba casada, no viajaba con su marido; éste le daba una carta firmada con su autorización para que pudiese peregrinar sola. Una actividad como ésta no la privó de tener antes de los cuarenta años catorce hijos.

En ciertas ocasiones, las más excepcionales, la peregrinación nunca acababa, pues, cuando se alcanzaba el destino, el fiel devoto dedicaba a su patrón el resto de su vida. Se dice de un obispo de Grecia, llamado Esteban, que, por amor a Santiago, abandonó su diócesis y emprendió el camino a Compostela vestido de harapos. Cuando llegó al santuario jacobeo, no quiso separarse del cuerpo santo, solicitando de los responsables del templo que le autorizasen a vivir allí. Se le permitió construir una pequeña celda en el muro de la basílica, donde llevó una vida de vigilias, ayunos y oraciones hasta su muerte. San Amaro, de origen francés, emprendió la peregrinación a Compostela, y una vez cumplida, se retiró al hospital de Burgos para terminar allí sus días al cuidado de los peregrinos.

EL PEREGRINO Y EL MILAGRO

Aunque en el corazón de todos los peregrinos reinaba la devoción por el Apóstol, en muchos de ellos también alentaba la esperanza de obtener o agradecer una gracia especial. Dejando a un lado la enfermedad, que abordaremos en el apartado siguiente, eran muchas las desgracias que sufrían los hombres, que esperaban superarlas mediante la intercesión milagrosa de la divinidad por medio de alguno de sus santos. La popularidad de Santiago le convierte en uno de los intercesores preferidos. A él se invoca en los momentos de crisis esperando superarla. Los peregrinos acudían a la tumba del Apóstol para darle las gracias por su intervención cuando la habían invocado, o a solicitarla.

La imagen de Santiago libertador de prisioneros tuvo una gran difusión durante los siglos medievales; eran muchas las circunstancias que por entonces podían producir una encarcelación más o menos justa. En el siglo XII se contaban múltiples leyendas que explicaban cómo Santiago facilitaba la libertad a sus devotos. Un hombre llamado Bernardo, prisionero en una torre de Italia, no cesaba de implorar la ayuda de Santiago. Por fin, éste se le apareció, cortó sus cadenas y le permitió escaparse desde lo alto de la torre saltando sin que se produjese daño alguno. En otra ocasión, Santiago inclinó la torre en la que se encontraba un devoto suyo, prisionero de un mal señor, para facilitarle la huida. Si ésta es la interpretación de la fantasía popular, como es natural los medios de los que se valía el santo eran más reales. Habiendo sido destronado León V de Armenia, fue conducido prisionero a El Cairo. En su cautiverio, el monarca depuesto prometió a Santiago peregrinar a su santuario de Galicia si obtenía la liberación. Ésta la consiguió por la intervención de Pedro IV el Ceremonioso y Juan II de Castilla, en 1382. Al año siguiente, aprovechando su venida al reino castellano para participar en las bodas reales, se trasladó a Compostela para cumplir la palabra empeñada.

Entre los peregrinos era muy habitual encontrarse con personas que cumplían con la promesa que habían hecho a Santiago por liberarles de la muerte en un momento determinado de un viaje; muy especialmente esto ocurría en las procelosas travesías marítimas de la época. Un milagro del siglo XII nos narra cómo unas personas que regresaban a Italia procedentes de una romería a Tierra Santa fueron sorprendidas por una tempestad; asustadas, invocaron la ayuda de Santiago; éste apareció, de pronto, gobernando el barco hasta llevarlo sano y salvo al puerto. Todos los romeros no dudaron en acudir a Galicia para depositar en la basílica del Apóstol la limosna que le habían prometido cuando se encontraban ante el peligro de morir ahogados.

Otras veces, la intervención solicitada es menos dramática, aunque para el peticionario sea de extrema necesidad. Muchos matrimonios que no tenían hijos peregrinaban para obtener esta gracia. Algunos niños recibían el nombre de Santiago en señal de ofrenda de los padres por haber sido la respuesta de su petición al Apóstol; en otras ocasiones, la gratitud de los agraciados se reducía a una limosna y la ofrenda de un exvoto que representaba la figura del niño. Este tipo de solicitud, unido a un cierto sentido de escapismo que tenían algunos peregrinos, provocaba ciertas cantilenas satíricas. Una de ellas contaba lo sucedido a un hombre que había abandonado su casa a fin de peregrinar a Santiago para solicitar que su mujer pudiese tener hijos; su viaje se prolongó por varios años, y, a su vuelta, se encontró que a su esposa le había dado tiempo de tener dos vástagos.

EL PEREGRINO Y LA ENFERMEDAD

Como es natural, la primera de las peticiones materiales que estaba en boca de los romeros era solicitar la cura de sus enfermedades. Muchos se decidían a emprender la peregrinación en plena enfermedad, en un estado físico deficiente, lo que hacía que la muerte les sorprendiese en la ruta. Junto a los hospitales, los cementerios ocupaban un lugar importante. Las canciones de peregrinación de los siglos XVII y XVIII tienen siempre presente esa imagen de la muerte marchando a la vera de los caminantes:

> Las! Que pauvres malades
> Sont en grand déconfort!
> Car maints hommes et femmes
> Par les chemins sont morts.

Las tremendas carencias de la medicina anterior al siglo XIX hacían que fuesen muchas las ocasiones en las que el hombre no tuviese más esperanza de vida que la intervención de un fenómeno sobrenatural. Y para un cristiano de la época esto sólo se podía producir por voluntad de Dios o de sus discípulos más amados. En este sentido, en el Calixtino se ponía especial énfasis en subrayar el papel de Santiago como apóstol predilecto. Se dice que, al igual que Dios había distinguido a Abraham, Isaac y

Jacob, entre los apóstoles eligió a Santiago, Pedro y Juan para hacerles testigos de hechos singulares y partícipes de alguna de sus actuaciones más extraordinarias: la resurrección de la hija de Jairo, la transfiguración en el monte Tabor y la agonía en el huerto de los olivos. Esta privilegiada situación junto al Salvador hacía ver a sus devotos que también sería más relevante en el empleo de los poderes que Dios había conferido a sus apóstoles: «Curar a los enfermos, resucitar a los muertos, limpiar a los leprosos, arrojar a los demonios.»

Los predicadores que proclamaban las curaciones milagrosas obradas por Santiago recitaban listas enteras de enfermedades que había conseguido sanar. En ésta, atribuida al papa Calixto en uno de sus sermones sobre Santiago, podemos ver reflejada toda una teoría de los males que azotaban a los hombres:

> ... leprosos, frenéticos, nefríticos, maniáticos, sarnosos, paralíticos, artríticos, escotomáticos, flegmáticos, coléricos, posesos, extraviados, temblorosos, cefalálgicos, hemicránicos, gotosos, estranguriosos, disuriosos, febricitantes, caniculosos, hepáticos, fistulosos, tísicos, disentéricos, mordidos por serpientes, ictéricos, lunáticos, estomáticos, reumáticos, dementes, enfermos de flujo, albuginosos y de muchas traidoras enfermedades.

Algunos especialistas han querido analizar esta relación en función de las enfermedades que, según ellos, debían ser las más usuales del Medievo, notando ciertas ausencias significativas, especialmente las referidas a las de la piel. El autor del sermón las ha tomado de cualquier repertorio médico de la época o del pasado, sin otra preocupación que referir una larga lista de males, cuyos nombres sonaban al común de las gentes a enfermedad, pero no eran capaces de identificar en la mayoría de los casos —no sería muy diferente si a un auditorio actual se le notificasen las enfermedades por sus nombres científicos—. El fin del orador estaba conseguido, los oyentes quedaban apabullados con la retahíla de males, males que eran mayores si no se entendía la complicada palabra que le daba nombre, que el Santo era capaz de curar. Para una comprensión más directa, que permitiese al pueblo asimilar concretamente las curaciones de las principales enfermedades que le afligían, se recurría a la narración de los milagros, explicados con la ingenuidad y gracia de los cuentos populares, donde los personajes y sus

Junto al Hospital del Rey de Burgos, se encuentra el cementerio de los peregrinos, el mismo que cuidó san Amaro. Sobre las tapias se puede ver la torre de la iglesia del hospital.

dolencias aparecían tal como el pueblo los veía y entendía. Este breve cuento, recogido también en el Calixtino, nos ilustra sobre ello:

En nuestros tiempos cierto distinguido varón de Borgoña llamado Guiberto que desde los catorce años estaba impedido de los miembros de tal modo que no podía dar un paso, marchó a Santiago en dos caballos suyos con su mujer y sus criados. Habiéndose hospedado en el hospital del mismo Apóstol, cerca de la iglesia, por no querer en otra parte, fue aconsejado en un sueño que estuviera en oración en ella hasta que Santiago le estirase los miembros encogidos. Pasó, pues, en vela en la basílica del Apóstol dos noches y estando en oración la tercera, vino Santiago y tomándole la mano le puso en pie. Y al preguntarle quién era le respondió: «Soy Santiago, apóstol de Dios.» Luego el hombre restablecido en su salud veló por trece días en la iglesia y contó esto a todos por su propia boca. Esto fue realizado por el Señor y es admirable a nuestro ver. Sea, pues, para el Supremo Rey el honor y la gloria por los siglos de los siglos. Así sea.

Era así como las gentes oían contar las múltiples curaciones que Santiago llevaba a cabo: los ciegos recuperaban la vista, los tullidos veían reparados sus miembros, los epilépticos recobraban la salud... Pero es importante fijarse que la curación procede de Dios; el predicador resalta claramente esto: «... porque no con medicamentos, ya electuarios, o preparaciones, o jarabes, o emplastos varios, o pociones, o soluciones, o vomitivos, o demás antídotos de los médicos, sino con la gracia divina de costumbre que Dios impetra, restituyó enteramente la salud el clementíssimo Santiago.» De esta manera se abría a los ojos de los desahuciados de la medicina la posibilidad de la curación, pues no se trataba de un remedio con fórmulas propias de la botica, incluso de las más exóticas y raras a las que sólo los más pudientes podían tener acceso —«una gera fortísima, o una trifera alejandrina o sarracena o magna, o una gerapliega o gera rufina o paulina, o un apostólico, geralogodio o adriano o poción alguna»—, sino de una actuación sobrenatural.

En el pueblo riojano de Jubera existía una ermita del siglo XIII donde se veneraba una imagen de Santiago que ejercía una gran atracción entre la gente de su entorno geográfico. Acudían allí los peregrinos esperando obtener su favor. Un precioso documento del siglo XIV, copiado dos siglos después, nos ha transmitido una curiosa relación de milagros obrados por Santiago de Jubera. Se han recogido estas acciones milagrosas para que sirvan de testimonio; por ello es necesario dar todos los detalles, los nombres de los beneficiados y su lugar de residencia, así como las circunstancias en que se han producido. La transcripción de este texto, publicada por Hortensia

Ruiz, nos suministra un verdadero cuadro descriptivo de las angustias de la sociedad del Medievo, que sólo pudieron tener remedio con una actuación sobrenatural. Vemos en ellos, explicados con un lenguaje espontáneo, natural, los males que afectan a los hombres, no sólo los del cuerpo, sino los de la mente, aunque estos últimos en la cultura medieval reciban el calificativo de diabólicos:

Primeramente doña María Pascual de la villa de Ocon que era ciega se encomendó al Señor Santiago de Jubera y bino a velar a su casa y tuvo una novena y luego fue sana. Iten Ferran Solar que era contrecho de las manos y sordo y estava endemoniado, tuvo novena en Señor Santiago y sano.

Iten Johan Ronco de Ocon que tenía la garganta hinchada en tal manera que no podía tragar la saliva. Se encomendo a Señor Santiago y tubo sus novenas y luego fue sano. Jueves a veinte y dos dias de octubre era de mylle trezientos y ochenta y tres dixeron sobre juramento de la cruz y por las palabras de los sanctos evangelios Pero Ximenez e su mujer Elvira Ximenez vezinos de San Pedro de Yanguas, que el sabado antes de Santiago que estava mucha gente de Soria y su tierra en su casa y que yban a velar a señor Santiago de Jubera; y este Pero Ximenez y su muger puesto en su voluntad de yr con ellos tambien a velar con un hijo que tenian y que vinieron unos clérigos del dicho lugar de San Pedro y ge lo sacaron de voluntad que no fuesen y ansi se quedaron, y dixeron a los otros peregrinos yd vosotros con Dios A velar, despues verneis por aquí e iremos nosotros. E que tomó el dicho Pero Ximenez sus mercaderías, y se fue para Navarra a la feria de Marzilla. E dixo su muger que aun su marido no havia andado dos leguas de camino, cuando a su hijo Pedro le hera quitado el medio lado, que se tolleçio y se le volvio la boca y cara y ojos atras. Y daua grandes voces y no comía ni bebía, y cuando su padre volvió de Navarra y lo halló con todas aquellas dolencias. Lo prometió a señor Santiago de Iubera y de traer lo a tener novena y a velar y ponerlo confrade de la dicha casa, y tomó el estado de cera de su hijo y llevolo a cumplir su voto. Y luego fue guarido de todas las enfermedades y dolencias que tenía. Desto fueron testigos Pero Ruyz y Juan Martynez y Lope Alfonso, clérigos de Jubera.

Johan Bueno de Artaxona era ciego y encommendose a Señor Santiago de Jubera y tuvo una novena y luego fue sana.

Johan Trigoso de Myraglo dixo que avía dicho que él no quería yr a Santiago de Jubera a tener novena ni a velar y que se fue de camyno para Tudela de Navarra y que estando cavo unas tiendas que ovo sombra de Diablo y dio en tierra como endemoniado y haziendo figuras de loco y prometió de yr a tener novena a Señor Santiago de Jubera y luego sanó.

Pero Perez, hijo de Domingo Perez de Alfaro, dixo sobre jauramento que el prometió de yr a velar a Santiago de Jubera por el ánima de su madre; y con negocios que tubo no pudo yr y que adolesció en tal manera que pensaron que era muerto, y que prometyo; que la primera salida que el fiziese de su casa sería a señor Santiago si Dios le aiudare y diese salud y luego ovo salud en manera que luego otro dia se levanto de la cama.

Ansy mesmo este mysmo Pero Perez sobre juramento dixo que un hyjo que tenía que lo tenía por muerto, y que prometio de llevarlo, a señor Santiago de Jubera a velar, y tomaron su estado de cera. Y que a la misma hora que le quebró la malatia por la boca; en manera que luego fue guarido.

Otrosy Alonso Perez yerno de Pero Miguel, especiero, vecyno de la ciudad de Calahorra, juró e dixo que tenía un hijo pequeño y después que nasciera siempre lloraua, y no tenía salud ny se tenía en pie, y que lo prometio a Señor Santiago de Jubera, y llebarlo a velar, y luego fue sano.

Otrosy Mari Sanchez, muger de Pero Sanchez, de Montagudo de Aragón, juró e dixo, que avia iazido en la cama ocho meses, aborrida de su marido y de sus hijos. Y que se encomendó a señor Santiago de Jubera y luego fue sana.

Iten Joan Abad de Fuenteestrum juró e dixo, que auia demanado muchas gentes, que serian fasta cient personas o mas que no viniesen a velar a Santiago de Jubera. Y luego esa semana andando María su hija con los segadores, que auia caydo como muerta en tierra y que no fablava ni entendia lo que dezian, y que los segadores la trayeron a casa medyo muerta, y la encomendaron a señor Santiago de Jubera, e tomeron su estado de cera y que prometió que viniese la moça a pies descalzos fasta su yglesia y luego se levantó. Y dixo que esa misma semana le adolesció una yegua y aborto y se quería morir y que la mandaban desollar. Y que le dixo su clavera: Joan Abad culpa tenedes a Santiago de Jubera, fazelde algún conocimiento: y rogadle que vos perdone y mandadle alguna limosna y prometed de yr a su yglesia. Y asy lo hizo, y la yegua y se levantó sana a comer.

Dixo Diego Perez, capellán de Valde Texeros, que un hijo que lo tenía por muerto, que no había espíritu en él, que lo quería mortajar y tomo su estado de cera, y encomendolo a señor Santiago de Jubera y luego resucitó en presencia de muchos que ally estavan.

Como consta en el encabezamiento del documento, todos estos milagros se habían producido por «nuestro Señor Jesucristo a supplicación e intercession de señor Santiago Apostol luz, honrra y Patrón de España».

Si en una época como la actual, en la que la medicina ha alcanzado un gran nivel y está relativamente al alcance de todos, acuden riadas de gentes ante la gruta de Lourdes a la espera de curación, ¿qué es lo que no sucedería en los siglos de la Edad Media, cuando la medicina era muy limitada y no todos tenían acceso a la misma? Los dolientes de Europa se ponían en camino, pasando mil vicisitudes porque oían piadosas jaculatorias jacobeas llenas de esperanza:

Ante el sepulcro del Santo salud ahora se otorga
Y el lacerado cuerpo cuerpos a miles sana.
Di, ¿dónde estas oh Muerte enemiga, do yaces vencida,
Puesto que ves que nos da votos su muerte santa?
Cuando creías tan mal que su muerte acababa su vida,
Da vida a muchos aún y él la conserva toda.

El peregrino caballero

Los testimonios de caballeros peregrinos son muy numerosos; suelen acudir en grupos o, al menos, acompañados por su escudero. Muchos se presentan ante el Apóstol para agradecerle el haberles liberado de la prisión o salvarles de la muerte en alguna de sus hazañas.

Durante el siglo XII todavía existía una cierta reticencia sobre la importancia de Santiago como valedor de caballeros; seguramente, por ello se dio una gran difusión al milagro de la conquista de Coimbra. Según se narra en él, estando un día en oración el citado obispo griego Esteban, oyó cómo rezaban al santo un grupo de aldeanos suplicándole en estos términos:

Santiago, buen caballero, líbranos de los males presentes y futuros.

Esteban, disgustado por lo que consideraba que era impropio del Apóstol, les increpó de esta manera:

Aldeanos tontos, gente necia, a Santiago debéis llamarle pescador y no caballero.

Pero en la noche del mismo día en que el santo varón había recordado esto de Santiago, se le apareció el mismo vestido de blanquísimas ropas y no sin ceñir armas que sobrepujaban en brillo a los rayos del sol, como un perfecto caballero, y además con dos llaves en la mano. Y habiéndole llamado tres veces le habló así:

— Esteban, siervo de Dios, que mandaste que no me llamasen caballero, sino pescador; por eso te me aparezco en esta forma, para que no dudes más de que milito al servicio de Dios y soy su campeón y en la lucha contra los sarracenos precedo a los cristianos y salgo vencedor por ellos.

Puente sobre el río Órbigo
(León). En este lugar tuvo
lugar la célebre gesta de
don Suero de Quiñones.

Santiago en la batalla
de Clavijo, de José Casado
del Alisal. Capilla
de las Órdenes Militares,
Iglesia de San Francisco
el Grande, Madrid.
Desde el momento
mismo del hallazgo de su
cuerpo, acto que tuvo lugar
de forma milagrosa,
se sucederán las
intervenciones
extraordinarias del
santo para proteger
a sus fieles.

He conseguido del Señor ser protector y auxiliador de todos los que me aman y me invocan de todo corazón en todos los peligros. Y para que creas esto más firmemente con estas llaves que tengo en la mano abriré mañana a las nueve las puertas de la ciudad de Coimbra que lleva siete años asediada por Fernando, rey de los cristianos, e introduciendo a éstos en ella se la devolveré a su poder.

Dicho esto se desvaneció a sus ojos

Esteban contó a todos la visión que había tenido, confirmándose días más tarde lo que Santiago había pronosticado. Ante tales hechos, no dudó en afirmar que «Santiago daba la victoria a todos los que en la milicia le invocaban y recomendó que le invocasen todos los que luchan por la verdad». Todavía otros dos milagros más del Calixtino tienen por protagonistas a los caballeros.

Al celebrarse la solemnidad de Santiago en la basílica compostelana, en la ceremonia en la que intervenía el rey contaba con un importante protagonismo el protocolo caballeresco, tal como podemos ver en la descripción de estos actos que acordó Alfonso VI en honor de la festividad del Apóstol:

En esta fiesta, ciertamente, el venerable rey solía ofrecer durante la misa, según costumbre, sobre el venerado altar del Apóstol, doce marcas de plata y otros tantos talentos de oro, en honor de los doce apóstoles; y además solía dar a sus caballeros las pagas y las recompensas, y vestirlos con trajes y capas de seda; armaba caballeros a los escuderos, presentaba a los nuevos caballeros y convidaba a todos cuantos llegaban, tanto conocidos como desconocidos, con diversos manjares. Él —Alfonso VI— revestido con los atributos reales, rodeado por los escuadrones de caballeros y por las diferentes órdenes de adalides y condes, marchaba en este día en procesión alrededor de la basílica de Santiago con el ceremonial real de las fiestas.

La imagen de Santiago Matamoros, luchador sin par contra el Islam, se convirtió no sólo en el prototipo del caballero hispano inmerso de pleno en la lucha de la Reconquista, sino también en la de los caballeros de la Europa cristiana, que tenían en la cruzada su ideal. Todos los peregrinos que venían recorriendo el «Camino francés» iban encontrándose con los escenarios donde la gesta de Carlomagno y

sus pares había tenido lugar. Roldán, en pleno torneo con Ferragut *(vid.* esta historia en el apartado dedicado a Nájera), o lo que sería lo mismo, el caballero cristiano frente al musulmán, aparecía en las fachadas de muchos templos. En cierto modo, para el caballero la peregrinación se convertía no sólo en el acto de devoción, sino en la posibilidad de viajar a tierras lejanas por un ideal. Durante el viaje no faltaban las ocasiones de justar en buena lid. Los nobles de Alfonso XI, estando en Burgos, distraían su ocio disputando continuos torneos a los que invitaban a los caballeros que pasaban por allí camino de Compostela:

> ... e otrosi tenien puestas dos tablas para justar, e los caualleros de la vanda, quel rrey avia hordenado e fecho poco avie, estauan todo el dia armados quatro dellos en cada tabla, e mantenien justa a todos los que querian justar con ellos; e por que venien estonçes muchas gentes de fuera del rreyno en rromeria a Santiago e pasavan por Burgos por el camino frances, el rrey mandaua estar onbres en la calle por do pasauan los rromeros que preguntasen por los que eran caualleros e escuderos, e dezianles que viniesen a justar; e el rey mandaualas dar caballos e armas con que justasen; e en esto vinieron muchos françeses e yngleses e alemanes e gascones, e justavan de cada dia con astas de varas muy gruesas, con que se dauan muy grandes golpes. *(Crónica de Alfonso XI,* cap. CCXX.)

Otras veces, el caballero convertía el viaje de la peregrinación en la mejor forma de dar rienda suelta a una de sus diversiones favoritas, el torneo singular: el senescal de Hainaut de Werchin anunció su intención de aceptar, durante su peregrinación a Santiago de Galicia, «el reto de cualquier caballero que no le obligase a desviarse de su camino más de veinte leguas».

Cien años después de las jornadas burgalesas de los caballeros de Alfonso XI, en 1434, todavía los torneos venían siendo habituales en el Camino. El suceso conocido como el «Paso Honroso» habla por sí sólo de la cantidad de peregrinos-caballeros que andaban por la ruta jacobea y el espíritu épico que les movía. Fue provocado por Suero de Quiñones durante un baile en Medina del Campo al que asistía Juan II:

> Don Suero, con nueve caballeros, se comprometía a romper hasta trescientas lanzas con fierros de Milán, quince días antes del Apóstol Santiago, abogado y guiador de los súbditos del Rey, e quince dias después, salvo si antes de ese plazo, el rescate que pretendía Quiñones por la esclavitud en que suponía tenerle su dama fuere cumplido.

Las condiciones propuestas fueron las siguientes:

> Todo caballero o gentilhombre que fuere camino derecho de la Santa Romería, non acostándose al dicho logar del passo, defendido por Quiñones y sus caballeros, se podía ir a cumplir su viaje, pero cualquier caballero, que dexado el camino derecho, viniere al Passo defendido e guardado, non se podrá de ahí partir sin hacer las armas.

Se montó el escenario junto al Puente del Órbigo, apartado un poco del Camino para no molestar a los romeros. El 12 de julio comenzaron las justas y no terminaron hasta la víspera de san Lorenzo, 9 de agosto, cumpliéndose así los treinta soles prefijados. Se realizaron en este tiempo 727 carreras y se rompieron 166 lanzas. Se presentaron 68 caballeros cuya procedencia era muy variada: alemana, valenciana, francesa, italiana, aragonesa, bretona, inglesa, castellana, portuguesa, etc. Después del largo combate, don Suero partiría a postrarse ante la tumba del Apóstol para agradecerle la victoria en los duelos que había librado.

Pero, sin duda, será la conversión de Santiago en el señor feudal que da el espaldarazo a los nuevos caballeros lo que convierta al Apóstol en un verdadero santo de la caballería. La ceremonia de armar caballero a Alfonso XI en la catedral compostelana, recogida con cierto detenimiento en su crónica, nos permite hacernos una idea de cómo era este acto. El monarca hizo la peregrinación a Santiago desde Burgos, en 1332, llegando descalzo hasta la catedral y velando toda la noche sus armas:

> ... el rrey partió de Burgos e fue por sus jornadas en rromeria a visitar el cuerpo santo del apostol Santiago. E antes que llegase a la çibdad, fue de pie desde un lugar que dezian la Monxoya; e otrosi de pie en la yglesia de Santiago, e velo ay esa noche toda, teniendo sus armas ençima del altar; y en amanesçiendo, el arçobispo don Joan de Limia dixole una misa, e bendixo las armas; y el rrey armose de todas sus armas, de ganbax e de loriga e de quixotes e de canilleras e çapatos de fierro, e çiñose su espada, e tomo por si mesmo todas las armas del altar de Santiago que gelas non dio ninguno; e ficieron llegar la ymagen de Santiago que estaua ençima del altar al rrey, e llegose el rrey a ella, e fizo que le diese una pescozada en el carrillo. E desta guisa rresçibio caualleria este rrey don Alonso del apostol Santiago. E por que el rresçibio caualleria desta guisa, estando armado, hordeno que todos los que oviesen a rresçebir honrra de caualleria de alli adelante, que la rresçibiessen estando armados de todas sus armas, y el rrey partio de çibdad de Santiago, e fue al Padron otrosi en rromeria, por que en aquel lugar aporto el cuerpo de Santiago. *(Gran Crónica de Alfonso XI,* cap. CXX.)

Posiblemente, entre los últimos caballeros famosos que acuden a Compostela debamos señalar a Nicolás von Popplau, de Breslau, descendiente de una familia de polacos afincados en Alemania. Realizaba la peregrinación a Compostela en 1480 llevando consigo sus armas de caballero, que le habían hecho famoso en los torneos de Malinas. En un carro transportaba una enorme lanza que tan sólo él era capaz de manejar, tras él marchaba su caballo ajaezado con todos los aprestos de guerra. Pese a tan fiero y desafiante aspecto, no dejó de comportarse como cualquier pacífico peregrino; su celo piadoso le llevó no sólo a visitar la tumba de Santiago, sino que acudió también a los santuarios de Nuestra Señora de la Barca y el de Finisterre.

DEL PEREGRINO PENITENCIAL AL REO PÚBLICO

Desde muy pronto, los ejemplos más antiguos conocidos se remontan al siglo VI, los tribunales eclesiásticos acostumbraban a imponer como penas públicas la peregrinación a lugares donde se veneraban los cuerpos de los mártires. Este tipo de peregrinación se incluía, además, entre las modalidades de las penitencias públicas; a partir de 1300, tanto las unas como las otras fueron perdiendo importancia, aunque en algunos lugares, muy pocos, no terminaron por desaparecer hasta la revolución francesa. Desde la novena centuria, los sitios a los que se deben dirigir los penitentes coinciden con los santuarios más en boga de la época. San Pedro Damián, como legado pontificio, impuso a unos clérigos milaneses condenados por simonía la penitencia de peregrinar a Roma y a San Martín de Tours, en 1059; mientras que la condena al conde Raniero fue el viaje a Tierra Santa. Tiempo después, los recorridos penitenciales serán mucho más complejos. Guillermo de Nogaret, excomulgado por Clemente V, por haber intervenido en las luchas entre Felipe el Hermoso y Bonifacio VIII, tuvo que acudir a los principales santuarios de Francia (Notre-Dame de Vauvert, Notre-Dame de Rocamadour, Notre-Dame de Puy en Velay, Notre-Dame de Boulogne-sur-Mer, Notre-Dame de Chartres, Saint-Gilles en Provenza y Saint-Pierre de Montmajour) y al mismo Santiago de Compostela para poder levantar su excomunión.

Ende de Rigaud, arzobispo de Ruán entre 1248 y 1279, consideraba que la mejor manera de castigar las insolencias y rebeldías de los clérigos de su archidiócesis era condenarlos a cumplir una peregrinación. Fue ésta una práctica bastante usual entre los prelados.

Los tribunales de la Inquisición, en la Francia meridional, condenaban a los cátaros a realizar una peregrinación expiatoria a santos lugares como Roma,

los Tres Reyes Magos de Colonia, Santo Tomás de Canterbury o Compostela.

Durante los siglos XIII al XVI, este tipo de peregrinaje penitencial fue adoptado por los tribunales laicos, generalmente resolviendo causas ocasionadas por conflictos civiles, homicidios, injurias, en líneas generales, siempre que se trataba de hechos realizados con una gran trascendencia pública. La pena se aplicaba para reconciliar al culpable con la sociedad o con los deudos de sus víctimas, destinándoles los beneficios obtenidos por la peregrinación expiatoria. El mayor número de noticias sobre sentencias civiles de este tipo nos es suministrado por la documentación belga. A continuación se recogen algunas de ellas con el fin de que sirvan de muestrario referencial, pero sin que se pueda considerar una relación exhaustiva:

— Una disposición de los «Estatutos de la ciudad de Lieja de 1328» condena a una peregrinación a Santiago de Compostela al raptor de la mujer o hija, siendo la peregrinación a beneficio de la parte ofendida.
— Los «Estatutos de Saint-Trond de 1366» fijaban para el mismo delito dos peregrinaciones, una a beneficio de la comuna, otra a favor de la parte agraviada.

Entrañable imagen del aspecto de un peregrino a comienzos del siglo XX. Como se puede observar, poco o nada había cambiado el aspecto de los visitantes a la tumba del santo.

Los peregrinos hoy en día no deben sufrir las penalidades de antaño. Una detallada señalización y una confortable red de albergues permiten la realización del camino sin sobresaltos.

— Desde la promulgación de los «Estatutos de Jean d'Archel», en 1366, la peregrinación jacobea figuraba en muchas de las penas impuestas por la ciudad de Lieja.

— Los «Estatutos de Maestrich» castigaban a los violadores de la Tregua de Dios con una peregrinación a Compostela a beneficio de la comuna.

— Las «Ordenanzas de Saint-Trond de 1423» sancionaban con una peregrinación a Compostela a todo aquel que se opusiese al pago de las rentas o alquileres debidos a la villa. Las ordenanzas de 1486 condenaban a la misma pena los delitos contra el derecho de propiedad.

— El artículo 27 de la «Charte de Tongres», de 1502, imponía dos peregrinaciones a Santiago al que sacase espada o cuchillo contra el prójimo.

En el año 1307, la condesa Matilde de Artois y el condestable Gautier de Cantillon, en su papel de jueces, condenaron a Juan de Varennes a visitar las sepulturas de santo Tomás de Canterbury y del apóstol Santiago en Compostela, por haber maltratado de palabra y obra al señor de Caumont.

Ciertos investigadores consideran que la peregrinación como castigo era una solución sustitutoria de las penas de destierro. En este sentido se entiende mejor la pena que se impone a un personaje llamado Esteban a petición de Margarita, esposa de Ponsardo de Larrabis: el Parlamento le condena, por haberla maltratado, a una satisfacción pública que consiste en peregrinar a Santo Tomás de Canterbury, a Reims y

a Santiago de Galicia, permaneciendo en cada uno de estos lugares un año por su cuenta. Esteban regresará, una vez cumplida la totalidad de la pena, con las acreditaciones correspondientes.

Como es lógico, el lugar elegido para purgar la pena correspondía a la naturaleza del pecado cometido. Las más leves se limitaban a ir a santuarios próximos, mientras que las más graves conducían a Tierra Santa o su similar, en el otro extremo de la cristiandad, junto al *Finis Terrae*, Santiago de Compostela. Las «Ordenanzas de Saint-Trond de 1523» castigaban a los adúlteros a peregrinar a San Martín de Tours, pero si pasados quince días de su vuelta permanecían juntos, debían marchar a expiar su culpa a Compostela. En una de las constituciones de Barbarroja de 1186 se deja a elección del obispo el imponer a los incendiarios una peregrinación al sepulcro del Salvador o Santiago de Compostela, la Jerusalén de Occidente.

Los penitentes peregrinaban portando algún tipo de distintivo, cruces, vestidos de determinados colores, cadenas o grilletes. Los condenados a grandes penas iban con sus miembros aprisionados por anillos metálicos, algunas veces realizados con el material con el que habían cometido sus delitos, de santuario en santuario hasta que se rompían sus ataduras.

PEREGRINO POR OFICIO

En este apartado vamos a ver dos tipos de personajes que su peregrinación tiene poco de edificante para su propia persona, bien porque la realizan por delegación de otro, bien porque se valen del aspecto de pobre peregrino para no trabajar y vagabundear.

Peregrino por delegación.—Por diversas circunstancias, muchas personas no podían realizar personalmente la peregrinación, teniendo entonces que sufragar los gastos de un peregrino delegado.

Desde el siglo XI, es frecuente encontrarse en algunos testamentos la voluntad del testador de que un pariente o una persona a la que se pague realice una peregrinación en su beneficio. Será durante el siglo XIV cuando esta costumbre alcance su máximo apogeo. En principio el deseo era que fuesen sus deudos más allegados los que cumpliesen la promesa que él había hecho y no había podido cumplir.

En 1341, Bernard de Ezi, señor de Albret, dice en su testamento:

> ... Ordeno que, como he prometido hacer cinco peregrinaciones una a Santiago, otra..., esas peregrinaciones sean hechas por mis hijos, cada uno la suya, si uno sólo no puede hacerlas todas.

Los testadores desconfiaban de que sus herederos se sintiesen con demasiadas fuerzas para cumplir su voluntad, por lo que no dudaban en insinuar la posibilidad de delegar en alguien que lo hiciera por su correspondiente remuneración. Y en este sentido, vemos cómo aconsejan sobre la elección de un candidato idóneo e incluso marcan una fecha límite para su realización.

La viuda de Jean Désangles, el 25 de julio del año jubilar de 1417, deja 14 florines de oro para una peregrinación a Compostela, que sus herederos, o las personas que ellos designaren, habrían de cumplir en el plazo de dos años.

Raymond de Baux, el 21 de agosto de 1367, deja un legado para que la peregrinación que él no había podido hacer «sea hecha por un hombre de buena conciencia y que durante el viaje distribuya 200 florines de oro entre los pobres».

El canónigo de Nantes, Pierre Dorenge, quiere y ordena «que un pobre vaya a Santiago de Galicia en mi nombre y a mis expensas, y que deposite allí una ofrenda de un franco de oro».

Según los medios económicos de los que redactan sus testamentos, los peregrinos enviados serán más y a más santuarios. Parece como si hubiese una cierta obsesión de conseguir un mayor número de privilegios a la hora de presentarse ante el Juez Supremo.

Carlos II el Malo de Navarra, en el año 1385, dispone en su testamento que se envíen diversos peregrinos a diferentes santuarios, entre ellos dos a Compostela.

En esta manda del testamento de María Herrandes, otorgado en Astorga en 1387, podemos ver cómo dispone que un peregrino vaya en su nombre a los dos santuarios más famosos del reino en aquella época: Compostela y el Salvador de Oviedo: «Item mando que enbien por mi a Santiago en Romeria un omme o mugier a sant çalvador otro.»

En algunas ocasiones, la persona contratada no lo era en función del cumplimiento de una última voluntad, sino para conseguir una determinada gracia, generalmente la recuperación de la salud. Sabemos que en 1395 fue enviado por el rey Carlos VI de Francia un peregrino a Compostela para solicitar que se recuperara de sus dolencias el monarca. La anécdota histórica nos narra que, a la vuelta de su peregrinación por mar, perdió todos sus recursos y tuvo que ser ayudado con diversos subsidios por las autoridades municipales de Lille.

Tenemos noticia de que el 17 de marzo de 1326, en París, Lorenzo Le Vaillant contrata con la condesa Mahaut de Artois ir como peregrino a Santiago de Compostela. El compromiso le obliga a llevar al santuario compostelano 29 sueldos como ofrenda y traer el correspondiente certificado de la misma. Para realizar su trabajo de peregrino oferente cobrará 16 libras parisinas, obligándose a ponerse en camino en el término de ocho días desde la firma del contrato. Gracias al buen conocimiento que te-

nemos de las finanzas de esta condesa, sabemos que, al menos, ordenó seis peregrinaciones en su nombre entre los años 1312 y 1328:

— El 19 de febrero de 1312, fueron dos los peregrinos enviados.
— Otros dos peregrinos son remitidos por la condesa, en 1317. Esta vez la causa fue en memoria de su primogénito, que acababa de morir.
— El tesorero de la iglesia compostelana certifica, el 1 de mayo de 1321, que Yve Lebreton, delegado por la condesa de Artois, ha cumplido con todos los extremos de la peregrinación, incluyendo una limosna de 4 sueldos auténticos.

Durante los siglos XV y XVI era bastante habitual que las ciudades, apremiadas por un acuciante mal,

Con cruces como esta se señalaba en la antigüedad la senda por la que discurría el Camino de Santiago.

resolviesen enviar a santuarios importantes a varios peregrinos comisionados para que allí impetrasen la ayuda divina. La gran peste que asoló Barcelona en 1465 movió a diversas parroquias a mandar peregrinos a Compostela para conseguir librarse de la pestilencia: dos frailes franciscanos del Convento del Jesús; la Parroquia de Santa María del Mar delegó primero en dos pobres peregrinos y, después, serán dos capellanes. Barcelona se mostró por estos años bastante proclive a solicitar la ayuda del Apóstol compostelano; sabemos que la imploró en 1458, 1483 y 1507. La ciudad de Gerona, que ya había remitido peregrinos comisionados en 1483, lo hará de nuevo en 1529 con el fin de propiciar las lluvias que tanto necesitaban.

Bajo el disfraz de peregrino.—Ciertas franquicias que tenían los peregrinos en sus viajes, consiguiendo librarse del pago en los vados y, sobre todo, recibiendo limosnas y la caridad que los alimenta y hospeda, hacían que muchas gentes adoptasen el disfraz de peregrinos y pululasen por ciudades y caminos ganándose la vida. La persecución legal de estos personajes se hace de una manera sistemática a partir del siglo XVI. Reyes y ayuntamientos muestran una gran preocupación por las numerosas personas que, bajo la apariencia de peregrinos, no son otra cosa que gentes que buscan ganarse la vida de una manera fácil, vagabundeando.

La abundancia de este tipo de delincuentes debió crear graves problemas en la vida de una ciudad como la de Santiago. Las ordenanzas municipales, del año 1569, nos suministran información sobre estas gentes y cómo, para combatirlas, se fija de forma muy estricta el período de estancia:

> Otrosí visto como a esta ciudad concurren gran cantidad de velitrres unos llagados de males contagiosos y otros contrahechos de diversos modos y maneras y gran quantidad de bagamundos hombres moços y moças y mugeres sin tener oficio ni lo usar ni tomar amo todos so color y causa de la rromería y deboción del glorioso Apóstol Señor Santiago y andar velitrando e bribando por la dha ciudad y su tierra de que ynficionan la dha ciudad y dellos concurren otros muchos daños e por lo hebitar conformandonos con las leis e pramáticas de su Magd. que en rrazon dello ay hordenaron y mandaron que agora ni de aquí adelante en ninguna manera ningun pobre pidiente de ningun mal ni enfermedades que sean que a la dha ciudad venieren ora en rromeria ni por otra ninguna via que sea no para ni este en la dha ciudad mas de tres dias contado por uno el que entrare y otro el que saliere y otro en medio dellos dos y contado más de los dhos tres dias lo pongan en el rrollo y este alli atado quatro horas y allandolo mas en la dha ciudad sin tener amo que le den docientos açotes publicamente.

En el siglo XVIII las ordenanzas municipales compostelanas volvían a insistir en lo mismo, aunque ahora es mucho más explícito el texto sobre el comportamiento de los falsos peregrinos:

> Por quanto con pretexto de deboción al Santo Apóstol y la peregrinación a su Santo Templo, sirve a muchos forasteros a que, mal dispuestos, vienen más a ser tunantes y vagantes que mobidos de verdadera deboción, lo que se demuestra en que suelen avecindarse en esta ciudad para usufructuar las copiosas limosnas que reparten los fieles en perjuicio de los verdaderos pobres, manteniéndose continuamente en traje de peregrino, y con poco o ningún arreglo de costumbres; por tanto se manda por punto general, que los tales peregrinos que luego que entren en la ciudad, presenten ynmediatamente a las Justicias sus pasaportes, y en el término de tres días el certificado de haver cumplido con las diligencias espirituales, y saliendo luego de esta ciudad y sus arrabales a sus respectivos paises, penas a los contraventores de que a los hombres se les arrastrará a la cárcel y a las mujeres al Hospicio.

El padre Feijoo, en su célebre *Teatro Universal*, muestra también su crítica sobre estos seudoperegrinos tan abundantes en el siglo XVII:

> He notado bastantes ejemplares de extranjeros que con la capa de devotos peregrinos son verdaderos tunantes, que de una parte a otra, sin salir de España y sin piedad alguna sustentan a cuenta de la piedad agena... Gran número de tunantes, con capa de peregrinos... con el pretexto de ir a Santiago, comúnmente dan noticias individuales de otros santuarios de la cristiandad, donde dicen que han estado; y visitar tantos santuarios para devoción es mucho, para curiosidad y vagabundería nada sobra.

En este texto de Juan de Huarte (1550-1625), subprior de la Colegiata de Roncesvalles, publicado por Vázquez de Parga, tenemos un magnífico cuadro de costumbres en el que se representa toda una galería de retratos correspondientes a menesterosos y truhanes que, bajo el aspecto de peregrinos, se aprovechaban de los servicios de la hospedería pirenaica:

> En la segunda clase se pueden asentar los vagamundos, olgazanes, valdios, inútiles, enemigos de trabajos y del todo viciosos, que ni son para Dios ni para el mundo. Por la mayor parte son castigados y desterrados de sus propias tierras, los quales para encubrir sus malas viadas hechanse a cuestas media sotanilla y una esclabina, un zurrón a un lado, calabaza al otro, bordón en la mano y una socia con título fingido de casados y discurren por toda Espa-

ña, donde hallan la gente más charitativa y por otras partes de la christiandad sin jamás acabar sus peregrinaciones, ni bolver a sus tierras o por haver sido açotados o desterrados dellas, o por ser conocidos como gente vahune...

En la tercera clase se asientan otros peregrinos que por la mayor parte son labradores que bienen de Francia y de otras partes septentrionales. Estos nunca dirán que son de Bearne, sino de tierras christianas de Francia. Suelen venir, no por santo fin, sino tan solamente asustentarse en España, porque, según he sido certificado por hombres fidedignos en aquellas partes, muchos labradores, acabada la sementera, por no gastar en sus casas, o por no tener, emprenden la peregrinación y se vienen a sustentarse a España con mugeres e hijos y con familias enteras, como los vemos todos los días en Roncesvalles, y se entretienen en ella hasta el tiempo de la cosecha, y entonces con las blanquillas que an cogido cantando sus coplas y canciones donosas, buelben alegres a sus casas.

Pueden se agregar a los superiores los bohoneros franceses, llamados en comun Merchantes, una gente muy luzida como hortigas entre yerbas, entre christianos son christianos, y entre hereges son como ellos. Discurren por los poblados sonando con cascabeles y sonajas y con caxas colgadas por los cuellos llenas de diges y de cosas valadís con cuya variedad de colores que agradan engañan a las gentes menores, ignorantes y simples, mayormente por las aldeas vendiéndoles cosas falssas e innútiles, y como dicen, gato por liebre...

Los de la última clase son los mas perniciosos por ser hereges, de los quales sin duda suelen pasar muchos principales y plebeyos, los primeros movidos de curiosidad por a España y las grandezas de sus reyes; otros por espías, mayormente en tiempos de guerra, con bordones y esclabinas, o con hábitos de frayles. Estos no solamente no entran en la yglesia, pero ni se quitan los sombresros, pasando por delante della; y si alguna vez entran, es por curiosidad por ver las antiguallas de Roldan y Olivero, y por no ser notado, hazen las ceremonias de christianos, y se acogen en el ospital y reciben las raciones. De gente común herética pasan infinitos, como son labradores, cabacequias, paleros, ganaderos y de otros oficios, particularmente guadañeros...

Los caminos romeages y los santos ospitales y píos lugares que havía en ellos, para acoger y regalar a los buenos, sirven agora, como dize el Evangelio, de cuebas.

Por su situación, en plena frontera, es natural que Huarte sólo vea extranjeros camuflados como peregrinos. En este mismo sentido se expresaban algunos viajeros foráneos, tal como podemos ver en estas palabras de un viajero del XVII:

No os sabré decir la cantidad de peregrinos franceses que iban o venían de Santiago de Galicia. Ellos son los que hacen que los españoles nos llamen gabachos, y es una señal de que en Francia tenemos muchos holgazanes, el que vayan de ese modo a bordear los caminos de España.

Sin embargo, todo esto no debe llevarnos al error de considerar extranjeros a la mayoría de los peregrinos vagabundos que circulaban por nuestras tierras.

DEL PEREGRINO CULTO AL VIAJERO CURIOSO

Como vemos en la visión crítica de Feijoo, a algunos peregrinos les movía la curiosidad más que la devoción. Curiosidad que se centraba en el conocimiento de todo lo que se relacionaba con la peregrinación y, muy especialmente, con los restos antiguos que podían testimoniar el pasado histórico de lo que era el «fenómeno» jacobeo.

Es evidente que siempre los viajeros cultos, aventureros o viajeros natos, tenían en la peregrinación la posibilidad de trascender más allá del simple carácter piadoso de la misma. Para unos se abría ante sus ojos el exotismo fascinante del *Finis Terrae*, europeos que alcanzaban el extremo más occidental conocido de la Tierra. Para ellos, la peregrinación podía incluso con-

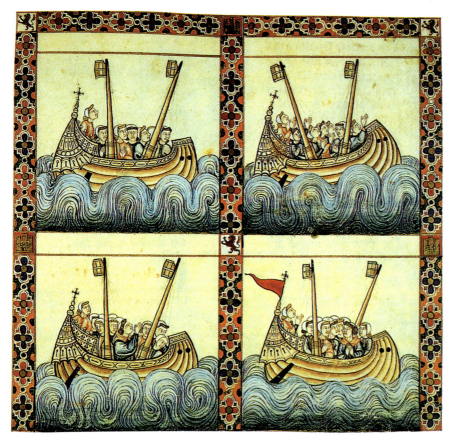

Cantigas de Santa María, de Alfonso X, segunda mitad del siglo XIII. Estas miniaturas nos permiten hacernos una idea de cómo viajaban por mar los peregrinos.

vertirse en el pretexto para buscar la aventura en un territorio lejano, donde el paisaje y las costumbres eran muy diferentes a los de su patria. Ante los intelectuales se mostraba la posibilidad de investigar sobre la historicidad de lo jacobeo, contemplando, con cierta minuciosidad arqueológica, los vestigios de todos los santos lugares que se relacionan con la historia de la traslación del cuerpo del Apóstol.

Hasta el siglo XII, a la curiosidad estrictamente científica habría que añadir la de entrar en contacto con una vieja cultura religiosa, la hispana, que para los europeos del Medievo tenía timbres de gloria tan admirables como serían los de la tradición isidoriana. Ya el primero de los peregrinos conocidos, Godescalco, obispo del Puy, cuando realizó su peregrinación en el 950, mostró una especial preocupación por conocer obras de la Iglesia hispana. Visitando el monasterio riojano de Albelda, contempló un hermoso ejemplar del *Tratado sobre la Virginidad de María,* obra de san Ildefonso de Toledo, del que solicitó al presbítero Gómez le hiciese una copia.

Desde el siglo XIV, posiblemente ya antes pero la documentación no es tan explícita, empezamos a encontrar referencias a peregrinos que no sólo cumplen con su devoto propósito, sino que aprovechan el viaje para conocer el medio geográfico y las gentes que lo habitan. En 1387, la Cancillería aragonesa expedía salvoconducto a unos caballeros alemanes que iban hacia el territorio castellano por causa de la peregrinación y de conocer las costumbres del país. Desde finales de la Edad Media, muchos que son citados como peregrinos no son otra cosa que viajeros que recorren el mundo y que, en este viaje, el paso por Santiago es obligado como uno de los lugares más famosos. Esto no impide que si el visitante es católico, durante su estancia en la ciudad, pueda sentir una pía conmoción. El famoso viajero alemán Jerónimo Münzer, según su propia confesión, abandona Nuremberg a causa de la peste que se declara en la ciudad, emprendiendo un largo recorrido por Europa durante 1494-1495, llegando a Compostela al final. Las noticias que nos transmite de su viaje nos demuestran que se trata de un gran geógrafo y cosmógrafo y, pese a declararse un buen cristiano, no hay en él un espíritu de peregrino; incluso, no parece nada edificante que, siendo él médico, hubiese abandonado la ciudad cuando más le necesitaban sus convecinos. En 1499 llega a Compostela un joven caballero alemán, Arnold von Harff. Nos ha dejado una narración de su itinerario, al que aludiremos en diversas ocasiones. Había salido de Colonia en noviembre de 1496 para realizar un gran viaje que se iba a prolongar tres años, recorriendo Roma, El Cairo, los Santos Lugares, Venecia y Compostela. En su escrito deja constancia de por qué ha emprendido el viaje: «para consolar y salvar mi alma yo, Arnold von Harff, he decidido cumplir un beneficioso peregrinaje». En principio parece que Harff se comporta como un peregrino clásico, sin embargo, más adelante dice: «... pero también para conocer las ciudades y países y las costumbres de los pueblos». Y, por si hubiese duda, añade que el peregrinaje es útil porque permite conocer el «mundo amplio y lejano» y vivir aventuras extraordinarias. Paolo G. Caucci considera que en este caso «nos encontramos más específicamente en el ámbito del llamado *Kavalierstour* o *Ritterfhart,* el viaje que se consideraba necesario para la formación del joven caballero, tan a menudo ligado con una peregrinación».

Según progresa la crisis de la peregrinación, los viajeros a Compostela, sin dejar de reseñar el aspecto piadoso, no dudan en denunciar que también les mueve la curiosidad de conocer mundo. Bartolomeo Fontana, en su libro *Itinerario, o vero viaggio da Venetia... fino a Santo Iacobo in Galitia* —impreso en Venecia en 1550—, se expresa en los siguientes términos: «Deseoso yo de visitar tantos santuarios e infinitas reliquias de los yacentes en Cristo Jesús, aunque también de ver diversos y extranjeros lugares y tierras del universo, decidí en el año de la encarnación de Nuestro Señor 1538 dirigirme a la famosa Galicia.» Poco más de cien años después, Domennico Laffi, que había estado tres veces en Santiago —1666, 1670 y 1673—, deja atisbar ciertos escrúpulos piadosos al justificar por qué emprendió el viaje; seguramente hay en él los remordimientos espirituales de su condición de clérigo: «Movido no sé si más por la natural inclinación del genio que me somete a la curiosidad de ver cosas nuevas o por el espíritu de piedad hacia el glorioso Apóstol Santiago, puse rumbo a Galicia para adorar aquellas sagradas cenizas, semillas vivas de eternidad.»

LOS PEREGRINOS, NOMBRES PROPIOS Y GRUPOS DE DESCONOCIDOS

Desde que, en el mismo siglo IX, llegó ante la tumba de Santiago el rey Alfonso II, se sucederían muchos de los notables de la sociedad europea para prestar su devoto testimonio. Seis siglos después, Lucio Marineo Sículo se refería todavía a la relevancia de las personalidades que habían acudido a Compostela durante siglos:

> De muy lexas tierras hemos visto venir Reyes y grandes cavalleros, en forma de peregrinos, a Compostela, cibdad en la provincia de Galicia.

En las páginas siguientes veremos una secuencia que identifica con su nombre propio a los peregrinos más famosos, o simplemente a aquellos que salen del anonimato al haber quedado constancia de su nombre en algún testimonio de época. La relación puede que olvide centenares de nombres de personajes de la burguesía media o de la nobleza de segundo rango, pero las ausencias de grandes personajes de la sociedad serán mínimas. Se han agrupado aquí las listas tantas veces reiteradas y ampliadas por Vázquez de Parga, Huidobro, Carro, etc., intentando depurar lo más posible la realidad de su peregrinación. Son muchos los grandes personajes que se han considerado peregrinos en Compostela, cuando en realidad no lo fueron nunca, y sólo se buscaba con ello, o dar más trascendencia a su personalidad o, al revés, valorar la peregrinación aduciendo la presencia de notables en ella.

Recogeremos en la cita del peregrino un breve resumen de lo que conocemos sobre las diversas circunstancias de su viaje, aunque, en la mayoría de las veces, tan sólo podremos reseñar su presencia en Compostela. La lectura de esta seriación de nombres puede que se haga algo fatigosa, pero sin embargo resulta muy reveladora de lo que significó la peregrinación para muchas personas en concreto, lejos de las frías generalizaciones a las que está obligado el historiador y que son las que se exponen en las síntesis más divulgadas. Al contemplar los diferentes períodos en los que hemos dividido la relación de peregrinos, veremos que en los dos siglos últimos de la Edad Media son más los nombres propios que conocemos que en los anteriores, lo que en principio podría parecer paradójico si se tiene en cuenta que, en estas dos centurias, se había iniciado ya una cierta decadencia de la peregrinación. La razón debemos buscarla en un fenómeno ajeno a la peregrinación, simplemente se trata de una mayor abundancia en cantidad y calidad de las fuentes documentales según avanza el discurrir de los siglos.

HASTA EL AÑO 1000

Desde el descubrimiento del sepulcro y la construcción de la basílica compostelana sobre él, Santiago de Compostela se convirtió en un santuario que centraba la atención de los fieles. Esta práctica de culto a las reliquias de los santos era especialmente recomendada por la vieja liturgia hispana. El monje Usuardo, procedente del monasterio parisino de Saint-Germain-des-Prés, realizó un viaje a Córdoba en busca de reliquias; no se sabe que estuviese en Compostela, sin embargo sí contó que en España «los santos huesos de Santiago son objeto de una celebérrima veneración». Esto lo escribió en un martirologio que compuso antes del 867. Así pues, Usuardo se convierte en el notario que certifica la existencia de peregrinos hispanos, así como del conocimiento de esta peregrinación nacional fuera de nuestras fronteras. Sin embargo, la documentación silencia absolutamente el nombre de los posibles peregrinos, a excepción de las visitas de los reyes. Habrá que esperar al siglo X para que podamos realizar una nómina de peregrinos que contenga nombres propios; es muy corta la relación, pero lo suficientemente diversificada para que podamos pensar que en esta centuria llegaban a Compostela peregrinos de lejanas tierras.

En el año 950, el obispo del Puy salió de Aquitania acompañado de una gran comitiva, dirigiéndose a los confines de Galicia a fin de rezar en la tumba del apóstol Santiago. Regresó a su diócesis en enero del año siguiente. Dejando a un lado los problemáticos casos de las centurias anteriores, se puede decir que con él se inicia la llegada de hombres ilustres y anónimos peregrinos de más allá de los Pirineos.

Muy recientemente se ha dado a conocer por K. Herbers la existencia de un peregrino del lago Constanza en el siglo X. Había nacido ciego, por lo que viajó por diversos santuarios de Hungría, Tierra Santa y *ad Sanctum Jacobum in Galecia* en busca del milagro que remediase sus males.

Mediada la centuria llegó a Compostela el conde castellano Fernán González acompañado por Damián, abad del monasterio burgalés de San Pedro de Cardeña.

Hacia el 959, Cesáreo, abad del monasterio catalán de Santa Cecilia de Montserrat, acudió a Compostela. Poco después llegaría Hugo de Vermandois, el conflictivo obispo de Reims.

El eremita Simeón de Armenia realizó un largo viaje por Francia, llegando hasta la basílica de Santiago, en Galicia. Su biógrafo nos cuenta que, por petición del rey, exorcizó a una princesa endemoniada. Los sucesos debieron ocurrir en el 983 o en el 984.

Los horrores del milenio, que en territorio hispano se identificaban con las razias de Al-Mansur, no favorecieron la llegada de muchos viajeros. Los caminos de los cristianos no eran seguros, y las mismas ciudades caían en manos del caudillo cordobés, quedando reducidas a ceniza. El desarrollo urbano de Compostela quedó segado de raíz en el 997, al ser asolada por las tropas del caudillo cordobés.

SIGLO XI

Sigue siendo todavía un período oscuro, en el que la documentación es escasa y muy poco explícita. Sin embargo, la peregrinación jacobea debía ir en un progresivo aumento. El que se empezase a construir en el séptimo decenio de la centuria un templo nuevo, del tamaño con el que se proyectó y con unos recursos técnicos y estilísticos tan «vanguardistas», se explica estando apoyado por un gran auge económico que no sólo se podía fundamentar en el apoyo real, sino en la masa de peregrinos que ya acudían a Compostela atraídos por la popularidad de Santiago.

No sabemos si los clérigos catalanes Geribert y Bofill llegaron a realizar su deseo —peregrinar a Santiago—, pero en 1023 redactaban testamento porque se disponían a ello. Al ver que Ramón Guillén, en 1057, hacía lo mismo, nos hace suponer que por esta época la peregrinación debía estar bastante extendida por Cataluña durante la primera mitad de la centuria.

Roger I de Mosny visita Compostela hacia 1034, según consta en la documentación de Santa Fe de Conques.

Fronilde, esposa de Ordoño —hijo de Bermudo II—, visita Compostela como peregrina en 1045.

Una gran comitiva de peregrinos procedentes de Lieja, dirigida por Robertp, monje del monasterio de Santiago fundado en la misma ciudad, fue recibido con grandes fastos por el obispo don Cresconio. Como recuerdo recibieron un hueso braquial del Apóstol junto con otras reliquias.

Fernando I, agradecido por la conquista de Coimbra, acude a Santiago de Compostela, en 1065.

En 1072 también expresó su deseo de acudir a Compostela el obispo Sigfrido I de Maguncia, cansado de los asuntos del mundo y de las obligaciones de su cargo. Poco antes debió cumplir su promesa de peregrinación a Compostela la esposa del conde Sigfrido de Sponhein. En 1065, el matrimonio había realizado un viaje a Tierra Santa y, a su regreso, el marido murió en Bulgaria, donde la condesa hizo voto de acudir ante el sepulcro de Santiago.

Balduino, conde de Guines, acompañado del obispo de Lille, Ingelram, llegaba a postrarse ante la sepultura de Santiago de Galicia en 1084.

Hugo, arzobispo de Lyón, sale de su diócesis, el 4 de abril de 1095, llegando a Compostela la víspera de Pentecostés (12 de mayo), donde celebró sobre la tumba del Apóstol el oficio de esta fiesta, y retorna a su patria al día siguiente. En este mismo año, por un documento del 24 de septiembre, sabemos que Raimundo de Borgoña está en Santiago como peregrino.

Finalizando el siglo, estuvo en Compostela Allard, conde de Flandes. De regreso a su país fue asaltado por unos bandidos en el monte de Aubrac (departamento de Aveyron). Por este motivo fundó el conde una hospedería en dicho lugar para protección de los peregrinos.

Llegaron aquí diversos santos, sin que seamos capaces de fijar la fecha exacta. San Guillermo de Vercelli, fundador de los eremitas de Monte Vergine, marchó a los quince años, y con los pies descalzos, para visitar entre otros santuarios el de Santiago. De la misma forma llegaría san Theobaldo de Mondovi. Santa Paulina peregrinó con su esposo y un grupo de acompañantes.

SIGLO XII

Entramos, con este siglo, en la definitiva definición de todo cuanto concierne a Santiago y su culto en Compostela. Su obispo Gelmírez consigue la dignidad arzobispal. La catedral se termina de construir, con la edificación de un gran pórtico occidental, bajo la dirección del maestro Mateo. También se componen, ahora, los dos grandes monumentos de la literatura jacobea, la *Historia Compostelana* y el *Libro de Santiago,* que contribuirán decisivamente al esplendor de la sede que custodia el cuerpo de Santiago y a la difusión de los hechos extraordinarios relacionados con la vida y milagros del Apóstol.

Durante la primera mitad de la centuria visitaría en varias ocasiones Compostela Aymeric Picaud, escribiendo la guía que serviría de orientación a tantos peregrinos que emprenderían entonces el viaje.

A comienzos del siglo (1102), llega a Santiago para cumplir con su promesa de peregrinación Guido de Albion; le acompaña un número importante de magnates.

Guido, arzobispo de Vienne, hermano del conde Ramón de Borgoña, estuvo en Compostela en 1107. Su séquito estaba formado por un grupo de clérigos. En 1120 alcanzaría la dignidad pontificia con el nombre de Calixto II.

En 1108, Alfonso VI manifiesta su intención de acudir a Santiago como peregrino para, en el mismo altar del Apóstol, conceder el derecho de acuñación de moneda. Dos años después será la hija del monarca, Urraca, quien exprese su deseo de acudir a Santiago para orar ante la tumba jacobea.

Un caballero borgoñón, llamado Roberto Francés, cuñado de Calixto II, llega a Compostela en 1119. Dos años después vienen Enrique, abad de San Juan de Amgely, y Esteban, monje cluniacense. De Poncio, abad de Cluny, trajo una carta para el arzobispo Gelmírez, un caballero-peregrino llamado Hugo. Otro caballero, denominado Guido, acude con una carta de presentación del Papa para Gelmírez.

Durante el año 1121, para la consagración de don Sancho, obispo electo de Ávila, llegaron a Santiago el cardenal Boson, de Roma; Vito, obispo de Lescar, y Guido de Loth.

Matilde, hija del rey de Inglaterra, Enrique I, y joven viuda del emperador alemán Enrique V, muy devota de Santiago, cumplió con la peregrinación en el verano de 1125.

Muy curiosa es la dramática narración de la muerte de Guillermo X, duque de Poitiers y Aquitania, referida por algunas historias compostelanas. Se cuenta que este personaje, verdadero paradigma de todas las maldades, se arrepintió de sus iniquidades después de una entrevista con Bernardo de Claraval, quien le impuso como penitencia la peregrinación jacobea. Cuando estaba cumpliendo su penitencia, el viernes santo de 1137, postrado ante la tumba del Apóstol, le sorprendió la muerte. El suceso tuvo una gran difusión por toda Europa, siendo contado por poetas y trovadores. Sin embargo, no hay nada de realidad en este suceso, todo corresponde a un «montaje» literario; el duque murió en 1155 en Siena.

Alfonso VIII, una vez hechas las paces con el monarca de Portugal, acudió al santuario compostelano para hacer oración, en 1138.

El 8 de junio de 1140, un gran ejército de cruzados, formado por gentes de Alemania, Francia, Inglaterra y Aquitania, llegó hasta el altar de Santiago para darle las gracias por haberles salvado de morir ahogados. Embarcados los cruzados en una gran flota de doscientas naves para dirigirse a Jerusalén, fueron sorprendidos por una tempestad que condujo sus barcos hasta la ría de Noya. De aquí marcharon presurosos a Compostela para postrarse a los pies del Apóstol, agradecidos por su milagrosa salvación.

La infanta doña Sancha acompañada de su capellán Pelayo Arias, canónigo de Compostela, peregrinó a Santiago en 1149, constituyendo como recuerdo un aniversario en el día de la Natividad de Nuestra Señora.

Sofía de Holanda llegó a Compostela hacia 1150, acompañada por un séquito de servidores y monjes. Al regresar a su patria fue asaltada por un grupo de ladrones que intentaron matarla acuchillándola; al fallar todas las puñaladas, comprendieron que se ha-

Tumbo A (catedral de Santiago, Biblioteca). Representación de Fernando I, rey de León y de Castilla (1037-1065). El monarca acudiría a la catedral compostelana para agradecer al Apóstol el haber conquistado Coimbra, en 1065.

Cabecera de Santa Cecilia de Montserrat, siglo XI. Procedente de este monasterio llegó a Compostela el abad Cesáreo, en el año 959.

bía producido un milagro, por lo que se arrepintieron y le pidieron perdón. Sofía moriría en Jerusalén en 1176, cuando estaba realizando su tercera peregrinación a los Santos Lugares.

En 1151 visitaba la tumba de Santiago el obispo Enrique de Winchester. Procedía de Roma, donde había comprado algunas estatuas antiguas. Será en su viaje de regreso por mar a su tierra, cuando decidió detenerse en Compostela.

Nicolás, obispo de Cambray, cumplía con la promesa de peregrinación, hecha durante una enfermedad, en 1153.

Luis VII, rey de Francia, después de contraer matrimonio con la hija de Alfonso VIII, peregrinó a Santiago en 1154.

Un famoso malhechor, Roberto de Botua, arrepentido de sus pecados, marchó a Compostela para postrarse humildemente ante los venerables restos de Santiago, en 1154. En este mismo año, también, llegaron Teobaldo V, conde de Blois, y Felipe de Alsacia, conde de Flandes. Este último volvería siete años más tarde y se cuenta que preguntó si era verdad que se conservaba allí la cabeza del Apóstol.

Visita Compostela en 1164 Conrado I, arzobispo electo de Maguncia y hermano del conde palatino Otón.

Fernando II, agradecido por la conquista del castillo de Cedofeita (Pontevedra) sin que su ejército sufriese bajas, acudió a la basílica compostelana para dar las gracias al Apóstol, en 1167.

El monje Arnaldo del Monte hizo su peregrinaje desde el monasterio de Ripoll, aprovechando para realizar una copia del libro quinto del Calixtino. Por entonces también peregrinó Hugo, conde de Cestria.

Anno von Blankenbur, obispo de Minden, estando de peregrino en Compostela, estableció un acta de confraternidad de oraciones con la catedral de Santiago, el 21 de febrero de 1175.

Un peregrino sueco, familiar del obispo de Eskil, viajó en 1180. Ha sido considerado por Vázquez de Parga el primer peregrino sueco del que se tiene constancia.

El célebre Enrique el León, duque de Sajonia, concluía su peregrinación en 1181.

Por un privilegio concedido en 1181 sabemos que el rey don Fernando visita la catedral compostelana.

Por entonces haría su peregrinación Heinrich von Supingen que, poco después de haber estado también en Roma, ingresaría en un monasterio.

El 8 de septiembre de 1190 cumple con la peregrinación doña Aegidia, según consta en los anales del monasterio benedictino de Ceccano, en la Campania.

Guillermo, arzobispo de Reims, visita el santuario jacobeo en 1192.

Se cuenta que en esta centuria visitaron Compostela, también, los siguientes santos: Morano, monje cluniacense; Alberto, ermitaño, y Bona de Pisa. Según López Ferreiro, finalizando el siglo, debió realizar su primera visita Santo Domingo.

Santa Bona de Pisa (✝ 1207) peregrinó primero a Tierra Santa. A su regreso fue capturada y vendida como esclava. Liberada por comerciantes pisanos, emprendió la peregrinación a Santiago para agradecer su liberación. Desde entonces dedicó su vida a acompañar y proteger a los romeros que se dirigían a Compostela; por esta razón, es bastante habitual representarla orando ante la tumba del Apóstol.

SIGLO XIII

La pujanza de las peregrinaciones es tan grande que el cabildo compostelano, que acaba de ver concluido el proyecto de la catedral románica, piensa ya en la construcción de un gran edificio gótico más acorde con los tiempos que corren. Comenzadas las obras bajo el episcopado de Juan Arias (1238-1266), quedaron suspendidas muy pronto de manera definitiva.

Los peregrinos acuden de todas partes formando grandes grupos. Una vez concluida la peregrinación, sigue quedando en ellos el recuerdo del viaje y la devoción por Santiago. Se tiene conocimiento de que en 1282 se reunieron cuatrocientos o quinientos caballeros, que habían peregrinado a Compostela para formar una cofradía que gobernase el hospital de Santiago de Nieuwland, en Gante. La

Tumbo A (catedral de Santiago, Biblioteca). Representación de Alfonso IX (1188-1230). Este monarca leonés tuvo una gran predilección por Santiago, a cuya catedral acudió en numerosas ocasiones.

cofradía se encargaría de que se cantasen y rezasen misas por los cofrades difuntos. La fama de Santiago se extiende hasta el imperio mogol y, aunque sean anecdóticas, son varias las noticias que referencian la venida a Compostela de diversos enviados de estos lugares.

Entre los últimos años del siglo XII y los primeros de la centuria siguiente debió producirse el viaje de un abad de Fulda, llamado Enrique, y el prior Ruotardo. De este tiempo debe ser la hermandad entre Fulda y Santiago.

Se sabe que un conde renano, denominado Wolfram, emprendió en compañía de su esposa la peregrinación; sin embargo, carecemos de noticias que confirmen que hubiesen concluido su viaje.

El rey Alfonso IX volvía otra vez a Santiago en septiembre de 1211; la noticia que documenta su visita explicita que era por «Causa peregrinationis».

En 1212 rindieron viaje en Compostela Guillermo II, arzobispo de Burdeos, y Godofredo, obispo de Nantes. Cumplirían así con su veneración por Santiago, aprovechando su viaje a España para participar en la batalla de las Navas de Tolosa.

Leopoldo, duque de Austria, realiza su peregrinación en 1212.

Francisco de Asís visita como peregrino Compostela en 1213. En las «Florecillas» se nos cuenta el siguiente prodigio que le acaeció al santo en la catedral compostelana:

... pasando la noche en oración en la iglesia de Santiago, le fue revelado por Dios a San Francisco que él debía ocupar muchos lugares en el mundo, porque la orden suya debía extenderse y crecer en gran multitud de frailes. Por esta resolución comenzó san Francisco a fundar conventos en aquella comarca.

Desde Santiago a Jaca iremos encontrándonos con casas conventuales franciscanas que atribuyen su origen al paso del peregrino de Asís.

En 1215 realiza su peregrinación el obispo Hugo de Lieja.

Un grupo de cruzados alemanes y holandeses, partiendo del puerto inglés de Dartmouth, después de pasar por el puerto bretón de San Mateo, terminó por fondear en La Coruña. Desde aquí, caminando día y noche, llegaron a la basílica del Apóstol para hacerle una ofrenda, en 1215.

En 1220, parece ser que Domingo de Guzmán visita la ciudad compostelana como peregrino.

Sería en 1221, cuando María y Flora de Guido de Treviso peregrinaron a Santiago, siendo robadas como ya hemos referido más arriba.

Juan de Brienne, rey de Jerusalén, al venir a Castilla para casarse con una de las hijas de Alfonso IX, se decidió a realizar la peregrinación antes de la boda. El 3 de marzo de 1224, recibía el bastón de peregrino en la catedral de Tours. Seis años después, a finales de septiembre de 1230, Alfonso IX será enterrado en la catedral compostelana, junto al sepulcro de su padre Fernando II.

Berenguer Porquerio, encontrándose en un hospital de Algaria, y deseando hacer la peregrinación a Santiago de Galicia, hizo testamento el 25 de julio de 1227.

Un célebre trovador de Mantua, Sordello di Goito, expresó su deseo de peregrinar a Compostela en 1230.

En 1233 vendría Fernando III a cumplir con el Apóstol y rezar ante la tumba de su padre, Alfonso IX.

Una mujer endemoniada desde hacía más de diez años peregrinó a Santiago desde Lausana, en 1233.

El rey Sancho II de Portugal llega a la ciudad en 1244.

Mediada la centuria, el conde de Tolosa, Raimundo XII, cumplía su peregrinación ante la imagen de Santiago.

No sabemos si llegaría a buen término la peregrinación de un monje nestoriano que vivía en Tartaria, donde lo encontró preparándola Ruysbroek en 1253. Se ha citado siempre este caso como testimonio de la gran difusión de la popularidad de Santiago, que llegaba a alcanzar lugares tan ignotos para la época.

De la peregrinación de Alfonso X ha quedado constancia en unos versos de Ayras Nunes (1252-1284):

> A Santiago en romería ven
> el Rey, madre, prazme de coraçón
> por duas cousas, se Deus me perdon,
> en que teño que faz Deus gran ben,
> ca verey el rey que nunca ví,
> e meu amigo que ven con él hy.

Hacia 1254, visitaba Compostela la princesa Cristina de Noruega, hija del rey Haakon IV, que terminaría casándose con el infante don Felipe.

Raimundo Lulio nos dejó en unos sentidos versos una visión de Compostela, que seguramente conoció haciendo él mismo la peregrinación, hacia 1267.

Con motivo de la boda de don Fernando, hijo de Alfonso X, con doña Blanca, hija de san Luis, rey de Francia, los príncipes, Felipe, hijo del rey de Francia, y Eduardo, primogénito del monarca inglés, visitaron la tumba del Apóstol en 1269-1270. El príncipe inglés sería más tarde armado caballero en Burgos.

Por aquel entonces llegaron a Santiago dos damas suecas: Ingrid, miembro de la familia real, y su amiga Melchtil, ambas rodeadas de un gran cortejo. El viaje, para adecuarlo mejor a un sentido devocional y piadoso, lo realizaron a pie, incluso el retorno a su país.

En 1272 acudió a Santiago el infante don Sancho; entre sus títulos figuraban los de alférez de Santa María y almirante de su Cofradía en España.

La tradición quiere que la reina doña Violante, esposa de Alfonso X, al morir su marido, viniese como humilde peregrina a postrarse ante el altar de Santiago. La misma leyenda atribuye a esta visita la fundación del convento de Santa Clara.

Un vecino de Zurich, Heinrich Waliser, viajó a Santiago de Galicia en 1279.

Dos hijos de Herbert (conocido como L'Écrivain), vecinos de Compiegne, peregrinaron en 1284.

Desde Burgos llegó a Santiago, para pasar aquí la festividad del Apóstol del año 1286, el rey Sancho IV. La comitiva regia estaba integrada por un gran número de caballeros: el almirante Payo Gomes Charino, el infante don Pedro, don Sancho Fidel, don Juan Fernández de Limia, don Juan Alfonso, don Ramiro Días, don Ferrán Rodrigues de Cabeza, don Arias Días, don Ferrán Fernández de Limia, don Gonzalo Yuanes, don Juan Fernández —merino mayor del reino de Galicia—, don Esteban Núñez —merino mayor de la Tierra de León—, etc. Circunstancias internas volvieron a llevar a Galicia a Sancho IV, por segunda y última vez, en julio de 1291.

En este siglo programó su viaje a Santiago el gran poeta Dante; sin embargo, nunca llegó a realizarlo.

Una vez más, la leyenda nos transmite noticias que convierten en peregrinos jacobinos a los santos de la época. En este sentido se habla de san Francisco de Siena, al que se le hace venir a Compostela para, postrándose ante la imagen de Santiago, gemir aquí por sus yerros, y emprender una nueva vida. Dejando como recuerdo de su visita su bordón de peregrino. También se considera peregrino compostelano a san Amaro, francés de origen, quien, una vez cumplido con la peregrinación, se retiró a servir en el hospital de Burgos.

SIGLO XIV

Son numerosas, en este siglo, las peregrinaciones de grandes señores que se hacen acompañar de comitivas vistosas, donde figuran familiares, amigos, músicos y todo tipo de criados domésticos. Llevan cartas de presentación y recorren con cierto detenimiento y comodidad el trayecto. De la fastuosidad de estos séquitos han quedado numerosos recuerdos por los lugares donde pasaron.

En los primeros años de este siglo peregrinaron, desde Suecia, Biger Person y su esposa Ingeborg, padres de la que llegaría a ser santa Brígida, quien peregrina también a Compostela, como veremos más adelante.

Por estos años debió llegar a Compostela una hermosa imagen de Santiago peregrino, obra de la orfebrería parisina, ofrecida, según consta en la cartela de la imagen, por Geoffroy Cacatrix. Se trata de un ciudadano de París, tesorero de Felipe IV el Hermoso, en 1301. En un inventario de la catedral, de 1527, se hace la siguiente descripción de la imagen:

> Imagen del Señor Santiago, de plata, todo dorado, que tiene en la mano derecha un veril en el que está puesto y engastonado un diente dél... y en la otra mano un bordón, y en la cabeça del bordón una tabla de letras esmaltadas y debaxo del pie del veril están engastonadas seis piedras de diversos colores...en la cabeça un solombrero de plata, todo dorado, y su pie de plata esmaltado.

Se conserva esta imagen en la Capilla de las Reliquias de la catedral compostelana. En 1921 se perdió el diente que atesoraba, colocándose en su lugar una reliquia ósea del Apóstol.

El 30 de diciembre de 1315, Eduardo II de Inglaterra autorizó a Radulfo de Monte Hermerri, uno de sus guardabosques, para que viniese en romería a Santiago.

Un burgués alemán, Volmar voes Buamgartem, de Rostch, hizo testamento antes de ponerse en camino para Santiago de Galicia, en 1317.

Jaime II de Aragón, en marzo de 1319, recomendaba al arzobispo de Santiago los siguientes peregrinos: Beltrán Gallifa, caballero; Guillermo de Santa Coloma, escudero, y Pedro Julián, capellán.

Un peregrino italiano, antes de emprender su viaje a Finisterre de Galicia, hizo una manda testamentaria, por la que dejaba a su sobrina Tessina 200 libras en el caso de que muriese en el camino.

Yve de Lebreton, peregrino contratado por la condesa de Artois, cumplía con la peregrinación y entregaba «cuatro sueldos auténticos» en nombre de la condesa, según consta en el certificado expedido por el tesorero de la catedral compostelana, el 1 de mayo de 1321.

En el verano de 1324, llegaron a Compostela los ya citados Jorravo de Ponte y Esteban Longueroxe, servidores del cabildo de Reims.

Santa Isabel, reina de Portugal, viuda del rey don Dionis y nieta de Jaime I de Aragón, llega a Santiago en julio de 1325 ó 1326. Después de recorrer los principales lugares de veneración jacobea en el entorno de Santiago, al contemplar en la distancia las torres del templo compostelano, descabalga y se dirige a pie hasta él. Asistió a la misa solemne que el arzobispo don Berenguel celebró con motivo de la fiesta del Apóstol. La santa portuguesa realizó una cuantiosa ofrenda: su corona, la vajilla regia y multitud de paños bordados en los que estaban representadas las armas de Aragón y Portugal. También regaló una mula, lujosamente enjaezada, cuyo bocado era de oro y pla-

Santiago peregrino. Ofrenda de Geoffroy Cacatrix, siglo XIV. Catedral de Santiago de Compostela. Plata sobredorada con partes de oro y esmalte.

ta con engastaduras de piedras preciosas. El arzobispo le ofreció, como recuerdo de su peregrinación, una bolsa, un bordón de cobre dorado cubierto de vieiras. Con este bordón la reina hizo muchos milagros, llegando a figurar sobre su sepultura. Antes de su muerte, decidió volver a realizar otra peregrinación en 1335; esta vez partiría desde Coimbra y el camino lo haría totalmente a pie, sin una gran comitiva y vestida sencillamente. Esta segunda peregrinación no ha sido aceptada por todos los biógrafos de la santa.

En 1326 peregrinó a Santiago Lorenzo Vaillant para traer una ofrenda de 29 sueldos que le había entregado la condesa de Artois. Para realizar este encargo se había comprometido en París, el 17 de marzo, cobrando por ello 6 libras.

El arzobispo Juan de Viena, hombre de confianza del rey de Francia, fue peregrino a Compostela.

En 1332, el rey de Francia vela sus armas ante el altar de Santiago, tal como ya hemos referido.

El 15 de noviembre de 1335, Giovanni Venuti, de Gemona, sale para Santiago de Galicia.

Al año siguiente, llega a Santiago Wale de Villers, acusado de tomar parte en un atentado contra Thierry de Hiereçon. Su condena consistió en peregrinar por su cuenta al santuario jacobeo.

De Suecia peregrinaron a Santiago santa Brígida y su esposo Ulf Gudmarson, entre los años 1341 y 1343. Hicieron el viaje a pie, al igual que setenta años antes lo había hecho, también, la princesa sueca Ingrid. De regreso a su patria Ulf enfermó en Arras, el cual, aunque restablecido, moriría poco después.

Un joven húngaro, Jorge Grisphan, que había luchado como caballero entre 1347 y 1350, arrepentido de sus pecados, realizó una peregrinación penitencial.

El cardenal y tesorero de la iglesia Compostelana extiende el certificado de peregrinación, en septiembre de 1354, a favor de Guillermo van de Putte.

Aymerich, vizconde de Narbona, y Thibaut de Verona, ambos peregrinos a Santiago, recibieron salvoconducto del lugarteniente de Navarra, en Estella, el 3 de agosto de 1360. El primero de ellos, a su regreso de la peregrinación, pasó por Ostabat, sin pagar aduanas, 180 piezas de oro, 10 bestias y 10 espadas.

En 1361 llegó una importante comitiva de peregrinos, entre ellos Mosén de Chartres y Pedro de Montferrant, caballeros de Gascuña, que se hacían acompañar para su entretenimiento por tres trovadores.

El mismo año llegaron dos servidores del palacio de Felipe de Navarra, Guillem aux Espaules, caballero, y Guillem de la Haya, clérigo. Ambos fueron atendidos con diversas ayudas por el lugarteniente de Navarra, cuando pasaron por Pamplona camino de Santiago de Compostela.

Un personaje llamado Esteban, procedente de Reims, para cumplir la condena de un año que le fue impuesta por un tribunal civil por injuriar a una dama, tuvo que permanecer en Santiago como romero en 1367.

Los nobles Godofredo y Arnoldo de Bertichamps se vieron obligados a peregrinar a Santiago y a Chipre para congraciarse con Guillermo I, conde de Namur, por el delito de haber incendiado una casa en una contienda familiar.

Juan de Haurain-Cout, ciudadano de Tournai, después de haber dejado una importante limosna para la obra de la iglesia de Santiago de su ciudad, emprendió la peregrinación a Compostela en 1370.

Por el mismo año fueron peregrinos jacobeos, Vieregge, capitán del ejército sueco, y Franzolo Oraboni de Vaprio. También en este año se castigó a Víctor de Dixmude con la peregrinación jacobea.

Una importante ceremonia tuvo lugar en la sede compostelana para que Enrique II armara caballero a su hijo, el bastardo príncipe Alfonso, y Juan Martínez, su tesorero, entre otros muchos nobles.

Un embajador de Francia, Jean de Ray, se presenta ante la tumba del Apóstol en 1373.

Luis de Borbón, después de pasar una temporada con Enrique II, se trasladó a Compostela para venerar las reliquias de Santiago antes de retornar a su patria.

En 1377, Herman von Rieden, natural de Danzig, peregrinó a Compostela para redimirse de la sentencia de destierro que se le había impuesto.

El soberbio duque de Borgoña, Felipe el Atrevido, hijo de Juan II, rey de Francia, y hermano de Carlos V, se presentó humildemente ante la tumba de Santiago en 1377.

En 1378, la Cancillería real aragonesa concedió salvoconductos a un grupo de siete catalanes (Galcerán de Centellas, copero; Pellegrín Athalan, alguacil; Pedro, mercader; Ferrer de Canet, Pedro de Pelafolls, Pedro Duzay y Francisco de Rexachs) que se encaminaban a Santiago de Galicia.

El caballero tolosano Gallardo Torner y su hermano, Lombardo, llegaban a Compostela en 1378. En este mismo año cumpliría su peregrinación un grupo de alemanes que realizaron su viaje en un velero desde Danzig, teniendo un accidentado regreso por culpa de los piratas ingleses.

Pedro el Ceremonioso recomendará, en 1378, a su primogénito para que expida salvoconducto al escudero de la casa del rey, Pedro Guillermo de Sisan, para que pueda peregrinar a Compostela y solicitar del Apóstol la curación de la grave enfermedad que le aqueja. El mismo heredero de Aragón recomendará a Carlos II de Navarra y al heredero de Castilla, a Bernardo Naghel, familiar del duque de Milán, Bernabé Visconti, que en el mes de enero se dirigía como peregrino a Santiago de Galicia. Dos años después volvemos a ver al heredero de la corona aragonesa expidiendo salvoconducto a Molleretus de Alleuín, escudero del conde de Flandes, para que pueda partir para Compostela. En mayo del año siguiente, el mismo príncipe recomienda a la familia real castellana al noble Hugonin, hijo del marqués de Celuça, peregrino jacobeo, para que pueda circular por su reino desde la ciudad de Zaragoza.

También en este año de 1378 llega a Compostela el célebre librero parisino Nicolás Flamel. Durante su viaje permaneció unos días en casa de un maestro cabalístico, en la ciudad de León.

En 1379, se autoriza la concesión de dieciséis salvoconductos de la Cancillería aragonesa a peregrinos, de las siguientes nacionalidades: cuatro polacos, dos caballeros alemanes con sus respectivos escuderos, cinco caballeros napolitanos y dos burgueses de Gante. Al año siguiente, los salvoconductos descendieron a diez: un caballero polaco, dos húngaros (uno en enero, el otro en junio), un catalán, un lorenés, dos alemanes (Lufard de Sciderich, caballero de Colonia), un flamenco y un navarro francés (escudero de la familia de Gastón de Foix). En 1381, el número de concesiones se elevará hasta veintiséis: dieciséis franceses, procedentes unos de París y otros de Pontoise; tres saboyanos (dos caballeros y un escudero); el italiano Bonifacio de Coconato, caballero chambelán del duque de Milán; dos catalanes, uno de ellos Hugo de Saluces, hijo del marqués de Saluces.

En 1380, se encontraban en el reino aragonés, de regreso de Compostela, los caballeros alemanes Enrique de Hautzcelen y Raimundo Gros.

El 28 de junio de 1381, en Algeciras, se concede salvoconducto a Jaime Isalguer, de Tortosa, que en compañía de su familia y de una gran comitiva, unas cien personas, peregrinaba al santuario de Santiago en Galicia.

Hallándose Pedro IV con su corte en Tortosa, el 28 de octubre de 1381, concedió a Juan Ermengol de Barcelona, que regresaba de peregrinación a Compostela, 3 florines para ayuda de los gastos de viaje.

Los salvoconductos expedidos a peregrinos jacobeos por la Cancillería aragonesa se reducen, en este año, a cuatro franceses: Borleurs de Luxemburgo, caballero de la Casa del duque de Bar; Embrasin de Palays, servidor de la duquesa de Bar; Adadrin de Palays, y Juan, marqués de Busca.

El rey León V de Armenia, destronado por los egipcios, se comprometió, mientras que permanecía prisionero en El Cairo, a peregrinar a Santiago si salía con vida de aquella situación. Liberado por los reyes Pedro IV el Ceremonioso y Juan II de Castilla, en 1382, cumplió su palabra al año siguiente. Viniendo a la boda de Juan II con doña Beatriz de Portugal, aprovechó para trasladarse Santiago. Su entrada en la ciudad causó una gran conmoción debido a la importancia de su séquito, en el que figuraban, entre otros, Juan de Bolonia, Francisco Mir, los franciscanos Antón de Monopoli y Juan Dardel,

así como Juan de Corsini, hermano del poderoso cardenal portuense Pedro Florentino.

En este año continúa la reducción del número de salvoconductos extendidos por la Cancillería de Aragón, limitándose tan sólo a tres: Jacques Isalguer, tolosano; el caballero inglés Guillermo d'Anglia, y el milanés Pedro de San Feriolo, escudero de Bernabé de Milán.

El 2 de noviembre de 1383, Guillermo de Montferrato es autorizado a pasar por el reino aragonés para peregrinar a Santiago. La misma autorización se concede al flamenco Hennequin Verni.

En julio de 1383 salen de Inglaterra el caballero Galfrido de Poulglon y el clérigo R. Brocherioul para realizar diversas peregrinaciones, entre ellas, una a Santiago. Llevan consigo un salvoconducto de Ricardo II.

La reina Sibila de Forcia, última esposa de Pedro IV el Ceremonioso, ayudó a un caballero chipriota y a un mariscal de la corte de León V de Armenia, que se encaminaban a Compostela.

Un italiano, Antón de Nápoles, que se encontraba en la cárcel de Fraga, habiendo obtenido su libertad en 1384, cumplió la promesa de peregrinar a Montserrat y Santiago de Galicia. En julio del mismo año, otro napolitano, Leoneto de Sancto Severino, obtiene en Poblet permiso para continuar camino a Compostela. Al mes siguiente serán dos caballeros alemanes que vivían en Francia, Peruhart Leintestan y Eberhart de Chapet, los que obtenían el salvoconducto para poder viajar hasta Santiago en el Finisterre gallego. También en este año reciben autorización el médico francés Jean de Montbrisson y su esposa Catalina de Firbes.

Carlos II el Malo de Navarra, el año 1385, dispone en su testamento que diversos peregrinos viajen a diferentes santuarios, entre ellos dos debían ir a Santiago.

Otro salvoconducto se entrega a Gaucher de Passat, que procedía de Francia, en Gerona, el 22 de noviembre de 1385, para que continuase su peregrinación hasta Santiago.

En la Navidad de este año de 1385, se concedió una limosna a tres pobres juglares alemanes para que pudieran continuar su romería a Santiago.

El 16 de febrero de 1386, Pedro IV el Ceremonioso concede salvoconducto al caballero francés Alain de Beaumont, peregrino a Compostela. La misma autorización se concede a las siguientes personas: Jacques de Vienne, que peregrina en compañía de sesenta servidores; dos catalanes, Pedro de Artes, chambelán del rey de Aragón, y Jaime Castellón, chambelán de la reina Yolanda; el francés Pierre, vizconde de Lautrec.

En 1386 llegaron a Compostela los duques de Lancaster con sus hijos; procedían de La Coruña, adonde habían llegado por vía marítima. Recibidos con gran solemnidad, hicieron grandes ofrendas al Apóstol.

El heredero de la corona aragonesa concedió, en San Juan de la Peña, un salvoconducto al caballero Savigno de Sent Mur, miembro de la casa del duque de Barry, que venía acompañado de un cortejo de más de cien personas para dirigirse a Compostela, en 1387. En este mismo año la Cancillería aragonesa autoriza el paso a un grupo de peregrinos alemanes, compuesto por el conde de Bosson Mansfeld y Enrique, conde Schwartzburg, acompañados de cinco donceles. Al año siguiente, son sólo dos los autorizados: los catalanes Bernardo Juylla, escudero de mesa del rey de Aragón, y Francisco de Pan, mayordomo de la misma casa real. En 1391, el único autorizado, del que tenemos noticia, fue el inglés Juan de Brigthon.

Sohier Scaec y cuatro cómplices acudieron a Compostela para cumplir la pena que les impuso el consejo privado del conde de Flandes, en 1391. La causa del castigo fue haber golpeado a un funcionario del príncipe en Brujas.

El peregrino flamenco Koppmann, autor de una relación de su viaje, llegó a Santiago en 1391; iba acompañado de un séquito de más de quince personas.

Pedro de Caudeville, caballero del rey de Francia y devoto romero jacobeo, fue recomendado a los reyes de Castilla y de Navarra por el rey de Aragón Juan I, el 2 de octubre de 1391. Una recomendación similar vuelve a hacer en favor de Juan de Aviñón, doncel de Provenza, que iba en romería a Compostela, en 1392.

A su paso por Estella, en 1392, un obispo de Grecia, que había cumplido con la peregrinación jacobea, recibe de Carlos III el Noble un rocín y 10 francos como ayuda en su regreso a la patria.

El señor de Coucy, Enquerrand VII, trajo como ofrenda una imagen de plata de Santiago para situarla en el altar mayor de la sede compostelana.

En Westminster, el 8 de mayo de 1394, Ricardo II de Inglaterra concede permiso a Otón Chambernoun y Ricardo Gilbert de Dartmouth para que puedan fletar una nave en la que puedan llevar cien peregrinos a Santiago.

Anao James, en 1395, llegó con un grupo de ochenta peregrinos, procedentes del puerto inglés de Poole. También de este puerto saldrá, dos años más tarde, otro navío con igual número de peregrinos. En este mismo año, la Cancillería aragonesa concede autorización a la peregrina Sancia Olivera, religiosa agustina; mientras que, al año siguiente, se le concederá a Juan de Chapelayn, escudero del rey de Francia.

En 1397, figura como peregrinando a Santiago el marqués Nicolás de Ferrara. Conocemos que, en este mismo año, la cancillería aragonesa autorizó el paso para Santiago a un alemán, conde Esponahi.

El papa Bonifacio IX, el 14 de septiembre de 1398, concede autorización al deán de Santa María de Utrecht, Jean Wit van Delft, para que vaya en peregrinación a Compostela *(Sanctum Jacobum in Galissia, Compostellanes diocesis)* en compañía de doce personas.

Martín I se dirigía, en enero de 1399, al rey Mahomet de Granada para que éste permitiese pasar por su reino a Jacques de Fleón, joven noble que iba en peregrinación a Compostela.

En abril de 1400 llegará Francisco de Vilanova, consejero del rey de Aragón.

SIGLO XV

Continúan en esta centuria los grandes cortejos que acompañan a señores de renombre. También son abundantes las visitas de peregrinos procedentes de lugares exóticos.

Será en este siglo cuando tengamos un conocimiento muy detallado de las numerosas peregrinaciones colectivas de ingleses por vía marítima. Entre 1394 y 1456 poseemos una detallada relación de las autorizaciones de viaje para peregrinos, que al principio no pasan de dos docenas por grupo y embarcación, pero que, según avanza la centuria, vemos cómo los grupos se hacen más numerosos, llegando a doscientos en embarcaciones de gran capacidad. De esta manera alcanzan Compostela miles de ingleses; de algunos de ellos haremos referencia concreta, porque por su actuación se significará en medio del anonimato del colectivo.

Se empieza a notar un cambio significativo en el espíritu de los personajes que visitan Santiago; algunos de ellos responden más a lo que llamaríamos un viajero culto que propiamente a un peregrino. Visitan la tumba del Apóstol, incluso se muestran piadosos en su actuación, pero no les atrae tanto el cumplir con un acto devocional como el visitar un lugar famoso y, en cierto modo, exótico.

En 1403 pasaba por Aragón, camino de Compostela, Carlos, príncipe de Tarento. En este mismo año realiza la peregrinación Ferry I de Lorena, quien, a su regreso a casa, encontró sus tierras saqueadas por tres nobles loreneses.

San Vicente Ferrer cumple con la peregrinación jacobea en 1412. La ciudad de Compostela conservó, hasta convertirse en legendario, un gran recuerdo de la visita del santo. Durante mucho tiempo existió el púlpito donde predicó. También se ha atribuido a su intervención la erección de los hermosos cruceros que se encontraban en las entradas de la ciudad.

El conde alemán Folrad de Mansfeld recibe autorización para pasar por Aragón en dirección a Santiago, en 1414.

En 1415, las autorizaciones de la Cancillería aragonesa son varias: el etíope Tomás, hijo del duque Bartolomé de Sanno, *Indie Majoris Ethiopie;* un grupo de diez napolitanos procedentes de Gaeta; el francés Jean de Meingre, llamado Boucicaut, mariscal de Francia, y un alemán, Scouevelt, escudero del rey de Romanos.

En 1417, el capítulo general de la Orden de Predicadores Franciscanos acudió a arrodillarse ante la tumba del Apóstol. En este mismo año llega de Inglaterra Margarita Kempe, que más tarde narraría sus viajes a los numerosos lugares a los que acudió en peregrinación. También en este año, el 8 de julio, salía de su castillo de Caumont, junto al río Garona, Nompar II, señor de Caumont de Castelnau, para acudir a Compostela a rezar ante el sepulcro de Santiago. La ruta seguida fue la preferida de los franceses, entrando por Roncesvalles y siguiendo por el Camino de Santiago hasta Finisterre. El viaje concluyó el 3 de septiembre. Nos ha dejado una breve relación del itinerario seguido.

Jean de Monthiel, señor de Cautagne, canciller del rey de Francia y gobernador del Piamonte, llevaría a cabo su peregrinación en 1419.

Hacia 1420, se registra la llegada de los peregrinos alemanes Jacob Luble, el clérigo Adriano de Marienburgo y su hermana, la monja de Gertrand.

En 1421 llegaron a Compostela tres pobres romeros, Juan, Pedro y Mateo, procedentes de la Marca de Ancona, donde habían presenciado como una niña se había curado prodigiosamente de una gran inflamación.

En 1423, Jean Herbert dispuso todas sus cosas para realizar la peregrinación a San Salvador de Asturias y Santiago de Galicia. Días después, llegarían a Compostela Guillermina de Pons y Juana Carelle, de cerca de la Rochela. En este mismo año, se cita la presencia en Santiago del caballero de Saintogne, Guillermo de Blanzac.

Poco antes de 1426, un francés, llamado Juan, llegó de París trayendo consigo una estatuilla de plata representando a Santiago como peregrino, enviada por Johannes de Roucel y su esposa Juana. La obra aparece ya registrada en el inventario de 1426, donde se la describe así:

> ... toda dourada, co seu bordón, et esportela, et chapeirón banquo, et seu lybro ena maao dourado, et está sobre seu pee con dous escudetes en el.

La imagen se conserva en la Capilla de las Reliquias de la catedral compostelana. Se trata de una hermosa obra, propia de los talleres de orfebrería parisinos de principios del siglo XV, en la que se representa una característica figura del santo bajo la forma de los peregrinos de la época. En una peana hexagonal, dividida en dos pisos, figuran los escudos

Santiago peregrino. Ofrenda de Johannes de Roucel, primer cuarto del siglo XV. Catedral de Santiago de Compostela. Plata sobredorada.

con las armas de los donantes y un letrero en latín cuya traducción dice así:

> Dieron esta imagen el noble señor Juan Roucel, soldado del reino de Francia, y su esposa Juana, para honor de Dios y de Santiago de Galicia. Y yo Juan traje de París por encargo del citado señor. Orad por ellos.

Un noble de Nuremberg, Peter Rieter, realiza el viaje a caballo, en compañía de un escudero, en

1428. Dejó un pergamino con sus armas pintadas en la capilla mayor de la catedral, especie de exvoto muy difundido entre los caballeros. No acabaron aquí sus deseos de peregrinación, que en el fondo encubrían un notorio afán de mostrarse como caballero andante, pues siguió viaje a Finisterre, San Salvador de Oviedo, Montserrat y Roma. Nos ha dejado una referencia sobre el costo de tan largo recorrido: 250 ducados.

En 1429, el infante don Enrique está en Compostela con un grupo de nobles borgoñones, entre los que estaba el célebre pintor Jan van Eyck. Éstos procedían de Portugal y, desde aquí, se dirigirían a Valladolid para entrevistarse con Juan II.

Al año siguiente llega con gran pompa el conde Ulrich von Gilli, sobrino político del emperador Segismundo. La comitiva de Ulrich estaba constituida por sesenta caballeros alemanes, que luego serían distinguidos con condecoraciones de las órdenes militares de Castilla y León.

En 1430, Alicia de Arcumio llega a Compostela acompañada de su capellán, decidiendo quedarse para llevar una vida de retiro en una capilla dedicada a Santiago (Padrón).

El caballero Suero de Quiñones y Jobst Keller de Ausburgo se presentan ante el sepulcro de Santiago en 1434. Suero de Quiñones acude a Compostela después de la gesta del Paso Honroso, a la que ya hemos aludido en otro capítulo, para agradecer al Apóstol su triunfo y ofrecerle un collar de plata dorada, en el que aparece el siguiente rótulo con letras azules:

Si a vous ne plait de avoir mesure
Certe ie dis que ie suis sans venture.

Esta pieza se encuentra ahora adornando el cuello del busto-relicario de Santiago Alfeo, conservado en la Capilla de las Reliquias. Como aplicación lleva una pequeña joya con perlas. Parece que se trata, como otras obras que ya hemos citado aquí, de una producción de talleres parisinos.

En 1435, Tomás, conde de Egipto, tiene un desagradable incidente al querer cobrarle peaje en Jaca. Su respuesta fue muy contundente:

... que él con sus gentes y familias iba por el mundo en peregrinación por su fe cristiana, y que era portador de un salvoconducto del rey de Aragón para circular libremente por su reino.

Jobst Pfintzing de Nuremberg y don Pedro de Coimbra cumplen con la peregrinación en 1436.

Juan de Cleves, su hermana Ana, Hans y Matías Hoydennik peregrinan en 1438.

Un día de Corpus Christi, entre 1446 y 1448, Sebastián Ilsung, que está realizando un viaje por España, llega a Compostela que, según él, es «el sitio entre los cristianos, adonde más peregrinos acuden, si se exceptúa tan sólo el de los Santos Lugares».

Entre los numerosos peregrinos ingleses que llegan a Santiago en esta centuria figura, en 1456, John Goodyear, párroco de Chal, en la isla de Wight, diócesis de Winchester. Ofrendó a la catedral el bonito retablo de alabastro que se conserva en la Capilla de las Reliquias y del que ya hemos hablado al referirnos a la vida e imágenes de Santiago. De la visita y donación, el «Tumbo F» del archivo catedralicio ha dejado la siguiente información:

Sabedue —John Goodyear— de que seu corpo era ena dita santa iglesia...dou logo en pura et libre deçon a dita iglesia compostelana un retablo de madera, las figuras de alabastro, pintado en ouro et azur, en que se contía et conten pintado et fegugo presento y ofereseeu eno dito altar mayor dela.

El bachiller en sagrada teología William Wey, uno de los fundadores de Eton, es otro de los peregrinos ingleses de 1456. Coincide en la catedral compostelana con el momento solemne en el que se impone al santo una hermosa corona de oro, obsequio de Enrique IV, en agradecimiento por los éxitos en la guerra de Granada. En su narración de lo que vio, no olvidó consignar una cancioncilla que declamaban los mozos de Santiago para obtener limosna:

Sancte Jaco a Compostel de vose leve a votir tere
Sancte Jaco bone baron de vose da de bon pardon
Bona tempe, bona vye, bona vente, bon perpassi
Da istys kee sunt asse una brank a wowse curtese.

En el año 1456 vino también a Compostela el arzobispo burgalés Alonso García.

Jorge de Ehigen, doña Leonor Sforza, duquesa de Milán, y Gaspar von Rappolsstein alcanzaron las gracias de la peregrinación en 1457.

La peste que asoló Barcelona en el año 1465 produjo en la ciudad tal espanto, que personas e instituciones se decidieron a reclamar la ayuda del apóstol Santiago. Del convento franciscano de Jesús salieron para Compostela los frailes Miguel Capellez y Leonardo Crestia. En la iglesia de Santa María del Mar se celebra una pequeña ceremonia para despedir a dos peregrinos, muy devotos de Santiago, que han sido elegidos por la parroquia para que acudan al templo jacobeo a rogar por que cese la peste sobre la ciudad. Todavía en diciembre de este año, la misma parroquia volverá a enviar a dos capellanes con idéntica misión.

Sebal Ritter de Nuremberg y su cuñado Axel von Liechtenstein, a los que se les agregaron, en Ginebra, Hans Ortolff, Ulrch Haller y Erhart Pessler, alcanzaron el final de la peregrinación en 1462. La

Retablo de alabastro. Ofrenda de John Goodyear en el año jubilar de 1456. Catedral de Santiago de Compostela.

importancia de Ritter queda atestiguada por las cartas de recomendación de las que era portador, de los duques de Baviera y Sajonia y del obispo de Wuzburgo. Este Ritter era hijo del caballero de igual nombre que había peregrinado en 1428. Comprobó que todavía existía el pergamino que había dejado su padre, aunque algo deteriorado, por lo que mandó restaurarlo, y también colocó, en el mismo lugar, un retrato de algunos familiares.

El bohemio Leon de Rosmithal viaja por España en 1466, acudiendo a Compostela poco antes de la Asunción. Su entrada en la catedral es de lo más pintoresca, pues la encuentra convertida en una fortaleza asediada por las gentes del noble gallego Bernal Yáñez de Moscoso.

El 24 de julio de 1470, estaba en Murcia, procedente de Santiago, el conde Jacobo de Egipto el Menor, para dirigirse a su tierra. En enero del siguiente año, procediendo también de Santiago y de Santa María de Guadalupe, llegaba el duque don Paulo de Egipto el Menor.

Antes de 1472 llegará a Santiago Pedro Lorenzo, rector de la parroquia de San Miguel, de Castello (Florencia). Las impresiones de su viaje fueron recogidas en octavas por Francesco Picardi en 1472 *(Viaggio d'andare a Sancto Iacopo di Galizia).*

En 1472 ó 1473, el noble literato inglés lord Rivers visita Compostela, dejándonos un breve relato de este viaje.

El flamenco Joos Pietersseune, reo de homicidio voluntario, cumplía una peregrinación exculpatoria en 1473.

Un personaje llamado Culon realiza la ofrenda de un cáliz, en 1475.

Dos importantes comerciantes llegan a Compostela en 1479, Eustaquio de la Force, de Tournai, y otro de nombre desconocido, de Brujas.

En 1484, se presentan ante la tumba del Apóstol los representantes del rey de Francia, Esteban Buduy, Antón Mortillón y el maestro Guillermo Vicente. Mortillón trae consigo cartas de Luis XI anunciando el envío de dos campanas grandes para la catedral. Por una de estas misivas, el monarca francés se compromete a enviar por barco todo el metal y cosas necesarias para fundir estas campanas en la misma Compostela. Laffi recoge, en el siglo XVII, una leyenda que contaba cómo estas campanas tuvieron que dejar de sonar porque su estrépito era tan grande, que las embarazadas daban a luz prematuramente.

Finalizando la centuria, las visitas célebres corresponden a Daniel Kaufmann de San Gal y al duque Baltasar de Meklenburg.

Había pasado más de un siglo sin la presencia de los reyes castellanos en Compostela, cuando en 1486 ó 1488 llegaron los Reyes Católicos. La situación de la ciudad no era buena, los peregrinos carecían de servicios hospitalarios decentes, lo que les movió a fundar un gran hospital; a éste nos referiremos más adelante, pues, sin duda, es una de las grandes obras de la peregrinación jacobea. La especial devoción de Isabel y Fernando por el Apóstol se aprecia también en la considerable donación que le hacen después de la toma de Granada (1492), concediéndole un importante porcentaje de los impuestos recaudados en los territorios recién conquistados. De este montante, un tercio se destinaría a la celebración de la fiesta del Santo, otro tercio al mantenimiento de la catedral, y el resto para satisfacer las necesidades de los peregrinos.

Guillermo, criado de la cámara del rey de Inglaterra, cumplió su peregrinación en 1488. Tuvo la desgracia de que se le muriese el caballo, por lo que re-

cibió de Isabel la Católica 10 florines de oro para ayuda de su viaje de vuelta.

Jerónimo Münzer, el médico viajero de Nuremberg, llegó cabalgando a Compostela, procedente de Portugal, en diciembre de 1494. Es el autor de *Itinerarium Hispanicum Hieronymi Monenatarii*, en el que nos describe sus impresiones al recorrer la Península.

En 1499 llega a la ciudad Arnold von Harff, miembro de una noble familia renana, que había sa-

lido de Colonia en 1496 con el fin de realizar un largo viaje que le habría de llevar hasta Santa Catalina de Alejandría en el Sinaí. A su vuelta, se embarca en Venecia para dirigirse a Santiago. Es el autor de una narración de viaje que aporta la rareza de ir acompañada de dibujos. En uno de ellos se representa él mismo vestido, arrodillado ante el Apóstol, con el bordón y su escudo nobiliario. No guardó un buen recuerdo de los compostelanos que, según él, se burlaban de los peregrinos alemanes.

LA PEREGRINACIÓN

Hemos visto qué movía a los hombres a dejar sus casas, el quehacer diario, para emprender un viaje más o menos largo hasta llegar ante la tumba del Apóstol. En este capítulo nos vamos a ocupar de las peripecias que han de padecer durante la peregrinación. Se han de enfrentar con un terreno en muchas ocasiones hostil, gentes de costumbres extrañas, una climatología a veces difícil, problemas para encontrar con una cierta comodidad dónde comer y dormir, el acecho de hombres desaprensivos y el merodeo, cuando no el ataque, de algunas alimañas en sierras y páramos.

A todo esto había que hacer frente; sin embargo, medios y recursos no son para todos iguales. Unos porque carecen de ellos y otros por el principio espiritual que pretenden imponer en todos los actos de su viaje. Fundamentalmente, nos vamos a referir a estos dos grupos de peregrinos, los que verdaderamente realizan su viaje en unas condiciones de cierta dureza, que permite doblegar el cuerpo a fin de alcanzar un conveniente estado espiritual para una mejor comunión con el mensaje apostólico. Como hemos dicho en un apartado anterior, el viaje se convierte en un proceso ascético que favorece el éxtasis final ante la tumba de Santiago el Mayor. Un grupo importante de peregrinos realizaron el viaje con la comodidad que sus medios económicos les permitía, pues según sus posibilidades podían depararles todas o algunas de estas facilidades: buenas fondas, buenas cabalgaduras, criados, amigos, músicos y juglares, etc. Incluso cartas de presentación que les abrían las puertas y la ayuda de los señores por donde pasaban. Realmente, la peregrinación de este tipo se convertía en un discutible piadoso viaje de placer. En algunos casos, por la edad o por la dignidad, se hacía un viaje que combinaba la dureza con la comodidad, tal como supo reflejar, con una cierta mordacidad, muy bien Tirso de Molina en un personaje de una de sus comedias:

> ... hice voto
> de visitar el sagrado
> sepulcro de nuestro Apóstol;
> de esta suerte caminando
> a pie y pidiendo limosna,
> aunque traigo mis criados
> detrás con una litera.

PREPARACIÓN PARA LA MARCHA

Los que iban a emprender el largo viaje de Compostela debían preparar tanto su cuerpo como su alma para cumplir correctamente con los preceptos de la peregrinación. A principios del siglo XII observamos que ya se encuentran perfectamente codificadas todas las ceremonias rituales sobre los peregrinos y las correspondientes interpretaciones de su hábito e insignias, lo que supone la existencia de unas experiencias previas de muchos años. Desde entonces, sólo se han producido pequeñas modificaciones. Para encaminarse debidamente, advierte el Calixtino que es necesario perdonar y ser perdonado; debe, pues, recibir la confesión y la comunión. En algunos casos eran portadores de documentos expedidos por su párroco y, a veces, refrendados por su obispo, en los cuales se dice que se trata de un fiel cristiano que está realizando su peregrinación a Compostela.

La Iglesia previó fórmulas más solemnes que constituían todo un complejo ceremonial, lógicamente sólo se realizaban cuando se trataba de grupos o personas que emprendían el viaje por un hecho muy significativo para la comunidad —grandes penitencias públicas, peregrinos comisionados por un determinado grupo o por la relevancia social del personaje—. Una serie de ceremoniales litúrgicos catalanes del siglo XI nos suministran diversos detalles de estas ceremonias, que consistían especialmente en la ya referida confesión y penitencia con la consiguiente entrega solemne del bordón y de la esportilla. Al regreso también solían ser recibidos de manera muy protocolaria.

LA INDUMENTARIA

Basta un simple repaso por cualquier repertorio de imágenes, literarias o plásticas, desde el siglo XII al XIX, para darnos cuenta cómo en todos estos siglos la imagen del peregrino ha variado muy poco. En las figuras del Cristo con los discípulos de Emaús, en el claustro de Silos, y del Santiago de la fachada de Santa Marta de Tera podemos contemplarlos bajo la iconografía del peregrino de la primera mitad del siglo XII. En los versos del arcipreste de Hita, que a

monio visible de haber estado ante el sepulcro del Apóstol; sin embargo, su carácter emblemático hizo que muy pronto se convirtiese en el signo imprescindible del atuendo. Por analogía con los peregrinos que habían ido a Jerusalén y traían la palma como testimonio de su viaje, los que acudían a Compostela se llevarían las conchas de las vieiras. El molusco era abundante en el litoral gallego, y la sociedad compostelana supo sacar su buena renta de él: se aprovechaba su carne y sus valvas. Los predicadores del siglo XII tenían su correspondiente explicación moralizadora para su significado:

> Pues hay unos mariscos en el mar próximo a Santiago, a los que el vulgo llama vieiras, que tiene dos corazas, una por cada lado, entre las cuales, como entre dos tejuelas, se oculta un molusco parecido a una ostra. Tales conchas están labradas como los dedos de las manos… y al regresar los peregrinos del santuario de Santiago las prenden en las capas para gloria del Apóstol, y en recuerdo de él y señal de tan largo viaje, las traen a su morada con gran regocijo. La especie de corazas con que el marisco se defiende, significan los dos preceptos de la caridad, con que quien debidamente los lleva debe defenderse, esto es: amar a Dios sobre todas las cosas y al prójimo como a sí mismo. *(Liber Sancti Jacobi,* lib. I, cap. XVII.)

Si al principio la venera era utilizada con cierto recato —generalmente una sola de estas valvas se colocaba en alguna parte del atuendo; así lo vemos en la iconografía de época románica—, poco a poco su número fue creciendo hasta cubrir gran parte de las vestiduras, especialmente por las partes altas. Eso es lo que llevó al Arcipreste a decir con toda mordacidad «mucha concha marina».

El bordón tenía una función clara para el caminante: le ayudaba en su marcha siendo su apoyo, pero, sobre todo, le era útil como defensa personal frente a todo tipo de acechanzas. Su tamaño podía variar, aunque generalmente eran grandes, alcanzando la altura del hombro del peregrino o algo más. Su carácter utilitario hacía que fuese generalmente de madera, terminado en una contera metálica que lo hiciese más resistente. En algún caso muy excepcional podía haber alguno de «lujo», como el que le entregó el arzobispo de Santiago a la reina Isabel de Portugal, de láminas de latón dorado con labra de conchas, con el que la santa reina sería enterrada. No obstante, lo normal era que fuese como el sencillo y utilitario que hemos descrito; el más significativo de todos, el que llevaba el mismo Apóstol y se enseñaba en la catedral como una reliquia, era de este tipo.

Acabamos de ver cómo el bordón le era entregado de una manera solemne cuando partía, siendo las palabras del ceremonial muy explícitas sobre su significado:

continuación se reproducen, tenemos un retrato arquetípico:

> El Viernes de indulgencias vestió una esclavina
> grand sombrero redondo, mucha concha marina,
> bordón lleno de imágenes, en él la palma fina,
> esportilla, e cuentas para rezar aína;
> los çapatos, redondos e bien sobresolados;
> echó un grand dobler sobre los sus costados,
> gallofas e bodigos lieva í condesados:
> destas cosas romeros andan aparejados;
> deyuso del sobaco va la mijor alfaja;
> calabaça bermeja más que pico de graja;
> bien cabe su açumbre e más una miaja:
> non anadan los romeros sin aquesta sufraja;

Dejando a un lado el aspecto satírico de Juan Ruiz, no falta aquí nada de lo que debe llevar todo buen peregrino. El sombrero grande, que según las épocas sufrirá algunas modificaciones, le protegerá del sol, de la lluvia y del frío.

La concha marina será el símbolo del peregrino jacobeo por excelencia. En estricto sentido, sólo debe llevarla cuando haya cumplido con la peregrinación en Compostela. En cierto modo era el testi-

Recibe este báculo que sea como sustento de la marcha y del trabajo, para el camino de tu peregrinación, para que puedas vencer las catervas del enemigo y llegar seguro a los pies de Santiago, y después de hecho el viaje, volver junto a nos con alegría, con la anuencia del mismo Dios.

Un elemento importante era la esportilla, que según los testimonios más antiguos debía ser «de cuero de una bestia muerta» para que así el peregrino recordase que «debe mortificar su carne, ya mortificada por los vicios y concupiscencias, con hambre y sed, con muchos ayunos, con frío y desnudez, con penalidades y trabajos». Es la pequeña despensa, el morral donde se puede guardar una exigua parte del alimento que recibe de caridad o propia compra. Lógicamente, un camino concebido como mortificación del cuerpo no podía ser entendido con una bolsa llena de víveres abundantes, por ello de manera sarcástica el Arcipreste afirma que las «gallofas e bodigos» —limosnas y panes benditos— los llevaban escondidos en los pliegues del vestido.

Nos recuerda Juan Ruiz que los peregrinos no andaban sin su calabaza, en la que cabía una azumbre, y algo más, seguramente con toda picardía, nos quiere dar a entender que lo que contiene es vino. Si tenemos en cuenta la reiteración con la que insisten los clérigos en corregir el que los peregrinos beban, debemos deducir consecuentemente que los versos satíricos de los juglares debían estar bien fundados. Todavía en el siglo XIX, don José Zorrilla compone una estrofa con estos versos:

> Caminaba un peregrino
> en una noche serena
> con la calabaza llena
> de muy exquisito vino.

PROTECCIÓN DE LOS PEREGRINOS

Muy pronto se encuentran en España órdenes muy concretas de protección de los peregrinos y las pertenencias que llevan. El conde Ramón de Borgoña dispone la prohibición de «prender y embargar

Puerta en madera de roble de la iglesia del Hospital del Rey (Burgos), siglo XVI. Imagen de Santiago como intercesor de un devoto, mientras que san Miguel alancea al demonio vencido.

a los peregrinos» en 1096; el mismo año será confirmada esta disposición por su suegro Alfonso VI. Desde este momento se suceden las órdenes de reyes y autoridades civiles y religiosas en los mismos términos. Las *Partidas* recogen la legislación anterior y consolidan una forma que se mantendrá durante siglos:

> Todos los judgadores e officiales de nuestro Señorío mandamos que señaladamente sean tenudos, cada uno de ellos en su logar, de guardar e amparar a los pelegrinos, e los romeros que non resciban tuerto, nin daño en sus personas, nin en sus cosas, e que guarden ellos e fagan guardar a todos los otros todas estas cosas en fecho de los romeros, así como dichas son.

La protección oficial se extendía también a aspectos fiscales: los peregrinos estaban libres de cualquier tipo de carga al pasar por fronteras, puertos y puentes en los que se exigían unos determinados impuestos a todas las personas:

> Yendo de rromeria o veniendo della, non tan solamente deven ser las cosas que traen consigo los Romeros salvas e seguras: mas aun las que dexen en sus tierras... E aun han los Romeros otra mejoría que de las bestias e de las cosas que traen consigo por razon de su camino, que non den portadgo, nin renta, nin peaje, nin otro derecho ninguno, por razon que las saquen del reino.

Los peregrinos, según su condición social, solían llevar consigo cartas de presentación o salvoconductos que les permitiesen circular con mayor seguridad. Aunque el barón León Rosmithal no era un peregrino al uso, realmente es un viajero de alta alcurnia que aprovecha un largo viaje por España para desviarse a Santiago y cumplir con una de las más

famosas peregrinaciones de la cristiandad; el salvoconducto que le concede Enrique IV nos permite hacernos una idea de cómo era uno de estos documentos:

Enrique, por la gracia de Dios, rey de Castilla, de
León, de Toledo, de Galicia, de Sevilla, de Córdoba,
de Murcia, de Jaén, de los Algarbes, de Algeciras y de
Gibraltar; señor de Vizcaya y de Molina, a todos y a
cada uno de nuestros serenísimos hermanos los reyes,
a los ilustres y venerables príncipes seculares y eclesiásticos, a los magníficos duques, marqueses, baro-
nes y demás nobles y clientes; a los oficiales de cualesquiera ciudad, tierra, villa, fortaleza, dondequiera
que están constituidos, ya de nuestra jurisdición o de
la de otros, de cualquier grado, dignidad y preemi-
nencia o condición que sean, a quienes estas nuestras
letras fueren presentadas, salud y aumento de amor
en el Señor. Habiéndose presentado ante Nos el noble y barón León de Rosmithal y Blatna, deudo del
muy ilustre Federico, siempre augusto sagrado emperador de romanos y su amado vasallo, y deseando,
por ciertas causas que mueven su ánimo, ir a diversos
lugares de nuestros reinos y de otras partes del mundo, aprobando Nos su laudable propósito y deseando
que el susodicho León goce en su camino y en todas
partes plena seguridad y franquicia a todos vosotros
os encomendamos con verdadero afecto, y os roga-
mos, y a nuestros súbditos mandamos, que adonde-
quiera que vaya, si llega vos en su viaje, le acojáis en
contemplación nuestra y lo tratéis favorablemente, y
en lo tocante a la seguridad y presteza del viaje le
mostréis buena voluntad a él, a su séquito, a sus caballos, a sus cosas y a todos sus bienes para que vaya
por pasos, puentes, tierras, reinos, dominios, distri-
tos, ciudades, fortalezas, castillos y villas y cualesquiera otros lugares de nuestra jurisdicción o de la vuestra
por tierra o por agua, sin pagar ningún tributo, peaje, gabela o cualesquiera otra exacción y sin ninguna
molestia y lo consintáis ir o venir, y morar a él y a los
suyos, y a sus caballos y cosas donde y como le fuera
menester, proveyéndole los arriba nombrados por su
parte de seguro salvoconducto, lo que os tendremos
por cosa muy grata y por singular servicio, ofrecién-
donos a lo mismo y a sus mayores cosas. Dado en Ol-
medo a veinte días del mes de julio de mil cuatrocientos y sesenta y seis, duodécimo de nuestro reinado.
Yo el rey.

Este tipo de prerrogativa inducía a algunos personajes a abusar de la confianza, cruzando las fronteras con mercancías que no eran propias de un peregrino que viaja para cumplir con sus más píos
instintos. Recuérdese, en este sentido, lo sucedido a
Aymerich, vizconde de Narbona, que cruzó la frontera de Ostabat sin pagar por llevar «10 bestias, 180
piezas de oro y 10 espadas»; o a Tomás, conde de

Egipto, que viajaba con una impresionante carava-
na con numeroso séquito, multitud de objetos de lujo
y numerosas bestias de carga.

JORNADAS DE MARCHA Y MEDIOS DE LOCOMOCIÓN

Se podía emprender el camino solo, pero lo más
aconsejable era hacerlo formando grupos; se ven-
cían, así, más fácilmente las dificultades y se podían defender mejor de los peligros de los mero-
deadores, ya fuesen animales u hombres. A lo largo
del año había dos grandes momentos de cierta solemnidad que propiciaban otras tantas ocasiones
para el viaje: la peregrinación de la Pascua y la de
san Miguel. Durante la marcha caminaban en silencio, pues, como se recomendaba desde la épo-

*Capitel tardorrománico
de una de las ventanas
de un hospital de
Navarrete, hoy reutilizadas
en el cementerio
de la localidad. Aparecen
aquí dos peregrinos
comiendo.*

ca de san Martín Dumiense, «peregrinar es callar, el silencio vale tanto como las espinas del camino».

Tal como venimos hablando existían dos grandes grupos de peregrinos, los mismos que ya indicaba Alfonso X el Sabio: los que marchaban «lazerando los cuerpos o despendiendo los averes». Los primeros marchaban obligatoriamente a pie; los segundos, según sus posibilidades, lo podían hacer también andando o sobre una caballería. A veces, dependiendo del tipo de jornada, empleaban ambos medios; para ello alquilaban animales. Los más poderosos solían venir a caballo hasta Burgos y, a partir de aquí, seguían con mulos.

Lo que se recorría cada jornada era muy relativo, dependía mucho del tipo de terreno y las características de las personas que constituían el grupo. Los itinerarios que recogen con una cierta minuciosidad la descripción del viaje, señalando las distancias y el tiempo en recorrerlas, son muy poco fiables. Uno de los más explícitos en este sentido, el de Aymeric, fija unas jornadas muy irregulares en su longitud y en el tiempo de recorrerlas; algunos especialistas consideran que este autor falseaba los datos intentando transmitir una imagen más cómoda para animar a los futuros peregrinos.

El viaje por mar era más limitado; generalmente, como es natural, sólo utilizado por ingleses, irlandeses o algunos europeos que habitan próximos a las costas, aunque no faltan orientales que alcanzan el litoral del levante español, incluso el de dominio musulmán, teniendo que cruzar luego la Península para dirigirse a Compostela.

Tenemos un buen conocimiento de las travesías de ingleses e irlandeses a partir del siglo XIII. Partían de los puertos de Galway, Kinsale, Waterford y Dublín, en Irlanda, o Bristol, Plymouth y Southampton, en Inglaterra. Para mayor seguridad estos barcos solían navegar próximos a la costa, por lo que muchos de ellos llevaban a sus viajeros hasta Burdeos, desde donde seguían por tierra a Santiago. Otros, los que se atrevían a aventurarse a cruzar, más o menos en línea recta, desde la altura de la península de Normandía hasta las costas gallegas, llegaban a los puertos de La Coruña, Muros, etc.; incluso, alguno se desviaba hasta Bayona. La capacidad de estos barcos se amplió considerablemente a lo largo del siglo XV, período en el que la cifra media podía estar entre los sesenta y ochenta peregrinos por barco.

Con toda seguridad, no podemos aceptar que los datos que Cornide atribuye al tráfico de peregrinos ingleses por el puerto de La Coruña sean exactos, pues ya hace muchos años se han publicado estadísticas parciales que demuestran que las cifras son muy cortas; sin embargo, es posible que nos puedan servir de una mera referencia orientativa en la proporción de los años:

Años	Peregrinos	Naves
1397............	80	1
1423............	60	1
1428............	1.136	13
1432............	24	1
1433............	50	1
1434............	2.990	63
1445............	2.100	20
1451............	594	14
1455............	50	2
1456............	820	8

Cuando el ya referido William Wey desembarcó en el puerto de La Coruña en 1456, pudo contar que había allí fondeados no menos de ochenta y cuatro barcos procedentes de Inglaterra, País de Gales, Irlanda, Normandía, Francia y Bretaña. Para Roger Stalley, este dato ha servido para calcular que, «aunque todos los navíos no transportasen forzosamente peregrinos, una estimación mínima (basada en una media de 60 u 80 pasajeros por barco) permite suponer la llegada de al menos 5.000 peregrinos en el espacio de pocos días». En el esquema de Cornide vemos la notable diferencia entre un año normal y otro en el que se celebra el jubileo; a este segundo grupo pertenecen los años 1428, 1434, 1445, 1451 y 1456. En su momento veremos cómo se podían producir pequeños viajes de cabotaje. Algunos peregrinos, que, al llegar a León, se habían desviado hasta el Salvador de Oviedo, seguían desde puertos asturianos hasta Betanzos o La Coruña para luego seguir andando hasta Compostela.

DE LA COMIDA Y EL HOSPEDAJE

Entendido el viaje como un ejercicio espiritual, son lógicas las palabras del predicador del siglo XII, cuando dice que la peregrinación «aleja de los suculentos manjares, hace desaparecer la voraz obesidad, refrena la voluptuosidad...». Debe comer de la caridad, y en su morral guarda algunas sobras para su consumo durante la marcha por parajes solitarios. Hospitales y monasterios son lugares donde pueden recibir alimento de una manera regular; en sus encuentros por los caminos se trasmitían unos a otros el nombre de los sitios donde se les daba más cantidad y mejor calidad de alimentos (en las notas del camino iremos indicando qué tipo de comida recibían en algunos sitios famosos por su hospitalidad).

La Iglesia premiaba la caridad con los peregrinos, propiciando con sus sermones que las gentes ayudasen a los viajeros de la fe; sin embargo, como las rutas eran siempre las mismas y las gentes que circulaban por ellas tantas, se producía un cierto cansancio entre los que tenían que ejercer la caridad. A esto ha-

bía que añadir los abusos por el gran número de falsos peregrinos que pululaban por todas partes.

Para favorecer la acogida de los romeros se recordaban desde el púlpito las palabras evangélicas relativas a Jesucristo, en las que decía: «El que os reciba a vosotros, me recibe a mí.» En su afán didáctico se difundían consejas que advertían a las gentes de los peligros en que podían caer si no les propiciaban alimentos. Estas anécdotas eran muy ingenuas, pero ejercían un gran efecto en la mentalidad popular:

En Vilanova, otro necesitado peregrino de Santiago pidió limosna por amor de Dios y de Santiago a una mujer que tenía el pan bajo las calientes cenizas. Pero ella respondió que no tenía pan y el peregrino le dijo: «¡Ojalá se convierta en piedra el pan que tienes!» Y cuando el peregrino aquel salió de la casa y estuvo lejos, se acercó la mala mujer a las cenizas y,

pensando recoger su pan, encontró una piedra redonda en vez del pan. Y ella, arrepentida de corazón, siguió en seguida al peregrino, pero no lo encontró.

No todos querían hacer una peregrinación de una manera tan estricta, muchos de ellos sufragaban sus gastos de alimentación y hospedaje, comportándose entonces como un viajero cualquiera; siendo las leyes que les protegían de los abusos y engaños iguales para unos y otros. Autoridades civiles y religiosas reprendían a los malos mesoneros que cobraban más a los peregrinos, les engañaban en la calidad y cantidad de las viandas y de los vinos, etc. Si la calidad social del viajero era alta o de una gran formación intelectual, resultaba bastante habitual que fuese bien acogido por los notables de los lugares por donde pasaba, pues servía a éstos de distracción en su monotonía diaria.

Patio del Hospital de San Juan de Ortega (Burgos), siglo XV. El patio era una de las partes fundamentales de los pequeños hospitales del Camino, servía para articular en su entorno los dos dormitorios comunes, el de hombres y el de mujeres, así como el refectorio.

La precariedad de la organización hospitalaria de los caminos de aquella época no fue suficiente ni para los peregrinos de caridad ni para los de «pago». En algunas zonas era muy difícil encontrar comida; por ello, al iniciar este tipo de jornadas, se hacía acopio de vituallas para cruzarlas. En otras ocasiones tenemos noticias de que, según la época del año, se compraban a los campesinos las frutas que se estaban recogiendo. Había zonas en las que los pescadores y cazadores acudían a los caminos a vender las piezas obtenidas. De una forma u otra, el peregrino medio pasaba hambre, y cuando llegaba al final del camino se encontraba exhausto. Véase en esta narración de la llegada de un peregrino del siglo XVIII, la del sastre francés Manier, cómo parece estar más obsesionado por comer y recuperar las fuerzas del penoso viaje, que por ningún tipo de efluvio místico-religioso, que se reduce, en un primer momento, a asistir a la celebración de la misa:

> Llegamos a las nueve y fuimos a la catedral donde está el sepulcro del Apóstol para dar gracias a Dios por haber hecho bien el viaje; oímos misa y a las once fuimos a comer al convento de San Francisco; nos dieron buen pan, sopa y carne; a las doce fuimos también a comer sopa al convento de benedictinos de San Martín donde nos dieron bacalao, carne y pan excelente, que es raro en esta región; a la una dan pan y carne en el convento de las religiosas de Santa Teresa; a las dos dan pan los Jesuitas. A las cuatro nos dirigimos a tomar la sopa que nos sirvió de cena al convento de Santo Domingo, extramuros de la ciudad, encaminándonos después a dormir al hospital que tiene buenas camas.

¿Dónde dormir? Era este otro problema grave en los momentos álgidos de la peregrinación, por grandes que fuesen los hospitales, y durante la Edad Media nunca lo fueron. En ellos se daba hospedaje gratis a los acogidos, podían pasar uno, dos o tres días de estancia. Solían tener dormitorios distintos para hombres y mujeres, y en ciertos casos dormitorios para personajes distinguidos. Ya iremos viendo las características de algunas de estas dependencias cuando recorramos los principales hitos de los caminos.

En muchas ocasiones se dormiría en los pajares o en los pórticos de las iglesias. Se recomendaba a los fieles cristianos que los acogiesen en sus casas, propalándose sucesos similares a los de la mujer del pan, ahora referidos al hospedaje, para que se mostrasen hospitalarios. Tan ingenua como la historia anterior es la siguiente:

> En la ciudad de Poitiers, dos nobles galos que volvían cierta vez de Santiago sin recursos, pidieron posada por amor de Dios y de Santiago desde la casa de Juan Gautier hasta San Porcario y no la encontraron.

Y habiéndose hospedado en la última casa de aquella calle en casa de un pobre, junto a la iglesia de San Porcario, hete aquí, pues, que, por castigo de Dios, un rapidísimo incendio asoló toda la calle en aquella noche comenzando por la casa en que primero habían pedido posada hasta aquella en que se habían albergado. Y eran unas mil casas. Pero aquella en la que se habían hospedado los siervos de Dios, quedó intacta por gracia divina. Por lo cual sépase que los peregrinos de Santiago, tanto pobres como ricos, han de ser justamente recibidos y diligentemente atendidos.

Las Ordenanzas de Santiago de 1569 nos permiten conocer los dos tipos de camas que en las posadas compostelanas existían en función de la calidad del peregrino hospedado:

> Otrosí hordenaron y mandaron que todos los que tubieren mesones sean obligados a tener buenas camas de rropa limpia y buena generalmente para todos los que a su casa vinieren, especialmente tengan buenas camas de más arte y manera para que gente de calidad con dos colchones a lo menos con sábanas delgadas buenas y almoadas y todo buen cumplimiento para semejantes personas, y otras más comunes en que, a lo menos, aya un colchon e un cabeçal y dos sabanas y dos mantas, todo limpio, y tengan copia de manteles paniçuelos y toda otra cosa de servicio para los dhos Romeros... y que llieben por rrazon de la cama de hombre de bien, siendo buena como dho es a diez mars, y por la otra cama de comun a quatro mrs.

Cuando al final de la Edad Media empezaron a proliferar los viajes de personas cultas o nobles con afanes de conocer mundo, éstos, menos compensados por la satisfacción espiritual del encuentro con las sagradas reliquias, encontraban sus viajes por territorio hispano incómodos ante la falta de lo que llamaríamos en la actualidad infraestructura hotelera. Arnold von Harff, alemán que había emprendido un largo viaje por diversos lugares del mundo, opinaba muy negativamente sobre la situación de las posadas y mesones en España respecto a otros sitios que él había visitado:

> ... desde Orthez hasta Santiago ya no encontrarás ninguna buena posada para ti ni para tu caballo. Si quieres comer o beber tienes que comprártelo en el camino, y no encontrarás para tu caballo avena o paja. Además hay que comer cebada.

DE LOS PÍOS ENTRETENIMIENTOS

«El que por caminar pierde la misa y los maitines, pierde el mejor entre dos bienes.» Así se expresaban los predicadores que aconsejaban la peregrinación.

La dureza de la caminata no impedía que se cumpliese con las obligaciones del buen cristiano. En el sermón del «Veneranda dies», del *Liber Sancti Jacobi,* se fijaban los criterios espirituales que debían regir los actos de los peregrinos durante su viaje. Evidentemente, en estos términos hay mucho de aspecto teórico; sin embargo, no deja de ser el marco ético-religioso con el que la Iglesia contempla el fenómeno:

> El camino de la peregrinación es cosa muy buena, pero es muy estrecho. Pues es estrecho el camino que conduce al hombre a la vida: en cambio, ancho y espacioso el que conduce a la muerte. El camino de peregrinación es para los buenos: carencia de vicios, mortificación del cuerpo, aumento de las virtudes, perdón de los pecados, penitencia de los penitentes, camino de los justos, amor de los santos.

Desde la misma guía de Aymeric hasta las referencias más modernas vemos cómo se aconseja la visita de aquellos lugares que atesoran las reliquias de los mártires de Cristo. Al igual que el moderno turista va contemplando las maravillas del arte que encuentra en su excursión, los piadosos viajeros jacobeos se dirigen a aquellos sitios donde existen cuerpos de santos que venerar, y ante ellos rezan y participan de los oficios que en su honor se celebran, solicitando su protección. Escuchan las fantásticas y milagrosas historias que allí les cuentan sobre ellos. Con estas visitas fortificaban su ánimo, ayudándoles así a superar mejor las tentaciones que surgían durante la larga marcha.

Antes de entrar en España, los peregrinos, que venían por diferentes rutas, habían visitado: en Arlés, el cuerpo de san Trófimo, san Honorato y san Césareo; en los alrededores de esta ciudad, san Ginés, «al que degolló la chusma», y san Gil, piadoso confesor y abad; en el valle de Gellone, el sepulcro de san Guillermo, que había portado con gran gallardía el estandarte del emperador Carlomagno; a orillas del río Herault, la tumba de los santos Tiberio, Modesto y Florencia, martirizados en tiempos de Diocleciano; en Toulouse, san Saturnino; en Conques, santa Fe, virgen y mártir; por San Leonardo, el glorioso cuerpo de santa María Magdalena, «aquella gloriosa María que en casa de Simón el leproso regó con sus lágrimas los pies del Salvador»; en la ciudad de Perigueux, el cuerpo de san Frontón, primer obispo de la ciudad, cuya ordenación episcopal se debía al mismo san Pedro; en la ciudad de Orleans, el Lignum Crucis, el cuerpo de san Evurcio y su cáliz; a orillas del Loira, el glorioso cuerpo de san Martín, el patrono de los francos, aquel obispo y confesor «al que se le atribuye haber resucitado a tres muertos»; en la ciudad de Poitiers, el cuerpo de san Hilario, que había combatido el arrianismo; por tie-

rras del Poitou, en un lugar llamado Angély, la venerable cabeza de san Juan Bautista, que unos píos religiosos habían traído desde Jerusalén; en la ciudad de Saintes, el cuerpo de san Eutropio, obispo y mártir; en Burdeos, san Severino.

Habían quedado impresionados ante la columna, todavía cubierta de sangre, donde fue degollado san Ginés, por los extraordinarios sucesos que acontecieron después: «Tras ser decapitado, el propio santo tomó su cabeza en las manos y la arrojó al Ródano y su cuerpo fue transportado por el río hasta la basílica de san Honorato, en la que yace con todos los honores. Su cabeza, en cambio, flotando por el Ródano y el mar, llegó guiada por los ángeles a la ciudad española de Cartagena, donde en la actualidad descansa gloriosamente y obra numerosos milagros.» En el templo de San Gil, les enseñan que tienen el cuerpo completo de su patrono y, jactándose de ello, dicen a los peregrinos:

> Avergüéncense los húngaros que dicen que poseen su cuerpo, avergüéncense los monjes de Chamalières que sueñan tenerlo completo; que se fastidien los sansequaneses que alardean de poseer su cabeza; lo mismo que los normandos de la península del Contentín que se jactan de tener la totalidad de su cuerpo, cuando en realidad sus sacratísimos huesos no pueden sacarse fuera de su tierra, como muchos han atestiguado.

Pero no sólo se limitaban a oír acciones y sucesos tan inauditos, sino que también podían contemplar objetos insólitos y carismáticos, incluso, podían participar como agentes activos en su utilización. El anteriormente referido cáliz de san Evurcio se encontraba en la iglesia de Santa Cruz de Poitiers, y de él se decía que... «un día que el santo obispo estaba celebrando misa en lo alto del altar apareció visible a todos los presentes la mano derecha del Señor en forma humana, y lo que el oficiante hacía sobre el altar, lo hacía ella misma; cuando el oficiante hacía la señal de la cruz sobre el pan y el cáliz, ella lo hacía igual; y, cuando levantaba el pan o el cáliz, la mano de Dios levantaba también un verdadero pan y un cáliz». Los romeros que acudían al templo podían solicitar la comunión en tan preciado vaso sagrado, sintiendo como su cuerpo se mostraba convulsionado por la emoción de poder comulgar con aquel objeto que había sido tocado por la misma mano de Dios.

También, en su viaje, los peregrinos sentían la llamada del arte, del placer de la visualización de objetos y edificios hermosos, aunque siempre la delectación artística era fundamentalmente considerada a mayor gloria de Dios, de sus santos y mártires (sobre este tema volveremos más adelante al ocuparnos del arte y la peregrinación).

Al entrar en territorio hispano, la visita a santos lugares y la contemplación de objetos prodigiosos seguían produciéndose; sin embargo, no los reproduciremos aquí, pues de ellos nos ocuparemos al recorrer los caminos.

De lo lúdico a lo sensual.—Una parte importante de la historiografía dedicada al estudio del fenómeno de las peregrinaciones atribuye al período final de la Edad Media, cuando se considera que las mismas han entrado en plena crisis, el que la moralidad de los romeros deje también mucho que desear. Sin embargo, desde el primer momento de la existencia de la peregrinación, los hombres de iglesia están especialmente preocupados por los pecados de la embriaguez y de la lujuria que se daban entre los peregrinos. El Calixtino, en un día tan señalado como el 30 de diciembre, festividad de la traslación del cuerpo del Apóstol, dedica gran parte de su sermón a corregir extensamente y con dureza al que cae en la embriaguez y la lujuria durante la peregrinación, pues acudiendo al Sabio, dice: «El vino y las mujeres hacen apostatar a los sabios.» Continúa el predicador con una larga serie de disquisiciones utilizando un lenguaje lleno de símbolos alusivos a la lujuria que terminan en unos dísticos que empiezan así:

No te dejes de Venus vencer ni tampoco del vino
Pues de la misma forma Venus y el vino dañan.
Venus enerva las fuerzas y Baco a su vez, excesivo,
Entorpece el paso, debilitando los pies.

Más adelante vuelve al tema de lo carnal haciéndose eco de la prostitución dirigida a los peregrinos, muy reiterado en las reglamentaciones civiles y religiosas. Nos recuerda lo que sucede en algunos mesones:

Las criadas de los hospedajes del camino de Santiago que por motivos vergonzosos y para ganar dinero por instigación del diablo se acercan al lecho de los peregrinos, son completamente dignas de condenación.

Todavía es más duro con las rameras, para las que pide un cruel escarmiento:

Las meretrices que por estos mismos motivos entre Puerto Marín y Palas de Rey, en lugares montuosos, suelen salir al encuentro de los peregrinos, no sólo deben ser excomulgadas, sino que además deben ser despojadas, presas y avergonzadas, cortándoles las narices, exponiéndolas a la vergüenza pública.

Pero no se trataba sólo de una prostitución pública lo que preocupaba al predicador, sino que entre los mismos peregrinos marchaba la lascivia. Eso

sí, con la conocida misoginia que caracteriza el mundo de la mentalidad medieval, la culpable siempre será la mujer. Bertoldo de Ratisbona, franciscano del siglo XIII, célebre por su santidad, cuyos sermones electrizaban a las multitudes, condenaba las peregrinaciones de las mujeres, afirmando que éstas, durante el viaje, llevaban consigo más pecado que indulgencias. En el retrato que Geoffrey Chaucer hace de la viuda de Bath podemos apreciar, en medio de sutiles sarcasmos, el tipo de mujer medieval que combina en su persona lo carnal con lo espiritual:

Iba allá una buena viuda de la comarca de Bath, mujer algo sorda. Era hábil en tejer paños mejores que los de Gante e Ipres. No había en toda su parroquia mujer que llegase a la ofrenda primero que ella; mas si alguna vez sucedía lo contrario, luego la buena viuda se irritaba más allá de lo que consiente la caridad. Siempre había sido mujer muy honrada: cinco maridos llevó a la iglesia y aun tuvo en la mocedad otras compañías... Tres veces había estado en Jerusalén y cruzado buen golpe de ríos extranjeros. Asimismo había ido a Roma, Bolonia, Santiago de Galicia y Colonia y era por tanto ducha en caminatas... Montaba con desenvoltura su jaca, se cubría con un sombrero ancho como una rodela... Solía reír y platicar con desenfado y debía ser docta en remedios de amor, pues no ignoraba las reglas de este arte.

Esta visión de la alegre viuda peregrina se entiende mejor, cuando, en el mismo cuento, Chaucer hace decir a un marido:

Quien edifica toda su casa con mimbres, espolea a su caballo ciego por tierra de barbecho y permite que su mujer vaya a visitar santuarios, merece ser colgado en la horca.

En el interesante estudio que Mackay dedica a la compleja personalidad de la peregrina inglesa Margery Kempe podemos comprobar cómo, a pesar de tratarse de una celota creyente, no está libre de las tentaciones en el transcurso de sus numerosas peregrinaciones:

Todo esto no quiere decir que Margery era incapaz de sentimientos eróticos. Cuando estaba de romería tenía un terror, una obsesión, de que algún hombre le iba a violar. Pero al mismo tiempo nos cuenta visiones donde hombres (cristianos, paganos e incluso curas) aparecieron ante ella, todos completamente desnudos y guiados por el diablo que le mandaba prostituirse con todos ellos, o por lo menos elegir el que mejor le excitaba. También narra cómo siendo bastante joven, pero casada, un hombre le invitó a acostarse con él, y esto cuando estaban en misa. Des-

Castillo de Pambre. Esta bella fortaleza gótica fue guarida de bandoleros que causaron graves quebrantos a los peregrinos a su paso por la provincia de Lugo.

pués de pensarlo bien, decidió aceptar la propuesta y le fue a buscar, pero el hombre dijo que había sido una broma y que antes de hacerlo preferiría que le hiciesen carne picada.

Las crónicas y los viejos romanceros recogen todo un mundo de las pasiones que se desatan entre los romeros y las gentes por donde pasan, que constituye un importante capítulo de la literatura amorosa. Este aspecto del romancero, como otros muchos del mismo, esconde bajo una cuidada forma literaria la realidad histórica. La *Crónica General* nos habla del conde Garci Fernández, hijo de Fernán González, con una romera de alcurnia. Este suceso fue el pretexto para una novelada historia de la condesa traidora, celebrada en verso:

> En Francia casó el buen conde,
> con esa doña Argentina,
> que pasaba por su tierra
> a Santiago en romería.

En «Bernardo y la romera» se aborda el tema de la violación de una peregrina:

> Al conde le llevan preso, al conde Miguel, al prado.
> No le llevan por ladrón ni por cosas que ha robado.

> Por esforzar una niña nel camino de Santiago.
> Como era hija del Rey, sobrina del Padre Santo,
> Como era de tal linaje, a muerte le sentenciaron.

En otras versiones es lombardo el pérfido conde y se llama Grifos:

> En aquellas peñas pardas
> En las sierras de Moncayo
> Fue do el Rey mandó prender
> Al conde Grifos Lombardo
> Porque forzó una doncella
> camino de Santiago.

La popularidad de estos romances hace que se repitan una y otra vez, introduciéndose multitud de variantes, desde aquella en que la romera contesta al enamorado rey:

> Vengo de Santiago, el rey;
> de Santiago, que vos guarde,
> y muchas más romerías...,
> plantas de mis pies lo saben;
> licencia traigo de Dios,
> mi marido luego dadme.

O en la otra versión:

Por los campos de Castilla
se pasea una romera,
era más alta que un pino,
más hermosa que una estrella;
el buen rey desque la vido
se bajaba hablar con ella.

¿Dónde va la romerita
tan sola por esta tierra?
A Santiago de Galicia
a complir una promesa
que me ofrecieron mis padres
siendo yo niña pequeña.

LADRONES, BANDOLEROS Y ACCIONES BÉLICAS

La época no era buena para andar por los caminos; los peregrinos se convertían en presa fácil para ladrones y bandoleros. Incluso, cuando realizaban su viaje por mar, tampoco estaban a salvo de los piratas. Las noticias sobre la presencia de estos peligros corrían de boca en boca avisando a los viajeros. Los bandidos elegían lugares poco concurridos para cometer sus tropelías. Juan de Ortega construye su hospital para proteger a los caminantes que eran atacados por bandidos en los Montes de Oca.

Algunas veces, los conflictos civiles entre los nobles propiciaban que uno de los bandos aprovechase la confusión de la situación para atracar a los peregrinos. Así procedían los Sánchez Ulloa que, desde su fortaleza de Felpós o Pambre, atacaban a los que circulaban por el Camino de Santiago, hasta que fueron sometidos por don Berenguel Landoira, arzobispo de Compostela, en 1321. Más de un siglo después, todavía este tipo de conflicto no había sido resuelto, pues Fernando el Católico tuvo que tomar medidas en 1478, tras habérsele quejado el cabildo compostelano de que varios caballeros y escuderos gallegos:

... a los caminantes peregrinos que vyenen en romería a la dicha yglesia de Santiago, los prenden et roban et matan et fieren et rescatan o los tienen o han tenido presos detenidos desde algunos tiempos acá; por lo qual los dichos peregrinos por themor et miedo a los susodichos delinquentes ellos no osan ir a la dicha Sancta Yglesia de Sanctiago.

De menor importancia, pero ciertamente muy reiterados, eran los abusos de prepotencia de algunos nobles castellanos que, cuando iban de viaje, no dudaban en echar de los hospitales a los pobres y peregrinos que allí descansaban (las actas de las cortes castellanas de los siglos XIV y XV tienen bastantes acuerdos castigando estas tropelías).

Ana Arranz Guzmán ha realizado una larga lista de todos los engaños que el romero podía sufrir a lo largo de su peregrinación:

— Los robos efectuados por los posaderos, bien de manera individual, bien sirviéndose de compinches.
— Los realizados por los vaqueros.
— Los llevados a cabo por bribones que ofrecen, fingiendo caridad y amistad, sus casas para hospedar a incautos peregrinos.
—Los perpetrados por cambistas tramposos.
— Los de especieros y drogueros que adulteran jarabes y antídotos.
— Los vendedores de falsas reliquias.
— Los efectuados por los comerciantes que venden más caro a los peregrinos que a sus vecinos, y utilizan medidas y pesos falsos.
— Los realizados por los cobradores de portazgo.
— Los de aquellos que utilizan hábitos eclesiásticos para confesar al peregrino y, más tarde, robarle.
— Los perpetrados por simples salteadores de caminos, que no emplean ya el engaño, sino la pura violencia.
— Los que pretenden conseguir los bienes de un peregrino, impidiéndole testar.
— Los llevados a cabo entre los propios peregrinos.

Este amplio catálogo de penalidades tiene un gran eco en las leyes de la época, en los sermones de los predicadores y en una abundante serie de narraciones breves transmitidas, en muchas ocasiones, por los mismos caminantes. En el Calixtino, entre otras muchas, podemos leer esta que nos habla de un ahorcado por haber asesinado a un romero:

Yo he visto en el camino de Santiago a un ahorcado que antes de ser colgado acostumbraba llamar a los peregrinos antes de amanecer a la entrada de cualquier pueblo para seguir el viaje. Llamaba, pues, como es costumbre de ellos a grandes voces: «Dios, ayuda, Santiago.» Y cuando salía algún peregrino para seguir con él, le acompañaba un trecho hasta llegar a un sitio apartado, donde aguardaban sus compañeros, con quienes en seguida le daba muerte y le robaba.

Muchos de los conflictos civiles de la sociedad gallega tuvieron su campo de acción no ya en el territorio compostelano, o en la ciudad, sino en la misma catedral. Cuántas veces los peregrinos al llegar a su meta se encontraban con que ésta, convertida en una auténtica fortaleza, estaba siendo expugnada por un ejército sitiador. Ya a principios del siglo XII, el obispo Gelmírez y la reina Urraca se vieron obligados a subirse a lo más alto del templo para huir de las iras del pueblo compostelano, y éste no dudó en prender fuego para hacerlo bajar de la torre. Desde entonces, los arzobispos com-

postelanos se preocuparon de transformar su catedral en un aguerrido castillo, coronando todos los muros de potentes merlones y almenas, y transformando el cimborrio en alcázar. Con don Berenguer Landoira, que rigió la sede entre 1317 y 1330, se completó la fisonomía militar con la construcción de una gran torre en la que se pudiese disponer la máquina de guerra.

Uno de los sucesos más curiosos que han podido ocurrir a un peregrino, aunque seguramente dadas las circunstancias compostelanas no debió ser el único, fue la visita a la catedral mientras que ésta estaba siendo expugnada. El hecho tuvo lugar en 1465, cuando la visitó el bohemio León Rosmithal, siendo narrado así por uno de sus acompañantes:

> En aquellos días, tomada ya la ciudad, asediaban el templo en que Santiago está sepultado, habiendo preso antes al arzobispo —se refiere a Alfonso de Fonseca— con veintitrés sacerdotes; pero su hermano y su madre, cerradas las puertas, se sostenían y resistían el asedio. Por causa de esta profanación el Pontífice había puesto en entredicho al que tomó la ciudad, a los que atacaban el templo y a todos los sacerdotes de Galicia, mientras tuvieran preso al arzobispo y a los canónigos; por esto no se decía misa en toda la provincia ni se bautizaba a los niños, y estaban insepultos los muertos. A pesar de esto toda aquella tierra estaba de parte de su señor, que era el que asediaba el templo.
>
> Por esta guerra y discordia no pudimos visitar el templo hasta el tercer día, en que pedimos licencia a aquel barón que lo expugnaba. El señor mismo fue a verle y le rogó que al menos no le impidiese visitar el sepulcro de Santiago si lograba el permiso de los que estaban en la iglesia.

Después de varias entrevistas, Rosmithal y su séquito pudieron entrar en el templo. Uno de sus acompañantes fue herido cuando se aproximaban a la catedral, y una vez dentro…

> … encontramos primero varios soldados que salieron a recibir muy benignamente al señor y a todo su séquito; después vino la madre del arzobispo con otro hijo suyo y se mostró contenta de que hubiera llegado a salvo el señor y sus compañeros, acusando al que había preso a su hijo y expugnaba aquel famoso lugar, queriendo destruir las sagradas reliquias que en él se guardan… por su mandato nos llevaron a una torre que servía de reparo contra los enemigos del templo, en la cual había una fuente que estaba entonces seca, porque habían cortado el agua los sitiadores…

Como veremos en el apartado siguiente, Rosmithal pudo realizar una completa visita a la catedral.

Altar y camarín de Santiago (catedral de Santiago de Compostela), entre 1694 y 1701. La figura medieval del Apóstol es de piedra.

LA ESTANCIA EN SANTIAGO

Leíamos antes la narración de Manier sobre sus primeras actuaciones el día que llegó a Santiago: acude de inmediato al templo para dar gracias por alcanzar la ciudad sano y salvo, dedicando el resto de la jornada a recuperar las fuerzas, mientras que dejará para el día siguiente el cumplir con todos los actos píos y protocolarios relacionados con la peregrinación. Éstos consistirían en la confesión, que la realizaría con un sacerdote francés en el mismo hospital donde se hospedaba, y la comunión en la catedral, en la llamada capilla de los franceses —la de San Luis—, por lo que recibieron el certificado de haber realizado la peregrinación. Por este documento tuvo que pagar 2 sueldos. Después oiría los oficios en el templo y se dedicaría a recorrerlo detenidamente.

La actitud de Manier se corresponde bien con las características de la época, el siglo XVIII; durante la Edad Media, el comportamiento de los romeros se

Fachada del Obradoiro. La parte central de la fachada y parte de la torre de la Carraca —la más septentrional— es obra de Fernando de las Casas.

centraría más en mostrar sus efusiones espirituales con una mayor escenificación de sus emociones. La iglesia, abierta día y noche, estaba siempre llena de gente en vigilia constante. En las líneas siguientes se reproduce un texto del siglo XII que, de una manera algo convencional, nos da una visión de este interior:

Causa alegría y admiración contemplar los coros de peregrinos al pie del altar del venerable Santiago en perpetua vigilancia: los teutones a un lado, los francos a otro, los italianos a otro; están en grupos, tienen cirios ardiendo en sus manos; por ello toda la iglesia se ilumina como el sol en un día muy claro. Cada uno con sus compatriotas cumple individualmente con maestría las vigilias. Unos tocan cítaras, otros liras, otros tímpanos, otros flautas, caramillos, trompetas, arpas, violines, ruedas británicas o galas, otros cantando con liras, otros cantando son acompañados con diversos instrumentos, pasan la noche en vela; otros lloran sus pecados, otros leen los salmos, otros dan limosnas a los ciegos. Allí pueden oírse diversidad de lenguas, diversas voces en idiomas bárbaros; conversaciones y cantinelas en teutón, inglés, griego y en los idiomas de otras tribus y gentes diversas de todos los climas del mundo. No existen palabras ni lenguaje en los que no resuenen sus voces. Estas vigilias cuidadosamente se celebran allí; unos vienen, otros se retiran y ofrecen en su variedad diversos dones. Si alguno se acerca triste, se retira alegre. Allí se celebra continua solemnidad, la festividad se prepara cuidadosamente, a la esclarecida celebridad se le rinde culto de día y de noche, alabanzas y gozos, alegría y contento, en común se canta. Todos los días y noches como en ininterrumpida solemnidad, en continuo alborozo, se celebran los cultos para la gloria del Señor y del Apóstol. Las puertas de esta basílica nunca se cierran, ni de día ni de noche; ni en modo alguno la oscuridad de la noche tiene lugar en ella; pues con la luz espléndida de las velas y los cirios, brilla como el mediodía. Allá se dirigen los pobres, los ricos, los criminales, los caballeros, los infantes, los gobernantes, los ciegos, los mancos, los pudientes, los nobles, los héroes, los próceres, los obispos, los abades, unos descalzos, otros sin recursos, otros cargados con hierro por motivo de penitencia. Algunos como los griegos llevan cruces en sus manos, otros distribuyen sus bienes entre los pobres, otros traen en sus manos hierro y plomo para la obra de la basílica del Apóstol, unos traen las cadenas y las esposas de hierro sobre sus hombros, de las cuales se han liberado por la intercesión del Apóstol y de las prisiones de los tiranos, haciendo penitencia, llorando sus delitos («Veneranda dies», Liber Sancti Jacobi).

El autor de esta descripción sólo se fijó en las actitudes pías y devotas de los peregrinos; sin embargo, el tráfago y ruido de la catedral eran tales, que llamaban la atención de los viajeros por considerarlos deshonestos para el lugar. Frente a esta visión idílica del comportamiento de los que acudían a postrarse ante la tumba del Apóstol, otras noticias, menos literarias pero más directas y próximas a la realidad diaria, nos hablan de grandes tensiones y dificultades por el desorden de los fieles en el interior del santuario. Por una carta de Inocencio III, de 1207, sabemos que el arzobispo compostelano se había dirigido a él solicitando un medio más sencillo de purificación del templo cuando éste «fuese profanado» ya que «llegando a la iglesia de Santiago peregrinos de diferentes naciones, y queriendo quitarse unos a otros la guarda nocturna del altar, ocurren unas veces homicidios y otras veces heridas».

Se juntaban allí, no sólo las multitudes orantes y reverenciosas que acabamos de ver descritas, sino aquellos viajeros que entraban a ver las cosas notables, más las gentes del lugar que acudían al templo para cumplir con sus oficios habituales. Jerónimo Munzer, como tantos otros visitantes de Compostela, se quejaba de ello: «Increíble es el bullicio que hay de continuo en aquella iglesia, producido por la charla de las gentes, que muestran de este modo muy poca devoción al bendito Apóstol, digno, en verdad, de que se guardase mucha más reverencia.» Este mismo viajero presenció durante su visita a la catedral dos entierros, lo que contribuía a aumentar la confusión de las gentes, máxime los extranjeros que se encontraban con costumbres funerarias «exóticas», pues acompañando al féretro iban una serie de vituallas que parecían dar la sensación de encontrarse más en un mercado que en una casa de oración:

Presenciamos dos entierros: delante del ataúd llevaban un pellejo de vino, dos sacos llenos de pan, dos cuartos delanteros de buey y dos carneros, que son los derechos parroquiales, mediante cuyo pago va, sin duda, mejor despachado el difunto; que es lo cierto que aun cuando los clérigos ponen suma diligencia en el coro, así como en los demás oficios de su ministerio, no dejan, por ello, de poner otra tanta en la ganancia.

La obsesión de todos era contemplar lo más próximo posible el cuerpo de su venerado Santiago o, por lo menos, su sarcófago. En la época de Gelmírez se había organizado el espacio bajo el altar mayor:

... en esta venerable basílica, es tradición que descansa con todos los honores, el cuerpo venerado de Santiago, debajo del altar mayor que se ha levantado en su honor, guardado en un arca de mármol, en un magnífico sepulcro admirablemente ejecutado y de dignas proporciones.

Este cuerpo se encuentra también entre los inamovibles, según el testimonio de San Teodomiro, obispo de la ciudad, que fue quien en su día lo decubrió y no le fue posible moverlo. Ruborícense, pues, los émulos transpirenaicos, que afirman poseer una parte o reliquias suyas. Porque el cuerpo del Apóstol se encuentra íntegro allí, divinamente iluminado con celestiales carbúnculos, honrado por divinos aromas que exhalan sin cesar, adornado con refulgentes luminarias celestes, y agasajado fervientemente por angélicos presentes.

Sobre su sepulcro hay un pequeño altar que, dicen, fue levantado por sus discípulos, y que no se ha atrevido nadie a desmontar después. Sobre éste se levanta un altar grande y maravilloso de cinco palmos de altura, doce de longitud y siete de anchura. Estas medidas las he tomado yo con mis propias manos. El altar pequeño está encerrado bajo el grande por tres lados, a saber, por la izquierda, por la derecha y por detrás, pero abierto por el frente, de forma que, quitando el frontal de plata, se puede ver perfectamente el altar viejo.

Aymeric Picaud, demostrando recursos propios de un «pedigüeño» guía turístico actual, termina su descripción indicando directamente la posibilidad de hacer regalos al santuario:

Si alguien, por devoción al Apóstol, quisiere regalar un mantel o un lienzo para cubrir su altar, que sea de nueve palmos de ancho y veintiuno de largo. Pero si por amor de Dios y devoción al Apóstol, alguien regala un frontal, procure que sea de siete palmos de ancho y siete de largo.

En 1501, Antonio de Lalaing, oficial del séquito de Felipe I el Hermoso, nos cuenta cómo él tampoco pudo contemplar los restos del Apóstol; para justificar el secretismo con que se guardaban las veneradas reliquias, le contaron la siguiente historia:

Nadie penetró allí desde que un santo obispo, celebrando diariamente solo, en la cripta y bajo la bóveda, fuera auxiliado por los ángeles. Algunos que murmuraron por ello enviaron al sobrino del obispo a avisar quien era quién ayudaba a misa a su tío. El cual, bajando a aquel sitio, perdió repentinamente la vista, la cual recobró por los méritos y oraciones de su tío. Muerto éste, su sucesor, queriendo hacer lo mismo, bajó un día a la cripta para decir misa, y halló sobre el

El Botafumeiro es un gran incensario que recorre las alturas del crucero de la catedral compostelana, suspendido de un mecanismo de poleas que mueven varios hombres. Utilizado en las procesiones solemnes, tenía también una función purificadora del ambiente enrarecido por las grandes multitudes de peregrinos.

altar seis cirios ardiendo sin cosumirse; en memoria de los cuales, constantemente, arden seis cirios sobre el altar mayor de Santiago. Este obispo preparándose para la misa, temeroso de estropear su alba, cortó su cuerpo por la cintura en dos y murió miserablemente. Por lo cual, por aquel milagro y venganza divina tomada sobre aquel que pretendiera imitar al dicho santo, nadie hay tan atrevido que ose penetrar allí.

El guía que le enseñaba los tesoros materiales y espirituales le dice «que es preciso creer que el cuerpo de Santiago el Mayor está bajo el altar mayor, o exponerse a excomunión papal».

Siete años antes que Lalaing, visitó Santiago Jerónimo Munzer, teniendo la misma oposición; sin embargo, el doctor Munzer se mostró mucho más crítico comentando en estos términos el hecho:

> Créese que está sepultado bajo el altar mayor, juntamente con dos de sus discípulos, el uno a la derecha y el otro a la izquierda del Santo; pero su cuerpo nadie lo ha visto, ni aun el rey de Castilla cuando estuvo aquí en el año 1487 —se refiere a Fernando el Católico—, y así, solamente lo creemos por la fe, que es la que nos salva a los míseros mortales.

Entre las visitas de Lalaing y Munzer, estuvo en Compostela el siempre crítico viajero Arnold von Harff, quien deseando ver el cuerpo de Santiago, le sucedió lo que a continuación cuenta:

> Algunos dicen —se refiere al cuerpo del Apóstol— que está en Tolosa en el Languedoc, de la que he escrito más arriba. Yo traté con grandes ofertas de que se me enseñase el santo cuerpo. Se me contestó que no se acostumbraba a hacerlo; que el cuerpo santo de Santiago está en el altar mayor, y que el que dudase que fuese su cuerpo, en el mismo momento, se volvería loco como un perro rabioso. Con esto me bastó, y fuimos a la sacristía, donde nos enseñaron la cabeza de Santiago el Menor y otras muchas reliquias.

¿Con qué satisfacían los peregrinos sus ansias de aproximación material al Apóstol, por el que habían recorrido media Europa? Desde luego no podían ver una parte importante del cuerpo, tal como se hacía en otros famosos santuarios con otros santos. Por ejemplo, el obispo Mártir, que tan sólo pudo contemplar de Santiago en la catedral compostelana «su efigie, que se hallaba colocada en el santo altar, él está sentado en un trono con corona en la cabeza, cubierto por un templete de madera», pudo ver en Colonia todo un riquísimo repertorio de sagradas reliquias:

> En ella —se refiere a Colonia— se encuentra la tumba de los Reyes Magos. Sus tres cabezas están co-

locadas sobre el sepulcro. Allí también se guardan las reliquias de 12.000 santos, las cuales están dispuestas en la iglesia mayor de tal manera, que todo el mundo puede ver sus cuerpos en el sepulcro.

El hombre medieval siente una atracción especial por las reliquias; no le basta con saber que se encuentran en un sepulcro, sino que necesita su visualización. Por ello, abundan los depósitos que permiten ver una parte de los sagrados restos o, al menos, que el continente adopte la forma material de su contenido. De esta forma en los tesoros de las iglesias existen numerosos relicarios con formas de cabeza, brazos, pies, etc., que permiten a los fieles que los contemplan tener una imagen más próxima a su dimensión humana. De Santiago, los canónigos compostelanos insistieron siempre que conservaban el cuerpo íntegro, pero ni lo dejaban ver, ni siquiera su sepultura podía ser contemplada directamente —acabamos de referir cómo Aymeric nos dice que, en su época, tan sólo se podía ver bajo el altar principal, en ocasiones excepcionales, el viejo, el que habían hecho los discípulos del Apóstol y en cuyo interior estaba la sepultura propiamente dicha—. Estas carencias eran compensadas con una serie de objetos relacionados directamente con el mismo Santiago, que los fieles observaban arrobados y que, llevados de los más píos instintos, no sólo querían tocar, sino que incluso se afanaban por llevarse una partícula de recuerdo. En el siglo XV, al barón bohemio León Rosmithal, dadas las extrañas circunstancias en las que entra en la catedral, le dieron un trato especial y le enseñaron «todas las reliquias que en el templo se guardan»:

> ... en el mismo altar, en el que se ve también la hoz o hacha con que le cortaron la cabeza, atada al ara con una cadena de hierro... después nos enseñaron el báculo que llevó el Santo en sus peregrinaciones, el cual está sujeto a un altar y revestido de plomo, porque los peregrinos a hurtadillas le arrancaban pedazos y lo hubieran destruido, si el Sumo Pontífice no hubiera mandado sabiamente que lo revistiesen de plomo; por esto sólo se ve del báculo el clavo de hierro que tiene abajo, el cual se puede tocar con las manos. Después nos mostraron la cabeza de Santiago el Menor, apellidado Alfeo, y una espina de la corona de Cristo, un pedazo de madera de la Santa Cruz, y además otras muchas reliquias de santos que no se nombran, ni se enseñan sino el año del jubileo —también vio el estandarte de Santiago Matamoros, al que ya nos hemos referido—. Nos enseñaron después la cadena con que fue atado el santo, la cual está clavada en una columna a la entrada del coro.

Obsérvese en esta breve descripción cómo se salvaguardan los objetos con cadenas de hierro, clavándolos fuertemente o cubriéndolos de plomo.

En enero de 1879 tuvo lugar el descubrimiento de las sagradas reliquias del Apóstol, extraviadas desde el siglo XVI. Para su depósito se realizó esta urna de plata en 1886.

«Compostela» o certificado de haber realizado la peregrinación. Grabado de Melchor de Prado y Mariño. Siglo XVIII. Ningún romero abandonaba Santiago sin su correspondiente certificación.

RECUERDOS DE LA PEREGRINACIÓN

El armenio Mártir nos indica que «saliendo por la puerta del mediodía se encuentra una pila grande, junto a la cual hay tiendas blancas donde se vende cuanto se puede desear en medallas y rosarios». La piedad del obispo armenio no le permite extenderse demasiado en los productos que allí se vendían; sin embargo, Aymeric, en pleno siglo XII, se muestra mucho más expresivo, describiéndonos un folclórico cuadro de costumbres del entorno de la catedral, donde los peregrinos podían adquirir de todo:

Detrás de la fuente está, según dijimos, el paraíso —el atrio—, pavimentado de piedra, en el que, entre los emblemas de Santiago, se venden las conchas a los peregrinos. Se venden allí también botas de vino, zapatos, mochilas de piel de ciervo, bolsas, correas, cinturones y hierbas medicinales de todo tipo y demás especias, así como otros muchos productos.

El mismo personaje de la comedia de Tirso de Molina, que citamos al principio de este capítulo, nos da una idea de cuáles eran los testimonios emblemáticos que los peregrinos traían a sus casas como recuerdo:

> … vuelvo agora
> después de haber visitado
> su sepulcro y su Padrón
> a Castilla, publicando
> mi devoción en las conchas
> veneras y santiagos
> de azabache y de marfil
> que, como es costumbre, traigo
> en sombrero y esclavina.

Todos estos objetos eran considerados con un cierto fetichismo, no sólo eran las insignias de los peregrinos, sino que podían ser utilizadas como verdaderos amuletos protectores. Ya en el siglo XII se veía en las caracolas toda una teoría de bondades salutíferas:

Se cuenta que siempre que la melodía de la caracola de Santiago, que suelen llevar consigo los peregrinos, resuena en los oídos de las gentes, se aumenta en ellas la devoción de la fe, se rechazan lejos todas las insidias del enemigo; el fragor de las granizadas, la agitación de las borrascas, el ímpetu de las tempestades se suavizan en truenos de fiesta; los soplos de los vientos se contienen saludable y moderadamente; las fuerzas del aire se abaten.

PROMOTORES Y CUSTODIOS DEL CAMINO

S i los peregrinos acudían de todas partes a venerar el cuerpo de Santiago, era necesario facilitarles el camino, ya sea creando la infraestructura viaria y hospitalaria, o simplemente prestando el aliento espiritual y material a aquellos que sufrían durante la marcha y estaban necesitados de esa ayuda. Muchos fueron los hombres y mujeres que, ya porque vivían allí por donde pasaba la ruta jacobea, ya porque venidos de lejos permanecían en ella el resto de su vida, dedicaron su existencia a los peregrinos.

He aquí los nombres de algunos constructores que durante el mandato del arzobispo compostelano Diego, y de Alfonso, emperador de España y de Galicia, y del papa Calixto, por piadoso amor de Dios y del Apóstol, repararon el camino de Santiago desde Ra-

banal a Portomarín antes del año del Señor de 1120, durante el reinado de Alfonso, rey de Aragón, y de Luis el Gordo, rey de Francia: Andrés Rotgerio, Alvito, Fortus, Arnaldo, Esteban y Pedro, que reconstruyó el puente sobre el Miño, destruido por la reina Urraca; que sus almas y las de sus colaboradores descansen en paz.

SANTOS CONSTRUCTORES Y HOSPITALEROS

De los protagonistas que impulsaron la creación del Camino, por su gran popularidad, ocupan un lugar importantísimo, entre otros muchos, personajes

Portomarín. Las obras de un pantano obligaron a trasladar los monumentos al nuevo emplazamiento. Al comienzo de este siglo, el famoso puente medieval estaba ya plenamente arruinado; hoy estos restos constituyen un monumental recuerdo.

En plena sierra de la Demanda, en tierras riojanas, se levanta el monasterio de Valvanera, lugar en donde se venera a la Virgen patrona de La Rioja. En este monasterio pasó santo Domingo de la Calzada una parte de su existencia, intentando, sin conseguirlo, ingresar como monje.

como Sancho el Mayor, Alfonso VI, Alfonso I el Batallador, el pontífice Calixto II o el mismo Gelmírez, el arzobispo que más ha hecho por encumbrar la sede compostelana; sin embargo, no nos referiremos a ellos, pues su actividad principal estaba dirigida a otros menesteres en los que alcanzaron una digna fama. Aquí sólo recogeremos las figuras de los que entregaron su vida al Camino jacobeo, con una dedicación tal que su actividad no pudo ser calificada de otra manera que de sobrenatural, por lo que como premio a su obra recibieron el galardón de la santidad. Al recorrer los caminos, los llamados «marchadores de la fe» los tienen en sus mentes, pues gracias a su abnegación, ellos pueden superar con algo más de comodidad la fatiga del largo viaje, la dureza del sendero, la inclemencia de la climatología y, a veces, la indiferencia, si no la violencia, de las gentes.

SANTO DOMINGO DE LA CALZADA

Este santo riojano muere en 1109, después del transcurso de una longeva vida que algunos historiadores quieren precisar en noventa años.

Nace en el pueblo burgalés de Viloria de Rioja, hijo de acomodados señores, dueños de tierras y de un buen rebaño, de nombres Jimeno y Orodulce.

Todavía la tradición quiere que una casa existente frente a la actual iglesia parroquial sea donde el santo pasó sus años infantiles; por desgracia, como casi siempre, la tradición es desmentida por la realidad de la historia, pues se trata de una construcción popular que no remonta más allá de tres siglos.

Hasta la muerte de su padre, en 1035, pasó unos años en el monasterio de Valvanera. Tan infausto suceso y el fracaso de su intento de ingresar como monje en los monasterios de Valvanera y San Millán de la Cogolla le llevaron a retirarse a un lugar apartado donde llevaría una vida contemplativa hasta 1039.

Entró, entonces, en contacto con Gregorio, obispo de Ostia, que había llegado a tierras navarras y riojanas enviado por el papa para combatir una tremenda plaga de langosta que asolaba estos territorios. Durante cinco años, hasta la muerte del obispo, estuvo a su lado. En este tiempo recibió la ordenación sacerdotal y aprendió a ejercer la caridad con los peregrinos que discurrían por aquellas tierras hacia Compostela. Para ello, construyeron juntos un puente de madera sobre el río Oja.

Tras la muerte de su maestro retorna a la zona donde habían transcurrido sus años de retiro, llevando ahora una gran actividad en su colonización. El territorio era el idóneo para que discurriese por él la calzada que llevase a peregrinos y viajeros hacia el

occidente peninsular, camino de la importante ciudad que se estaba consolidando junto al río Arlanzón: Burgos. Hasta entonces impedía el paso por allí un terreno pantanoso, selvático, en el que merodeaban los salteadores. La acción de desbrozar el terreno, dada la magnitud de su esfuerzo, fue siempre considerada como milagrosa. Un biógrafo del santo, del siglo XVIII, la contaba en estos admirativos términos:

> Con una hoz de segar espigas desmontó el monte todo, en cuanto podía impedir sus intentos, cayendo en tierra las encinas robustas, los robles crecidos, burladores de dilatados años, como si fueran secas espigas. ¡Raro milagro! y que sólo de nuestro Santo se refiere. Hoy se conserva la Hoz, con la mayor veneración en la Capilla del Santo; y se ha gastado más, adorándola como tan gran Reliquia, que en los muchos árboles duros, y robustos que cortó milagrosamente; y por ella ha obrado Dios muchos prodigios con los enfermos, que aplicándosela han experimentado salud milagrosamente.

La extraordinaria hoz se conserva junto a la reja del sepulcro, bien cerrada para evitar un pío latrocinio.

Construyó una sólida calzada con piedras que facilitaba el paso de Nájera hacia Grañón, permitiendo vadear el río Oja con un puente, también pétreo. Cerca de éste levantaría un complejo hospitalario donde se ocuparía del cuidado de los peregrinos que ya se atrevían a circular por allí, que con el transcurrir del tiempo se convertiría en la célebre ciudad que lleva su nombre: Santo Domingo de la Calzada. El núcleo fundacional estaba constituido por un hospital, la iglesia y un pozo. En 1090 recibió personalmente el aliento de Alfonso VI; por entonces, había comenzado ya, con la ayuda de su discípulo Juan de Ortega, la construcción de la iglesia, dedicada al Salvador y Santa María. El templo será consagrado por el obispo de Calahorra en 1106.

Muere Domingo el mismo año que fallece su protector Alfonso VI (1109). Nada se conserva de las construcciones realizadas por él. La iglesia corresponde a un edificio empezado a construir en la segunda mitad del siglo XII, y el hospital tampoco es el primitivo, corresponde a obras bajomedievales y modernas (a ellos nos referiremos al ocuparnos de las notas del camino).

SAN JUAN DE ORTEGA

Conocemos bastantes datos biográficos sobre la vida de este santo castellano; sin embargo, sobre su actividad constructora, las noticias concretas son muy escasas y, en general, proceden de autores que sólo pretenden una piadosa exaltación de la figura

Conjunto de San Juan de Ortega (Burgos). Nada queda aquí de las obras realizadas por el propio santo. La iglesia del frente corresponde a una obra románica, cuya fachada occidental, la que vemos, pertenece ya al siglo XV. A la izquierda se encuentra el Oratorio de San Nicolás, antigua fundación de san Juan, renovada por orden de Isabel la Católica.

del santo atribuyéndole un número indiscriminado de obras. Él mismo, en su testamento redactado en 1152, trece años antes de su muerte, nos da cuenta de aquellos aspectos de su vida de los que se siente más orgulloso:

> En el nombre de Dios, sepan todos, así los presentes como los venideros, que yo Juan de Quintanaortuño, por la gracia de Dios señor de Ortega, de la iglesia de San Nicolás y de la casa que para el servicio de los pobres he levantado en el Camino de Santiago con mi hermano Martín, y a expensas de nuestros propios bienes, así como de su territorio, que hasta aquí ha sido guarida de ladrones que de noche y de día robaban y mataban a muchos peregrinos que se dirigían a Santiago.

Hijo de una familia noble, nace en Quintanaortuño, villa del norte de Burgos, en 1080. Cuando sólo cuenta con catorce años conoce en Burgos a Domingo de la Calzada, que iba a marcar definitivamente su vida. Hasta la muerte del santo riojano, en 1109, permanecerá a su lado, siendo ordenado sacerdote y colaborando con él en su actividad de reparación de la vía jacobea. Desde este año hasta 1114 transcurrió un período en el que Juan aparece retirado en meditación en su pueblo natal, y realizando una peregrinación a Roma y a los Santos Lugares. Algunos historiadores consideran que este apartamiento se debe al disgusto que le ocasionó el conflicto entre aragoneses y castellanos por aquel entonces. A su regreso de Jerusalén en barco, le sorprendió una tempestad, salvándose de la misma cuando Juan invocó a san Nicolás de Bari prometiéndole erigir un oratorio en su honor.

Su promesa la cumple al construir en Ortega el oratorio y la casa de peregrinos que hemos visto referenciados en su testamento. Contará siempre con un gran apoyo de la corona castellana. En 1142, Alfonso VII le concederá el señorío del territorio de Montes de Oca, entre Ortega de Arriba y Ortega de Abajo, «para que tengáis y poseáis vos y vuestros parientes, que quieran permanecer en el servicio de Dios, para siempre». Y para que los bienes de la fundación de Ortega alcancen más a los pobres que acoge en el mismo documento, el rey dice: «y mando, firmemente, que no deis, ni paguéis portazgo alguno en todo mi reino, en el cual tengan siempre pasto libre todos vuestros ganados, así vacas, como ovejas, puercos y jumentos».

Hoy es muy difícil saber cuál fue el arte de Juan en la construcción de sus obras, tan admiradas por sus coetáneos que le concedieron el título de ingeniero, arquitecto y santo caminero y ponteador. Estas palabras de Llaguno, el gran teórico de la historia de la arquitectura, escritas en el siglo XVIII, cuando todavía alguna de estas obras existía en una forma muy similar a la original, nos permiten una cierta aproximación:

> ... y como hubiese visto perecer muchos infelices por falta de puentes y calzadas, construyó algunos con sus manos y con la industria e inteligencia que le prestara su misma caridad. Tales son el gran puente de Logroño, al que concurre el pueblo todos los años procesionalmente a dar gracias al Todopoderoso por el beneficio que el santo arquitecto les había hecho, cuya efigie se venera en un insigne humilladero inmediato al mismo puente. El de Nájera, el que subsiste y es muy celebrado por su construcción y firmeza. Otro y una calzada entre los lugares de Agés y Atapuerca, cuyo distrito estaba intransitable en el invierno con peligrosos arroyos y pantanos. Otra calzada desde Atapuerca a su monasterio, y un puente pequeño junto al pueblo del Cubo. (Sobre estas obras *vid.* en la descripción del camino los lugares concretos.)

Murió en Nájera, en mayo de 1163, siendo trasladado su cuerpo a su fundación de Ortega, enterrándole en la capilla de San Nicolás. Siete años después, cuando Alfonso VIII anexiona Ortega a la catedral de Burgos, se refiere a él como el Santo Confesor Juan. Y Juan de Ortega. Los peregrinos en su deambular por las siempre difíciles tierras de los Montes de Oca han tenido aquí hospedaje y alimento; durante siglos, en su nombre, los canónigos regulares primero, los jerónimos después, y ahora sus devotos seguirán practicando la caridad hospitalaria. Desde 1971 figura como patrono del Colegio de Aparejadores y Arquitectos Técnicos de España.

Juan de Ortega merece un lugar destacado entre los protectores de los peregrinos que hacen la ruta jacobea; sin embargo, existe una pequeña duda de su propia vocación por el apóstol Santiago. No se tiene constancia de que hubiese peregrinado nunca a Santiago y, en cambio, sí lo hizo a los dos lugares que podrían considerarse «rivales». La misma extrañeza nos causa su invocación a Nicolás de Bari en un momento crítico como el de la tempestad; ya en aquellos tiempos, Santiago empieza a desplazar a san Nicolás como protector de caminantes. ¿No era más lógico que invocase a Santiago, más él que había trabajado con santo Domingo en el arreglo del camino que conducía a Compostela?

HOSPITALEROS

A lo largo del camino se disponen multitud de casas de acogida que permanecen abiertas día y noche para cuidar de los peregrinos, los «marchadores de Dios». Al frente de estas instituciones están los hospitaleros, personas de abnegado amor al prójimo,

que dedican su vida al servicio de los pobres. Eran famosos entre los peregrinos, que transmitían sus nombres, recomendando a los compañeros aquellos lugares donde estas personas ejercitaban la caridad. De la mayoría no ha quedado constancia; tan sólo de unos pocos, el hecho de haber sido consagrados santos, ha logrado que su nombre quede reseñado en el breviario de la iglesia. Sin embargo, así y todo, el conocimiento que tenemos de ellos se pierde en lo legendario. ¿Qué sabemos de santa Bona de Pisa? Una mujer que, después de haber acudido en peregrinación a los principales santuarios de la cristiandad, dedicó el resto de su vida a atender a los peregrinos jacobeos.

De los personajes que vamos a referir a continuación es muy poco lo que sabemos de sus biografías; sin embargo, hay toda una extensa literatura que habla de sus acciones humanitarias o milagrosas. Todos serán recordados por las gentes de los lugares en que vivieron y ejercitaron su piedad, generación tras generación se conservó su recuerdo vivo. El cariño de estas gentes ha rememorado y convertido en inmortales sus actuaciones, convirtiéndoles en héroes legendarios.

San Veremundo.—Desde 1969, Veremundo ostenta el título de patrono oficial del Camino de Santiago en Navarra, aunque muy tardíamente se reconocía con este nombramiento la protección que el abad de Santa María de Irache dispensó a cuantos peregrinos acogía su monasterio, verdadero hito en la ruta jacobea.

Disputan las localidades navarras Villatuerta y Arellano, el lugar de nacimiento de Veremundo, que tendría lugar en 1020. Bajo la protección de su tío, abad de Irache, hizo pronto carrera en el monasterio en el que había ingresado en 1043. Después de pasar por puestos de responsabilidad, como el de portero, que le permitió ejercer la caridad entre los pobres y los peregrinos al frente del hospital, llegó a ser abad del monasterio hasta su muerte, el 8 de marzo de 1092 ó 1099.

Sus reliquias se conservan en una urna que ha sido causa de múltiples litigios entre los pueblos de Villatuerta y Arellano hasta 1841; desde entonces, cada cinco años viaja de un pueblo a otro.

San Lesmes.—Lesmes, como lo conocen los burgaleses que lo elevaron a la dignidad de su patrono, es la interpretación castellana del nombre *Adelelmus*. Lesmes nació en la ciudad de Lyón en el seno de una familia noble. Durante su juventud ejercitó la milicia hasta la muerte de sus padres. Fue entonces cuando se produjo una importante transformación de su vida. Repartió sus bienes entre los pobres y emprendió la peregrinación a Roma. En el viaje conoció a san Roberto, abad de la abadía benedictina de Casa de Dios, con el que se comprometió a ingresar en su monasterio una vez cumplida su visita a Roma. Llevó aquí una vida tan recta que,

Fachada occidental de la iglesia monástica de Irache (Navarra). Aquí pasó su vida san Veremundo, el patrono navarro del Camino de Santiago. Sobre el frontispicio del templo se dispuso una imagen del santo que perpetúa su memoria.

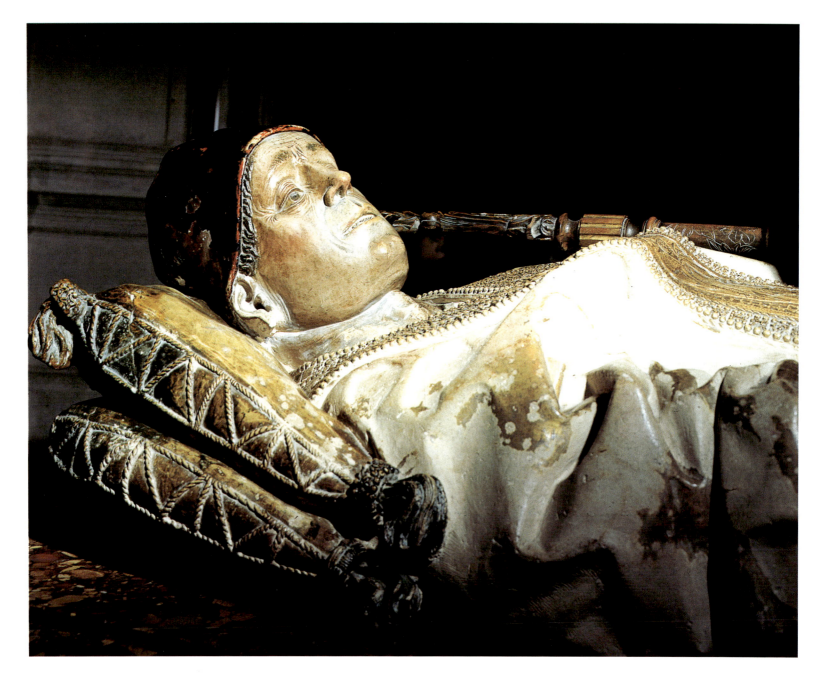

después de desempeñar diversos puestos, como el de maestro de novicios, alcanzó la dignidad abacial. Pero su humildad no le permitía desempeñar el cargo, por lo que pidió a los monjes que le librasen de dicha responsabilidad. Retirado en su celda, acudían a él menesterosos y enfermos en demanda de sus oraciones para obtener la gracia divina. Uno de sus biógrafos nos dice «que fue tanta la fama que tenía en todas partes, que pasó el mar y los montes Pirineos, y llegó a Inglaterra y España».

Alfonso VI, seguramente a petición de su esposa, la francesa Constanza, solicitó la presencia de «Adelemo» en su reino para que colaborase con el monarca en la renovación de los usos y costumbres religiosas. Durante un tiempo permaneció en la corte, pues los reyes gustaban de su trato, pero pronto, deseoso de volver a su retiro monástico, solicitó abandonarla. Los reyes le pusieron entonces, el año 1091, al frente del monasterio de San Juan Bautista, que acababan de fundar a las puertas de la ciudad de Burgos, dotándole con las tierras de su entorno

entre los ríos Arlanzón y Vena. Además, Alfonso VI dispuso que se construyese una capilla dedicada a San Juan Evangelista con unas dependencias adjuntas donde se atendiese a los peregrinos que pasaban camino de Compostela. También colocaron al frente de esta casa a Lesmes; de esta manera, como dice su biógrafo, atendieron los reyes a los más íntimos deseos del santo, «porque así ejercitaba juntamente la vida activa y contemplativa». En el monasterio de San Juan Bautista dirigía la comunidad benedictina y se entregaba a la práctica de la regla, mientras que «después de maitines decía las misas, las cuales acabadas, sentándose cada día a la puerta de la celda —en San Juan Evangelista—, por donde pasaban los pobres, con cestos de pan (cuantos podía haber a las manos), daba liberalmente cuanto tenía a los que padecían necesidad».

Murió Lesmes el 30 de enero de 1097, siendo enterrado en su capilla de San Juan Evangelista. A finales del siglo XV se reconstruyó el templo de San Lesmes, donde actualmente se encuentra. El cuerpo

del santo fue entonces trasladado a esta iglesia, construyéndose en su nave central un gran monumento funerario, del que todavía subsiste la figura del yacente (*vid.* Burgos: Hospital de San Juan y San Lesmes).

San Amaro.—En Burgos, junto al Hospital del Rey, una ermita centra un recoleto cementerio durante siglos destinado a custodiar los cuerpos de aquellos romeros que no resistieron el viaje; su advocación corresponde a un santo muy popular entre los burgaleses: Amaro. La ermita del santo y su sepulcro, conservado en el interior, fueron realizados en el siglo XVII. ¿Quién es este santo? Se le cita ya como tal en el siglo XV, única referencia que el padre Flórez nos puede suministrar como cronología; generalmente, se le considera del siglo XIII.

Es opinión generalizada que Amaro es una adecuación castellana del nombre francés de Mauro. Parece que se trata de un galo que, una vez realizada la peregrinación a Compostela, decidió quedarse en el hospital de Burgos para dedicarse al cuidado de los peregrinos. Las virtudes de su vida quedaron plasmadas en doce cuadros, obra del pintor burgalés del siglo XVII Juan del Valle, que también se conservan en la ermita. De su vida, estas palabras de Flórez resumen sus rasgos más significativos:

Volvió al Hospital del Rey —una vez cumplida su peregrinación— donde Dios le había movido a sacrificarse a su servicio en el más excelente empleo de la caridad; y entrando en la enfermería, pidió a los ministros que le permitiesen hacer las camas, limpiar los vasos y servir en cuanto pudiese a los enfermos... Diéronle el título de ministro de los pobres, y viéndose con el logro de sus deseos, empezó a desempeñar el cargo con vigilancia, utilidad de los peregrinos y edificación de todos... No contento el bendito padre con el servicio que hacía a los pobres desde su llegada al Hospital, salía a recibirlos al camino; y por cuanto comúnmente la peregrinación se hace a pie y con largas jornadas debilita a los caminantes, le obligaba su ardiente caridad a recibir en sus hombros al pobre despeado y conducirle al descanso con suma edificación.

Puente sobre el río Vena e iglesia de San Lesmes (Burgos). La iglesia ocupa el lugar de otra anterior arruinada en las guerras del siglo XIV, empezándose entonces la construcción de la que contemplamos en la actualidad.

PUBLICISTAS DE LA PEREGRINACIÓN

Son numerosísimos los que han recorrido el camino de la peregrinación a la tumba de Santiago en el occidente de Europa. Aquí sólo recogeremos los más significativos, aquellos que han tenido una gran difusión en su época, o los que han suministrado una rica información a la historiografía dedicada a la peregrinación jacobea, abarcando su cronología desde el siglo XII al XVIII.

Aymeric Picaud y el «Codex Calixtinus».— Se conserva en la catedral compostelana un códice que se denomina *Codex Calixtinus* que, a partir de los trabajos de J. Bedier, se conoce también con el nombre de *Liber Sancti Jacobi* o con el de su traducción, *Codice Calixtino* o *Libro de Santiago*. La referencia Calixtino se debe a que el nombre del papa Calixto II aparece como autor de muchas de sus partes.

El único dato cronológico que no admite discusión es que ya existía en 1173, cuando Arnaldo del Monte, monje de Montserrat, realizó una copia en la misma catedral de Compostela.

Es una obra compleja que debió redactarse a principios del siglo XII, aunque sufriría diversas modificaciones y ampliaciones a lo largo de la primera mitad de esta duodécima centuria. Bajo la forma actual se divide en cinco partes o libros:

— Libro I. Conjunto de sermones y textos litúrgicos sobre Santiago.
— Libro II. Colección de veintidós milagros.
— Libro III. Historia de la traslación del cuerpo de Santiago a España.
— Libro IV. Historia de Carlomagno y Roldán, atribuida, sin fundamento, al obispo de Reims Turpín (749-794). Es conocido también este libro como el «Pseudo Turpín».
— Libro V. «Liber peregrinacionis», detallado itinerario del camino jacobeo,

Según una carta del papa Inocencio II (1130-1143) incluida en el códice, que algunos dudan de su autenticidad, refiere cómo Aymeric Picaud y su compañera Gilberta Flamenca fueron los que llevaron la obra a la sede de Santiago:

Este códice, compuesto primeramente por el papa Calixto, que el poitevino Aimerico Picaud de Parthenay-le-Vieux, quien se dice también Oliver de Iscán, villa de Santa María Magdalena de Vézelay, y Geberga de Flandes, compañera suya, donaron a Santiago de Galicia por la redención de sus almas.

Algunos especialistas consideran que este Aymeric fue el editor de la obra en su conjunto y, tal vez, el autor de su quinta parte, la conocida como «Libro de la Peregrinación» o, también, entre la historiografía moderna, «Guía de Aymeric Picaud». Dejando a un lado la compleja problemática de la identificación de Aymeric con el autor, parece lógico pensar que las fechas que encuadran el pontificado de Inocencio II convienen bien con la posible cronología de la última «compilación» de la obra.

El Libro V, o «Guía de Aymeric», es la primera descripción que conocemos del camino de peregrinación. Es una verdadera guía de viajes en la que se tienen en cuenta datos de toda índole, que puedan facilitar el viaje a los peregrinos (distancias, aguas, comidas, santuarios, etc).

Nopar, señor de Caumont.—Se trata de las notas de viaje de Nopar II, señor de Caumont de Castelnau, que en 1417 realizó su viaje a Compostela, entrando en España por Roncesvalles y llegando hasta Finisterre. Realiza su viaje a caballo, haciendo jornadas que varían entre las dos leguas y las nueve, dando numerosas referencias de las distancias. El viaje entre Santiago y Pamplona lo realiza en veinticinco jornadas. El título de esta narración recibe el título de *Voiatge de Nopar seigneur de Caumont a Saint Jacques en Compostelle et Notre Dame de Finibus Terre.*

William Wey.—«Fellow» del Royal College de Eton, realizó un viaje a Compostela por vía marítima en 1456, desembarcando en La Coruña. Sus experiencias del viaje, especialmente la descripción de las reliquias que encuentra en la catedral, las escribió en *Itinerarium peregrinacionis... ad Sactum Jacobum in Yspannya.*

Francesco Picardi.—Este personaje transcribió en octavas el viaje que realizó, antes de 1472, Lorenzo, párroco de la iglesia de San Michele a Castello (Florencia). La composición se llama *Viaggio d'andare a Santo Iacopo di Galizia.*

Anónimo italiano de 1477.—Aparece bajo forma anónima con el siguiente título: *Viaggio fatto l'anno 1477 partendosi da Firenze.* Muy interesante por seguir con gran detalle la ruta más utilizada por los peregrinos italianos.

Hermann Künig von Vach.—Se trata de un monje servita del que prácticamente nada sabemos, salvo que debe pertenecer a un monasterio situado en las proximidades de Estrasburgo. Se trata de una guía rimada, escrita poco antes de su publicación en Estrasburgo, en 1495, con el siguiente título: *Die walfahrt und Strass zu Sant Jacob.* Las intenciones de su autor quedan claras en su inicio:

Yo Hermann Künig de Vach quiero con la ayuda de Dios hacer un pequeño libro que se denomine *El camino de Santiago.*

Santiago peregrino.
Ofrenda del arzobispo don
Álvaro de Isorna
(1445-1449). Catedral de
Santiago de Compostela.
Plata sobredorada y
esmaltada.

Describe las dos grandes vías, la *Obere Strasse* y la *Niederstrasse* que los alemanes solían recorrer en su viaje de ida y vuelta al santuario jacobeo.

Arnold von Harff.—Caballero de noble familia renana, emprende un largo viaje a diferentes lugares entre los que figura Compostela, donde llega en 1499. Aunque no muy exacto en las referencias de las distancias, sí lo es en la indicación sucesiva de los diferentes lugares. Introduce la novedad de las ilustraciones con dibujos.

Bartolomeo Fontana.—De sólida formación en letras y cosmografía, realiza un viaje a Compostela entre 1538 y 1539, publicándolo con el título de *Itinerario, o vero viaggio da Venetia...fino a Sancto Iacobo in Galitia,* impreso en Venecia en 1550.

Domenico Laffi.—Clérigo boloñés que llegó a realizar tres peregrinaciones a Santiago, en los siguientes años: 1666, 1670 y 1673. Realizó también otros importantes viajes: a Jerusalén, en 1683, y a Lisboa, en 1691. Su narración, *Viaggio in Ponente a S. Giacomo di Galitia e Finisterrae per Francia e Spagna. Bologna, 1673,* corresponde al segundo de los viajes.

Además de las numerosas aportaciones al conocimiento de aspectos concretos de los diferentes lugares del trayecto, resulta muy interesante esta obra del siglo XVII, porque confirma que cinco siglos después sigue siendo válido el itinerario de Aymeric Picaud.

Guillermo Manier.—Es un joven picardo que realiza la peregrinación en 1726, acompañado de tres personas. Poco pías parecen las intenciones de su peregrinación: huía de ciertas deudas que le reclamaba su antiguo capitán. Saliendo de Irún el 7 de octubre, llega a Santiago el 1 de noviembre. El retorno es más complicado, pues pasará por el Salvador de Oviedo, y de aquí a Madrid, para terminar regresando a Francia por Roncesvalles.

Recientemente, se ha dado a conocer la existencia del que podríamos considerar el último de los grandes viajes, el que describe la peregrinación de Nicola Albani, en 1743-1744, que recibiría el título de *Veridica Historia ò sia Viaggio da Napoli à S. Giacomo di Galizia.*

Son de un gran interés, aunque no propiamente de peregrinos jacobeos, las visitas de ciertos viajeros famosos que en el curso de su vagar por diferentes sitios acuden también a Compostela. A este grupo pertenecen las del barón Rosmithal, que viajando por la cortes europeas, llega a Compostela en 1466; la de Mártir, obispo de la ciudad armenia de Arzendjan, quien visita Compostela en 1491; la del alemán Jerónimo Münzer, cuyo itinerario por la Península se inicia en Perpiñán el 17 de septiembre de 1494; la de Antoine Lalaing, señor de Montigny, que, acompañando a Felipe el Hermoso en 1502, acude también al Salvador de Oviedo y Santiago de Compostela.

LA PEREGRINACIÓN
Y EL ARTE

Ciertos presupuestos excesivamente encorsetados de la historiografía pretenden buscar en todos los planteamientos sociológicos del pasado una mayor trascendencia de la que en sí mismo tienen. En el caso que aquí nos ocupa, las peregrinaciones jacobeas, no sólo son un fenómeno excepcional por el sencillo motivo de hacer que miles, millones de personas circulen por los caminos con el fin de satisfacer unos determinados íntimos sentimientos, sino que es necesario que eso sea tan trascendente que afecte a la totalidad de la creatividad humana de la época.

La simple lectura de las grandes síntesis divulgadoras nos permite adquirir conocimientos como los siguientes: iglesias de peregrinación, románico de peregrinación o jacobeo, hospitales jacobeos o de peregrinos, ciudades de peregrinación, fachadas-anuncio de peregrinación, etc. Todas estas afirmaciones, que son ciertas en tanto en cuanto pretendan indicar que se encuentran en el Camino, son equívocas si pretenden afirmar que son tipos, formas o conceptos creados prioritariamente por o para la peregrinación jacobea. Llega un momento en que la peregrinación es el «ungüento amarillo» que sirve para explicar la casi totalidad de las manifestaciones culturales de nuestro Medievo.

EL ROMÁNICO Y LA PEREGRINACIÓN

De todos los estilos artísticos medievales, el único que provoca una cierta confusión interpretativa en cuanto a su relación con el Camino de Santiago es el románico. La polémica científica ha ocupado centenares de páginas en artículos, libros y ponencias de congresos. Los polemistas se podían agrupar en dos grandes bloques: los que explican el origen y la difusión de las formas románicas en España a partir de la influencia de las peregrinaciones, y los que, aun siendo conscientes de que no es correcto, consideran que es la mejor referencia para la caracterización de ciertas creaciones artísticas de este período. Con esta manera de proceder, tanto los partidarios como los críticos, contribuyen a una cierta ceremonia de

la confusión, que se amplifica cuando aparece reflejada en las grandes síntesis divulgadoras.

Cuando repasamos los estudios de los defensores de la tesis de un románico jacobeo, nos encontramos con el empleo de una serie de términos grandilocuentes que pretenden ser la causa explicativa. Espiritualidad, «marchadores de Dios», la eternidad, la oración y un sinnúmero más de sustantivos trascendentes no ayudan a conocer la realidad del Camino ni del estilo llamado románico. Sin ningún género de dudas, para la difusión del estilo románico fue necesario un camino como vía de comunicación, ¿cómo negarlo? El románico, al ser el primer estilo medieval que caracteriza a toda la geografía de la Europa cristiana, necesita de los caminos para superar las fronteras. Por los caminos marchan soldados, religiosos, colonos, comerciantes y peregrinos, entre otros muchos más. La Europa de los siglos XI y XII conocerá un nutrido tráfago de gentes por sus vías de comunicación; por ellas circularán todo un mundo de ideas, que permite la gran unificación cultural de lo que se va a llamar la Europa románica. Los reinos hispanos, a excepción de Cataluña que ya había comenzado casi un siglo antes, iniciarán un proceso de integración en Europa que tendrá su exponente más emblemático en la sustitución del particularismo religioso hispano, representado por la liturgia y las órdenes monásticas tradicionales, por el culto romano y los principales movimientos monásticos poscarolingios, muy especialmente los cluniacenses. La implantación del rito romano y la reforma monástica se desarrollaron a la vez y, en la mayoría de las ocasiones, con los mismos protagonistas. Los reformadores iniciaron una importante actividad renovadora, que se vio rápidamente plasmada en un nuevo tipo de edificio y en toda una serie de obras de arte mobiliar que servirían para los innovadores usos religiosos.

¿Cuál es la circunstancia que induce a los especialistas a esta confusa interpretación del Camino en relación con el románico? Creo que la razón fundamental se basa en ciertas coincidencias en el tiempo y en el espacio de las principales manifestaciones de ambos fenómenos culturales; coincidencias que aparecen enfatizadas al ser, los dos, fruto de la importante y radical renovación hispana de aquella época. Si es en los años finales del siglo XI cuando se establecen los principios fundamentales que ordenarán la teoría del período más floreciente de las peregrinaciones jacobeas, en ese mismo tiempo se están levantando los edificios más significativos del románico pleno en las tierras de los reinos de Aragón, Navarra y Castilla-León.

Dejando a un lado la catedral compostelana, que evidentemente se levanta en honor de Santiago, el resto de los edificios que se citan en función de la ruta jacobea son: el Panteón de los Reyes y la iglesia de San Isidoro de León, la catedral de Jaca, la iglesia de Iguácel y San Martín de Frómista. Ninguno de estos edificios fue construido por su relación con el Camino, o dicho de otra manera, ninguna circunstancia del Camino propició su existencia. Las obras renovadoras del románico pleno se construyen en los lugares que constituyen los puntos neurálgicos del poder de la época, y que, en su mayor parte, coinciden en aquellos momentos con los hitos de la ruta jacobea, como es lógico, dada la geopolítica del momento. A veces, insistiendo tanto en la importancia de la peregrinación, se olvida que, para esta época, la ruta jacobea utiliza las vías de comunicación lógicas entre los principales núcleos habitados de los reinos peninsulares y su salida natural hacia Europa.

Tenemos indicativos muy claros que nos demuestran cómo, al producirse cambios de relevancia geopolítica en pleno momento crucial del desarrollo de las peregrinaciones y del estilo románico, se ocasiona una considerable merma de calidad y cantidad del centro creador. En este sentido, resulta harto significativo el caso de la catedral de Jaca. Esta ciudad, verdadero hito en la ruta de los peregrinos que descendían de Somport camino de Compostela, verá levantarse en el último tercio del siglo XI un hermoso templo catedralicio, obra fundamental en todos los estudios sobre el llamado románico jacobeo o de peregrinación. Cuando, al final de la undécima centuria, las tropas cristianas liberan Huesca del poder islámico, el centro de poder, que radicaba en Jaca, se traslada a la ciudad recién conquistada, mientras que la anterior sede acusa un gran eclipse. Desde ese momento el taller que trabajaba con un arte «vanguardista» en la fábrica jaquesa entra en una progresiva decadencia, mientras que con el traslado del aparato regio y episcopal a la capital, se produce la aparición allí de un importante centro de producción artística. No ya en 1100, sino todo el resto de la centuria siguiente, es una etapa de una importancia crucial en la historia del Camino jacobeo y, sin embargo, por sí misma, la realidad de la peregrinación no hace posible la recuperación del protagonismo artístico del lugar. Los promotores del arte románico no son los peregrinos, sino, como siempre, los poderosos de la sociedad, aunque a veces éstos ten-

gan que ejercer su influencia, política y religiosa, para que los más débiles junten sus pequeños óbolos para sufragar los proyectos que otros conciben.

URBANISMO Y EDIFICIOS EN EL CAMINO

Como decíamos al principio de este capítulo, se da el adjetivo jacobeo a una serie de edificios y planteamientos urbanísticos que son utilizados por los peregrinos, pero cuyo origen tipológico es ajeno al fenómeno de la peregrinación.

Muchas ciudades y poblaciones por las que discurre el Camino adoptan una característica configuración lineal, lo que ha llevado a los especialistas a denominarlas «ciudades camineras». Es evidente que nos encontramos con un tipo de hábitat que ha surgido totalmente condicionado por la existencia de un camino; ahora bien, esta vía, antes que ninguna otra función, desempeña la de comunicación en el territorio en el que se encuentra enclavada. Ciudades como Estella, Puente la Reina, Jaca, Villafranca, etc., son importantes hitos del Camino; sin embargo, su historia urbana adquiere un desarrollo totalmente independiente a la peregrinación. Cuando investigamos la documentación municipal de estas poblaciones, encontramos multitud de referencias al papel que jugaron como nudo de comunicaciones en la historia del reino. Pero el protagonismo en las comunicaciones se centra en el comercio, en el paso de viajeros o en su papel preponderante en la organización estratégico-militar; éstos sí fueron factores que condicionaron económica y políticamente la imagen de la ciudad. El comercio y los viajeros no peregrinos pagaban el paso por los puentes y puertos, propiciaban la existencia de un importante mercado, etc. El peregrino marchaba rápido camino de su meta compostelana; en la mayoría de las ocasiones, acogiéndose a la caridad pública. Por esta razón la riqueza que podía generar era muy limitada.

¿No ha quedado nada en nuestras ciudades que referencie el paso de los peregrinos? Sí, cómo no iban a dejar su huella miles, millones de personas en su deambular hacia Compostela. En algunos sitios se recuerda la puerta por donde acostumbraban a salir, o la calle que más frecuentaban, o incluso los edificios de beneficencia que los acogían. Sin embargo, ni iglesias, ni edificios de caridad adquirieron unas formas propias, respondieron siempre a esquemas y fórmulas tipológicas de la época.

LAS IGLESIAS DEL CAMINO

Una vieja tesis, que se remonta al siglo XIX, denominó iglesias de peregrinación a un grupo de cinco templos románicos (San Martín de Tours, San

Desde su fundación por Alfonso VIII el hospital ha conocido numerosas ampliaciones y renovaciones. Hoy podemos contemplar todavía los pilares, blasonados con las armas de León y Castilla, restos de lo que fue la enfermería medieval, y los pabellones de los siglos XVII y XVIII, actualmente convertidos en biblioteca de una moderna universidad.

Marcial de Limoges, Santa Fe de Conques, San Saturnino de Toulouse y Santiago de Compostela). Los cinco se construyeron junto a caminos por los que circulaban los peregrinos que acudían a Compostela, lo que reforzaba aún más la tesis.

Estos edificios adoptaban una cabecera con girola y capillas radiales, un crucero de tres naves y una tribuna sobre las naves colaterales. Ninguno de estos elementos se puede considerar de uso exclusivo de peregrinos, ni su origen y difusión justificarse por la peregrinación en sí misma. En territorio hispano sólo pertenecía a este grupo la catedral compostelana, aunque se procedió a construir en Santo Domingo de la Calzada un edificio que, en su proyecto inicial, parece que iba a ser similar.

En Navarra existen tres templos, de planta central, que han sido interpretados en su peculiar estructura por su ubicación en el Camino de Santiago. Estos edificios son la Capilla del Espíritu Santo (Roncesvalles), Santa María de Eunate y el Santo

Sepulcro de Torres del Río; de ellos damos una breve reseña histórica y artística en la descripción que hacemos de los diferentes hitos del Camino en la segunda parte de este libro. De los dos primeros conocemos documentos que nos informan inequívocamente de que, al menos, una de sus funciones principales fue la de servir de enterramiento. La advocación en Torres del Río al Santo Sepulcro, aparte de la posible relación con la orden militar de este nombre, tiene también un evidente sentido funerario. Es precisamente esta connotación fúnebre la que condiciona la forma tipológica.

Tomando como modelo la rotonda del Santo Sepulcro, ciertos edificios cementeriales de época carolingia terminaron por definir una tipología de planta central que mantendrá durante siglos su significación funeraria. Durante el románico serán muchos los templos que adopten esta forma. Los ejemplos navarros responden precisamente a esta tradición.

Puerta del Hospital de San Juan de Ortega (Burgos).

LOS HOSPITALES

Durante la Edad Media las poblaciones tenían pequeños edificios destinados a albergar a los enfermos pobres de la localidad y a los peregrinos; estas casas de beneficencia eran los hospitales. Su estructura era muy modesta; apenas, salvo cualificadas excepciones, superaron la estructura de una sencilla arquitectura doméstica.

Aymeric Picaud se refería en el siglo XII a los tres más grandes hospitales del mundo, y uno de ellos lo situaba en el inicio del Camino jacobeo, el de Santa Cristina de Somport:

Tres son particularmente las columnas, de extraordinaria utilidad, que el Señor estableció en este mundo para sostenimiento de sus pobres: el hospital de Jerusalén, el hospital de Mont-Joux y el hospital de Santa Cristina, en Somport. Están situados estos hospitales en puntos de verdadera necesidad. Se trata de lugares santos, templos de Dios, lugar de recuperación para los bienaventurados peregrinos, descanso para los necesitados, alivio para los enfermos, salvación de los muertos y auxilio para los vivos. En consecuencia, cualquiera que haya levantado lugares sacrosantos, sin duda alguna estará en posesión del reino de Dios.

La admiración de Aymeric por el hospital de Somport no ha sido compartida por los arqueólogos que han descubierto la planta del viejo edificio, un rectángulo de 13 × 25 metros. En la mayoría de las ocasiones los hospitales de la ruta eran simples viviendas en las que se disponían tres o cuatro camas para los transeúntes. En algunas ocasiones hemos encontrado en la documentación de estos hospitales la recomendación que en las camas no durmiesen más de dos personas, testimonio que denuncia la penuria de estas instituciones.

Hacia 1200 se empezaron a construir hospitales de mayor capacidad. Sin duda el más grande, aunque muy excepcional, fue el construido por Alfonso VIII en Burgos, del que nos ocuparemos detenidamente al tratar de esta ciudad. Los más importantes hospitales de esta centuria y siguientes solían dedicar una gran sala, de forma basilical y cubierta de madera, a dormitorio común en el que se alineaban las camas. Se completaba el conjunto con un oratorio, comedor y cocina. También tenían un cementerio. En Navarrete, tal como veremos más adelante, se han conservado importantes restos de la escultura monumental de uno de estos centros.

En Villafranca-Montes de Oca y en San Juan de Ortega se conservan unos bellos patios que articulaban las diversas dependencias de lo que fueron los hospitales de hacia 1500. Por entonces la política de los Reyes Católicos intentaba modernizar este tipo de edificios de beneficencia, creando grandes construcciones. En Santiago de Compostela se construyó el que sería uno de los célebres hospitales españoles de la Edad Moderna. En ellos no sólo se atendía el hospedaje de pobres y peregrinos, sino que se iniciaba toda una nueva experiencia de lo que terminaría por convertirse en la medicina hospitalaria. Sobre la fundación compostelana trataremos al describir la ciudad.

LOS CAMINOS

EL CAMINO FRANCÉS, LA RUTA DE LAS ESTRELLAS

Caminos de peregrinación habrá tantos como vías de comunicación existan uniendo los diferentes puntos de la geografía cristiana medieval española y la misma Compostela. Sin embargo, sólo el llamado Camino francés tiene una importantísima tradición jacobea y ha sido objeto de la mayor parte de los estudios sobre la peregrinación. La ruta de la costa, el desvío al Salvador de Oviedo, el viaje por mar, el camino portugués o la vieja Ruta de la Plata fueron otras vías conocidas, que no alcanzaron el protagonismo de la anterior.

En las páginas siguientes recorreremos los principales hitos de estos caminos; como los peregrinos del Medievo, iremos buscando los lugares en los que se hospedaban, dónde y qué comían, qué edificios y costumbres les llamaban la atención, dónde ejercitaban sus sentimientos religiosos y qué milagros, acciones épicas y consejas escuchaban entretenidos en el descanso de los hospitales o en el discurrir de sus caminatas (sólo en excepciones muy señaladas, se harán referencias a creaciones artísticas modernas).

El camino de peregrinación por excelencia es el que pronto se conocerá como la Calzada de Santiago, el Camino de Santiago *(Via publica Sancti Jacobi)* o el Camino francés. De las tres maneras, durante siglos y en diferentes lugares de las distintas regiones que se enlazan desde los Pirineos hasta Santiago de Compostela, será identificado.

Dejando a un lado el derecho propio a identificarse con el nombre del Apóstol, el calificativo de «francés» está plenamente justificado. Sin duda, es la misma ruta que une los reinos peninsulares occidentales con Europa, pero siempre, inevitablemente, a través de Francia. Nuestros vecinos franceses, odiados y queridos por su inmediata proximidad, serán también los que recorrerán en mayor número la ruta jacobea y, sin duda, los que, en un principio, pusieron un mayor empeño en su difusión.

La más antigua y legendaria historia sobre el origen de la peregrinación une para siempre el nombre de Carlomagno, el emperador franco, y la venida de las gentes de Europa a postrarse ante la tumba de Santiago en el Occidente. La épica figura del emperador, al frente de sus famosos nobles, recorrerá en

gestas inolvidables, con hechos de armas sin par, las diferentes etapas de una larga ruta que termina en Compostela. La dirección de su marcha está marcada en el cielo, un blanco manto de estrellas se extenderá de Oriente a Occidente para que las tropas imperiales no pierdan el rumbo.

Esta poética historia es contada por el «Pseudo-Turpin», el cual nos dice que, habiéndose olvidado los gallegos por sus pecados de haber sido catequizados por el mismo Santiago, sería en tiempos del emperador Carlomagno cuando se produjo el siguiente prodigio:

> Y en seguida vio en el cielo —se refiere a Carlomagno— un camino de estrellas que empezaba en el

Códice Calixtino *(archivo de la catedral de Santiago de Compostela), siglo XII. Miniatura representando la campaña de Carlomagno para realizar la ruta a Compostela.*

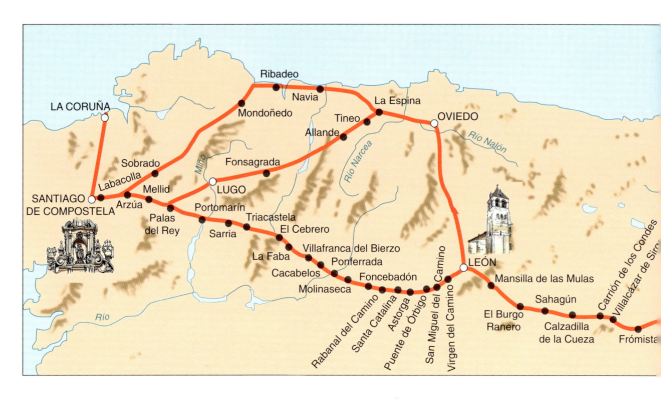

mar de Frisia y, extendiéndose entre Alemania e Italia, entre Galia y Aquitania, pasaba directamente por Gascuña, Vasconia, Navarra y España hasta Galicia, en donde entonces se ocultaba, desconocido, el cuerpo de Santiago. Y como Carlomagno lo mirase algunas veces cada noche, comenzó a pensar con gran frecuencia qué significaría.

Y mientras con gran interés pensaba esto, un caballero de apariencia espléndida y mucho más hermosa de lo que decirse puede, se le apareció en un sueño durante la noche, diciéndole:

Desfiladero de Roncesvalles, como decía Aymeric la puerta de España, una de las vías de penetración del viejo Camino francés.

—¿Qué haces, hijo mío?

A lo cual dijo él:

—¿Quién eres, señor?

—Yo soy —contestó— Santiago apóstol, discípulo de Cristo, hijo de Zebedeo, hermano de Juan Evangelista, a quien con su inefable gracia se dignó elegir el Señor, junto al mar de Galilea, para predicar a los pueblos; al que mató con la espada el rey Herodes, y cuyo cuerpo descansa ignorado en Galicia, todavía vergonzosamente oprimida por los sarracenos. Por esto me asombro enormemente de que no hayas liberado de los sarracenos mi tierra, tú que tantas ciudades y tierras has conquistado. Por lo cual te hago saber que así como el señor te hizo el más poderoso de los reyes de la tierra, igualmente te ha elegido entre todos para preparar mi camino y liberar mi tierra de manos de los musulmanes... El camino de estrellas que viste en el cielo significa que desde estas tierras hasta Galicia has de ir con un gran ejército a combatir las pérfidas gentes paganas, y a liberar mi camino y mi tierra, y a visitar mi basílica y mi sarcófago. Y después de ti irán allí peregrinando todos los pueblos, de mar a mar, pidiendo el perdón de sus pecados y pregonando las alabanzas del Señor...

Esta bella historia, pero fantástica, continúa narrando cómo Carlomagno fue conquistando todo el territorio hispano hasta la misma Galicia. No es fantasía, sino extraordinaria realidad, el que los pueblos de Europa siguiesen la fabulada senda marcada por el emperador y fuesen rememorando en su viaje los escenarios en que tuvieron lugar las gestas de los caballeros carolingios.

La realidad es que el camino —de alrededor de 800 kilómetros— que une Roncesvalles con Santiago de Compostela, facilitando la marcha de los peregrinos, no quedaría consolidado, según la «Historia Silense» hasta el reinado de Sancho III de Navarra.

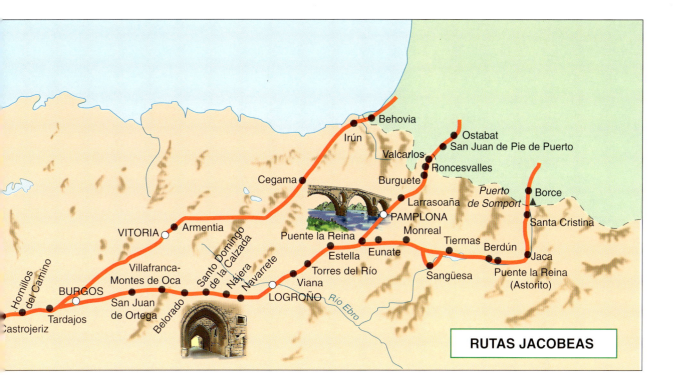

RUTAS JACOBEAS

NAVARRA

Navarra ve surcado su territorio por los dos grandes ramales del viejo Camino francés, el que entra en España por Roncesvalles y el que cruzando por Somport venía por Jaca; ambos se juntaban poco antes de Puente la Reina y, a partir de aquí, era ya un solo camino que iba a vadear el Ebro por Logroño, penetrando así en tierras riojanas.

Cuando los peregrinos de los siglos XI y XII, después de recorrer con cierta comodidad las tierras de Francia, se disponían a cruzar los Pirineos, se encontraban con las dificultades de un territorio montuoso y unas gentes algo montaraces, debido al medio geográfico en el que vivían. Aymeric, en su «Guía del Peregrino», nos transmite una visión verdaderamente terrorífica del lugar y de los hombres. Situaba el territorio vasco de esta zona en la vertiente norte de los Pirineos, extendiéndose hasta el mar. Desde los hombres al paisaje y los alimentos, todo era malo para él:

Después, cerca ya del Port de Cize, se encuentra el País Vasco, que tiene en la costa hacia el Norte, la ciudad de Bayona. Esta tierra es bárbara por su lengua, llena de bosques, montuosa, desolada de pan y vino y de todo el alimento del cuerpo, salvo el consuelo de las manzanas, la sidra y la leche.

En lo alto de los Pirineos, en el Port de Cize, siguiendo los usos geográficos de los romanos, se señalaba el límite entre Francia y España. Después de Roncesvalles, se entraba en territorio de los navarros, y las condiciones alimenticias, según Aymeric, mejoraban sustancialmente:

Tras este valle —Roncesvalles— se encuentra Navarra, tierra considerada feliz por el pan, el vino, la leche y los ganados.

El conocimiento que tiene Aymeric de la región es bueno; sabe muchos detalles de la lengua y de las costumbres que, difícilmente, ha podido aprender tan sólo en su tránsito como peregrino. Algunos especialistas han considerado que debió de pasar una parte de su vida aquí, en alguno de los grupos de francos que desde el siglo XI están repoblando muchos de los lugares de la zona. Distingue perfectamente entre vascos y navarros, describiéndonos minuciosamente la forma de vestir de estos últimos:

Los navarros y los vascos son muy semejantes en cuanto a comidas, trajes y lengua, pero los vascos son algo más blancos de rostro que los navarros. Éstos se visten con paños negros y cortos hasta las rodillas solamente, a la manera de los escoceses, y usan un calzado que llaman abarcas, hechas de cuero con pelo, sin curtir, atadas al pie con correas, que sólo resguardan la planta del pie, dejando desnudo el resto. Gastan, en cambio, unos mantos de lana negra, largos hasta los codos y orlados a la manera de un capote, que llaman sayas.

Su familiaridad con el medio le permite transmitir, a los posibles peregrinos, un pequeño diccionario de términos para que puedan defenderse al cruzar la región y poder solicitar lo más necesario. Antes de referir la lista de palabras, emite un juicio crítico a la fonética de esta lengua; su carga peyorativa es la propia de un hombre acostumbrado al sonido de lenguas romances:

Y si los oyeses hablar, te recordarían el ladrido de los perros, pues su lengua es completamente bárbara. A Dios le llaman *urcia;* a la madre de Dios, «Andrea María»; al pan, «orgui»; al vino, «ardum»; a la carne, «aragui»; al pescado, «araign»; a la casa, «echea»; al dueño de la casa, «iaona»; a la señora, «andrea»; a

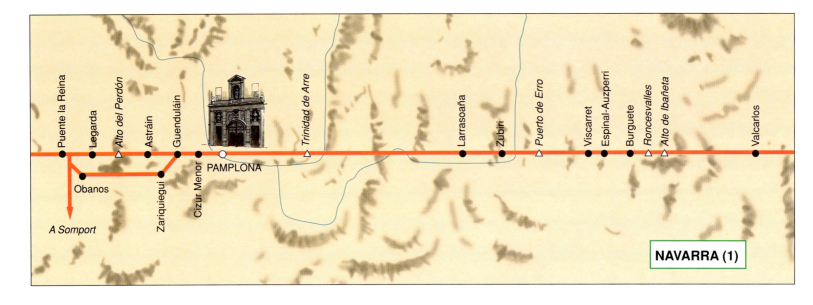

la iglesia, «elicera»; al presbítero, «belaterra», lo que quiere decir bella tierra; al trigo, «gari»; al agua,«uric»; al rey, «ereguía»; a Santiago, «iaona domne Jacue».

Estas palabras, la mayoría en vascuence, constituyen una de las relaciones más antigua conocida de esta lengua. Es una prueba más de la familiaridad que Aymeric tenía con la región. Sin embargo, ciertas circunstancias de su posible estancia navarra y, sobre todo, su condición de vecino francés, le llevaron a mostrarse muy exageradamente duro en los juicios que emite sobre el carácter y forma de vida de los navarros. Las expresiones esperpénticas, absolutamente caricaturescas, con las que los define, son las mismas que podemos contemplar en las decoraciones escultóricas o pintadas de las iglesias de la época, con el fin de adoctrinar y corregir el comportamiento humano. Por esta razón, no se le debe dar mayor trascendencia; Aymeric se expresa aquí como un predicador que recurre a los estereotipados tópicos moralizadores del momento para corregir las costumbres de un determinado grupo de personas. Para la moralidad de la época, el hombre, después del pecado original, había dado rienda suelta a sus más bajas pasiones; por ello, los eclesiásticos, continuamente, procedían a la corrección de costumbres. En Castilla, León, el sur de Francia o la llanura del Po, los templos se cubrían de escenas que representaban a los hombres en acciones exactamente iguales en procacidad sexual, indómita barbarie e, incluso, utilizando la oscuridad de la piel para subrayar su sentido maligno y perverso:

> Comen, beben y visten puercamente. Pues toda la familia de una casa navarra, tanto el siervo como el señor, lo mismo la sierva que la señora, suelen comer todo el alimento mezclado al mismo tiempo en una cazuela, no con cuchara, sino con las manos, y suelen beber por un solo vaso. Si los vieras comer, los tomarías por perros o cerdos comiendo.

> Éste es un pueblo bárbaro, distinto de todos los demás en costumbres y modo de ser, colmado de maldades, oscuro de color, de aspecto inicuo, depravado y perverso, pérfido, desleal y falso, lujurioso, borracho, en toda suerte de violencias ducho, feroz, silvestre, malvado y réprobo, impío y áspero, cruel y pendenciero, falto de cualquier virtud y diestro en todos los vicios e iniquidades; parecido en maldad a los getas y sarracenos, y enemigo de nuestro pueblo galo en todo. Por sólo un dinero mata un navarro o un vasco, si puede, a un francés. En algunas de sus comarcas, sobre todo en Vizcaya y Álava, el hombre y la mujer navarros se muestran mutuamente sus vergüenzas mientras se calientan. También usan los navarros de las bestias en impuros ayuntamientos. Pues se dice que el navarro cuelga un candado en las ancas de su mula y de su yegua, para que nadie se le acerque, sino él mismo. También besa lujuriosamente el sexo de la mujer y de la mula. Por lo cual han de ser censurados por todos los discretos.

> Siempre que un navarro o un vasco va de camino se cuelga del cuello un cuerno como los cazadores y lleva en las manos, según costumbre, dos o tres dardos que llama «azconas». Al entrar o salir de casa silba como un milano. Y cuando estando escondido en lugares apartados o solitarios para robar, desea llamar silenciosamente a sus compañeros, o canta a la manera del búho, o aúlla igual que un lobo.

Después de esta retahíla de vituperios, como todos los predicadores moralizantes, recurre a una enumeración mínima de las virtudes, entre ellas, una vez más demostrando su gran conocimiento del medio, destaca la religiosidad del navarro:

Sin embargo, se consideran buenos en batalla campal, malos en asalto a castillos, justos en el pago de diezmos y asiduos en las ofrendas a los altares. Pues cada día, al ir los navarros a la iglesia, hacen una ofrenda a Dios, o de pan, vino, o trigo, o de algún otro producto.

DE VALCARLOS A PUENTE LA REINA

La ruta jacobea medieval seguía en gran parte un trazado muy similar al de la carretera general actual. La distancia a recorrer desde la frontera en Arnéguy, Pecocheta en el lado español, hasta Puente la Reina es de 85 kilómetros.

La organización de las jornadas de marcha resulta muy difícil de precisar, pues, como es lógico, depende de los medios de desplazamiento y las posibilidades de alojamiento. Según las épocas, la disponibilidad de hospederías fue muy diferente, máxime para aquellos que buscaban una hospitalidad caritativa. Una vez más, para nuestro conocimiento de la peregrinación en la primera mitad del siglo XII, debemos recurrir a la *Guía*. Aymeric pernoctó en territorio francés, en Saint-Michel al pie del Port de Cize, y desde aquí marchó hasta Viscarret. La siguiente jornada le conducía ya a Pamplona. Y la tercera iba hasta Estella. Puente la Reina se encontraba a mitad de camino de esta tercera jornada. Debido a las dificultades montuosas del terreno, las dos primeras etapas eran algo más cortas. Naturalmente este ritmo de marcha se conseguía porque se realizaba con caballerías.

Desde St. Jean-Pied-de-Port, donde se juntaban varios de los caminos por los que circulaban los peregrinos europeos, partían dos rutas que cruzaban los Pirineos; ambas terminaban por unirse en el Alto de Ibañeta. La vía principal, la preferida por la mayoría de los primeros peregrinos, seguía el viejo trazado de la calzada romana que comunicaba Burdeos con Astorga *(Vía Trajana)*. El camino discurría por los puertos de Cisa. Se conoce también esta ruta como Camino de Napoleón, por haber sido remodelada en el siglo XIX por las tropas del mariscal Soult para permitir el paso de su artillería. El otro camino continuaba por el valle; más o menos, sigue un trazado similar al de la actual carretera que une St. Jean-Pied-de Port con Arnéguy y la frontera española, llegando poco después a Valcarlos.

Valcarlos.—El nombre de este lugar perpetúa el recuerdo de Carlomagno (Valle de Carlos). El autor de la «Guía del Peregrino», que había preferido ascender a Ibañeta por la vía romana, indica la posibilidad de una ruta alternativa por este valle:

... en dirección norte, está el valle llamado Valcarlos, en el que acampó el mismo Carlomagno con sus ejércitos, cuando sus guerreros murieron en Roncesvalles. Por él pasan también muchos peregrinos camino de Santiago cuando no quieren escalar el monte.

El obispo Turpín celebró aquí una misa por Roldán y los muertos del ejército carolingio.

La *Iglesia parroquial de Santiago,* en la que se encuentra una imagen de Santiago Matamoros, es una edificación decimonónica que tan sólo conserva advocación de su antigua relación con la peregrinación jacobea. Existió aquí una dependencia de acogida de peregrinos pobres atendida por una «sorora» en el siglo XVI, el *Hospital de San Juan de Irauzqueta*. En su origen fue propiedad del monasterio de Leire, que más tarde vendería a la colegiata de Roncesvalles.

Alto de Ibañeta.—Tras recorrer 16 kilómetros desde Valcarlos, se alcanzaba el Alto de Ibañeta (1.057 m.). La «Guía del Peregrino», siguiendo la tradición geográfica romana, señalaba en este lugar el límite geográfico entre Francia y España; su descripción de estos parajes está plagada de ecos de las heroicas hazañas de Carlomagno y sus nobles que los juglares habían convertido ya en verdadera historia popular:

En territorio todavía de los Vascos, el Camino de Santiago pasa por un monte muy alto, denominado Port de Cize, bien por ser la puerta de España, o porque por este monte se transportan las mercancías de un lugar a otro. Tiene ocho millas de subida y otras ocho de bajada: su altura es tanta que parece que toca el cielo. A quien lo sube le parece que puede palpar el cielo con su propia mano. Desde su cumbre puede verse el mar británico y occidental, así como los confines de tres regiones: Castilla, Aragón y Francia. Encima de este monte hay un lugar llamado la cruz de Carlomagno, porque en él, en tiempos pasados, Carlomagno se abrió camino con hachas, piquetas, azadas y otras herramientas, cuando, al frente de sus ejércitos, se dirigía a España. A continuación alzó figuradamente en alto la cruz del Señor, y doblando las rodillas en dirección a Galicia, elevó sus preces a Dios y a Santiago. Por este motivo, los peregrinos tienen por costumbre hincarse allí de rodillas y orar vueltos hacia la patria de Santiago, y cada uno deja clavada una cruz, estandarte del Señor. Hasta mil se pueden encontrar allí. De ahí que se tenga a éste por el primer lugar de oración a Santiago en el camino... A continuación, en la bajada, están el hospital y la iglesia en la que se encuentra el peñasco que el poderosísimo héroe Roldán, con su espada partió por medio de arriba abajo, de tres golpes.

Un peregrino del siglo XVIII, el clérigo Laffi, nos recuerda en la narración de su viaje la gesta de Roldán, asegurando que él ha visto aquí, en Ibañeta, las pruebas de ello:

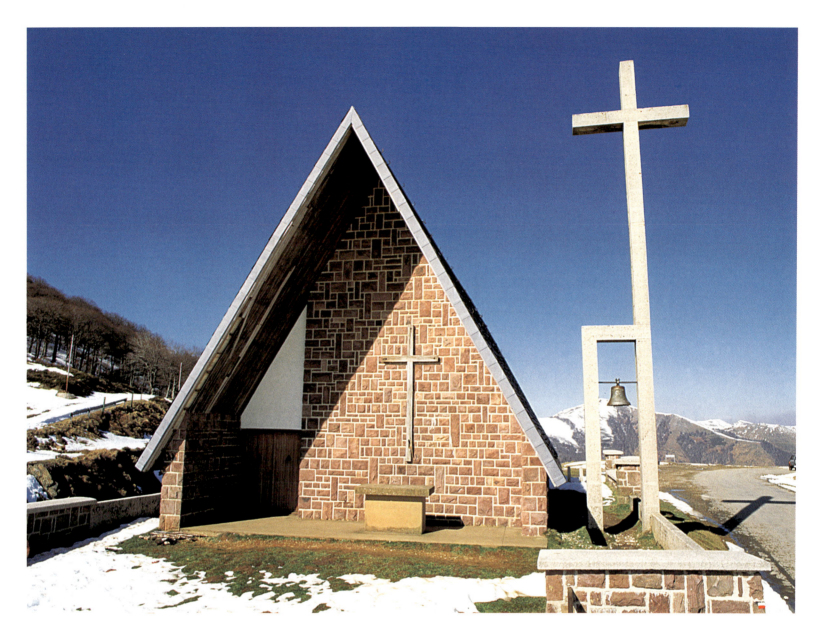

Puerto de Ibañeta en Roncesvalles (Navarra).

Aquí es donde Roldán hizo sonar su cuerno cuando llamó a Carlomagno en su ayuda, y lo tocó tan fuerte, que lo reventó... Esto parecerá a algunos maravilloso, pero puede creerse, ya que desde el lugar donde tocó el cuerno a San Juan de Pie del Puerto, donde Carlomagno acampaba, no hay sino seis leguas y media, y en verdad se dice que tocó tan fuerte que a la tercera vez la sangre le salía por la boca y la nariz y aun el mismo cuerno reventó de un lado. Yo mismo lo he visto con mis propios ojos partido.

El *Monasterio de San Salvador de Ibañeta* era, según tradición muy divulgada en el siglo XII, una fundación relacionada con los actos heroicos de los personajes de la gesta carolingia; en unas ocasiones, se consideraba su fundador al propio emperador Carlomagno, en otras, a Roldán. La documentación conservada de este cenobio tan sólo se remonta al siglo XI, cuando Sancho el de Peñalén lo donó a Fortuño, obispo de Álava (1067-1087), junto con otros monasterios, para que a su muerte se incorporaran a San Salvador de Leire. El obispo de Pamplona, Sancho Larrosa, fundó aquí una hospedería bajo el cuidado de una cofradía en

1127; cinco años después, se trasladaría a Roncesvalles.

Las escasas dependencias fueron renovadas en diversas ocasiones. En el siglo XVI, el visitador Martín de Córdoba encontró la capilla arruinada, ordenando su restauración y que se colocara allí una campana, para que el ermitaño que se ocupa del lugar «taña desde que anochezca hasta una hora antes de la noche, cada día, para guía de los caminantes y pelerinos que en los dichos montes les anocheciere, lo qual haga en todo el año». Su sonido también orientaba en medio de la inclemencia de las nieblas o las tormentas.

Aunque la labor hospitalaria de este centro había sido transferida a Roncesvalles, durante siglos algunos peregrinos continuaron pernoctando en Ibañeta después de las fatigas del ascenso del puerto, tal como testimonian noticias del siglo XVII. En la actualidad, un sencillo templo construido en 1965 nos recuerda el lugar en que se encontraba este monasterio.

La *Cruz de Carlomagno,* de la que nos habla la «Guía», no se conserva. En el siglo XVI, en el mismo lugar, fue erigida una nueva cruz para señalar un hito

que marcase los límites de las diócesis de Pamplona y Bayona; esta segunda cruz será destruida por los revolucionarios de la Convención, en 1794, por considerarla un monumento alusivo a la derrota del ejército francés de Carlomagno. El recuerdo de los caballeros carolinos se perpetua ahora con un *Monumento a Roldán,* obra moderna (778-1967), que también incluye una lápida dedicada a Nuestra Señora de Roncesvalles.

Roncesvalles.—Descendiendo de Ibañeta se llegaba a Roncesvalles o «Valle de los Espinos», donde, según la «Guía», «tuvo lugar el gran combate en el que perecieron el rey Marsilio, Roldán y Oliveros con otros cuarenta mil combatientes cristianos y sarracenos». Las dependencias hospitalarias se integraban en el camino haciendo que éste penetrase en su interior, circulando bajo zonas porticadas y pasando por delante de la fachada occidental de la iglesia.

El *Gran Hospital* se encontraba bajo la custodia de los canónigos de San Agustín; desde 1137 dependía directamente de la jurisdicción del pontífice romano, liberándose así de la jurisdicción episcopal. Su origen se remontaba al siglo XII, cuando el obispo de Pamplona, Sancho de Larrosa, con el apoyo

del rey Alfonso I el Batallador (1104-1134), se decidió a fundarlo para acoger a los caminantes; primero en Ibañeta, después trasladado aquí definitivamente. Donaciones de papas y reyes convirtieron este hospital en un lugar donde los peregrinos podían recibir todo tipo de atenciones tal como nos narra un viejo poema del siglo XIII. Tenían aquí acogida «Paganos, judíos, herejes, vagabundos...; se les lava los pies, afeita, lava la cabeza, corta el pelo... remiéndase con cuero el calzado... Honestísimas mujeres, a las cuales no se les puede reprochar ni la falta de limpieza ni la fealdad, están encargadas de los enfermos...». El autor de este poema nos informa que eran dos las salas para separar los sexos, «iluminadas de día por la luz divina, de noche por lámparas, que brillan como luz matinal». Sobre la higiene que allí se practicaba también se dan puntuales noticias: «salas de lavados por aguas corrientes... se preparan rápidamente baños a quienes lo piden, para limpiarse de las impurezas corporales... las camas son bien mullidas y ataviadas».

En el siglo XVI las rentas de hospital se dividían en tres partes: la primera, para el hospital y el monasterio; la segunda, para el prior, y la tercera, para el

Colegiata de Roncesvalles, claustro. Reconstruido en el siglo XVII después de su hundimiento por una gran nevada. Apuntalado por los contrafuertes modernos, todavía conserva mucho de su fisonomía gótica.

capítulo. El detalle de lo que corresponde al hospital nos permite tener un cuadro descriptivo de lo que era en aquel momento:

> ... para los alimentos y entretenimiento y victo de los pobres que agora o a perpetuo concurrieran en el dicho monasterio, para su beber, cama y fuego, para cocinar y calentarse, medicinas que los boticarios, médicos, cirujanos y de su arte vendan en sus boticas y casa; y por ellos y otras cualesquier cosas acostumbradas a ser ministradas, tanto en el refitorio de los sanos, la cual llaman «Caridad», como el Infirmitorio y enfermería de los dolientes, hombres y mugeres, y el victo y entretenimiento de los hombres y mugeres conversos y de otros servidores y ministrantes a los pobres y a los azimileros, machos, acémilas, bueyes y otros ganados que traen provisión de diversos lugares y partes. El cozinero y cozineros de los pobres, la casa del feno, donde se recogen los pastores y guardas de los bueyes y ganados y los dos machos para estos puestos.

Mucho se ha especulado sobre el número de peregrinos que eran atendidos en este hospital; desde luego, fueron miles al año. En el siglo XVII, el presbítero Martín de Andía, secretario del cabildo de Roncesvalles, nos da unas cifras que nos permiten hacernos una idea sobre el movimiento de personas que por allí pasaban y de los que se cuidaban de su atención:

> En el hospital distribúyense de treinta a cuarenta mil raciones; los peregrinos permanecen en el hospital dos o tres días, y si llegan enfermos o fatigados, más días... Tiene el cabildo destinados muchos sacerdotes para hospital, uno para darles la limosna y comida cotidiana a los pobres, y a los enfermos todo regalo necesario; otro sacerdote para administrarles los Santos Sacramentos, y otro que cuida de la ropa, camas y limpieza del dicho hospital, en que por esta razón se gasta mucho. Tiene además desto otros ministros, como médico, cirujano y boticario, dándoles grandes salarios.

El enorme capital que había permitido la subsistencia de un centro de caridad como éste se fue agotando, viéndose obligados sus rectores a malvender el patrimonio que tenían en Castilla y Aragón. El enfrentamiento entre agramonteses y beaumonteses se acusa aquí con los devastadores incendios de los años 1445 y 1468, que obligaron al cierre del hospital que hasta entonces había sido refugio de pobres, enfermos y niños abandonados. Las dependencias hospitalarias sufrieron múltiples transformaciones góticas y renacentistas y, al final, una radical remodelación durante el siglo XVII; a este último período es al que se refiere Martín de Andía.

Formando parte del conjunto hospitalario se levantaba la *Colegiata de Nuestra Señora.* Aunque ha sufrido restauraciones poco afortunadas, todavía podemos contemplar en su interior, hacia la cabecera, una de las primeras creaciones del gótico en la Península. Bajo la protección de Sancho VII el Fuerte (1194-1234), uno de los vencedores en la batalla de las Navas de Tolosa, se inició su construcción en 1209; diez años después, las obras debían ir muy avanzadas pues permitían realizar una consagración solemne. Es un edificio de tres naves y un solo ábside poligonal de cinco paños, rasgados por elegantes ventanales. La nave central se cubre con bóvedas sexpartitas, mientras que las colaterales lo hacen con crucería simple. Los pilares son cilíndricos, alternadamente gruesos y delgados. Sobre los arqueríos corre un triforio de cuatro vanos apuntados y, sobre éste, un gran rosetón. La decoración queda reducida a los capiteles y algunas claves, todo de una gran sobriedad. Apreciamos en este monumento las formas maduras de las primeras manifestaciones del gótico clásico francés. Sin duda, su ubicación fronteriza en pleno centro de comunicaciones favoreció que su maestro de obras fuese un extranjero experimentado en las obras de la Isla de Francia.

En 1600, una gran nevada hundió el claustro gótico, iniciándose entonces la construcción del que podemos contemplar en la actualidad. Las arcadas apuntadas indican, claramente, cómo se aprovechó de infraestructura la primitiva obra gótica. Pese a todas las remodelaciones, un paseo por sus pandas nos permite olvidar el presente y sumergirnos en un evocador recuerdo de lo que debió ser este lugar, hito clave en la vorágine de la peregrinación. Sobre lo que hemos perdido en las reformas, nos da una idea este breve pasaje del informe de Juan de Huarte, subprior del monasterio, quien consigna en 1624 lo que sigue:

> ... había en el claustro —al que acaba de comparar en belleza con el de la catedral de Pamplona—, en el cuerpo de la iglesia y fuera, en el entorno de ella muchísimas sepulturas muy suntuosas, artificiosas y de mucho coste. Todas ellas se han desolado y destruido para hacer el claustro nuevo (1615-1623). Ha sido grandísima lástima el haber perdido una de las más insignes memorias del reino.

Cuando murió el rey Sancho, distintos monasterios se disputaron su cadáver. Después de múltiples controversias, el cabildo de Roncesvalles, con la ayuda de Teobaldo I, consiguió que los restos del monarca recibiesen sepultura ante el altar mayor de la colegiata por la que había mostrado su especial predilección. El obituario del manuscrito, llamado *La Preciosa,* deja constancia, casi notarial, del hecho:

El siete de abril, bajo el año del Señor Mº CCº XXXIVº murió Sancho, rey de Navarra, y yace en esta iglesia, que él mismo edificó; yace también Dª Clemencia, reina, su esposa; hija de Federico, emperador de Alemania.

En el siglo XVII el monumento funerario gótico fue enterrado y el cuerpo del monarca ocupó un lugar en el muro del presbiterio, donde una hornacina cobijaba las efigies del matrimonio real siguiendo una fórmula de enterramiento de la época. Hoy, el sepulcro real se encuentra en la capilla de San Agustín, antigua sala capitular; aquí fue construido, en 1912, aprovechando la antigua figura yacente del monarca procedente de su primera sepultura gótica. Un cierto arcaísmo en la factura no evita que la monumental imagen nos transmita su melancólica solemnidad, tan sólo rota por la espontánea naturalidad de la disposición de sus pies.

La legendaria figura de Carlomagno y sus pares pervivió durante siglos en las mentes de los peregrinos. Un relicario, que se conserva en la colegiata, obra de los talleres de orfebrería de Montpellier, y regalo de Carlos V, rey de Francia, a Carlos III de Navarra, en 1365, se ha tenido por el *Ajedrez de Carlomagno.* Una vez más debemos recurrir a la leyenda para entender su significado: el emperador jugaba al ajedrez en Valcarlos, cuando Roldán, al darse cuenta que había sido traicionado, hace sonar su cuerno para prevenirle. El relicario es un tablero rectangular de treinta y dos casillas, conteniendo reliquias cerradas con cristales de roca que alternan con treinta y una placas esmaltadas. Los historia-

dores contradicen la leyenda al decirnos que se trata de una obra gótica de un taller de Montpellier.

La *Capilla del Espíritu Santo,* o *Silo de Carlomagno,* es un edificio de planta central cuya construcción se debe a los momentos finales del románico, con un añadido de un pórtico perimetral moderno. La leyenda pretende que fue aquí donde Roldán partió la roca al querer destruir su espada *Durandal,* por lo que Carlomagno decidió construir este edificio para sepultura de su valeroso caballero. Noticias del siglo XVII testimonian que en el interior había unas pinturas dedicadas a la gesta de Roldán. En su origen se trataba de un espacio integrado en un conjunto cementerial destinado a los peregrinos que morían en el hospital o sus alrededores; con el paso del tiempo, la fantasía popular quiso convertirlo en el gran monumento funerario que debía corresponder al héroe cantado por los juglares. Un poema latino del siglo XIII nos recuerda su función de osario:

> Como dicho templo se halla destinado
> a recibir muertos, carnario es llamado.
> Que legiones de ángeles lo hayan visitado,
> por dichos de muchos resulta probado.

Junto a esta capilla, en su flanco septentrional, se levanta la *Iglesia de Santiago,* antigua parroquia del lugar. Es un modesto templo de época gótica, aunque sus muros muestren todavía un gran conservadurismo, en cuya espadaña se conserva la campana de San Salvador de Ibañeta, la que en medio de la niebla servía de orientación a los caminantes.

Sepulcro de Sancho VII el Fuerte (1194-1234) en la sala capitular de la Colegiata de Roncesvalles. Tras múltiples peripecias, parte del sepulcro gótico fue reacondicionado aquí, en 1912

Río Arga a su paso por Zubiri (Navarra).

Saliendo de Roncesvalles, a unos 300 metros, nos encontramos la *Cruz de los Peregrinos* en la umbría de un ameno bosque de hayas. No debe confundirse, como a menudo se hace, con la que ya hemos mencionado Cruz de Carlomagno. Se trata de una cruz gótica que ha sufrido varias remodelaciones. Una vez más, la fantasía popular ha querido idealizar la significación de este monumento, aunque los restos de un epígrafe nos permiten conocer la realidad de su sentido y existencia; una pía ofrenda de una señora del valle de Salazar:

Esta obra hizo hacer donna Pia de Yaurrieta... Anno Domini MCCCXXI.

Después de caminar un poco menos de 2 kilómetros se llegaba a **Burguete,** donde el Camino se prolongaba por la calle principal, conocida de antiguo como «calzada de los peregrinos». Cuatro kilómetros más allá estaba **Espinal-Auzperri,** villa fundada por Teobaldo II, en 1269, para servicio de los peregrinos; se entraba en este lugar por un barrio de nombre tan significativo como el de Santiago. La carretera, como antaño el camino, discurre en una prolongadísima calle sobre la que se construyeron las casas perpendiculares a la vía, creando un bellísimo efecto cromático con la blancura de sus fachadas y los rojos de la madera.

Viscarret.—Unos 5 kilómetros más adelante se alcanzaba esta población, la antigua Biscarretum, en la que en el siglo XII existía un hospital. Final y principio de sendas jornadas, la que comenzando en Francia terminaba aquí, y la segunda que, partiendo de este lugar, llegaba hasta la misma Pamplona —según indicaba Aymeric—. Desde la construcción del hospital de Roncesvalles, éste de Viscarret fue perdiendo importancia. El edificio más antiguo del lugar es su iglesia, de origen medieval, pero muy renovada a principios de este siglo. Lo que más nos llama la atención son sus casonas, que muestran el sabio conservadurismo de sus habitantes que, siglo tras siglo, supieron mantener una estructura de edificio que les era útil: gran fachada estructurada en dos o tres plantas, con una portada semicircular y cubierta a dos aguas. Si las más antiguas presentan el orgullo de sus dueños con el escudo de su linaje, a partir del siglo XIX son los individuos concretos, con sus propios nombres, los que figuran, y constando siempre la referencia cronológica. Así, podemos ver la gran casona, en cuya puerta se anotó el año 1757, y, a su lado, la réplica del siglo XIX, en la que sus dueños dejaron noticia que explica su autoría y propiedad de su quehacer: «Hicieron Martín Azparren y Micaela Echevarría, año 1867.»

Los peregrinos reanudaban su marcha por un camino en medio de un territorio boscoso, ascendiendo hasta el puerto de Erro. De aquí se baja la cuesta hasta alcanzar el río en Zubiri.

Zubiri.—En vasco, este nombre significa «pueblo del puente»; es el lugar donde los peregrinos debían atravesar el río Arga, por el mismo sitio que en la actualidad cruza el puente (en algún tiempo, se prefería seguir por la margen izquierda del río hasta Larrasoaña). Se encontraba aquí un antiguo monasterio que fue donado a Leyre por el rey García el de Nájera.

El camino acompasaba su marcha al discurrir de las aguas del río, recorriendo el valle de Norte a Sur hasta Larrasoaña.

Larrasoaña.—En el siglo X existía un monasterio dedicado a Santa María y San Agustín dependiente de Leyre. El rey Sancho de Peñalén encomendó su hija Urraca al abad de este cenobio para que la educase. En el siglo XIV había una encomienda de Roncesvalles, conservándose el edificio de la Clavería junto a la Iglesia de San Nicolás, un viejo caserón, con robustos contrafuertes, que, pese a diferentes modificaciones, mantiene aún cierto carácter de época. Sobre su fachada septentrional se encuentra todavía encastrada una piedra con la cruz de Roncesvalles. Dos ermitas dedicadas a Santiago y San Blas nos recuerdan la existencia, durante el siglo XVIII, de sendas cofradías con idéntica advocación. Un viejo puente de piedra permitía el cruce del Arga a los que habían mantenido la marcha por la margen izquierda sin atravesar Zubiri.

Tras haber caminado poco más de 3 kilómetros, se volvía a traspasar el Arga por un puente antiguo, entrando entonces en **Iroz.** Desde aquí se po-

En el sombreado bosque apenas contrasta la Cruz de los Peregrinos, cuya piedra aparece cubierta por el musgo. Su inscripción nos permite fecharla en el siglo XIV.

El blanco caserío de Espinal-Auzperri flanquea la actual carretera. Es una de las muchas variantes de pueblo-camino que iremos encontrando a lo largo de la ruta.

Edificio de la Clavería de Roncesvalles, junto a la iglesia de San Nicolás de Larrasoaña. Los recios muros y los grandes contrafuertes conservan en este caserón algo de su importancia pasada. Construcciones de este tipo sirvieron de pequeños hospitales en los que se daba albergue a los peregrinos.

día optar por adentrarse en Pamplona o bordearla por el Sudoeste, dirigiéndose directamente a Cizur Menor. Los que elegían la primera fórmula, siguiendo la ruta indicada por el autor de la «Guía», continuaban después hasta la ermita de la *Trinidad de* **Arre,** donde se pasaba el río Ulzama por otro puente medieval y se circulaba, lo mismo que hacemos en la actualidad, bajo los arcos del hospital. Había en éste dos cofradías, una de clérigos y otra de laicos, que se esmeraban en el cuidado de los viajeros, especialmente de los maltrechos por las fatigas del penoso camino. Las constituciones de funcionamiento corresponden al siglo XVI; en ellas, se disponía que debía haber doce camas y el menaje completo de una casa, todo ello al cuidado de dos hospitaleros, hombre y mujer. Había también caballerías para transportar hasta Roncesvalles a los peregrinos enfermos que estaban de regreso. Al menos, uno de los clérigos debía saber francés para poder atender mejor a las personas de esta nacionalidad. Del viejo conjunto hospitalario sólo se conserva el ábside románico de la capilla, pues el resto ha sido todo remodelado en una moderna hospedería.

Por **Villava** y **Burlada,** la ruta se dirigía a Pamplona, cruzando el *Barrio de la Magdalena,* donde un hospital de igual advocación acogía a los leprosos, y un puente de piedra permitía cruzar el Arga y alcanzar la Puerta de Francia que franqueaba la muralla de la ciudad. El hospital fue fundación de los religiosos de San Lázaro, que a finales del siglo XII o principios del XIII pasó a depender de la mitra pamplonesa. Hoy día, el puente refleja su agudo perfil sobre las amainadas aguas, que, en medio de la frondosa arboleda del parque, más parecen de estanque que de caudaloso río. Subiendo hacia la ciudad, el Camino pasará bajo los imponentes muros de lo que fueron las fortificaciones; apenas queda nada, en ellas, de la fábrica medieval, y sus garitas, colgadas como nidos en las esquinas, denuncian la intervención de la moderna ingeniería militar.

Pamplona.—El origen de la ciudad se remonta a la época romana, llegando algunos a precisar que se trata de una fundación del mismo Pompeyo. La ciudad que conocieron los peregrinos era un núcleo de población que se había ido configurando en lo que conocemos como burgo de la Navarrería desde el siglo XI, junto al que surgirán dos burgos de francos: el de San Saturnino y el de San Nicolás. Las discordias entre estos burgos fueron constantes hasta que, en 1423, Carlos III el Noble decretó su fusión perpetua por el Privilegio de la Unión.

Los peregrinos encontraban en Pamplona todos los servicios que una capital importante les podía deparar para su comodidad. Las distintas parroquias de los burgos y la catedral misma disponían de hos-

El Camino lleva kilómetros siguiendo el cauce del río Arga; en diversos puntos, según la época, se verá obligado a cruzarlo y recruzarlo. Aquí, en Larrasoaña, vemos uno de los varios puentes de piedra que facilitarán la marcha de los romeros. (Página anterior, arriba).

Ermita de Arre. Cruzaban aquí los peregrinos el río Ulzama, cuyas aguas aparecen hoy represadas. El puente da acceso directo a las arcadas del pórtico, sobre el que se levanta la hospedería que mantenían dos cofradías desde el siglo XVI. Los restos de una iglesia románica aseguran una mayor antigüedad para el conjunto. (Página anterior, abajo).

Fachada de la iglesia de Santo Domingo (Pamplona), proyectada en el siglo XVII. La imagen de Santiago y la decoración de conchas nos recuerdan que la fundación dominica se realizó sobre el antiguo templo de Santiago, cuyo origen la tradición atribuye al propio Carlomagno.

Esculturas góticas en la fachada de San Cernin (Pamplona). Representan a Santiago peregrino, con un niño arrodillado, y al patrono del templo.

construendam novam basilicam.» Las obras debieron avanzar con celeridad, pues ya en 1127 se procedía a la consagración de una parte importante de la misma; la ceremonia fue oficiada por Sancho de Larrosa. Desde este año y hasta los años cuarenta, los trabajos se centraron en la construcción del claustro. Una serie de capiteles son testimonio de lo que fue esta obra. Las imágenes de la Pasión o las escenas de la vida de Job que se representan en dos de ellos, custodiados en el Museo de Navarra, denuncian la actuación de un artista dotado de una notable destreza compositiva y una mágnifica factura. Con un dibujo en el que se han cuidado los detalles más miniaturescos en la definición de anatomías, vestidos y objetos.

Al finalizar el siglo XIII, el estado de conservación del claustro románico era muy deficiente, lo que llevó a emprender la construcción de otro nuevo. Se tienen noticias de que en 1311 estaba en pleno proceso de edificación, prosiguiendo a buen ritmo durante el episcopado de Arnaldo de Barbazán (1318-1355). Se dan como acabados los trabajos en 1419, aunque el sobreclaustro corresponda ya al año 1472. La tracería de sus arcadas, la escultura de sus portadas y el etéreo espacio de su sala capitular, donde recibe sepultura el obispo Barbazán, convierten este conjunto claustral en la más bella muestra del gótico navarro.

El hundimiento de la catedral románica en 1389 obligó a la construcción de un gran templo gótico de tres naves con una curiosa girola. Las obras se prolongaron hasta el episcopado de Alejandro Cesarini (1520-1537). En el centro de la nave se conserva el sepulcro de Carlos el Noble y su esposa Leonor de Trastámara; es creación del artista Jehan Lome de Tournai, quien lo labró entre 1413 y 1419, todavía en vida del propio monarca. Aunque lo podemos ver en la actualidad, apreciemos en estas palabras de un viajero famoso y de sensibilidad reconocida, Víctor Hugo, la impresión que le causó, cuando visitó Pamplona en 1843:

En el centro del coro, una reja de hierro que semeja una gran jaula rodea y protege a la vez que nos permite ver el cenotafio de Carlos III de Evreux, rey de Navarra.

Es éste un sepulcro admirable del siglo XV, digno de encontrarse en Brujas con los sepulcros de María de Flandes y Carlos el Temerario, en Dijon con los sepulcros de los duques de Borgoña, o en Brou con los sepulcros de los duques de Saboya. El motivo no varía, pero es tan sencillo y hermoso: el rey con su león y la reina con su lebrel descansan uno junto al otro, coronados, sobre un lecho de mármol, un conmovedor sepulcro de esposos, alrededor del cual se mueve una procesión de pequeñas figuras plorantes colocadas debajo de pequeños doseles arquitectónicos de la más exquisita artesanía. Esta parte del sepulcro está odiosamente mutilada. Casi todas las figuras se encuentran partidas en dos fragmentos.

Los peregrinos, según se encontrasen en el barrio de San Cernin o de San Nicolás, abandonaban la ciudad por la Puerta de la Taconera o de Mari Delgada, siempre buscando el camino hacia Occidente.

construendam novam basilicam.» Las obras debieron avanzar con celeridad, pues ya en 1127 se procedía a la consagración de una parte importante de la misma; la ceremonia fue oficiada por Sancho de Larrosa. Desde este año y hasta los años cuarenta, los trabajos se centraron en la construcción del claustro. Una serie de capiteles son testimonio de lo que fue esta obra. Las imágenes de la Pasión o las escenas de la vida de Job que se representan en dos de ellos, custodiados en el Museo de Navarra, denuncian la actuación de un artista dotado de una notable destreza compositiva y una mágnifica factura. Con un dibujo en el que se han cuidado los detalles más miniaturescos en la definición de anatomías, vestidos y objetos.

Al finalizar el siglo XIII, el estado de conservación del claustro románico era muy deficiente, lo que llevó a emprender la construcción de otro nuevo. Se tienen noticias de que en 1311 estaba en pleno proceso de edificación, prosiguiendo a buen ritmo durante el episcopado de Arnaldo de Barbazán (1318-1355). Se dan como acabados los trabajos en 1419, aunque el sobreclaustro corresponda ya al año 1472. La tracería de sus arcadas, la escultura de sus portadas y el etéreo espacio de su sala capitular, donde recibe sepultura el obispo Barbazán, convierten este conjunto claustral en la más bella muestra del gótico navarro.

El hundimiento de la catedral románica en 1389 obligó a la construcción de un gran templo gótico de tres naves con una curiosa girola. Las obras se prolongaron hasta el episcopado de Alejandro Cesarini (1520-1537). En el centro de la nave se conserva el sepulcro de Carlos el Noble y su esposa Leonor de Trastámara; es creación del artista Jehan Lome de Tournai, quien lo labró entre 1413 y 1419, todavía en vida del propio monarca. Aunque lo podemos ver en la actualidad, apreciemos en estas palabras de un viajero famoso y de sensibilidad reconocida, Víctor Hugo, la impresión que le causó, cuando visitó Pamplona en 1843:

En el centro del coro, una reja de hierro que semeja una gran jaula rodea y protege a la vez que nos permite ver el cenotafio de Carlos III de Evreux, rey de Navarra.

Es éste un sepulcro admirable del siglo XV, digno de encontrarse en Brujas con los sepulcros de María de Flandes y Carlos el Temerario, en Dijon con los sepulcros de los duques de Borgoña, o en Brou con los sepulcros de los duques de Saboya. El motivo no varía, pero es tan sencillo y hermoso: el rey con su león y la reina con su lebrel descansan uno junto al otro, coronados, sobre un lecho de mármol, un conmovedor sepulcro de esposos, alrededor del cual se mueve una procesión de pequeñas figuras plorantes colocadas debajo de pequeños doseles arquitectónicos de la más exquisita artesanía. Esta parte del sepulcro está odiosamente mutilada. Casi todas las figuras se encuentran partidas en dos fragmentos.

Los peregrinos, según se encontrasen en el barrio de San Cernin o de San Nicolás, abandonaban la ciudad por la Puerta de la Taconera o de Mari Delgada, siempre buscando el camino hacia Occidente.

gro, que ya aparece referido en el *Liber Sancti Jacobi,* lo narra así Jacobo de la Vorágine en su célebre *Leyenda Dorada:*

Hacia el año 1100 de nuestra era, un francés, su esposa e hijos emprendieron una peregrinación a Compostela movidos por un doble deseo: el de visitar el sepulcro del apóstol Santiago y el de huir de una epidemia que estaba causando enorme mortandad entre las gentes de su país. Al pasar por Pamplona se hospedaron en un mesón y en él sufrieron varias calamidades: falleció la esposa y el mesonero robó al marido todo el dinero que llevaba consigo, y hasta el jumento que servía de cabalgadura a sus hijos. Tras de tan infortunados sucesos el pobre francés reemprendió su peregrinación muy penosamente, teniendo que caminar con algunos de sus hijos cargados sobre sus hombros y los otros asidos a sus manos, hasta que en cierto lugar del trayecto un hombre que iba montado en un burro le alcanzó y, al verle tan agobiado y cansado, se compadeció de él, acudió en su socorro y le prestó el asno para que los niños pudiesen proseguir su viaje más cómodamente. De este modo consiguió llegar a Santiago. A poco de llegar, estando el francés orando ante el sepulcro del Santo, éste se le apareció y le preguntó:

—¿Me conoces?

El francés le respondió que no. Entonces el aparecido le dijo:

—Yo soy el apóstol Santiago. Fui yo quien bajo el aspecto del hombre aquel que encontraste en el camino te presté el burro para que pudieras llegar hasta aquí y te lo presto de nuevo para que puedas regresar a tu casa cómodamente. Al pasar por Pamplona el mesonero que te robó caerá a la calle desde la solana de su mesón, se matará y tú recuperaras todo cuanto te quitó.

El anuncio del Apóstol se cumplió exactamente en todos sus puntos. Contento y feliz llegó el francés a su tierra y a su casa y, en el mismo momento en que apeó a sus hijos del jumento, éste repentinamente desapareció.

Los peregrinos contemplaban cómo las principales parroquias de la ciudad, San Nicolás y San Cernin —Saturnino—, presentaban amenazadoras formas de bélicas fortalezas, recursos defensivos de los vecinos en sus continuadas contiendas. En 1222, los habitantes de San Saturnino arrasaron *San Nicolás;* el edificio que todavía podemos contemplar es una obra gótica comenzada en 1231, donde no faltan las formas torreadas. No menos fiero es el aspecto de *San Saturnino.* Su advocación al santo de Toulouse denuncia el origen de sus fundadores y, sin duda, los visitantes galos debían acudir aquí con especial predisposición. Como San Nicolás, el templo románico fue sustituido por una obra gótica iniciada con donativos de Bernardo Deza, que fue alcalde hasta 1297. Junto a la gran portada gótica que reproducía el Juicio Final, se representaba una interesante imagen de Santiago como peregrino, teniendo a su lado un niño, y, frente a él, el titular del templo.

Durante los siglos XII y XIII la *Catedral* que visitaban los peregrinos era un bello edificio románico. Se había comenzado su construcción en 1097; de este año es una bula pontificia en la que se alude: «Ad

Baluarte del Redín.
Al salir del Puente de la Magdalena, los peregrinos se encontraban con las fortificaciones de la ciudad de Pamplona.
En la actualidad, los recios murallones, con garitas en las esquinas, todavía recuerdan el bastión militar.

El Puente de la Magdalena, de claro perfil medieval, permite cruzar el Arga y subir a la ciudad de Pamplona. Junto al puente existía, como en tantas otras ciudades, un hospital que acogía a los peregrinos y viajeros que tenían enfermedades infecciosas, evitando así la contaminación de la ciudad.

pitales que acogían a los enfermos y que completaban los servicios que ofrecían los numerosos albergues privados existentes en la ciudad.

Dependía de la catedral el *Hospital de San Miguel,* para pobres y peregrinos, al frente del cual se encontraba un canónigo hospitalero. Aunque su origen se atribuye al siglo XI, tan sólo conocemos algunos datos de su funcionamiento a partir del XIII, cuando el obispo don Miguel Sánchez de Uncastillo estableció que tuviese cuarenta camas y que a cada peregrino se le diese ración de pan, vino y un plato de verdura, carne o legumbres.

En la Navarrería existieron otros dos centros hospitalarios a cargo de la cofradía de Santa Catalina, una en la calle Dormitalería, en el número 13, y otra en la calle Compañía, en el número 3. Saliendo de la ciudad por el Portal de la Taconera se llegaba al *Hospital de San Juan de la Cadena,* fundado por el obispo don Pedro de Artajona, el 3 de junio de 1173. Era atendido por la Orden de San Juan de Jerusalén, y en él se daba sepultura a los viajeros que allí fallecían. El caserío de su entorno terminó por denominarse barrio de San Juan.

Todos estos hospitales medievales, que estaban en crisis al final de la Edad Media, terminaron por desaparecer cuando en el siglo XVI Ramiro de Goñi fundó el *Hospital General de Navarra,* en la actualidad, después de unas sofisticadas obras de remodelación, convertido en museo.

Resulta difícil seguir las huellas de la peregrinación en una ciudad como Pamplona, capital de un reino, en la que la infraestructura administrativa, tanto política como religiosa, tiene una tradición histórica de siglos y minimiza los rastros de los temas jacobeos. Pero, aun así, un simple paseo por sus calles nos evoca continuamente motivos de la peregrinación, que la historia, o la leyenda, nos explica. Subiendo la cuesta desde el Puente de la Magdalena, el viajero entraba en la ciudad por el barrio de la Navarrería y caminaba por la actual calle del Carmen que, por los siglos XIV y XV, recibía el evocador nombre de «Rúa de los Peregrinos».

Una estatua dedicada a san Francisco de Asís nos recuerda su estancia en Pamplona camino de Compostela. La tradición nos dice que el santo intervino en las disputas de las comunidades mendicantes, pacificándolas, aunque la realidad histórica, una vez más, desmiente a la bienintencionada tradición y nos demuestra que los enfrentamientos perduraron hasta el siglo XV.

Al pasar por delante de la *Iglesia de Santo Domingo,* la decoración de vieiras que se disponía sobre la fachada, compuesta en el siglo XVII, nos vuelve a rememorar la peregrinación. La fundación dominica se realizó en el lugar donde existía un templo dedicado a Santiago, que la tradición remontaba su origen a una fundación de Carlomagno. Esta circunstancia obligó a los dominicos a mantener el templo bajo advocación jacobea. Edificado en el siglo XVI, posee un retablo mayor en el que se encuentra la imagen del titular, realizada en 1574 por Pierres Picart y fray Juan de Beauves; también se representa la historia del peregrino que recuperó el burro que necesitaba para proseguir su viaje, gracias a la intervención del mismo Santiago. El mila-

día optar por adentrarse en Pamplona o bordearla por el Sudoeste, dirigiéndose directamente a Cizur Menor. Los que elegían la primera fórmula, siguiendo la ruta indicada por el autor de la «Guía», continuaban después hasta la ermita de la *Trinidad* de **Arre,** donde se pasaba el río Ulzama por otro puente medieval y se circulaba, lo mismo que hacemos en la actualidad, bajo los arcos del hospital. Había en éste dos cofradías, una de clérigos y otra de laicos, que se esmeraban en el cuidado de los viajeros, especialmente de los maltrechos por las fatigas del penoso camino. Las constituciones de funcionamiento corresponden al siglo XVI; en ellas, se disponía que debía haber doce camas y el menaje completo de una casa, todo ello al cuidado de dos hospitaleros, hombre y mujer. Había también caballerías para transportar hasta Roncesvalles a los peregrinos enfermos que estaban de regreso. Al menos, uno de los clérigos debía saber francés para poder atender mejor a las personas de esta nacionalidad. Del viejo conjunto hospitalario sólo se conserva el ábside románico de la capilla, pues el resto ha sido todo remodelado en una moderna hospedería.

Por **Villava** y **Burlada,** la ruta se dirigía a Pamplona, cruzando el *Barrio de la Magdalena,* donde un hospital de igual advocación acogía a los leprosos, y un puente de piedra permitía cruzar el Arga y alcanzar la Puerta de Francia que franqueaba la muralla de la ciudad. El hospital fue fundación de los religiosos de San Lázaro, que a finales del siglo XII o principios del XIII pasó a depender de la mitra pamplonesa. Hoy día, el puente refleja su agudo perfil sobre las amainadas aguas, que, en medio de la frondosa arboleda del parque, más parecen de estanque que de caudaloso río. Subiendo hacia la ciudad, el Camino pasará bajo los imponentes muros de lo que fueron las fortificaciones; apenas queda nada, en ellas, de la fábrica medieval, y sus garitas, colgadas como nidos en las esquinas, denuncian la intervención de la moderna ingeniería militar.

Pamplona.—El origen de la ciudad se remonta a la época romana, llegando algunos a precisar que se trata de una fundación del mismo Pompeyo. La ciudad que conocieron los peregrinos era un núcleo de población que se había ido configurando en lo que conocemos como burgo de la Navarrería desde el siglo XI, junto al que surgirán dos burgos de francos: el de San Saturnino y el de San Nicolás. Las discordias entre estos burgos fueron constantes hasta que, en 1423, Carlos III el Noble decretó su fusión perpetua por el Privilegio de la Unión.

Los peregrinos encontraban en Pamplona todos los servicios que una capital importante les podía deparar para su comodidad. Las distintas parroquias de los burgos y la catedral misma disponían de hos-

dición hispana. Como efecto inmediato de la adopción de la regla benedictina se procedió a erigir una gran iglesia, ya en estilo de románico pleno. La interesante cripta de tres naves, con sus robustos soportes de groseros capiteles, es la obra de unos artistas que solucionan de manera rudimentaria la necesidad de crear una infraestructura para ubicar la iglesia superior. A partir del siglo XVI esta dependencia se convertiría en una carbonera. Arriba, el templo de tres ábsides presenta unas formas de igual rudeza, pero algo más sutiles en las proporciones. En una tercera fase se concluyeron los muros perime-

trales de las naves, especialmente la gran fachada occidental, hoy bastante adulterada en su forma original; todo ello labrado por un taller buen conocedor de la escultura románica del primer tercio del siglo XII. En una época muy tardía del gótico se procedería a abovedar las naves.

La piedad de los peregrinos podía tener aquí su expansión en los rezos venerando las reliquias de los mártires y los lugares de pío recuerdo. El monasterio custodiaba en una hermosa arqueta de marfil, obra de la eboraria islámica, datada en 1005, los restos de las mártires cordobesas Nunilón y Alodia, copatronas del monasterio (hoy, la arqueta se custodia en el Museo de Navarra). No falta en Leire la célebre leyenda del monje absorto en la eternidad: la Fuente de san Virila, abad de Leire en el siglo X, nos recuerda el lugar donde el famoso abad quedó absorto escuchando el cantar de un pajarillo durante trescientos años.

Desde el actual pueblo de **Yesa,** por debajo de Leire, los peregrinos podían optar por cruzar el Aragón y seguir por Javierre hasta Sangüesa o continuar por esta parte de la ribera, recto, hasta la villa de Liédena, en donde volverían a coincidir con la ruta que venía de Sangüesa.

Se cruza el Aragón, ahora, por un puente moderno; todavía son visibles algunos restos del antiguo puente romano. La ruta sigue por la «Cañada Vieja de los Roncaleses», pasando por unas suaves ondulaciones del terreno, que nos conducen hasta el *Castillo de Javier,* cuna de san Francisco Javier, patrono de Navarra. El conjunto arquitectónico actual

dramatizado del Medievo ha durado poco; ya no se representa.

Los hermanos Guillén y Felicia, príncipes de Aquitania, movidos por su devoción a Santiago el Mayor, emprendieron la peregrinación a Compostela. Felicia prefirió quedarse en el caserío de Amocáin sirviendo a Dios en total anonimato. Su hermano, indignado por verla ejerciendo labores indignas de su rango social, en pleno arrebato de furor, la dio muerte. Arrepentido de esta acción tan vil, reanudó su viaje a Compostela para implorar el perdón del Apóstol. A su regreso decidió permanecer en la capilla de la Virgen de Arnotegui llevando vida de ermitaño hasta el final de sus días. Testigos permanentes de la leyenda son el relicario de plata que conserva el cráneo de Guillén y la Ermita de Arnotegui. En relación con este cráneo existe una ceremonia, no bien vista por la jerarquía eclesiástica, que rememora ciertas prácticas de tradición mítica: utilizado como un embudo, se hace correr por él el agua y el vino recién fermentado, quedando así santificado. No menos milagroso es el cuerpo de Felicia. Fue sepultada en Amocáin, pero no contenta con su enterramiento salió con su ataúd al campo y, montada en una mula blanca, se trasladó a Labiano, donde permanece su cuerpo incorrupto, curando los dolores de cabeza de sus muchos y fervorosos devotos.

El pueblo de Obanos conserva un importante caserío de piedra y ladrillo que, pese a unas restauraciones excesivamente historicistas, todavía presenta algunos espacios de claro sabor medieval.

Desde Obanos se alcanzaba en seguida Puente la Reina. Además de esta ruta que acabamos de referir partiendo de Cizur Menor, se podía seguir otra alternativa: de Cizur se iba a Astráin por Cizur Mayor y Gazolac, bajando el Puerto del Perdón por Basongáiz hasta Legarda, uniéndose en Obanos con la anterior variante o continuando ya hasta Puente la Reina.

DE TIERRAS ARAGONESAS A PUENTE LA REINA
(continuación por tierras navarras de la ruta que procede de Somport)

Dejando atrás la aragonesa villa de Tiermas, los peregrinos entraban en Navarra por una parte hoy cubierta por las aguas del pantano de Yesa, bordeando la ladera de la Sierra de Leire bajo el monasterio de este nombre.

El Monasterio de San Salvador de Leire carece de documentación que pueda acreditar su relación con la peregrinación, pero su inmediatez a la ruta jacobea hace impensable que los peregrinos no tuviesen en él la correspondiente hospitalidad que exige la caridad cristiana.

Las primeras noticias que tenemos de este cenobio corresponden a mediados del siglo IX, cuando lo visita el mártir cordobés Eulogio, quien aprovecha su estancia para copiar diversos libros de su bien surtida biblioteca. Durante el siglo XI su importancia irá en aumento, coincidiendo con un período en el que sus abades ostentan el cargo de obispos de Pamplona. De una manera poco conocida, las viejas reglas monásticas hispanas fueron sustituidas por la de san Benito. Su momento de máximo esplendor coincide con el gobierno del abad Raimundo (1083-1121). A lo largo del siglo XIII se inicia una prolongada etapa de crisis, centrada en los enfrentamientos entre miembros de la comunidad que quieren asumir la reforma cisterciense y otros que pretendían continuar con la norma benedictina. El enfrentamiento concluyó en 1307 con el triunfo de los cistercienses.

En la iglesia monástica podemos apreciar claramente las diferentes fases de esta seriación histórica. Testimonios arqueológicos han puesto de manifiesto la existencia de un templo prerrománico que sufrió la transformación de una iglesia de una nave a tres, ambas organizadas con unos criterios tipológicos correspondientes a las formas de la vieja tra-

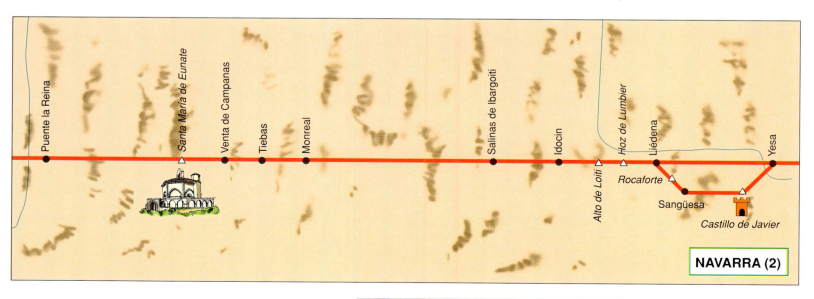

Obanos, la villa que centra la milagrosa historia de Guillén y Felicia, príncipes de Aquitania. Una restauración moderna ha creado una escenografía urbana próxima al pastiche historicista.

Saliendo de Pamplona, la ruta cruzaba el arroyo Sadar y el río Elorz y asciende hasta **Cizur Menor,** situado en un altozano desde donde se contempla una amplia panorámica de la ciudad. Los religiosos de la Orden de San Juan de Jerusalén levantaron una casa con hospital para peregrinos. Las ruinas de la iglesia de San Miguel Arcángel son los únicos vestigios que recuerdan la antigua fundación sanjuanista que desde el siglo XII se convirtió en el centro de la principal encomienda de la orden en Navarra.

Nos dirigimos a continuación a **Gallar, Guendulain,** donde también había un hospital atendido por la Cofradía de Santiago, y **Zariquiegui.** Desde Guendulain, un pequeño desvío llevaba a **Astráin** y, a partir de aquí, por **Legarda** hasta Puente la Reina —este camino seguía el mismo trazado que la actual carretera—. Los que continuaban por Zariquiegui seguidamente comenzaban a remontar las cuestas de la sierra de la Reniega. Por estos parajes serranos existe una fuente que recuerda el sitio en el que se produjo el triunfo de un peregrino sobre las pérfidas tentaciones del diablo. Todavía hoy, los días de calor, se recuerda al viajero esta ingenua historia:

Caminaba un peregrino de Pamplona hacia Puente la Reina sin otra provisión que algunas salazones y sin la precaución de llevar agua. Después de comer,

procedió la ascensión de esta sierra de la Reniega, precisamente en el momento de máximo calor. Según se iba haciendo más empinada la cuesta y la temperatura ascendía, la sed se hacía insufrible al pobre caminante.

En ese momento, un apuesto joven surgió ante él y, amablemente, le ofreció de beber si, a cambio, renegaba de Dios. Ante la negativa del sediento peregrino fue rebajando su contrapartida, primero a la Virgen, por último al mismo Apóstol de Compostela. Manteniéndose en su rechazo, cayó en oración pidiendo ayuda. Al instante, el joven, que no era otro que el diablo, desapareció y una fuente de aguas cristalinas y frescas empezó a manar.

La fuente ha seguido manando hasta nuestros días para consuelo de caminantes, y el nombre de la sierra, Reniega, permanece como testimonio en el discurrir del tiempo. Nada más superar la cima, nos encontramos con la Ermita de Nuestra Señora del Perdón, que se hallaba bajo la custodia de una cofradía que mantenía en Astráin un hospital.

Obanos.—Bajando el puerto se llega a Obanos, villa medieval en la que los peregrinos escuchaban la historia de san Guillén y santa Felicia. Lo legendario tenía hasta hace poco una bonita representación dramatizada que se conoce como *Misterio de San Guillén y Santa Felicia.* La recuperación del mito

presenta una curiosa y cinematográfica puesta en escena que corresponde a una excesiva reconstrucción historicista. Tras superar un pequeño puerto, el camino descendía hacia Sangüesa junto al curso del Aragón.

Sangüesa.—La «Sangüesa Vieja» se encontraba en la margen izquierda del Aragón, sobre un altozano (identificado con el actual Rocaforte) que le permitía ser una plaza fuerte, primero frente al Islam, después, desde mediados del siglo XI, ante el naciente reino de Aragón. Alfonso I el Batallador concedió, en 1122, el mismo fuero de la «Sangüesa Vieja» a un burgo nuevo que se estaba formando en la orilla opuesta junto a la ribera misma del río. El florecimiento económico de la «Sangüesa Nueva» terminó por oscurecer el pasado; durante todo el Medievo será una ciudad próspera, cruce de caminos, centro comercial y, en muchos momentos, verdadera sede regia.

De la importancia de la sociedad sangüesina es testimonio la buena arquitectura civil; un rico muestrario de palacios nos ilustra de la historia urbana, desde fines de la Edad Media hasta el siglo XVIII. El

Palacio de la Encomienda, también conocido como del Príncipe de Viana, conserva su estructura y decoración gótica. La *Casa Consistorial,* construida en 1570, presenta una sobria fachada renacentista sobre una galería porticada. Muy bellos son el *Palacio de los duques de Granada de Ega,* del siglo XV, y el *Palacio de los condes de Guenduláin,* del XVII. Otras mansiones conservan aún resonancias históricas transmitidas por la tradición popular: la *Casa de los Sebastianes,* donde tal vez naciera Enrique de Labrit, el último infante de la monarquía navarra. Cercana a ésta, la *Casa de París,* en la que se hospedó san Francisco Javier en su época estudiantil.

El peregrino se dirigía a la ciudad para entrar por el Portal de Jaca, pudiendo contemplar, extramuros de la ciudad, el *Convento de San Francisco,* cuya existencia se debe a un deseo personal de Teobaldo II, en 1266. Una lápida empotrada junto a la portada nos recuerda que la fundación tuvo lugar el día del evangelista Lucas, 18 de octubre. La sencilla fábrica de la nave única de su templo recibió en el siglo XVI una compleja bóveda gótica que requirió robustecer los muros con una serie regular de grandes

El Castillo de Javier, cuna de san Francisco Javier, patrono de Navarra, se muestra a los peregrinos que ascienden por la ladera de un monte cubierto de bosques.

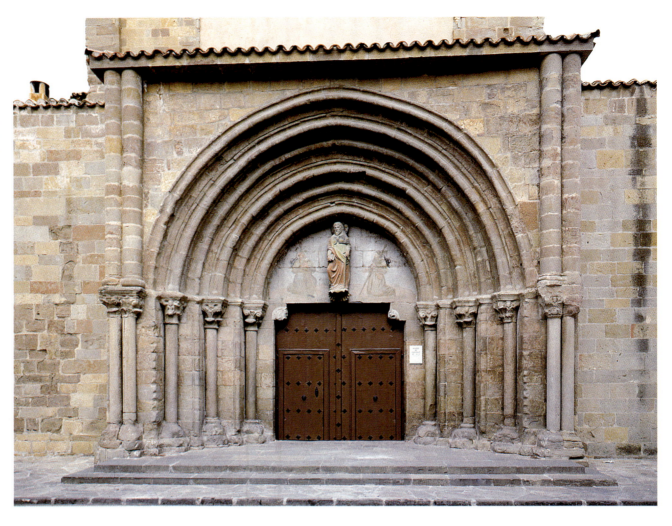

contrafuertes. Si con los añadidos la iglesia adquiere un rotundo y pesado volumen, esto aumenta la bella imagen de un sencillo claustro de etérea y grácil arquería, realizado en los siglos XIV y XV.

La ruta, traspasada la puerta de la ciudad, se prolongaba por la calle Mayor, que discurre directamente hacia el puente por donde saldría de la ciudad a la vez que cruzaba el río Aragón. A la izquierda, una calle conduce a la *Iglesia de Santiago,* cuya fábrica románica sería totalmente transformada para facilitar, durante la segunda mitad del siglo XIII, el apeo de una estructura gótica que sigue las fórmulas de la colegiata de Roncesvalles. La portada occidental, de concepción todavía románica, presenta en su tímpano una bella imagen de Santiago peregrino, con importantes restos de policromía; debe ser obra de hacia 1600. El conjunto se recompuso con una decoración pintada del siglo XVIII, que representa a ambos lados del Apóstol dos peregrinos; la conservación de estas pinturas es muy deficiente. Frente a la iglesia, la casa abacial muestra en una de las dovelas de su portada los atributos de la peregrinación.

La Iglesia del Salvador dependía del templo de Santiago. Es un interesante edificio gótico, que se encontraba en plena construcción en 1290. En su portada se representa, bajo el prisma del humanismo del gótico, la imagen de Cristo entre san Juan, la Virgen y dos ángeles portadores de la lanza y la cruz del sacrificio. Bajo ellos, a lo largo del dintel, la Resurrección, la humanidad juzgada y el castigo infernal, todo ello concebido con unas figuras estilizadas y sabiamente organizadas.

De vuelta a la calle Mayor, nos encontramos, al final de la misma, a *Santa María la Real.* En este lugar existía un oratorio dedicado a la Virgen que formaba parte del palacio real, donado por Alfonso el Batallador, en 1131, a los caballeros de San Juan de Jerusalén. De inmediato, se iniciarían las obras de un gran templo de tres naves cuya construcción se prolongaría durante mucho tiempo. La gran portada del templo se sitúa en la fachada meridional, abriéndose a la calle-camino. La impresión que produce es la de un enorme *puzzle* en el que de una manera acumulativa se han querido conservar restos de diferentes épocas. Arriba, una *maiestas* y un apostolado corresponden a un taller románico, posiblemente el mismo que trabaja en el claustro de San Juan de la Peña; el marcado expresionismo de los rostros, así como el grafismo definidor de atuendos y anatomías, parecen no dejar lugar a la duda. Abajo, un artista llamado Leodegarius —en la estatua-columna de la Virgen, una inscripción lo recuerda: MARIA MATER XPI LEODEGARIUS ME FECIT— realizó una composición que corresponde a un pobre trasunto de la gran portada de Chartres. Pese a los limitados recursos de Leodegarius, nos encontramos aquí con una de las primeras manifestaciones de un concepto renovador de la plástica hispa-

na. En el interior del templo se venera una imagen de la Virgen de Rocamador, una de tantas que, por influencia francesa, se difundieron por España, especialmente a lo largo del Camino de Santiago. El templo, por su situación, es evidente que tuvo una estrecha relación con el paso de los peregrinos por la ciudad; sin embargo, será su uso por lo más granado de la sociedad sangüesina lo que favoreció su carácter hegemónico. La siguiente anécdota histórica reúne en sus personajes esta doble relación de Santa María con la aristocracia y los peregrinos:

El 28 de abril de 1503 fue bautizado aquí el hijo de los reyes Juan III y Catalina, último príncipe de Viana, siendo apadrinado por dos romeros alemanes que iban a Santiago.

Los peregrinos recibían albergue en un hospital de los caballeros de San Juan sito en la calle Mayor o, pasado el río, en la Iglesia de San Nicolás, pose-

sión de la Colegiata de Roncesvalles. Como en tantos otros lugares, los conventos de mendicantes también practicaron la caridad de acogida de pobres y viajeros.

Cruzando el Aragón por el puente de piedra, que todavía existía el siglo pasado, aunque el actual es ya una obra de hierro, se continuaba la marcha pasando por **Rocaforte** —«Sangüesa Vieja»—, donde vuelve a reaparecer la mítica actividad fundadora de Francisco de Asís como peregrino. Una vez más, la tradición quiere que sea aquí donde el santo funda el primer convento de su orden en España. A continuación se llegaba a **Liédena,** donde confluye con la variante del camino que procedía de Leire-Yesa, para seguir ruta pasando por la impresionante hoz de **Lumbier.** La roca aparece cortada por las turbulentas aguas del Irati, que corre a desembocar en el Aragón. Los restos de un puente, conocido como «Puente del Diablo», son como un sarcástico testigo de la acción del hombre por dominar la Naturaleza. Frente a la hoz, junto a la actual carretera que conduce a Pamplona, los arqueólogos han sacado a la luz una interesante villa romana del siglo II.

La carretera sigue un trazado paralelo al del Camino, éste iba por la hondonada del valle, mientras que la carretera lo hace por media ladera. Una vez subido el puerto de Loiti, se desciende hacia el valle pasando por **Idocin,** donde, en una casa, un letrero nos recuerda que en ella nació el general Espoz y Mina; hasta llegar al pueblo de las **Salinas de Ibargoiti,** así llamado por tener ocho pozos salineros. A mediados del siglo XIII poseían aquí los caballeros de San Juan un centro hospitalario.

Venía a continuación **Monreal,** fin de la segunda jornada que había comenzado en Jaca, según Aymeric. Antiguo dominio real como la etimología de su nombre indica, *Mons Reallus* o *Mons Regalis,* recibió el fuero de los francos de Estella por concesión de García Ramírez. Un castillo, cuyas ruinas aún perduran, defendía la población; fue derribado por orden de Carlos V en 1521. Existieron varias dependencias hospitalarias que dependían de la sede de Pamplona, al menos, desde 1144.

Se iniciaba a continuación la tercera jornada que, después de 25 kilómetros, conducirá hasta Puente la Reina. Saliendo de Monreal, se cruza el río Elorz por un puente de dos ojos y algo más de 25 metros de largo. Un poco más adelante se encontraba la iglesia y el hospital de *Garitoain,* priorato dependiente de Santa Fe de Conques. Hasta hace muy poco subsistieron como testimonio de su pasada existencia una ermita y una granja.

Seguía la ruta por el valle de Elorz, bordeando la sierra de Alaiz y pasando por pequeñas poblaciones muy despobladas, hasta llegar a la villa de **Tiebas,**

Hoz de Lumbier. Uno de los ramales del Camino cruzaba las turbulentas aguas del Irati al salir de la hoz de Lumbier por este puente, hoy derruido. La leyenda ha buscado a tan fantástico paraje el nombre idóneo, «Puente del Diablo».

situada en la ladera de la sierra y bajo la custodia de un castillo. Su importancia estratégica fue la causa de la protección que le depararon los monarcas de la casa de Champaña desde 1234. Del castillo, que fue depósito de la Cámara de Comptos, apenas se conservan unas insignificantes ruinas. La iglesia parroquial, bajo la advocación de santa Eufemia, es un interesante ejemplar del gótico navarro, que presenta en la clave de la bóveda del presbiterio las armas de Teobaldo como un testimonio más de la predilección del monarca por esta villa.

A continuación viene la **Venta de Campanas,** donde existía la *Ermita de San Nicolás* que acogía a los peregrinos. Algunos historiadores sitúan en este lugar el hospital y cofradía de Artederreta, cuya existencia se constata en 1432. Entraba entonces el camino en Valdizarbe (Valle de Ilzarbe), por donde discurre el río Robo en su marcha hacia el Arga. En medio de un paisaje cubierto por los campos de cereales, verdes en primavera, intensamente amarillos en el verano, la ruta pasa por el pueblo de Enériz y la enigmática iglesia de Eunate, para terminar juntándose, bajo Obanos, con uno de los ramales que procedente de Pamplona se dirige a Puente la Reina.

Santa María de Eunate.—A manera de un gran hito monumental del Camino surge, ahora, el templo de Eunate. Seguramente, en su estado original, su si-

lueta de edificio centralizado, excesivamente enfatizada por su actual aislamiento, quedaría envuelta por una serie de edificaciones que constituirían las dependencias de un priorato u hospital o, con más posibilidades, ambas cosas. Hemos aventurado algunas hipótesis sobre el significado de estos edificios de planta poligonal que se conservan en las rutas jacobeas a su paso por Navarra; aquí sólo nos ocuparemos de algunos aspectos específicos de Eunate.

Un documento del Priorato de Navarra de los caballeros de San Juan de Jerusalén cita, en 1251, un pacto con unos cofrades de Obanos para que éstos puedan reunirse en el hospicio que la orden tenía en el Camino; incluso, se refiere una autorización para que puedan recibir sepultura en él. Una nueva alusión a la muerte en relación con el templo la volvemos a encontrar en un documento de 1520, de la catedral de Pamplona, en la que se citan las numerosas sepulturas que aquí se encuentran, especialmente una más importante por su tamaño y ubicación que corresponde «a la reina o dama que hizo construir este templo». Excavaciones arqueológicas han mostrado la existencia de multitud de enterramientos, algunos de ellos con las características veneras de los peregrinos. La tipología del edificio y las problemáticas noticias documentales coinciden en su significación funeraria.

Iglesia de Santa María de
Eunate. Su curiosa
estructura centralizada no
fue concluida según el
proyecto original. Se trata
de un templo de carácter
funerario, cuya
construcción debió iniciarse
a finales del siglo XII.

El análisis del conjunto nos permite afirmar que se trata de un monumento que bien pudo proyectarse a finales del siglo XII, aunque, por lo que se conserva en la actualidad, el proyecto original no se concluyó. Es evidente que el cornisamiento del cuerpo central es muy tardío y, por otro lado, sobre el primer orden de la arcada ornamental, falta un segundo nivel de ventanas y, por último, la linterna; ambas cosas las veremos en una próxima jornada del Camino, cuando lleguemos a Torres del Río. Estas circunstancias sólo tienen dos explicaciones: o no se concluyó el proyecto original o, por hundimiento del mismo, fue necesario remodelarlo de manera simplificada. En este sentido, el pórtico circundante también fue reconstruido en la Edad Moderna. En el interior, la contemplación de la gran cúpula nervada, permitiendo una gran coherencia espacial, nos muestra la maestría de los constructores del románico para adaptar las conocidas soluciones abovedadas de la arquitectura hispanomusulmana.

Puente la Reina.—Se juntaban aquí, o mejor dicho, un poco antes de entrar en la villa, como ya hemos indicado, los dos caminos que procedían de Francia, el que traemos de Somport y el de Roncesvalles; desde ahora, el Camino francés será uno solo hasta la meta final en Compostela.

La villa surge durante la segunda mitad del siglo XI. La nueva geopolítica del territorio navarro convierte este lugar en el más idóneo para que las comunicaciones con Aragón, Francia y la propia Navarra hacia los reinos occidentales de la Península tengan aquí el vado del río Arga. Como su nombre indica de manera inequívoca, se trata de una población que debe su existencia a un puente. Más difícil resulta explicar a qué reina se debe; es opinión muy generalizada, aunque nada rigurosa, el identificarla con doña Mayor, esposa de Sancho III el Mayor de Navarra. Visos de una más creíble realidad histórica tiene la atribución a doña Estefanía, consorte de García el de Nájera.

Antes de entrar en Puente
la Reina, el Camino cruza
bajo el pórtico que une
la iglesia del Crucifijo
con las dependencias
hospitalarias.

El Camino, convertido
en calle, cruza Puente
la Reina en línea recta
hacia el puente que le
permite salir
de la población, vadeando
el río Arga.

El rey Alfonso el Batallador concedía fueros y privilegios a los que vinieran a poblar este lugar, convirtiéndoles en hombres libres y otorgándoles el fuero de los de Estella, en junio de 1122, lo que favoreció una rápida expansión demográfica.

Lo primero que observaban los viajeros al llegar era el templo de Santa María de la Vega y el hospital adjunto; entre ambos existe un nártex abovedado, bajo el cual corre el camino hacia la puerta de la villa. Dos torreones prismáticos aún enmarcan el comienzo de la calle Mayor, recordándonos la puerta de la muralla. La planta del conjunto urbano forma un rectángulo, recorrido por tres calles paralelas que discurren de Este a Oeste; la central es la calle principal («Rua maior»), por donde circulaban los caminantes. En esta calle se disponía todo tipo de servicios que pudieran ser útiles a los viajeros, al igual que

se sitúan en ella los edificios más monumentales; a la derecha se encuentra el templo de Santiago, y al final una puerta torreada cerraba la muralla por este lado y daba acceso al puente.

La *Iglesia de Santa María de los Huertos y el Crucifijo,* al principio, existió sólo bajo la primera de las advocaciones. Fue, entonces, cuando debió pertenecer a los templarios, los cuales tenían junto a ella el hospital para acoger peregrinos. Sin embargo, de esta etapa templaria carecemos de datos concretos; habrá que esperar al siglo XV para que se cree aquí el famoso centro de acogida de peregrinos mantenido por los caballeros de San Juan. En 1447 tenemos noticia de que se había creado una gran cofradía de trescientos miembros, entre ellos, el propio monarca y el príncipe de Viana. En 1469 se otorgó la carta de fundación del nuevo hospital y convento del

Crucifijo, disponiendo que habría seis frailes capellanes, con el prior de la Orden de San Juan al frente, y que se acogería a los peregrinos de Santiago ofreciéndoles, para su sustento, pan, vino, leche y fuego. El conjunto del edificio que conservamos, muy restaurado, es un claro muestrario de su larga historia. La iglesia, de dos naves, fue empezada en un popular románico inercial ampliándose en los siglos finales de la Edad Media. La gran torre corresponde ya al siglo XVII. Las dependencias conventuales serán ya del XVIII. La imagen del Crucificado que se venera aquí es una hermosísima talla, atribuida a una ofrenda de un peregrino —según opinión muy generalizada—, que corresponde al siglo XV avanzado, posiblemente al momento de la renovación y constitución del nuevo conjunto hospitalario.

A mitad de trayecto de la calle Mayor se encuentra, a la derecha, la *Iglesia de Santiago.* Se inició su construcción después de la concesión de los fueros; existían, por entonces, ya dos templos en la villa. Muy pronto su privilegiada situación en el contexto urbano le va a permitir erigirse en el centro de la actividad ciudadana: en su atrio se reunía el concejo municipal y frente al mismo tenía lugar el mercado. Del antiguo templo sólo se conservan dos portadas, una

de ellas, la que da a la calle Mayor, de arco angrelado con menuda decoración, del mismo tipo que veremos en Cirauqui y Estella. El templo sería ampliado en el siglo XVI y después su torre recibiría el airoso campanario según proyecto de Ventura Rodríguez. Resto de un antiguo retablo gótico, tal vez el que fue sustituido por el actual en el siglo XVIII, es la conocida imagen de Santiago Beltza (negro en vasco).

El *Puente,* aunque con reformas, es el mejor de los medievales de la ruta. Todavía conserva la puerta que lo integraba en la fortificación de la ciudad. Ha perdido la torreta del centro, donde había una pequeña capillita en la que se guardaba una imagen de la Virgen, de gran devoción entre los habitantes de Puente la Reina. Un extraño prodigio convertido en hermosa leyenda se produjo en este lugar hasta el siglo XIX. De cuando en cuando un *chori* —pájaro en vascuence— acudía a la imagen y le limpiaba las telarañas y lavaba la cara trayendo agua del río en el pico. Con motivo de estos sucesos, la población los celebraba con funciones litúrgicas, cohetes y redobles de campanas. Pese al tumulto que se armaba, *el chori* cumplía su misión con absoluto aplomo. La Virgen del Chori fue trasladada del puente al interior de la Iglesia de San Pedro en 1843.

Puente sobre el Arga (Puente la Reina). Uno de los mejores puentes medievales del Camino. Aunque ha perdido algunos elementos, como la capilla y torreta del centro, todavía conserva la puerta ojival que la integraba en el sistema defensivo de la población, a la vez que servía para asegurar el cobro del paso.

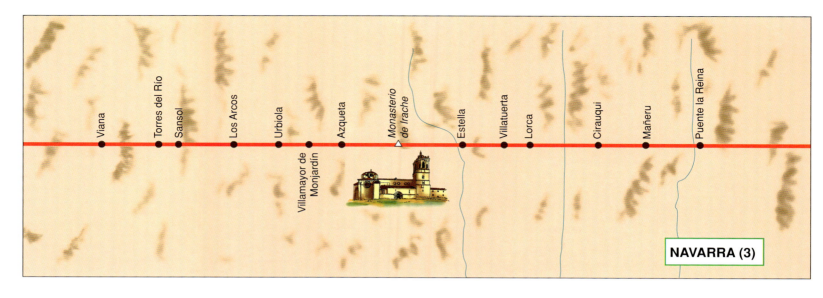

DE PUENTE LA REINA A VIANA

Cruzado el Arga, el Camino continúa por el despoblado de **Bargota,** que fue encomienda del Temple y de la Orden de San Juan de Jerusalén con un hospital de peregrinos. Al empinarse el camino y ganar altura, se pueden apreciar las grandes llanuras cubiertas por campos de cereales que se extienden hasta la lejana Mendigorría. Por **Mañeru** se continuaba hasta Cirauqui, que se divisa ya en la distancia en lo alto de un cerro.

Cirauqui.—El Camino atravesaba el pueblo que apretadamente se dispone en torno a la iglesia de San Román en lo más alto del caserío, construcción gótica que, a pesar de las múltiples restauraciones, sigue mostrando en medio de las casas su aspecto de fortaleza. Cerraba el conjunto una muralla, en la que diversas puertas disponen calles irregularmente radiales sobre otras en forma de anillos concéntricos. Todavía hoy podemos entrar por una de estas puertas tal como lo hicieron los peregrinos medievales, ascendiendo por una calle flanqueada por casonas de piedra de los siglos XVI al XIX. En sus dinteles, blasones y rótulos nos informan de sus orgullosos propietarios: «María de Oteyza me fezit. Año 1693», «Pascoal de Urbe. Año 1673»... Aun las de líneas más sencillas adquieren una recia personalidad simplemente con el acabado de los paramentos de sillares y el empleo de una extraordinaria rejería.

De la primitiva *Iglesia de San Román,* muy remodelada durante los siglos XVI y XVII, podemos ver al exterior una bonita puerta de hacia 1300. Motivos geométricos y el arco polilobulado, que hemos visto en Puente la Reina y volveremos a encontrar en Estella, forman una equilibrada composición, obra de manos experimentadas, pero dotadas de un arte muy popular. En la clave del arco angrelado, un crismón con el alfa y omega invertidos nos informa de su sentido funerario, posiblemente aludiendo al cementerio que habría ante ella. En la fachada occidental, una fuente enmarcada por un edículo de tipo serliano, de almohadillado rústico, deja correr el agua por dos caños para saciar la sed de los caminantes.

Desde Cirauqui se desciende por un camino en el que se aprecian huellas de la antigua calzada; el *Puente,* semiderruido, aún permite a los caminantes cruzar un regato. Calzada y puente formaban parte de la estructura viaria romana. Los fundamentos del puente son los originales, mientras que la parte superior debe corresponder a la remodelación que, en 1702, efectuaron los canteros Miguel de Unamusaga y Iruñagoitia.

Se andan algo menos de 5 kilómetros para entrar en **Lorca;** el camino recorre la localidad atravesándola por la calle Mayor. Durante la Edad Media existió aquí un hospital dedicado a Nuestra Señora de Roncesvalles, del que carecemos de noticias a partir del siglo XVI. El vestigio más antiguo conservado es el ábside románico de la iglesia parroquial de San Salvador. Aymeric tuvo en el río Salado un desagradable incidente, que él explica con una cierta connotación de antinavarrismo indiscriminado:

> Por el lugar llamado Lorca, en su parte oriental, pasa el río que se llama Salado. Allí guárdate de beber ni tú ni tu caballo, pues el río es mortífero. En nuestro viaje a Santiago, encontramos a dos navarros sentados a su orilla que estaban afilando sus navajas, con las que solían desollar las caballerías de los peregrinos, que bebían aquella agua y morían. Y a nuestras preguntas contestaron, mintiendo, que era buena para beber. Por lo cual abrevamos en ella a nuestros caballos y en seguida murieron dos de ellos, que inmediatamente aquéllos desollaron.

Villatuerta.—Es este un lugar que desde muy antiguo, como demuestran los restos romanos encontrados, fue habitado por el hombre. Llegó a tener esta localidad hasta seis ermitas, dedicadas a San Ginés, San Román, San Salvador, San Cristóbal, Santa Lucía y San Miguel. Pasando por el puente medieval que cruza el río Iranzu, afluente del Ega, se sale de la villa para acercarse a la ermita de San Miguel que se encuentra en el paraje denominado la Cuesta del Moro.

Villatuerta disputa al pueblo de Arellano ser la cuna de san Veremundo, célebre abad de Irache

Puente la Reina.
Entrada fortificada
al puente.

Una muralla medieval
protegía Cirauqui.
Por una puerta de arco
ojival entraba el Camino
en la villa, ascendiendo
por una calle de blasonadas
casonas.

En la fachada occidental
de la iglesia de San Román
(Cirauqui), un edículo
de tipo serliano,
con almohadillado rústico,
enmarca una fuente.

Al salir de Cirauqui, el Camino desciende rápido hacia un regato que cruza por un puente de origen romano, aunque lo que contemplamos hoy corresponde esencialmente a obras del siglo XVIII.

El puente de Villatuerta, a la salida de la población, permite cruzar el Iranzu, afluente del Ega. Su quebrado perfil nos remite a un origen medieval; sin embargo, sus tajamares denuncian remodelaciones modernas.

considerado uno de los principales promotores del camino jacobeo. En la iglesia parroquial encontramos diversas referencias a este santo. Dos relieves del altar mayor, obra del siglo XVII, representan sendas escenas de su vida: Veremundo acompañando al rey en una expedición contra los infieles y la misa milagrosa. Se conserva también aquí una arqueta del siglo XVII que contiene algunas reliquias del santo abad.

La *Ermita de San Miguel* formaba parte de un antiguo monasterio cuya existencia se remonta, al menos, a 1062, año en que el rey Sancho el de Peñalén lo donó al monasterio de Leire. Desaparecida la comunidad monástica en el siglo XVII quedó convertido en ermita. De ésta se conserva parte de la nave de un templo románico que tenía un ábside semicircular. Una curiosa serie de relieves que decoraban su fachada pasó al Museo de Navarra. Son obras de un tosco, pero muy expresionista, estilo popular, de difícil clasificación estilística. Existe una cierta unanimidad en datarlas en el siglo XI, en relación con las primeras noticias documentadas de este cenobio; incluso siguiendo el mismo argumento, se ha señalado una cierta comunidad estilística con la ruda escultura de la cripta del monasterio de Leire.

El *Puente,* de indudable origen medieval, con sus dos ojos de arcos apuntados y su quebrado perfil, ha sufrido remodelaciones modernas, como puede apreciarse en su tajamar, que no le privan de un cierto aspecto evocador de una época pasada.

Hasta la repoblación de Estella en 1090, la ruta seguía desde Villatuerta por el monasterio de Zarapuz, cenobio dependiente del de San Juan de la Peña, y, por la ladera de Montejurra, alcanzaba el monasterio benedictino de Santa María la Real de Irache.

Estella.—El lugar de Estella ofreció siempre unas condiciones idóneas para ser habitado por el hombre; la arqueología nos ha suministrado indicios numerosos de su presencia desde tiempos prehistóricos hasta el momento mismo del dominio islámico. Cuando Sancho Ramírez, rey de Aragón y de Navarra, establece aquí, en un lugar junto a la orilla derecha del río Ega, un asentamiento de francos, el año 1090, se inicia la historia conocida de uno de los principales centros comerciales y de comunicación de Navarra. La fundación contó con la oposición de los monjes de Zarapuz, que pretendían que ésta tuviese lugar junto a su monasterio. La historia confirmó los recelos de los monjes, pues pronto el camino modificaría su rumbo, dejando lateralizado el monasterio y convirtiéndose Estella en uno de los grandes hitos de la ruta jacobea. Sucesivas repoblaciones de francos (1090, 1164 y 1187) hablan por

Estella, la «Toledo del Norte», situada junto al río Ega, verá crecer sus barrios ascendiendo por las laderas de los montes que la rodean.

Iglesia del Santo Sepulcro (Estella). Tímpano de la gran portada gótica que se abría al Camino.

sí solas de su importante expansión demográfica y económica. La topografía urbana aparece claramente delimitada en tres zonas de población —navarros, francos y judíos— en torno a 1200. En el siglo XIV la ciudad entró en una profunda crisis, persecución de judíos y sucesivas epidemias que redujeron en más de un 70 por 100 la población.

Numerosas hospederías y hospitales cuidados por diferentes cofradías nos son conocidos desde el principio del siglo XII. A la entrada de la ciudad, donde terminaba el camino que venía de Pamplona, existía ya en esta centuria el *Hospital de San Lázaro*. Cada una de las parroquias tenía, además, su propia dependencia hospitalaria. De éstas, las de la Trinidad y de San Nicolás sobrevivieron hasta el siglo XVI. Por un documento de 1302 conocemos la situación precaria en que se encontraba entonces el Hospital de San Lázaro, dedicado a leprosos tanto de la ciudad como peregrinos:

... esta edificada —la casa hospital— en el camino francés por do passan muchos pelegrinos et muchos bonos christianos que van a seynor Santiago, de los qoales son y albergados muytos romeros majados daquella enfermedat quando y acaheçen, et a los que non trahen espenssa proveen les del comer et del bever et dan les aquello que han menester segunt el su poder. Et como la dicha Casa non haya tales rentas por que lo podiese complir a menos de las ayudas et de las almosnas de los omes buenos et de las bonas dueynnas, et sea muyt pobre et muyt flaco el dicho logar por que non han otro sostenimiento de parte del mundo.

Aunque las instituciones públicas, a la vista de lo que acabamos de decir, pasen ciertos apuros económicos para atender a sus acogidos, la riqueza de la ciudad ofrecía a los peregrinos y viajeros con posibilidades la seguridad de poder restablecer las fuerzas tras la fatiga de la marcha. Alojamientos cómodos, comestibles de calidad y la abundancia de gentes francas aquí establecidas garantizaban un confort similar al que conocían al otro lado de los Pirineos. El autor de la «Guía», que había mostrado su desagrado sobre el comportamiento de vascos y navarros, sus costumbres y comidas, reconocía ahora las bondades de Estella:

> ... fértil en buen pan y excelente vino, así como en carne y pescado, y abastecida de todo tipo de bienes.

De la importancia que llegó a alcanzar como centro de comunicaciones, con una gran capacidad hotelera como diríamos hoy, existen muchos testimonios, pero hay uno relacionado con la peregrinación que habla por sí solo: el viaje de un gobernador de Navarra, en el año 1331. Un solo albergue alojó al gobernador y toda su comitiva compuesta por ciento veinte personas y una gran intendencia en la que iban cuarenta caballos de silla. Lo más significativo de esta anécdota es que se produce en un período en el que se ha iniciado la crisis de la ciudad.

Sin embargo, Estella, la «Toledo del Norte», podía ser conflictiva para los peregrinos; debían tener cuidado, ladrones y estafadores estaban al acecho para arrebatarles sus bolsas, no faltando tampoco el peligro de posaderos deshonestos. El «Fuero de Estella de 1164» dispone lo que se debe hacer en caso de que un peregrino o comerciante hospedado en algún mesón o casa, notase la pérdida de algo suyo y acusara al anfitrión, o a su mujer, o hijos o criados.

Entre los cientos de peregrinos anónimos que pasaron por Estella figuraba el obispo de Patrás (Acaya, Grecia). Viajaba de incógnito cuando le sorprendió aquí una enfermedad y murió en 1270, dejando varios objetos, entre ellos, una reliquia de san Andrés. Fueron tales los prodigios obrados por esta venerada reliquia, que el apóstol Andrés sería nombrado patrono de la ciudad en 1625. Tan curioso suceso fue contado por Baltasar Lezáun y Andía, cronista de la villa, de la siguiente manera, en 1698:

> ... es pues, que en el año de mil dozientos y setenta, último del Rey Don Theobaldo Segundo, y primero del Rey Don Enrique de Navarra, un arzobispo de la iglesia de Patras (cuio nombre propio se ignora) resolvió peregrinar a Compostela, y visitar el sepulchro del Apostol San Tiago, y para ofrecer en su templo algun don prezioso, que manifestase su religiosa piedad, consintiendo los Canonigos de la Iglesia de Patras tomó una Espalda de San Andres Apostol, que auna con la caveza, y otra porzion de sus reliquias se conservaba en aquella iglesia, donde fue martirizado, y los testimonios autenticos, que zertificasen la verdad de la reliquia, y acomodando la espalda en una caja de madera emprehendio su larga

jornada, y entrando en este Reyno desde la Francia llegó de transito a Estella (que esta en el camino Real de Santiago) donde no sin providencia espezial del Cielo enfermó gravemente hospedado en el Hospital de San Nicolas, que avia entonzes, proximo a la iglesia Parroquial de San Pedro de la rua; venia el Santo Arzobispo por maior mortificazion a pie con pobre traje ocultando su dignidad; agravose su enfermedad, y murio sin declarar el tesoro, que junto al pecho encubria con el vestido, y sin hazerse reparo, como un pobre Peregrino, fue enterrado vestido en el Cementerio de la Iglesia de San Pedro, quedando con el Arzobispo Peregrino sepultado el rico tesoro de la Espalda, no quiso el Cielo, que este quedase oculto, y assi la noche siguiente se zerró la sepultura del Arzobispo de claridad, y resplandor: violo el Sacristán de la iglesia no con poca admirazion suya; pero temiendo fuese ilusion, o imaginacion propia, callo por entonzes; a la noche inmediata vio la misma claridad, y

Imagen de Santiago peregrino ante la portada del Santo Sepulcro de Estella. Muchos de los peregrinos que por aquí pasasen adoptarían unos atuendos muy parecidos.

Iglesia y claustro de San Pedro de la Rúa (Estella), uno de los templos más antiguos de Estella. Alcanzó la dignidad de iglesia mayor de la ciudad en 1256. Las partes más interesantes del conjunto corresponden a los siglos XII y XIII.

pareziendole, como lo era, cosa celestial dio quenta a la clerezia de la Parrochia, y acudiendo todos a verificar el milagro, hallaron ser verdad, viendo con sus ojos los resplandores, y luzes, y con este motivo tan divino cavaron, y descubrieron la sepoltura del Peregrino, y desnudaron le hallaron la Santa Reliquia con los testimonios autenticos, que de ella llevava acomodada en el Relicario, o caja de madera, y en ella algunas otras reliquias; alborozose la jente con el suzeso, y dando a Dios, y al Santo Apostol San Andres las grazias de tan singular beneficio, colocaron en la iglesia de San Pedro la Reliquia de la Espalda, exponiendola al culto publico, y bolvieron a enterrar el Cadaver del Santo Arzobispo en el mismo Sepulchro, en el que pusieron una lapida con su faja, insignia de Prelado, que asta hoy se vee en el zementerio...

Es la Reliquia toda la pala o huesso de la espalda; como sube al hombro; por esso en las memorias antiguas se llama, «humerus»; y el remate tiene porzion de carne roja, y causa alguna vez fraganzia suavissima, de que testifica el mismo Morales, que la vio, y sintio, conservase tambien la caja de madera, en que vino, que es muy pesada con unos abujeros en los extremos, sin duda para colgarla del cuello con cordones; tambien se hallaron, y conservan, como alhajas del Arzobispo, un clavo de baculo pastoral de bronce dorado, y dos vinageras de lo mismo de primorosa

hechura, y dos guantes de seda amusca, que todo infunde devozion.

Carlos II de Navarra mandó realizar un relicario de plata para el sagrado resto del cuerpo de san Andrés, en 1374, a los plateros de Pamplona. Esta obra gótica sería sustituida por otra acorde a los gustos del siglo XVIII, que sería robada en 1979.

La plaza de San Martín era el centro neurálgico de la villa. Se llegaba a ella siguiendo el trazado de la vía, dejando a un lado el Hospital de San Lázaro y cruzando el río por el Puente de la Cárcel, que penetra en la Rúa. Se inicia entonces una larga calle que muestra a los ojos del peregrino los edificios más significativos y monumentales, a la vez que se abren las tiendas para ofrecerles los diferentes productos que necesita. Atrás queda la Iglesia del Santo Sepulcro, hacia adelante la Rúa de las Tiendas, que tiene a la izquierda, en alto, el convento de Santo Domingo y Santa María Jus del Castillo; un poco más allá, la calle se ensancha en la plaza de San Martín, donde se levanta el antiguo Ayuntamiento. Continúa la calle entre el Palacio de los Reyes de Navarra a la derecha y, a la izquierda, una escalinata que asciende hasta San Pedro de la Rúa. La misma vía sigue, denominándose ahora de San Nicolás, conduciendo directamente a la Puerta de

Castilla, por donde salía de la villa junto al Santuario de Nuestra Señora del Puy.

El *Puente de la Cárcel,* de sugestivo sabor medieval, corresponde a una obra relativamente reciente siguiendo la forma del original, pues éste fue volado en 1873, durante las guerras carlistas.

El *Santo Sepulcro,* situado en un extremo de la antigua Rúa de los peregrinos, hoy de Curtidores, fue una de las más antiguas parroquias de la ciudad. En 1123 era sede de la cofradía del Santo Sepulcro. Su arruinada fábrica muestra las huellas de su largo proceso de construcción; iniciada en románico, no se concluiría hasta el siglo XVI. Los viajeros podían contemplar desde principios del XIV la gran portada que se abría a la rúa. El mensaje cristológico del tímpano, flanqueado en alto por el colegio apostólico, tiene a la altura de los viandantes dos imágenes de celosos guardianes: un obispo y un Santiago que, por sus atavíos, podía confundirse con los cientos de peregrinos que por allí circulaban. Las dos figuras nos recuerdan la misma forma iconográfica y disposición que hemos visto en San Saturnino de Pamplona.

San Pedro de la Rúa, también otra de las primeras parroquias de Estella, alcanzó el título de iglesia mayor de la ciudad en 1256. Situada en lo alto de un risco, dominaba la Rúa; desde ésta se ascendía por una escalinata a la que se abría la puerta principal del templo. El peregrino podía ver en esta afiligranada portada las formas que ya había contemplado al pasar por delante del Templo del Crucifijo y de la parroquial de Cirauqui. Acusa el edificio unos volúmenes irregulares condicionados por un lento proceso de construcción —no existen restos anteriores al último tercio del siglo XII— y por los desniveles del terreno. Al otro lado, sobre su flanco meridional, se construyó un claustro tardorrománico, donde recibieron sepultura numerosos peregrinos, entre ellos, el famoso obispo de Patrás. En el siglo XVI, al ser demolido el castillo, se arruinó la mitad del claustro, conservándose las pandas occidental y septentrional. La riqueza iconográfica de los capiteles, con escenas cristológicas y temas de santos —Pedro, Andrés, Lorenzo…—, no se corresponde con la calidad de su factura. Estas esculturas son obras de artistas diferentes, los primeros todavía clasificables dentro del último tercio del siglo XII, mientras que los más torpes corresponden ya a muy avanzada la decimotercera centuria.

El llamado *Palacio de los Reyes de Navarra* es una de las más hermosas muestras de la arquitectura civil románica en España. Por desgracia, tan sólo

La Puerta de Castilla, obra del siglo XVI, permitía a los peregrinos salir de Estella. En el centro del tímpano, la estrella alude al escudo de la ciudad. En este sentido, Pedro el Venerable la denominó «rutilante estrella del Camino».

se puede hablar de las fachadas, pues los espacios han sido transformados totalmente. Recibía el nombre de palacio de los Duques de Granada de Ega, sus últimos propietarios. Nada sabemos sobre su función original, habiéndose propuesto como casa municipal o palacio regio. Se trata de una fachada de composición armoniosa, articulando los dos pisos de arcadas —abajo el pórtico, arriba los ventanales de la gran sala— y la superposición de dos órdenes columnarios. Sobre la cornisa románica se añadió más tarde un tercer piso. En uno de los capiteles los peregrinos volvían a encontrarse con las figuras de personajes de la gesta carolina, el combate de Roldán y Ferragut, iconografía que les iba a acompañar por las tierras riojanas. En el mismo capitel se consigna el nombre del maestro cantero Martín de Logroño.

Estella, formada por numerosos burgos en torno a sus respectivas parroquias, mantuvo un complicado sistema de encintados murarios que llegaba a asegurar, incluso, la independencia defensiva de alguno de ellos. La calle principal que seguían los peregrinos termina, tal como podemos ver aún, en la *Puerta de Castilla,* testimonio de lo que fue el sistema defensivo de la ciudad. Su arco de medio punto, coronado por un frontón que tiene en su centro una estrella —alusión al escudo de la ciudad—, parece ser la consecuencia de una reforma del siglo XVI.

Existen en Estella dos templos, el de *Nuestra Señora de Rocamador* y el de *Nuestra Señora del Puy,* de clara raigambre francesa, especialmente venerados por los peregrinos, que deben su fundación a los francos establecidos aquí desde finales del siglo XI. De la del Puy sabemos que, en 1174, Pedro de París, obispo de Pamplona, lo entregó a «sesenta cofrades de Santiago para que lo edifiquen y mejoren». El santuario actual es una obra de este siglo, sólo la imagen de la titular corresponde a época medieval. Es una talla del siglo XIV enchapada en plata, que conserva en su interior una teca con las cenizas de la imagen más antigua a la que sustituyó.

Monasterio de Irache.—Por **Ayegui** se alcanzaba en seguida el monasterio benedictino de Irache. Yepes quiso remontar la antigüedad de este cenobio a la época visigoda, aunque carecemos de constancia documental sobre ello. La primera noticia cierta corresponde al año 958, cuando lo gobierna el abad Teudano. Su situación en la vía de comunicación con las tierras castellanas favoreció el incremento de su importancia a lo largo de la undécima centuria, especialmente en su segunda mitad, bajo el abadiato de san Veremundo, verdadero promotor de la ruta jacobea en tierras navarras. Durante el siglo XII, la boyante situación económica permitió el inicio de las obras de una gran iglesia románica de tres ábsides, crucero y tres naves, que terminarían cubriéndose con un abovedamiento gótico. Del siglo XIII al XV se produce un largo proceso de crisis, de la que saldrá al incorporarse a la congregación de San Benito de

Valladolid en 1522. Efecto de esta renovación surge aquí una universidad, y ya en el XVIII, una importante imprenta que, entre otros, dio a la luz los tres primeros tomos de la *Crónica* de Yepes.

El conjunto monasterial ocupa una vasta superficie que, esencialmente, se corresponde con los tres momentos de su historia: la iglesia medieval comenzada a construir en el siglo XII, el claustro edificado en el flanco meridional del templo durante el siglo XVI y el segundo claustro que forma ángulo con la fachada occidental de la iglesia, obra del XVII.

Nada se conserva de lo que fue el famoso hospital que el rey García el de Nájera funda aquí entre 1052 y 1054, siendo abad Munio. Los vestigios de la peregrinación se van perdiendo por la importancia que en época moderna tuvo el monasterio y por ciertas actuaciones restauradoras. El recuerdo de san Veremundo, que tan honda huella dejó en el monasterio como abad e impulsor del camino jacobeo, poco a poco va siendo borrado: la capilla barroca que le fue dedicada por el abad fray Pedro de Uriz, se demolió en 1982; la hermosa arqueta con sus restos, obra de siglo XVI, trasladada a la iglesia de Dicastillo. Si el ciclo de escenas de la vida del santo de esta arqueta ya no se conserva aquí, todavía podemos contemplar algunas imágenes que lo recuerdan: una clave de la bóveda de la sacristía, construida en el siglo XVI, lo efigia en medio de un grupo de abades; en la fachada occidental de la iglesia, otra figu-

ra del santo en la hornacina superior del coronamiento barroco.

Saliendo de Irache, la ruta jacobea pasa por **Azqueta, Urbiola, Villamayor,** la Encomienda de Cogolludo (tenía un hospital de peregrinos, encomendado a la Orden de San Juan en 1226) y la Ermita de **Yániz,** para llegar a Los Arcos por el septentrión.

Monjardín.—En este lugar, vigilando el paso desde la escarpada roca, el castillo. Fue conquistado por Sancho Garcés I antes del año 914. Según cuentan las viejas crónicas fueron enterrados aquí los restos de este monarca y de su hijo García Sánchez (925-970); el paso del tiempo arruinó la ermita donde estaban y sus cuerpos se han perdido en el olvido. Cuando los viajeros contemplaban la aguerrida silueta del castillo recortándose sobre el horizonte, volvían a recordar las hazañas de la gesta carolina. Carlomagno, según la «Crónica de Turpín», derrotó aquí a Furro, príncipe de los navarros:

Al día siguiente, pues se le anunció a Carlomagno que en Monjardín un príncipe de los navarros, llamado Furro, quería combatir contra él. Al llegar, pues, Carlomagno a Monjardín, el príncipe aquel se dispuso a lidiar contra él al día siguiente. En consecuencia, Carlomagno la víspera de la batalla pidió a Dios que le mostrase aquellos de los suyos que iban a morir en el combate. Al día siguiente, pues, armados ya los

En lo alto del monte se encuentra el castillo de Monjardín, conquistado por Sancho Garcés I antes del año 914. Aquí tuvo lugar el enfrentamiento de los ejércitos de Carlomagno y Furro, príncipe de los navarros.

Las casas de Los Arcos conservan zonas porticadas.

ejércitos de Carlomagno, apareció en los hombros de los que morirían, es decir, detrás sobre la loriga, la silueta en rojo de la cruz del Señor. Y al verlos Carlomagno los escondió en su tienda para que no muriesen en la batalla. «Cuán incomprensibles son los juicios de Dios y cuán inescrutables sus caminos.» ¿Pues qué más? Terminada la batalla y muerto Furro con tres mil navarros y sarracenos, encontró Carlomagno muertos a los que por precaución había escondido. Y casi eran ciento cincuenta. ¡Oh bienaventurada tropa de luchadores de Cristo!, aunque la espada del perseguidor no la segó, sin embargo no perdió la palma del martirio. Entonces Carlomagno tomó el castillo de Monjardín y toda la tierra navarra.

Cuando se camina por los campos llenos de espliego que rodean la montaña de Monjardín, el viajero, que rememora estos épicos sucesos, piensa que el extraordinario espectáculo azul es el homenaje florido que surge del campo de batalla donde fueron enterrados tantos héroes. Al pie de la montaña, **Villamayor de Monjardín,** cuyo origen se relaciona con la fortaleza hasta el siglo XIV. En su iglesia parroquial se conserva una monumental cruz de plata (0'75 × 0'48 m.), verdadera joya de la orfebrería es-

pañola de hacia 1200. A las afueras de la población, un aljibe, conocido como *Fuente de los Moros,* obra medieval, saciaba la sed de los caminantes.

Por **Urbiola,** pueblo citado en varios itinerarios de viajeros de los siglos XVI y XVIII, se llegaba a Los Arcos, emplazada en una amplia llanura que ve recortarse hacia el Norte la Sierra de San Gregorio Ostiense.

Los Arcos.—Los peregrinos debían tomar aquí ciertas precauciones. La «Guía» advierte que «entre Los Arcos y el mismo hospital, pasa una corriente de agua mortífera para las caballerías y los hombres que la beben».

Parece ser que tuvo su origen en la repoblación de las ruinas de la ciudad romana de *Curnonium* que cita Ptolomeo. Un rápido desarrollo durante el siglo XII llevó a Sancho VI el Sabio a concederle fuero propio en 1175. El núcleo habitado se extendía entre el río Odrón y el cerro en el que se asentaba el castillo; las calles largas corrían en esta misma dirección, mientras que las cortas aparecen como traveseras; unas y otras tienen un recorrido irregular. Para permitir una mayor superficie construida y, a la vez, facilitar un deambular protegido, no faltan los tramos de la rúa porticados. Muchas son las casas blasonadas que, como en tantos pueblos navarros, hablan del linaje de sus propietarios, no faltando las alusiones emblemáticas a la peregrinación: sobre una maciza puerta de nogal se talló la imagen de Santiago de Compostela.

Entre los hospitales que daban acogida a los viajeros destaca, en el siglo XII, el que sostenía Teobaldo II. En la actualidad sólo se conserva el *Hospital de Santa Brígida,* cuya existencia se constata en el siglo XV, aunque la obra actual corresponde a un caserón que se realizó en 1772 con un legado que dejó en su testamento don Nicolás de Yaniz. Un relieve pétreo, con la representación de la Virgen de la Misericordia, encastrado en la fachada, debe ser un recuerdo de una fábrica anterior.

En el perfil de la población se acusa, en uno de sus extremos, la airosa silueta de la torre de la *Iglesia de Santa María,* la parroquial. El edificio se inició en el siglo XIII, sin embargo, sus grandes obras se llevaron a cabo en el XVI. De esta centuria es el claustro todavía plenamente gótico, de grandes arcadas rasgadas por una finísima tracería flamígera. La torre, de cuatro cuerpos, muestra en su último piso los vanos cerrados por unas celosías de claro gusto gótico. Considerada la mejor torre del renacimiento navarro, muestra en sus formas un gran eclecticismo de motivos plateréscos y puristas, todo ello fraguado sobre una composición nítidamente gótica. Fue edificada en la segunda mitad del siglo XVI por Martín y Juan de Landerráin.

De la primitiva muralla medieval, dos puertas muy modificadas la recuerdan. Junto al río, en el extremo noroccidental, se abre un arco de medio punto, de sillares con reformas en ladrillo, despersonalizado, que se denomina *Portal del Estanco.* En el extremo opuesto, el *Portal de Castilla* presenta unas mayores pretensiones monumentales; es obra del siglo XVII con reformas en la centuria siguiente, según consta en un epígrafe cuya lectura dice así: «IHS Reinando Felipe V que Dios guarde se reedificó este portal el año de 1739.» De los tres escudos que se enmarcan en lo alto, uno corresponde a las armas reales, los otros dos al de la villa de Los Arcos.

De Los Arcos se puede tomar el desvío que conduce a Sorlada, en cuyo alto de Piñalba se encuentra el santuario de San Gregorio Ostiense. Muerto en Logroño en 1044, fue uno de los primeros santos atraídos por la peregrinación jacobea.

Entre Los Arcos y Torres del Río, la «Guía» indicaba la existencia de un gran hospital, que algunos especialistas quieren situar en el actual **Sansol.** Ocupa esta población una privilegiada situación en un altozano, cortada en abrupto escarpe sobre Torres del Río. El caserío, compuesto por importantes mansiones solariegas de los siglos XVII y XVIII, se agrupa en torno a la *Parroquia de San Zoilo,* templo barroco que sustituyó a otro anterior del XVI.

Torres del Río.—Su conjunto urbano se adapta a la irregularidad del terreno, sobre una de las laderas del vallecito por el que circula el río Linares, frente a la vigilante Sansol encaramada en la altura.

En la *Iglesia del Santo Sepulcro* nos volvemos a encontrar con un prototipo de templo similar al que acabamos de ver en Eunate, aunque mucho

Los peregrinos salían por la parte occidental de la población (Los Arcos), por este Portal de Castilla. Una inscripción nos informa que fue reedificado en 1739, reinando Felipe V.

mejor definido en la articulación de cada una de sus partes. Frente al achaparramiento de Eunate, la iglesia de Torres se muestra en un perfil esbelto y elegante; a ello contribuye definitivamente el orden de ventanas bajo el alero. Interiormente, una compleja red de nervaduras deja en su centro una forma poligonal que cobija una cúpula; denota todo una clara progenie en la tradición hispanoandaluza. Como ya hemos indicado, este tipo de edificio tiene connotaciones funerarias evidentes, sin olvidarnos de la idea de iglesia-linterna para difuntos y guía de caminantes que pudo tener la torrecilla octogonal de su cima. Si el exotismo de su tipología ha provocado curiosas interpretaciones, la carencia de datos documentados contribuye a aumentar las hipótesis especulativas (sobre este tipo de edificios,

véase en la introducción el apartado dedicado a los espacios sagrados).

Saliendo de Torres, junto a su cementerio, la ruta sigue hasta la **Ermita de Santa María de Poyo** (imagen del siglo XIV), desciende después por el Barranco de Mataburros y cruza el despoblado de Cornava, para llegar a Viana.

Viana.—Ciudad fronteriza, última localidad navarra en el actual camino jacobeo. Fue un baluarte construido por Sancho el Fuerte en 1219, concentrando los pobladores de distintos lugares del entorno, para defender el territorio navarro de los afanes expansionistas del reino castellano. Estuvo rodeada de murallas de buena sillería, que describían una planta rectangular, con un foso todo a su alrededor y cuatro barbacanas en el centro de cada uno de sus flancos, de las que sólo subsiste la ubicada delante de la iglesia de San Pedro. El viajero que procedía de Pamplona entraba en la ciudad por el *Portal de Estella,* uno de los cuatro primitivos de la ciudad, aunque su forma actual corresponde a las obras realizadas por los canteros Juan de Amías y maese Andrés, ya en el siglo XVI. Los símbolos heráldicos —junto al imperial águila bicéfala se encuentran los barrados escudos de Viana—, nos transmiten los timbres de nobleza y gloria de la vieja villa. Su red viaria recuerda un clásico esquema de calles rectas y estrechas cortadas por otras perpendiculares.

Llegó a tener hasta cuatro hospitales para peregrinos: los de Nuestra Señora de la Alberguería, San Julián, Santa Catalina y *Santa María de Gracia.* En la época de los Reyes Católicos se concentraron los cuatro en el último, del que ya tenemos noticias desde 1487, año en el que se solicita permiso para erigir una capilla y un altar. Se conserva en la actualidad convertido en Basílica de la Soledad: en su fachada se aprecian claramente dos épocas; el piso inferior, de buena sillería, seguramente es del siglo XV avanzado, y una parte superior realizada en ladrillo pertenece ya al siglo XVI. Interiormente reproduce una planta de rectángulo irregular, en el que los abovedamientos góticos han sido muy modificados.

Desde la fundación de Viana en 1219, estaba prevista la construcción de los templos de Santa María y San Pedro con el fin de que sus fábricas con-

Ante la impresionante portada renacentista de la iglesia de Santa María de Gracia (Viana) se encuentra una modesta lápida que señala el enterramiento de César Borgia.

Hospital de Santa María de Gracia (Viana). Todos los hospitales existentes en Viana en la época de los Reyes Católicos se concentraron en éste. La fachada conserva todavía interesantes vestigios de su construcción en los siglos XV y XVI.

*Viana cuenta con un
gran número de
importantes casonas
de los siglos XVI al XVIII*

tribuyesen a la defensa militar de la ciudad. El actual conjunto de la *Iglesia de San Pedro* mantiene aún el aspecto de bastión integrado en el circuito de murallas de la ciudad. Las «monumentales» ruinas que conservamos corresponden a un importante templo gótico que fue ampliado y reformado en gran parte durante los siglos XVII y XVIII. Una monumental portada barroca se abre en su ángulo noroeste, sirviendo, a manera de una gran pantalla, de escenografía al final de la calle Mayor, y comunicando ésta con el interior del templo por medio de un vestíbulo acodado. Vemos en la configuración de su arcada el eco de la portada de Santa María.

La *Iglesia de Santa María* es un monumental edificio gótico de tres naves con capillas regulares en su perímetro. Empezada a edificar en torno a 1300, su construcción se prolongó hasta el siglo XVI, aunque durante las centurias siguientes sufrió importantes ampliaciones. La impresionante portada renacentista que se abre en la nave de la Epístola fue proyectada por Juan de Goyaz, vecino de Bañares (La Rioja), en 1549, y materializada por diversos canteros que se suceden al frente de la obra hasta su conclusión en 1570. Concebida como un monumental retablo-hornacina, dispone sobre sus muros una riquísima decoración figurada; su tipología tendrá una gran trascendencia en una larga serie de fachadas del barroco hispano. Ante esta portada, una modesta lápida nos recuerda el lugar de enterramiento de César Borgia que, nombrado capitán general de los ejércitos navarros, muere en el campo de batalla cerca de Viana, en 1507.

El callejear por Viana nos ofrece la posibilidad de encontrarnos con uno de los repertorios más ricos de casas solariegas y palacios de todas las villas del Camino. Edificaciones que, partiendo de estructuras originarias góticas, fueron remozadas con obras renacentistas y barrocas.

Aymeric, despues de Torres, no podía citar Viana como lugar importante de paso ya que su existencia se debe a una agrupación de varios lugares del siglo XIII, y sí se refería a uno de éstos, la villa de Cuevas. Ya en plena Edad Media esta villa perdió relevancia, iniciándose su despoblamiento. En la actualidad, pasado Viana, camino de las tierras riojanas, hay dos ermitas que recuerdan las Cuevas. *La Ermita de Santa María de Cuevas* se encuentra en un lugar de población altomedieval que empezó a despoblarse a partir de 1219 al ser anexionada a Viana. El edificio actual es barroco, pero ya se documentaban aquí una iglesia y una cofradía en el siglo XIV. En sus cercanías se encuentra el arruinado edificio de la *Ermita de la Trinidad de Cuevas*. Un modesto templo de ábside poligonal, de modestas estructuras góticas, nos recuerda todavía lo que fue convento de Trinitarios y, desde 1303, encomienda de la colegiata de Roncesvalles. Un documento del año 1270 nos informa de la manda de Teobaldo II entregando 200 sueldos a los frailes «para la obra de la ecclesia o por fer otra cosa si fuere feyta la ecclesia». Restos de un edificio del siglo XVI formarían las dependencias hospitalarias. El conjunto fue vendido por Roncesvalles a unos particulares.

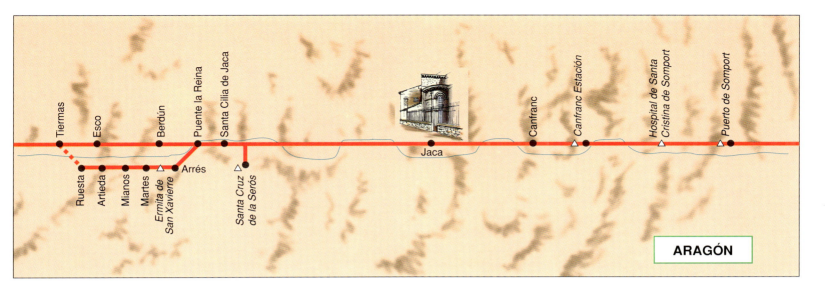

Tiermas · Esco · Berdún · Puente la Reina · Santa Cilia de Jaca

Ruesta · Artieda · Mianos · Martes · *Ermita de San Xavierre* · Arrés

Santa Cruz de la Serós

Jaca

Canfranc · Canfranc Estación · *Hospital de Santa Cristina de Somport* · *Puerto de Somport*

ARAGÓN

La situación geográfica de Aragón hace que este reino se convierta en un verdadero núcleo vertebrador de las comunicaciones del norte peninsular con la Europa central y septentrional, así como, prolongándose por tierras catalanas, con todo el mundo mediterráneo.

El antiguo Camino francés cruzaba el reino aragonés por las actuales provincias de Huesca y zona norte de Zaragoza, permitiendo el flujo de personas y mercancías en dirección al reino castellano-leonés. Hasta que se consolide la reconquista meridional de Aragón, este será el camino que deben usar los cristianos que procedan del Levante. Cuando la fronte-ra sureña sea ya segura, la comunicación con todo el área mediterránea se realizará por la capital za-ragozana y de aquí proseguirá hacia Puente la Rei-na o mejor Logroño siguiendo el curso del Ebro.

DE SOMPORT A PUENTE LA REINA

Los diferentes valles que cruzan el Pirineo arago-nés fueron utilizados como vías de comunicación na-turales para llegar hasta la Canal de Berdún y, por ella, encaminarse hacia el occidente peninsular. A partir del último tercio del siglo XI, con la organiza-ción de una gran ciudad en Jaca, los viajeros ultra-pirenaicos prefirieron elegir la ruta de Somport, pues la red viaria de los aragoneses mejoró conside-rablemente en función de la existencia de esta sede

En lo más alto de Somport, a 1.640 metros de nivel, el Camino de Santiago discurre en paralelo con el cauce de un riachuelo de montaña, el Aragón, que en su rápido descenso terminará por convertirse en río.

Catedral de Jaca, ábside meridional.
La historia del románico español tiene en este edificio uno de sus hitos de mayor gloria. Diferentes modificaciones modernas han hecho que, de los tres ábsides de la cabecera, tan sólo subsista íntegro éste.

Catedral de Jaca, tímpano de la portada occidental. Los más expertos especialistas del románico han intentado descifrar el mensaje de este enigmático relieve representando el Crismón en medio de dos leones. La mayoría se inclina en ver un sentido moralizador y penitencial.

principalmente los caminos que conducían a Francia, Zaragoza y Navarra. Al finalizar el siglo XI existían dos burgos, el Burgo de San Nicolás y el Burgo Novo, que en el decir popular terminaría por llamarse Burnao. El primero se incluiría dentro del encintado amurallado, mientras que el otro permanecería extramuros, entre la ciudad y el cauce del Aragón. Cuando se construye la Ciudadela en 1596, será necesario destruir el Burgo Nuevo con sus veinte casas e iglesia. La ciudad actual muestra en su trazado tres áreas bien definidas por las circunstancias de su desarrollo histórico: la ciudad medieval, cuyo perímetro aparecía delimitado por la muralla que fue derribada en 1917; la Ciudadela o Castillo de San Pedro, impresionante fortaleza del siglo XVI, y la ampliación de principios del siglo XX siguiendo los proyectos de Lamolla.

En torno a la iglesia de Santiago se encuentra el barrio de su mismo nombre, que en gran parte dependía de una institución hospitalaria conocida como Las Caridades de Jaca. Existieron otros hospitales y albergues, aunque no exclusivos de los peregrinos: el Hospital de San Juan de Jerusalén, la Albergería de Sancti Spiritus y el Hospital de la Magdalena.

La tradición popular atribuye a Francisco de Asís la edificación del *Convento de San Francisco,* cuando éste iba como peregrino a Compostela. Como iremos viendo, a lo largo del Camino todos aquellos lugares que cuenten con un convento franciscano querrán que el origen del mismo esté relacionado con la peregrinación del «Pobre» de Asís; pretendían, con ello, dotar con un timbre de gloria su fundación. En Jaca, veinte años después de su posible paso (1213), todavía no existía un edificio destinado a conventual, y los frailes seguían utilizando como iglesia la ermita de San Pablo. Además de San Francisco, entre los peregrinos jacobeos que pasaron por esta ciudad, dejó un gran recuerdo Luis VII de Francia. Este monarca, a su regreso de Compostela, se detuvo aquí, en compañía del príncipe de Aragón Ramón Berenguer, el año 1154; celebrándose con tal motivo suntuosos festejos.

En el Archivo Histórico de Huesca se conserva un documento en el que se recoge un curioso incidente ocurrido en Jaca entre el conde de Egipto y el mercader Juan Sala, al querer este último cobrarle peaje por las ropas, joyas y otros enseres que llevaba, a lo que el conde se oponía por llevar un salvoconducto regio *(vid.,* en el capítulo dedicado a los peregrinos con nombre propio, el año 1435).

La *Catedral de Jaca* es uno de los edificios más significativos en la difusión del románico pleno en la Península. Nos hemos referido en la introducción al carácter negativo de su origen en relación con el Camino jacobeo. Su construcción se llevó a cabo en el último tercio del siglo XI; la conquista de Huesca, en 1096, supuso un importante parón en las obras y la reducción de su proyecto original. Fue concebido como un templo basilical de tres naves, con un profundo pórtico de dos tramos a los pies. Se realizaron las estructuras de soporte con una magnífica decoración escultórica en cornisas y capiteles, donde un taller principal, familiarizado con modelos inspirados en los relieves tardorromanos, fijó los cánones de la escultura monumental de la época. Bajo el pórtico occidental, la puerta principal se decora con un tímpano en el que se representa un crismón en medio de dos leones, de muy problemática interpretación (con referencias claras a la Trinidad y a la muerte simbolizada en el oso y el basilisco), pero sin duda constituye un hito decisivo en la configuración de la portada historiada del románico. El auge económico de fines del siglo XI, propiciado por ser Jaca sede regia y episcopal, no continuó durante la centuria siguiente y la catedral se vio sin los recursos suficientes para llevar a su conclusión el proyecto original, teniendo que cubrirse con una modesta armadura de madera, que terminará ocasionando graves problemas de subsistencia al edificio.

Será ya en el siglo XVI cuando se lleve a cabo una importante renovación del edificio, con una cubierta abovedada y el añadido de grandes capillas. Entre éstas, merece una especial mención la de San Miguel, abierta en el crucero. Perfectamente documentada, sabemos que fue obra de Juan Moreto («architector») y los escultores Gil Morlanes (hijo) y Juan de Salas, entre los años 1521 y 1523 (se venía atribuyendo también a Joly, pero por entonces ya se había roto el compromiso de colaboración con Morlanes, tal como demuestran las últimas investigaciones); costearon las obras los ciudadanos de Jaca Juan de Lasala y Juana Bonet.

La Ciudadela es una construcción pentagonal con baluarte en forma de flecha en los vértices. Su construcción fue ordenada por Felipe II a causa de los graves desórdenes sucedidos con la huida de Antonio Pérez (1590). Las obras comenzarían cinco años después, siguiendo un plano del comendador Tiburcio Spanoqui; los trabajos no se concluirían hasta el reinado de Felipe III. Durante la Edad Moderna, peregrinos y viajeros cruzarían Jaca bajo las inquietantes formas de la arquitectura militar, teniendo a la derecha la fortaleza y a la izquierda la ciudad fortificada. Labaña, que la visita en plena construcción, nos suministra una imagen de la misma, en la que no faltan alusiones pintorescas a cómo se ha municionado y la precaria situación de su guarnición:

A Poniente de ellos —se refiere a los muros de la ciudad— hay una ciudadela de forma pentágona perfecta, que está para acabar, fundada por mandato del rey que Dios tiene, cuando las alteraciones pasadas de Aragón. Es traza de Tiburcio Espanochi, fáltale mucha tierra en el terraplén, no están acabados los parapetos ni el foso, y así la contraescarpa y la estrada cubierta tienen pocas piezas de artillería, y éstas se trajeron con gran gasto, abriendo camino carretero desde Zaragoza a esta ciudad, que costó más de 14.000 ducados. Habrá en ella ciento cincuenta soldados mal pagados.

El peregrino salía de Jaca por la ya desaparecida Puerta de los Baños, tomando el «camino real a Navarra» que se dirigía hacia poniente, en suave descenso y siempre paralelo a la ribera izquierda del Aragón. El Camino entra, ahora, en un gran valle regado por el Aragón, que se extiende desde la misma Jaca hasta la villa navarra de Liédena; esta vasta depresión, por donde el hombre ha circulado desde la Prehistoria, se conoce como la Canal de Berdún.

La trayectoria del viejo camino es similar al trazado de la actual carretera, aunque es evidente que en muchos puntos ha sufrido patentes modificaciones. En el antiguo caserío de **Esculabolsas** se menciona, en el siglo XII, el Hospital de Annol. Un desvío hacia el Sur lleva al caminante a *Santa Cruz de la Serós,* con su excepcional iglesia románica torreada, y ascendiendo por la abrupta ladera llega hasta el célebre monasterio de San Juan de la Peña, panteón de los reyes y nobles de Aragón.

Volviendo a la ruta proseguimos hasta **Santa Cilia de Jaca,** villa cuyo origen se remonta al siglo X. En 1098, Pedro I otorga fuero de libertad y franquicia a los pobladores del lugar. Junto al río, un monasterio del siglo XVII nos recuerda el sitio de la anterior fundación medieval.

Viene después **Puente la Reina de Jaca,** antigua residencia regia conocida como Astorito y que Aymeric denomina Osturit. Se producía aquí una encrucijada de caminos que permitía a los peregrinos elegir entre dos rutas: una continuaba, como la actual carretera cruzando el Aragón, por su margen derecha; la otra seguía por un camino más fatigoso, pero mucho más directo a Sangüesa, por la ribera izquierda.

El río Aragón, que el viajero había visto nacer en lo alto del Pirineo con un cauce pequeño y encajado en el estrecho valle por el que desciende, ha crecido y serpentea ahora a sus anchas por la llanura. Sus aguas se aprovechan para regar los campos de labor de sus riberas; en pleno verano, el verde del río, enmarcado por el verde de la floresta que al frescor de su humedad crece, contrasta con el amarillo del cereal maduro. Más adelante, la presa de Yesa

aumenta el caudal del río y las aguas se tornan azules y el paisaje adquiere exóticas formas propias que nos hacen pensar en latitudes ecuatoriales.

Por una margen u otra, los pueblos agrupan su caserío en lo alto de los escarpes montañosos que flanquean la ribera. Prietas las casas unas contra otras, presididas por la torre de la iglesia y el castillo, se observan las poblaciones en la distancia. Se diría que son verdaderas fortalezas enfrentadas como si estuviesen en un eterno estado de guerra; sin embargo, el camino discurre, como fluye el río, uniéndolas a la manera de cordón umbilical. El aguerrido aspecto tiene origen en el pasado medieval, cuando su situación fronteriza entre Navarra y Aragón obligaba a un celoso cuidado que garantizase la seguridad de las gentes y de los caminos. Aunque la disposición de la red viaria de estas poblaciones a ambos lados del río corresponde a un sentido longitudinal y paralelo, no faltaron a lo largo de la historia comunicaciones transversales de carácter local que, en algunos momentos, pudieron servir para facilitar a los peregrinos la alternancia de una a otra de las rutas longitudinales. Un puente del siglo XIX y las ruinas de un pequeño baluarte del XVIII, restos de la defensa estratégica de la Canal de Berdún, jalonan uno de estos caminos transversales, el que desde Berdún conduce a Martes.

DE PUENTE LA REINA A SANGÜESA POR RUESTA

Siguiendo la margen izquierda del río, el Camino iría bastante recto, dejando los pueblos al Sur, en altozanos (Arrés, Xavierre de Martes, Martes, Mianos, Artieda y Ruesta). Cruza los pequeños barrancos por sencillos puentes. Hoy en día es muy difícil realizar la travesía del antiguo Camino, abandonado en gran parte, perdido bajo los cultivos y desfigurado por carreteras comarcales organizadas con otro criterio de comunicación.

Arrés vigila desde lo alto de una cresta rocosa el discurrir del Camino junto al río; en la margen opuesta de éste se encuentra Berdún. La primera noticia documentada de Arrés corresponde a un documento de 1096, cuando Sancho Ramírez de Aragón recibe el pueblo del monasterio de San Juan de la Peña.

Continuando la marcha se llegaba hasta **Xavierre de Martes,** pueblo que ya se mencionaba en 1067. Si en el siglo XVIII era ya un despoblado, ahora nada queda del caserío, siendo el único testimonio de su existencia la *Ermita de San Xavierre.* Se trata de una construcción del siglo XIII, que todavía contempla el viajero al recortarse su silueta en lo alto de una ladera. Venía después **Martes,** antiguo dominio de San Juan de la Peña desde finales del

Tomando un pequeño desvío meridional se llega al fondo de un pequeño valle, donde se encuentra el monasterio de monjas de Santa Cruz de la Serós. Sólo se conserva su iglesia románica, de la que destaca la gran torre.

siglo X. A continuación se sucedían las villas de **Mianos** y **Artieda.** Poco antes de Mianos, el pueblo de **Calcones** marcaba en el siglo XI la frontera entre Aragón y Navarra; como decían los hombres del XVI, «la raya entre los dos reinos».

De Artieda la ruta iba a la *Ermita de San Juan de Ruesta,* donde se bifurcaba: un ramal seguía a Ruesta y el otro, hoy oculto por las aguas del pantano, hasta Tiermas para juntarse aquí con el camino que venía por la margen derecha del río Aragón. Si el edificio de la ermita aparece ya muy arruinado, la decoración mural de su ábside aún se conserva en el Museo Diocesano de Jaca. Muestran los frescos románicos, obra del siglo XII, una visión de la *Maiestas* sobre un curioso apostolado en medio de una ornamental enramada. Si la factura de sus formas presenta una cierta rudeza, propia de un arte popular, su composición e iconografía denuncian la copia de una obra de calidad realizada en alguno de los grandes monasterios aragoneses o navarros.

Ruesta.—Presenta hoy la fantasmagórica imagen de un pueblo desierto, sin gentes; su despoblamiento se produjo en 1959, aunque en distintos momentos de su vieja historia pasó por igual situación. Ruesta fue una antigua fortaleza musulmana abandonada en la décima centuria. Pronto se fundaría cerca de ella un monasterio dedicado a san Juan, a la vez que Sancho III dispuso una reorganización de las plazas fuertes de la zona, incluyendo la fortificación de Ruesta (1026). En 1054 fue cedida por el monarca navarro a la corona aragonesa, convirtiéndose desde entonces en un lugar clave en la defensa de la Canal de Berdún. Finalizando el siglo XIII, el infante Alfonso solicita de los habitantes de Ruesta y Tiermas que fortifiquen sus villas.

Las ruinas del pueblo muestran todavía la existencia de un importante conjunto urbano, con algunas grandes casonas del siglo XV en torno a la iglesia y la fortaleza. El *Templo Parroquial,* dedicado a la Asunción, es un vasto edificio levantado sobre la ladera de una colina, por lo que necesita asentar la cabecera sobre un paso cubierto con una bóveda apuntada para salvar el desnivel del terreno. Es obra del siglo XVI que sufriría múltiples transformaciones posteriores. Dos grandes torreones, desiguales y de base cuadrangular, son el monumental testimonio arruinado de lo que debió ser el *Alcázar* del conjunto fortificado. Éste sería edificado a partir de los años finales del siglo XIII, aunque seguramente se realizase en su mayor parte durante las dos centurias siguientes. Al verlas, pese a su deteriorado aspecto, parecen un bizarro bastión que vigila, desde lo alto, la calma de las aguas del pantano.

De Ruesta el Camino seguía por el barranco Regal hasta el priorato de **Santiago de Ruesta,** fundación del siglo XI, para continuar después por el monte de Fenerol y entrar en tierras navarras hacia Sangüesa.

El camino que iba por
la margen izquierda del
Aragón ha perdido hace
años su utilidad, quedando
apenas unos pedregosos
restos, utilizados por los
habitantes de los caseríos.
Abandonada en la soledad
de una loma poco
frecuentada, permanece
la ermita románica
de San Xavierre.

El pueblo de Ruesta
aparece hoy totalmente
abandonado. Casas y calles
se muestran desiertas
y la maleza y la ruina
lo enseñorean todo.
La despoblación se inició
en 1959. La historia
de este lugar arranca
en la fundación de una
fortaleza musulmana.
Con el dominio cristiano
se consolidará aquí una
importante plaza fuerte
disputada por navarros y
aragoneses en la defensa de
la Canal de Berdún. De su
Alcázar, cuya construcción
comenzó en el siglo XIII,
tan sólo se conservan
los muros de sus torres.

DE PUENTE LA REINA A SANGÜESA POR LEYRE

El otro ramal del Camino cruzaba en Puente la Reina el río y marchaba, como la actual carretera, por toda la ribera derecha, dejando al Norte los pueblos de Berdún, Asso Veral, Sigüés, y llegaba hasta Baños de Tiermas.

El viejo **Berdún** ocupaba hasta 1134 el pie de la colina, pero una invasión navarra lo arrasó, volviéndose a construir en lo alto de la loma durante el mismo siglo XII. La fortificación del pueblo se realizó en el XVI, al mismo tiempo que se edificaba un castillo que será destruido en 1720 por orden de Felipe V. Tras cruzar pequeños barrancos, el Camino ascendía hasta **Sigüés,** en la embocadura del valle del Roncal, donde se encontraba con un pequeño ramal de la ruta jacobea que cruzaba el Pirineo por aquí. En el siglo XIV se fundó el Hospital de Santa Ana, que dos siglos después se dedicaría a la acogida de peregrinos.

Venía después **Esco,** lugar estratégico en relación con la fortaleza de Ruesta al otro lado de la Canal de Berdún. Su situación fronteriza hizo que fuese disputa continua entre navarros y aragoneses. Al comenzar el siglo XIII, el rey Pedro II de Aragón se vio obligado a entregar a los navarros el castillo de Esco, que recuperaría al fallecimiento de don Sancho de Navarra, en 1234. Será incendiado por las tropas aragonesas en 1363. Aunque el rey de Aragón pidió a sus habitantes que se instalasen en Tiermas, éstos no abandonaron el pueblo y lo reedificaron. De su primitivo aspecto de pueblo-fortaleza sólo queda el apiñamiento de sus casas en tor-

no a la iglesia; han desaparecido el encintado murario y el viejo castillo.

De aquí se encaminaba la ruta hasta **Tiermas,** en la frontera misma con Navarra. Bajo la fortificada ciudad, en un sitio hoy cubierto por las aguas del pantano, se encontraba el complejo termal romano que dio nombre al lugar y que en la «Guía» de Aymeric aparece reseñado entre los sitios importantes del Camino:

> Tiermas con sus baños reales, que fluyen calientes constantemente.

El ya citado portugués Juan Bautista Labaña nos transmite en las notas de su viaje una puntual descripción de la situación en la que se encontraban estos baños en los primeros años del siglo XVII. Nos cuenta el ilustre viajero que, cuando se dirigía a comer a San Salvador de Leyre,

> ... por los baños de Tiermas, los cuales son de agua caliente, nacen en un monte de arriba, junto a la ribera del Aragón, a la mano derecha. Luego de pasado el puente, por donde aquél se pasa. La cantidad de agua basta para mover un molino; es muy azulada, y todo el sitio huele mucho a azufre. Hay allí una casa para tomar los baños, que tiene algunos aposentos con camas, y una caballeriza, cosa muy pobre y ruin, la cual administran los vecinos de Esco, lugar que dista de estos baños media legua. Dentro de la casa nace el agua de este baño y a poca distancia de ella otra de agua fría y dulce, y más adelante hay una fuente pequeña muy caliente, de la cual beben los que

toman el baño, y en el mismo sitio hay otra fuente pequeña muy buena para el mal de orina. Junto a estos baños hay en lo alto de un cerro, cuya cabeza ocupa, un lugar llamado Tiermas, que tendrá veinte vecinos. Tiene un castillete, pasa el Aragón a mano derecha...

Si al principio del siglo XII la población se situaba abajo, junto al tradicional hábitat romano, las circunstancias políticas de la centuria siguiente aconsejaron al monarca aragonés Pedro II fundar una ciudad amurallada que vigilase la frontera navarra en lo alto de la colina, en 1201. Entre 1250 y 1260, se construye el castillo y, treinta años después, todavía se estaba procediendo a la fortificación del pueblo. Conservamos algunos restos de sus importantes murallones de buena cantería: una puerta de arco apuntado, conocida con el curioso nombre de «Portal de las Brujas», y una torre desmochada, de planta pentagonal, irregular por necesidad topográfica. La imagen que ofrece hoy Tiermas en lo alto de la colina, con las azules aguas del pantano de Yesa a sus pies (pese a la gran transformación del medio toponímico, las aguas siguen conservando el bellísimo azul que ha llamado la atención de cuantos viajeros han pasado por allí) y las grises tierras de un suelo erosionado, nos aleja de su realidad geográfica y nos hace creer que estamos en las orillas de un gran lago americano o centroeuropeo.

Esco apiña sus casas en lo alto de uno de los cerros, el otro muestra las huellas de la erosión.

La villa de Tiermas, último bastión aragonés antes de entrar en Navarra. Las azules aguas del pantano, a sus pies, cubren lo que fueran las célebres termas romanas que describen las narraciones de viajeros y peregrinos.

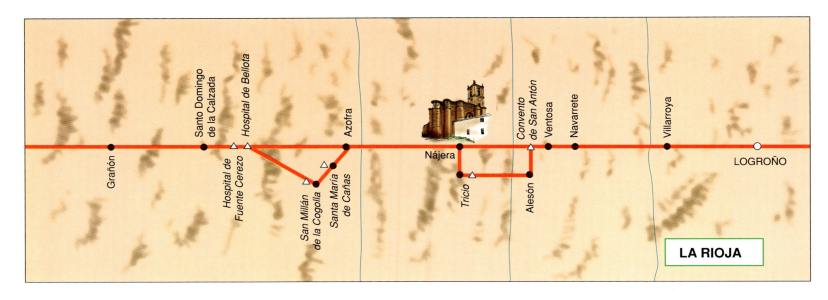

Grañón · Santo Domingo de la Calzada · Hospital de Bellota · Hospital de Fuente Cerezo · San Millán de la Cogolla · Santa María de Cañas · Azofra · Nájera · Tricio · Convento de San Antón · Alesón · Ventosa · Navarrete · Villarroya · LOGROÑO

LA RIOJA

LA RIOJA

Cruzando el Ebro, la ruta jacobea entra en tierras del reino castellano, aunque durante mucho tiempo este territorio fue enseñoreado por los monarcas navarros. El dominio de éstos se inicia con la ocupación de Viguera por Sancho Garcés en el año 921, y la de Nájera por Ordoño en el 923. Pasó definitivamente a poder castellano con la conquista de Alfonso VI en 1076. En tiempos de Aymeric todavía existía el recuerdo de este señorío navarro hasta más allá de Nájera, tal como parece desprenderse de sus palabras:

> Después de la tierra de éstos —los navarros—, una vez pasados los Montes de Oca, hacia Burgos, sigue la tierra de los españoles, a saber: Castilla y Campos.

El carácter fronterizo del Ebro se aprecia en todas las guías e itinerarios de los peregrinos; los avisos de cambio de moneda al cruzar el puente son muy elocuentes: «acábanse los coronados —moneda navarra— y tienes que aprender a conocer los maravedís».

Nada se conserva del *Puente sobre el Ebro* que se remontaba a los tiempos de la romanidad. Sabemos que por iniciativa de san Juan de Ortega, discípulo del riojano Domingo de la Calzada, la vieja obra de la ingeniería romana fue restaurada para facilitar el paso de peregrinos y viajeros, en general. Una descripción del siglo XVII nos suministra una visión aproximada:

> ... tenía de largo 716 pies de vara, 12 arcos reales, 46 pies de hueco y 18 pies de anchura; hay sobre él tres torres en puestos proporcionados que han servido diversas veces a todo el reino de gloriosa defensa y es blasón de la ciudad.

Cuando, en 1775, se produjo una gran riada, el puente, bajo la protección de su constructor Juan de Ortega, permaneció indemne, por lo que la ciudad decidió instituir al santo un voto perpetuo. En la ac-

tualidad, en el mismo sitio se levanta un puente de piedra construido en el siglo XIX.

Logroño.—Como tantas otras ciudades hispanas remonta su origen a una romanidad de oscura interpretación. Su existencia parece más clara bajo el dominio musulmán, aunque su historia documentada sólo corresponde a finales del siglo XI, al iniciarse la repoblación de un pequeño lugar habitado junto al puente del Ebro. Será, en el año 1095, cuando Alfonso VI conceda los fueros que permitan un rápido desarrollo urbano.

Del viejo planteamiento urbanístico del Logroño medieval poco es lo que resta, sin embargo es suficiente para permitirnos tener una idea de cómo era la urbe que contemplaban los peregrinos. Para el clérigo Laffi, el Logroño del siglo XVII, que él contempló, le dejó un recuerdo agradable:

> Es una ciudad bastante grande, muy bella, rica y cómoda y abundante de todo, situada en llano. Un gran río pasa junto a sus muros por el lado septentrional, dirigiéndose al Este. Después de visitar varios conventos de frailes y monjas, bellísimos, llegamos a una gran puerta que permite salir de la ciudad.

Al igual que toda ciudad «caminera», su recinto murado se extendía longitudinalmente, teniendo uno de sus flancos protegido por la muralla que corría a lo largo de la orilla del río. Entre las casas, surgen fragmentos residuales de los muros de los siglos XII y XIII. Donde la muralla todavía conserva su aspecto más monumental es en la Torre del Revellín; aquí tuvo lugar la más famosa gesta bélica de Logroño: la resistencia frente al sitio de los franceses, en 1521. En este lugar, la ruta callejera adopta una forma acodada para salir de la urbe; el capricho de las construcciones modernas ha querido que las viejas soluciones del urbanismo militar persistan, aunque sea de una forma espontánea.

Nada más cruzar el puente, el peregrino entraba en Logroño. El Camino se convertía en rúa que recorría de Sur a Norte la ciudad, en la que más de diez iglesias centraban en su entorno los diez barrios o quiñones. Varios de estos templos mantenían un

hospital o una hospedería; sin embargo, el principal era el Hospital de San Juan.

Hacia la mitad de la rúa, habiendo dejado a la izquierda la Iglesia de Santa María del Palacio, se encontraban con la Iglesia de Santiago, parada obligatoria donde descansar, rezar al Apóstol y saciar la sed en la Fuente de los Peregrinos. Allí cerca, en la misma Rúa Vieja, había una casa que recordaba a San Gregorio Ostiense y a dos de los santos promotores de la ruta jacobea, Domingo de la Calzada y Juan de Ortega. En el siglo XVII se edificó en su lugar la *Capilla de San Gregorio,* modesto oratorio de una nave, con sencilla portada semicircular de dos arquivoltas. Demolida esta capilla en 1971, tan sólo podemos recordar la leyenda que figuraba en su portada:

> Ésta es la dichosa casa en que bibió San Gregorio y murió en ella e año de 1044 allándose a su mu[uerte] / Santo Domingo de la Calçada y San Yuan de Ortega sus dizípulos. Y a onra y gloria su[ya] / hizo azer esta capilla don Alonso Bustamante y Torreblanca rregidor perpetvo / de esta ciudad quyas son las casas. Y se acabó año de 164[2].

Es evidente que los datos documentales de este epígrafe responden más al pío deseo de la devoción popular por estos tres santos, que a la realidad de la historia. En 1044 todavía no existía san Juan de Ortega.

Después seguía la ruta deambulando por calles como Mercaderes, Herrerías, Mayor, cuyos nombres hablan por sí solos de la actividad comercial y artesanal que en ellas podían encontrar. Hacia el Norte, se salía de la ciudad por la que se conoce como Puerta de Carlos V, junto al Revellín.

La dependencia que Logroño tiene con el Camino jacobeo parece justificar que la *Iglesia de Santiago* fuera el templo medieval más importante o, por lo menos, el de mayor protagonismo popular entre los habitantes de la ciudad. En este sentido, resulta muy significativo que en ella se guardase el archivo municipal y el del cabildo. De época medieval se conserva la imagen del patrono como peregrino, bonita talla de tamaño natural, creación gótica del siglo XIV. El edificio es ya una construcción del XVI, comenzada en 1513; sus abovedamientos fueron terminados por Pedro Urruzumo alrededor de 1560, iniciándose entonces las obras de la torre por Martín de Landerráin. La unidad de este elegante edificio, de estilo Reyes Católicos, se rompe con la gran portada barroca de su fachada meridional, obra del flamenco Juan de Raón hacia 1660. Al mismo autor corresponde el efectista conjunto en yeso representando a Santiago Matamoros que corona la portada, aunque el marco arquitectónico de la hornacina se realiza ya en la centuria siguiente. En el interior, el retablo mayor, labrado en el siglo XVII, conserva la antigua imagen medieval del patrono. El entrañable cariño de los fieles por el titular de su pa-

Nada queda ya del primitivo puente sobre el Ebro que la tradición atribuía a san Juan de Ortega, el que hoy cruza el Camino para entrar en Logroño corresponde al siglo XIX.

La *Fuente de los Peregrinos o de Santiago,* recientemente restaurada, muestra sobre sus paramentos las huellas reparadoras de su prolongada subsistencia. Sus vestigios más antiguos son dos escudos y una inscripción en muy mal estado de conservación, del siglo XVI, reaprovechados por Juan de Raón en 1675 para incorporarlos a una composición en forma de gran arco encuadrado por pilastras y frontón triangular.

Las reformas renacentistas cambiaron el antiguo nombre de *Puerta del Camino* por *Puerta de Carlos V.* Junto al rehecho Torreón del Revellín, la vieja puerta medieval se engalanó, hacia 1520, con una entrada de arco carpanel de grandes dovelas, sobre la que campean tres escudos; el central emblematiza las armas imperiales.

Logroño conserva en el acervo de sus tradiciones más populares el recuerdo del paso de Francisco de Asís. Curó aquí al hijo de un tal Medrano, señor de Agoncillo, quien en agradecimiento fundó en su casa, junto al Ebro, un convento para padres franciscanos. Cuando Francisco regresó de Compostela, pudo comprobar que las obras iban muy adelantadas.

Los restos de arquitectura medieval en esta ciudad son muy limitados. La *Iglesia de San Bartolomé* es un edificio de tres ábsides románicos, cuyas naves se terminaron ya en gótico. *Santa María del Palacio,* así llamada por levantarse sobre una vieja iglesia románica que formaba parte del palacio real, presenta su curioso cimborrio apiramidado que cobija una cúpula octogonal. Resulta de difícil clasificación, aunque lo más probable es que corresponda a una forma simplificada de hacia 1300. *Santa María la Redonda* recibe este nombre por tener en su origen la forma de planta central. En el siglo XVIII, Martín de Beratúa levantó su interesante fachada occidental, con dos airosas torres y un gran nicho en medio de clara inspiración en la portada de Santa María de Viana.

Al reanudar la marcha, después de Logroño, la primera población que se encontraban los viajeros del siglo XII era **Villarroya.** De la importancia de este lugar en los primeros años de la duodécima centuria, me parece que es bastante significativo que sea uno de los pocos sitios riojanos que cita Aymeric en su «Guía». Desde la fundación de Navarrete, cuya fortaleza se menciona en 1175, se inicia una progresiva reducción de la población. En el siglo XIII era ya un verdadero despoblado. Existió aquí un hospital bajo el cuidado de la Orden del Santo Sepulcro.

Navarrete.—Apenas a 9 kilómetros de Logroño, la villa de Navarrete que, desde la concesión del fuero por Alfonso VIII en 1195, se convirtió en una importante plaza fuerte frente a Navarra. Han desaparecido el castillo y casi la totalidad de las murallas; sin embargo, su organización urbana, con sus calles concéntricas sobre la ladera del monte, sigue ofreciendo un aguerrido aspecto en el que sobresale la

Al deambular por las calles de Logroño, vemos asomar por una de sus estrechas rúas la fachada meridional de la iglesia de Santiago, realizada por el flamenco Juan de Raón hacia 1660. El grupo de Santiago Matamoros, modelado en yeso, se debe también al mismo maestro.

Santa María la Redonda (Logroño). Martín de Beratúa realizó en el siglo XVIII la fachada occidental de este templo. Sus airosas torres dejarán su impronta en numerosas iglesias de la región.

rroquia obligó a los promotores de la renovación a conservarla presidiendo el nuevo retablo. En su entorno, un amplísimo ciclo iconográfico de Santiago narraba los hechos mas significativos de la vida y milagros del Apóstol. Las escenas se disponían en tres pisos con ático y cinco calles. No es una obra de calidad, pero sus composiciones resultan lo suficientemente expresivas para que sean perfectamente asimiladas por la devoción popular. Los relieves de tema jacobeo son, de abajo arriba y de izquierda a derecha, los siguientes: Santiago predicando el Evangelio a Hermógenes y Fileto; Santiago predicando en el Sanedrín; conversión del Mago; Santiago ante Herodes; Santiago conducido por Josías; bautismo de Josías; Santiago apareciéndose a Esteban, obispo de Coimbra; degollación de Santiago; aparición de Santiago en el sitio de Baeza; llegada de las reliquias del santo a Galicia; batalla de Clavijo, y el Apóstol y la aparición de la Virgen del Pilar. La arquitectura del retablo es obra de Mateo de Zabalza, y la escultura, de Diego Jiménez y Francisco de Ureta, entre los años 1650 y 1655.

Fuente de los Peregrinos (Logroño). Recientemente restaurada. Conserva elementos del siglo XVI reaprovechados por Juan de Raón al proyectarla como en la actualidad la contemplamos.

Los peregrinos salían de Logroño por esta puerta, que era conocida por Puerta del Camino. Las reformas del siglo XVI cambiaron su nombre por el de Carlos V, cuyas armas aparecen decorándola en su fachada exterior.

A la salida de Navarrete, en el actual cementerio, se encuentran, reaprovechados, los restos de lo que fue el viejo hospital fundado en 1185 por doña María Ramírez.

imponente mole de la *Iglesia parroquial,* edificada en el siglo XVI. Sus tres grandes naves fueron construidas por Hernando de Mimenza siguiendo una traza de Juan de Vallejo.

Recorriendo sus calles, con sus «cocinillos» —las traseras de las casas vuelan por encima de la vía, convirtiéndola en calle cubierta—, nos encontramos con numerosas referencias a los temas jacobeos. Una de las puertas de la población recibe el nombre de Santiago. La imagen del Apóstol campea como Matamoros en una estela pétrea sobre la fachada, parece labrada en el siglo XVI. Muchos de los blasones que decoran las casas muestran las veneras y aspas. Un capitel de factura gótica, encastrado en una pared moderna, representa el torneo de Roldán y Ferragut.

La importancia de este lugar en relación con la peregrinación se centraba en el *Hospital de San Juan,* situado a las afueras, bajo la custodia de la Orden de San Juan. Arruinado ya en el siglo XIX, en la actualidad sólo su portada y unas ventanas subsisten en el cementerio de la localidad. En el lugar de su antiguo emplazamiento han aparecido recientemente algunos restos arqueológicos que permiten reconstruir la forma de su planta. Doña María Ramí-

Capiteles de una ventana del hospital de Navarrete. La rica decoración de los vanos corresponde a un taller de formación tardorrománica, que representó en sus capiteles numerosas figuras, generalmente referidas a temas moralizadores.

La villa de Navarrete conserva en multitud de detalles el recuerdo del Camino: imágenes, escudos, etc. Este nicho, con la figura de Santiago Matamoros bajo una venera, es una prueba de la devoción jacobea durante el siglo XVI.

la desenvainada espada, Rolando, con la suya, golpeó al gigante en el brazo con que la manejaba y no lo hirió, pero le arrancó la espada de la mano. Entonces Ferragut, perdida la espada, creyendo pegarle a Rolando con el puño cerrado, golpeó en la frente a su caballo, y el animal murió al instante. Finalmente a pie y sin espadas lucharon con los puños y piedras hasta las tres de la tarde.

Al caer la tarde, los contendientes pactaron una tregua. Durante el descanso se entabló entre ellos un apasionado diálogo sobre la verdadera religión. Oyendo Ferragut lo que decía Roldán de su fe cristiana, le propuso:

—Entonces —concluyó Ferragut—, hablaré contigo, a condición de que si es verdadera esa fe que sostienes, sea yo vencido, y si es falsa, lo seas tú. Y el pueblo del vencido se llene eternamente de oprobio, y el del vencedor en cambio de honor y gloria eternos.

—Sea —asintió Rolando.

Y así se reemprendió el combate con mayor vigor por ambas partes, y en seguida Rolando atacó al pagano. Entonces Ferragut lanzó un golpe con su espada sobre Rolando, pero éste saltó a la izquierda y con su bastón paró el golpe de la espada de aquél. Entonces, roto el bastón de Rolando, se lanzó contra él el gigante y cogiéndolo ligeramente lo derribó al suelo debajo de sí. Inmediatamente conoció Rolando que ya no podía de ningún modo evadirse de aquél, y empezó a invocar en su auxilio al Hijo de la Santísima Virgen María y, gracias a Dios, se irguió un poco y se

revolvió bajo el gigante, y echó mano a su puñal, se lo clavó en el ombligo y escapó de él.

Entonces el gigante comenzó a invocar a su Dios con voz estentórea, diciendo: Mahoma, Mahoma, Dios mío, socórreme que ya muero... Y de esta manera murió el gigante, se tomó la ciudad y el castillo.

El peregrino podía ver este tema ilustrado en muchas iglesias románicas de España; incluso, a lo largo del camino, eran numerosos y muy señalados los lugares en que figuraba (Estella, Navarrete, Ortega, etc.). El torneo de Ferragut y Roldán representa el ideal político y religioso de todos los cristianos de Europa, la lucha de los cruzados en Tierra Santa y en España. Clérigos y poetas buscaban el fundamento moral de los antagonistas en los personajes veterotestamentarios, David y Goliath; incluso, el caballero cristiano, en muchas ocasiones, no era otro que un apóstol como Santiago, o un santo como san Millán. Bernardo de Claraval explicaba por qué un cristiano debía alegrarse de la muerte de un musulmán, siendo esto tan contrario al mensaje de Cristo:

Un cristiano se gloria en la muerte de un pagano, porque Jesucristo es glorificado en ella, y la liberalidad del Rey de Reyes se hace manifiesta en la muerte de un soldado cristiano, porque se le lleva de la tierra para remunerarle.

La ciudad, siguiendo el condicionante del Camino, se irá alargando entre el cerro y el río Najerilla,

Nájera, el «lugar entre peñas» de las fuentes árabes, aparecía a la vista de los romeros bajo la ingente mole de las rocas. Entre el blanco caserío emerge Santa María la Real, antigua sede episcopal y panteón de los reyes de Navarra.

a base de ir adicionándose los sucesivos barrios al núcleo primitivo del Palacio del Rey y el área del Mercado. Al igual que de Logroño, Laffi se llevó una grata impresión de Nájera, dejándonos una exacta descripción de la situación topográfica de la misma:

> ... aquí [Nájera] se ve uno de los mejores lugares que hay en estos países, puesto en una llanura, y pasa por mitad de él un río no grande, sobre el cual hay un grandioso puente. De la parte de poniente hay un altísimo monte, que cubre la población, de modo que la mitad de ella no es atacada de la lluvia, ni le da el sol más que por la mañana hasta mediodía. Es un lugar provisto de todo.

Antes de entrar en Nájera, los peregrinos se encontraban con el barrio de San Fernando, así llamado por haber tenido en él la proclamación de éste como rey de Castilla, el 1 de mayo de 1218. Se cruzaba después el río Najerilla por un puente, cuya existencia documentada más antigua se remonta al año 1020. Hasta el siglo XIX persistió un puente de piedra con siete ojos, atribuido tradicionalmente en su totalidad a san Juan de Ortega, quien debió acondicionar y, posiblemente, ampliar el ya existente, en 1152. En 1886, fue sustituido por el que contemplamos en la actualidad.

La riqueza de la ciudad permitía dar una buena acogida hospitalaria a los peregrinos. Además de lo que ya hemos visto comentado por Laffi en el siglo XVII, en este fragmento de Künig, dos siglos antes, su referencia es también muy favorable:

> Allí dan de grado por amor de Dios en los hospitales, y tienen todo lo que puedas apetecer. A excepción del hospital de Santiago, toda la gente es muy burlona. Las mujeres del hospital arman mucho ruido a los peregrinos, pero las raciones son muy buenas.

Claustro gótico de Santa María la Real, en Nájera. Puede apreciarse la bella decoración plateresca de la tracería de las arcadas.

El *Hospital de la Cadena* se hallaba antes de cruzar el puente, en el barrio de San Fernando. Existía ya en 1227, cuando María Pérez le legó sus bienes y ella misma ofreció su vida al cuidado de los pobres. En su origen fue una leprosería, por eso el nombre de Hospital de San Lázaro que ostentó en alguna época, que terminó por convertirse en hospital de peregrinos. Las descripciones del siglo XIX nos dan una imagen de un edificio «de pobre aspecto y débil construcción, no contiene más que una pequeña y mal ventilada habitación». El *Hospital de la Abadía,* también conocido como el del Emperador por el apoyo que le dio Alfonso VII, se encontraba al otro lado del río, dentro ya de la ciudad. La dependencia hospitalaria propiamente dicha estaba unida a un albergue; su fundador, el rey García, instituyó que se acogiese en ella a los peregrinos enfermos y menesterosos «como si cada uno de ellos fuese Cristo en persona». El *Hospital de la Piedad* es una fundación de 1648, llevada a cabo por una congregación de treinta y cuatro personas, que con su ayuda atendía seis camas.

Nada existe ya de la *Santa María la Real* del siglo XI, la que fundó en 1052 el rey García, a la vez que se creaba la alberguería que acabamos de referir. Cuenta la leyenda que el rey, un día que estaba cazando por estos parajes, descubrió en una cueva una imagen de la Virgen; para honrarla ordenó edificar un monasterio que entregó a los benedictinos. Con Alfonso VI, en 1075, pasó a depender de Cluny. Tampoco se conserva la fábrica románica del edificio, ni siquiera el magnífico retablo de oro, con imaginería de relieve, esmaltes, pedrería y aljófar que los reyes García y Estefanía ofrendaron al templo cuando éste fue consagrado en 1056. El nombre de Almani que figuraba como su autor ha hecho suponer un origen germánico, lo que de inmediato nos induce a clasificarlo dentro de la tradición de la orfebrería otoniana. En este sentido, la filiación germánica de obras renovadoras del arte figurativo de la región, realizadas por artistas alemanes, parece confirmarse con creaciones coetáneas y próximas en la zona, como el «Arca de San Millán», producto eborario realizado por un maestro llamado Engelram y su hijo Rodolfo.

El templo que contemplamos en la actualidad es un vasto edificio de esbeltas proporciones, de tres naves y crucero, de finales del gótico; se afirma que fue comenzado en 1434, aunque no se acabaría hasta bien entrada la centuria siguiente. El claustro, también gótico, es ya una construcción de la primera mitad del siglo XVI, con la representación de abundante imaginería y una bella decoración plateresca en la tracería de las arcadas. El panteón real, de sonoros nombres medievales, corresponde a una reforma manierista con numerosas imágenes de los reyes que se dice aquí sepultados, aunque el sepulcro románico de doña Blanca, mujer de Sancho el Deseado, permite hacernos una idea de lo que debieron ser algunas de las sepulturas más antiguas. Creación excepcional es la gran sillería, labrada por los hermanos Amutio en 1493, en la que destaca, sobre la silla abacial, la gigantesca estatua marcial del fundador del monasterio, el rey García.

De Nájera el Camino conduce a **Azofra.** Su calle Mayor muestra, claramente, su origen en la urbanización del Camino, y algunas casas manifiestan su antigüedad en los escudos de sus fachadas. En uno de ellos podemos contemplar símbolos jacobeos. Nada queda del hospital que fundó aquí una dama llamada Isabel junto a la iglesia de San Pedro, que en 1173 donaría al monasterio de San Millán de la Cogolla. En la entrada del actual caserío existe un pequeño manantial que brota de una roca, conocido secularmente como Fuente de los romeros. Saliendo del pueblo, el Camino empieza a ascender una suave loma. En medio de unos campos de viñedos queda muy mutilada, pero aún enhiesta, una antigua picota.

Los peregrinos, preocupados por venerar los restos de los santos que encontraban en el Camino, podían tomar aquí un desvío que, a través de Cañas, donde se encuentra un monasterio de monjas cistercienses que solían darles buena acogida, llegaban a *San Millán de la Cogolla*. En la parte del monasterio viejo, el llamado «de Suso», veían, como nosotros hoy, las cuevas donde san Millán tuvo su morada y oratorio, integradas después por sus devotos en una iglesia del siglo X, en la que podemos admirar el influjo de la arquitectura califal en sus bóvedas nervadas y sus airosos aleros. Pero la piedad del peregrino se centraba en el arca de marfil que guardaba los restos del santo; en ella podían ver representados en una secuencia, casi fílmica, su vida y milagros. Gonzalo de Berceo, nacido en las proximidades del monasterio y educado durante su niñez en este cenobio, narró en román paladino la vida del santo emilianense...

> Gonzalvo fue so nonme qui fizo este tractado,
> en Sant Millan de Suso fue de ninnez criado,
> natural de Verceo, ond Sant Millan fue nado;
> Dios guarde la su alma del poder del pecado.

Para la redacción de su biografía seguiría la del obispo Braulio de Zaragoza, pero, es más que evidente, que tenía ante sus ojos las imágenes del arca ebúrnea que tan puntualmente la ilustraba. En las seis estrofas siguientes, alusivas a los milagros de la curación de dos ciegos y la lámpara milagrosa, podemos apreciar dos formas artísticas muy diferentes de interpretar los mismos sucesos. La obra plástica responde al arte inicial del románico pleno, en el siglo XI; los versos de Berceo, a dos siglos después. En ambas hay un sentido docente y moralizador, que pretende ser comprendido fácilmente por quienes lo oigan —lean— o lo vean, por eso recurren sus autores a los medios materiales o literarios más expresivos:

> Avie en una villa dos ciegos muy lazdrados,
> vivien en gran miseria, de todo bien menguados,
> odieron estas nuevas, estos buenos mandados,
> ovieron grant feuza de seer alumnados.
> Ixieron de sues casas ambos con sos guiones,
> entraron en carrera, fincando sos bordones,
> vinieron al sepulcro lazdrados dos varones,
> pero sedien alegres entre sos corazones.
> Fue la voz de los ciegos del Criador oyda,
> fue la lumne en ellos man a mano venida,
> fue por la vertur sancta la tiniebra foida,
> la forma destorpada torno toda complida.
> Ant el cuerpo precioso que Dios mucho amaba,
> colgaba una lampada que siempre alumnaba,
> nunqua dias nin noches sin olio non estaba,
> fuera quando el ministro la mecha li cambiaba.
> De qual guisa avino en una sanochada,

> era de Sanct Iohan vigilia sennalada,
> falleciolis el olio a los de la posada,
> non tenien que quemasen nin una puguesada.
> Quando la noche veno, la hora de folgar,
> entró el sacristano el sepulcro catar;
> vio arder la lampada delante el altar
> plena del melior olio que non solie comprar.

Se atesora también aquí otra arca de marfil, de finales del siglo XI, conteniendo las reliquias de san Felices. Un poco más abajo del monasterio viejo, se levantó uno nuevo que sufriría grandes remodelaciones en los siglos XVI al XVIII. A esta época corresponde la monumental fábrica que hoy vemos. Es aquí donde se guardan las arquetas con las reliquias de los mártires.

De vuelta a la ruta principal, entre Hervías y Ciriñuela, se situaba el *Hospital de Bellota,* del que conocemos su existencia en 1171, año en el que Alfonso VIII le entrega la villa de Hormilla. Sólo permanece su recuerdo.

A la vista de Santo Domingo, se encontraba el *Hospital de Fuente Cerezo.* Tenemos noticia de su existencia por figurar en un documento de 1195, por el cual es donado por doña Aldonza, viuda de Lope Díaz de Haro, gobernador de Nájera y Vizcaya, al monasterio premostratense de Bugedo de Campajares.

Un viajero francés del siglo XVII, cuando pasa por esta zona camino de Madrid, nos informa de la existencia de ciertas capillas, de gran devoción entre los del lugar, que eran mostradas con gran misterio:

> Es el gran camino de los peregrinos que van a Santiago, y por todas partes se encuentran capillas donde hay Cristos con grandes cabelleras y espinas, y descorren tres o cuatro cortinas con la mayor devoción del mundo, antes de enseñárselas a los transeúntes.
> Hay en una de esas capillas una gran culebra de madera pintada, que está suspendida, que en otro tiempo se comía a los hombres, y a la que admiran los peregrinos que por allí pasan.

Santo Domingo de la Calzada.—Hasta la consolidación de Burgos como gran capital de Castilla y la construcción de Santo Domingo de la Calzada, el Camino se dirigía de Nájera a Briviesca por Leiva; pasó después a su orientación natural, siguiendo por Santo Domingo y los Montes de Oca hasta llegar a Burgos.

La ciudad calceatense se sitúa en una amplia vega junto al río Oja. Las casas se agrupan en torno a la calle Mayor, que se orienta longitudinalmente de Este a Oeste, desde la puerta del Barrio Viejo a la que llegaba el Camino jacobeo, hasta la puerta occidental por la que la ruta se dirigía hacia Grañón.

Las primeras ampliaciones se hicieron mediante calles paralelas a la principal. Su origen histórico está relacionado con Domingo de la Calzada, que construyó aquí un puente para cruzar el Oja y, poco antes de llegar a él, una ermita y un pequeño hospital para acoger peregrinos. Una vez conquistada la Rioja por Alfonso VI, en 1076, este monarca concedió privilegios a Domingo para que pudiese aumentar las construcciones en torno a su fundación. En 1106, la antigua ermita es sustituida por una iglesia, que se convertirá en colegiata en 1152, e inmediatamente después en catedral.

A la vez que la fundación de Domingo va desarrollándose, el pueblo que surge a su alrededor también; ya en 1136 aparece citado como concejo. Alfonso VII y doña Berenguela, con fecha 4 de noviembre de 1141, conceden a este concejo jurisdicción sobre su inmediato entorno geográfico. En 1162, el abad y cabildo de Santo Domingo autorizan para que se construyan casas desde el hospital del santo hasta el puente. Esta zona se conocerá como Barrio Nuevo. Desde mediados del siglo XIII, la villa se independizará de la autoridad del cabildo calceatense y se convertirá en realengo, alcanzando el título de ciudad con Alfonso XI, en 1333.

Cuando el peregrino llegaba a la ciudad, la encontraba fuertemente defendida por un importante circuito de murallas de buena sillería, que llegó a tener una longitud de 1.500 metros, completado con su correspondiente foso. Se ha perdido en gran parte, nada queda de sus siete puertas; sin embargo, algunos lienzos de muralla con sus sólidos torreones todavía permanecen en su sitio. Fueron construidos durante los siglos XIII y XIV, aunque sabemos que, durante la guerra entre Pedro I y Enrique de Trastámara, la villa prestó un especial cuidado a su consolidación y desarrollo.

Avanzando por la calle Mayor, se encontraban a derecha e izquierda las principales mansiones de la ciudad. Las edificaciones medievales han cedido su lugar a las casonas de los siglos XVII y XVIII. Andando la mitad del trayecto de la calle, se encontraba la plaza principal, la zona nuclear y originaria del burgo calceatense, que recibirá el nombre del santo fundador. A la izquierda, la gran torre barroca que se levantó en el siglo XVIII sobre la cárcel del concejo; a la derecha, la fachada meridional de la catedral, y, cerrando el cuadro, la ermita y el hospital del Santo. Hasta 1789, cuando el marqués de Ciriñuela lo prohibió por molestar la celebración de los oficios de

Catedral de Santo Domingo de la Calzada. Hornacina-gallinero de piedra labrada, del último gótico, recuerdo perpetuo del famoso milagro del peregrino ahorcado.

chada, una gran portada en arco apuntado en medio de los blasones del obispo. Terminado el recorrido de la calle, se sale de la ciudad y la ruta se dirige directamente al puente.

Los peregrinos encontraban en una ciudad como ésta la buena acogida que toda gran población del Camino podía deparar; sin embargo, había aquí algo que no era habitual en otros sitios: la presencia viva en su recuerdo de un santo, pero no un santo cualquiera, sino de un bienaventurado que había dedicado su vida a proteger a los devotos viajeros de Santiago. Ya Aymeric Picaud recomendaba con gran interés el que se acudiese ante su tumba:

A continuación, en España hay que visitar el cuerpo de Santo Domingo, confesor, que construyó el tramo de calzada en el cual reposa, entre Nájera y Redecilla del Camino.

Les contaban aquí la vida y milagros del santo *(vid.* su biografía en el apartado correspondiente), pero muy especialmente querían saber y comprobar lo que la copla popular había difundido:

Santo Domingo de la Calzada
donde cantó la gallina después de asada.

Entraban en la catedral y, a la izquierda del crucero, contemplaban dentro de un artístico corralito —el que vemos hoy corresponde a formas góticas del siglo XVI—, el gallo y la gallina revoloteando a sus anchas. A los viajeros les causaba más impresión la presencia de estos animales en el templo que, incluso, la visión del sepulcro monumental del santo. Cuando Nopar, señor de Caumont, llegó a Santo Domingo, se encontró ya con estos animales en el templo y le contaron la siguiente historia:

Un peregrino y su mujer iban a Compostela en compañía de un hijo, muy guapo mozo. Aquella noche se alojaron en una posada, en la que una de las jóvenes criadas se enamoró perdidamente del muchacho. Como éste no le hizo caso, despechada, entró en el cuarto del joven mientras que dormía y le metió en su escarcela una taza de plata de las del posadero. A la mañana siguiente, una vez que hubieron dormido, padre, madre e hijo emprendieron el camino. Cuando ya habían salido de la ciudad, la sirvienta le dijo a su amo que faltaba una taza y que la debían haber robado los peregrinos. El posadero dispuso que salieran detrás de ellos. Les alcanzaron a una legua de distancia y les preguntaron si tenían una taza, a lo que respondieron que no quiera Dios, que ellos eran buenos y verdaderos peregrinos y jamás harían una tan mala acción. Registrados la taza fue encontrada en la escarcela del muchacho donde la había colocado la criada, lo que abochornó mucho

la catedral, se celebraba aquí todos los sábados el mercado. Continuando el camino por la misma calle, nada más terminar la fachada de la catedral, un gran arco cruza una bocacalle para unir el templo con una vieja casa gótica, la *Casa del obispo Juan Pino,* donde murió Enrique II, en 1379. Sobre su fa-

a los peregrinos. Conducido el muchacho a la ciudad, fue llevado a la justicia que le condenó a ser ahorcado; de lo que los padres tuvieron gran dolor, pero no demoraron por ello su peregrinación a Santiago. Después volviendo de regreso a su país, al pasar por Santo Domingo, fueron a la horca por ver a su hijo y pedir a Dios por su alma. Cuando estuvieron bien cerca empezaron a llorar con fuerza, y el joven estaba bien vivo y les dijo que no hicieran duelo porque estaba vivo y sano, porque un noble varón le había sostenido por los pies, de modo que no tenía ningún mal. En seguida fueron a ver al juez, pidiéndole que hiciese descolgar a su hijo porque estaba vivo. El juez no le quería creer de ningún modo, porque era imposible; insistiendo los padres que así era. El juez, que había hecho preparar su comida y tenía en el asador un gallo y una gallina que estaban asados, dijo que creería en el momento en que aquel gallo y gallina que estaban casi asados cantasen. En aquel momen-

to gallo y gallina saltaron del asador y cantaron. Entonces el juez fue muy maravillado y reunió gentes para ir a la horca y encontraron que era verdad y lo bajaron vivo y sano. Contó después que él no sabía nada de la taza y cómo le había solicitado la sirvienta. Prendida ésta, confesó la verdad, que ella lo había hecho porque él no había querido hacer sus deseos; y fue ahorcada. Y aún hay en la iglesia un gallo y una gallina de la estirpe de las que cantaron en el asador ante el juez, y yo los he visto de verdad y son completamente blancos.

El suceso no era nuevo, se conocía desde el siglo XII, aunque la actuación milagrosa había tenido lugar en otros sitios. Desde cuándo se localiza aquí se ignora, pero ya se cita en un documento pontificio de Aviñón, del año 1350, por el que se concedía indulgencias a los fieles que ayudaran a mantener el culto de la catedral «o mirasen el gallo y la gallina que hay en la iglesia». La verdad es que la historia no sólo alcanzó un mayor desarrollo dramatizado, sino que se constituyó todo un ritual casi fetichista sobre las pruebas materiales que se conservaban. Künig, en 1495, recomendaba: «no olvides la gallina de junto al altar, y la considerarás bien, piensa que Dios puede hacer milagros; yo sé bien que no es mentira que escaparon del asador, pues yo mismo he visto el cuarto donde echaron a andar y el hogar donde fueron asadas». Otros viajeros recordaban no sólo la habitación, sino la horca, e, incluso, una capilla levantada en el lugar donde ésta se encontraba. Los peregrinos disputaban dar de comer de su propio pan a las aves porque sabían que eso les daría suerte, y, desde luego, no olvidaban llevarse como recuerdo una o dos plumas, que incluían en su atuendo.

Al igual que el conde de Caumont, y lo mismo que nosotros en la actualidad, Richard Ford se encontró durante su visita a Santo Domingo con las aves en el corralito de la catedral; sin embargo, cuando le refirieron la historia, no fue tan crédulo y sus comentarios muy sarcásticos:

> ... el gallo, con su gallina, fue llevado a la catedral y todos los años nacieron, con toda regularidad, dos pollos de tan respetables padres, de los que ningún ornitólogo itinerante debiera dejar de llevarse uno para el jardín zoológico. El gallo y la gallina fueron debidamente conservados cerca del altar mayor, y los peregrinos se ponían sus plumas en el sombrero. Los prudentes escritores, sin embargo, sin tener en cuenta a Santo Domingo, pondrán un par de aves corrientes de asar en su «despensa», porque el camino de Logroño es de los que dan hambre.

El *Hospital de Santo Domingo* se encuentra en la plaza ante la catedral, en el mismo sitio donde el Santo levantó el suyo, aunque hoy se ha transformado en parador de turismo. Nada existe de la fundación primitiva; tan sólo, unos arcos apuntados apeados en pilares de sección octogonal señalan la estructura basilical de lo que debió ser la dependencia hospitalaria bajomedieval. Era un edificio de tres naves, la central algo más ancha y alta que las colaterales, con cubierta de madera. En el siglo XVIII recibió una segunda planta y un patio porticado.

La catedral alcanzó esta dignidad en 1235. Se levanta sobre la iglesia que edificara el propio Domingo con sus manos. Los «Anales Compostelanos» nos informan que en 1158 se colocó la primera piedra, aunque las obras avanzarían muy lentas; seguramente, será bajo la dirección del maestro Garsión, cuya existencia se documenta entre 1162 y 1199, cuando se proyectó y realizó la parte románica de la cabecera. A partir de entonces, los trabajos continuarían muy despacio; son numerosas las noticias que Moya ha dado a conocer sobre la solicitud de ayuda para su financiación a lo largo de la Edad Media. Siguiendo el prototipo de la catedral compostelana, se proyectó un edificio con girola e, incluso, con tribuna sobre la misma; sin embargo, la lentitud del proceso constructivo, coincidiendo con un cambio de significado y función de la tribuna en el arte de la época, contribuyó a que ésta quedase reducida a una forma atrofiada muy distinta a la que tiene en los llamados «templos de peregrinación». Se completaría el edificio con un crucero y tres naves terminadas en maciza fachada occidental con aspecto de fortaleza. Si en la girola la estructura de soporte es todavía románica, las cubiertas corresponden ya al gótico. La escultura de los capiteles de las ventanas y aleros es de gran delicadeza, respondiendo, en la representación de algunas cabezas y temas de fábulas, a la renovación de la última escultura románica. Ciertos capiteles del entorno del presbiterio pertenecen ya a una plástica e iconografía plenamente góticas.

El hundimiento de un pilar del crucero en 1508 obligó a remodelar profundamente esta parte del templo con nuevos abovedamientos, que incluían el presbiterio. La fachada que da a la plaza es una obra barroca de Martín de Beratúa, de 1769. Este mismo arquitecto es quien había edificado la hermosa torre aislada, unos años antes. La silueta de la torre, con su afiligranado remate, confiere a la imagen del conjunto de la ciudad su impronta más distintiva.

En su interior podemos contemplar el mausoleo de Santo Domingo, bajo un templete trazado por Felipe Vigarny y realizado a comienzos del siglo XVI por Juan de Rasines. El sepulcro con escenas de la vida del santo pertenece a la escultura gótica del siglo XV. En el trascoro, otras representaciones de la vida del santo, pintadas por Andrés de Melgar sobre tabla. El retablo mayor fue realizado por Damián y Bernal Forment, quienes comenzaron su trabajo en 1537, consiguiendo una obra que se convertiría en modelo de toda una serie de retablos riojanos.

La ciudad conserva otros dos grandes edificios dignos de ser visitados: el *Convento de las Bernardas,* construido por Pedro Manso de Zúñiga a comienzos del siglo XVIII, tiene una iglesia en la que se guardan los sepulcros con las efigies del fundador y sus hermanos: extramuros está el *Convento de San Francisco,* edificado en 1571, siguiendo cánones herrerianos.

Al salir de Santo Domingo, el Camino cruza el río Oja; para vadearlo, Domingo había construido un puente. Hoy en día, el puente es moderno, y sólo un humilladero nos recuerda los hechos del santo protector del Camino. La obra original sufrió diversas restauraciones antes de que acabase la Edad Media. En 1483, Isabel la Católica concedía franquicias

a los vecinos que contribuyesen a su reparo. Ya en el siglo XVI se construyó uno nuevo según trazas de Juan de Herrera.

La tradición popular ha mantenido el recuerdo de lo que supuso para la historia de la villa la construcción de este puente, algo sólo creíble por una intervención sobrenatural, por lo que muchos de los milagros de Domingo de la Calzada están relacionados con él. En uno de ellos se cuenta como el santo recorriendo los pueblos de los alrededores buscando animales de tiro para las obras, fue engañado por un vecino de Corporales que, por mofarse de él, le entregó dos toros bravos diciendo que eran bueyes de carga. Domingo los condujo a la obra, y los toros se comportaron mansamente. Otro de estos milagros se rememora todavía en la conocida procesión de la «Rueda», que se celebra cada 11 de mayo: un peregrino estaba durmiendo a la entrada del puente, cuando fue atropellado por un carro cargado de pie-

dras que era tirado por un par de bueyes desbocados; gracias a la intervención del santo, el peregrino volvió a la vida.

A menos de 6 kilómetros, la ruta alcanzaba **Grañón,** villa que había surgido junto a un castillo fronterizo levantado por Alfonso III, en el siglo X. La estructura urbana de forma rectangular, totalmente amurallada durante la Edad Media, se formó en torno a la calle Mayor que era la prolongación natural del Camino.

Dos hospitales existieron en esta villa. Garsión, maestro de obras de la catedral de Santo Domingo en los años finales del siglo XII, fundó un hospital en Santa Cruz de Carrasquedo Rubio, que terminaría donando a la catedral calceatense, según consta en documento de 1199 confirmado por Alfonso VIII. El otro hospital es fundación de García Pérez en el barrio de Estabillo, en 1189, que pasará a depender de San Millán de la Cogolla.

Catedral de Santo Domingo de la Calzada. En su fachada occidental, un gran pórtico permite el tránsito bajo sus arcadas.

lix de Oca. El paso del tiempo, al arruinar el antiguo edificio, lo ha convertido accidentalmente en una especie de pirámide que recuerda al viajero el lugar donde recibió sepultura el conde Diego Porcelos, fundador de la ciudad de Burgos. Resulta muy interesante contemplar la solución cupulada que se da al ábside, fórmula muy característica de la tradición arquitectónica hispana durante los primeros siglos del Medievo.

Villafranca-Montes de Oca se encarama en la ladera de un valle que penetra en los montes que se levantan como un muro ante el camino. Fue antigua sede episcopal, hasta que en 1075 se trasladó a Gamonal y, por último, a Burgos. A principios del siglo XII debió sufrir un importante incremento demográfico, que debe coincidir con la sanción de sus fueros por don Enrique II de Portugal. Ningún resto monumental subsiste en la villa de esta época; lo más antiguo corresponde ya a la Baja Edad Media. Sobre la misma carretera, indicando un desvío —el trazado del viejo Camino—, podemos contemplar la *Iglesia parroquial de Santiago,* obra ya de una reconstrucción del último decenio del siglo XVIII.

El *Hospital de San Antonio Abad* ha sufrido una reciente restauración y ampliación. Se trata de una fundación del siglo XIV, y su construcción se debe al patronazgo de doña Juana Manuel, esposa de Enrique II de Castilla, por lo que también se le conoce como «Hospital de la Reina». Ésta expresa así su voluntad:

> … sepan cuantos esta carta de donación vieren como yo Doña Juana...porque yo mandé facer el mi hospital de la mia villa de Villafranca...para servicio de Dios e para mantenimiento de los pobres e de las otras personas cuitadas que pasasen por el dicho lugar de Villafranca e este dicho logar no puede ser bien mantenido sin rentas ciertas do se puedan dar las dichas limosnas para los dichos pobres...

Tras una graciosa portada, del siglo XVI, todavía podemos contemplar las arcadas de un patio, de hacia 1500. De aquí se accede a la capilla y a los pisos superiores, donde estan las enfermerías. El comedor, cubierto con un envigado de madera, lleva las fechas de 1742 y 1776. Se ofrecía en él acogida a peregrinos, pobres, clérigos y personas distinguidas. En el siglo XVIII contaba con treinta y seis camas, que se distribuían de la siguiente forma: catorce camas para hombres, cuatro para mujeres,

Hospital de San Antonio
Abad de Villafranca-Montes
de Oca. Este hospital
corresponde a una
fundación de doña Juana
Manuel, esposa de
Enrique II de Castilla.
Desde entonces ha sufrido
numerosas remodelaciones,
la última muy
recientemente.

Ermita de la Virgen de Oca.
Desviándonos ligeramente
de la ruta, nos dirigimos
a este ameno vallejo, donde
la tradición quiere situar
el lugar en que fue
martirizado san Indalecio,
discípulo de Santiago.

Iglesia parroquial de Santiago de Villafranca-Montes de Oca. El edificio que contemplamos en la actualidad corresponde a una remodelación llevada a cabo en el último decenio del siglo XVIII.

episcopal de Oca. Sin embargo, esto no era más que una de las muchas excursiones que la piedad de los peregrinos les obligaba a hacer; la verdadera ruta partía de la misma Villafranca, por el lado de arriba del templo parroquial, ascendiendo por una empinada cuesta hacia el puerto y apartándose del trazado de la carretera actual, con la que no coincidirá hasta Valdefuentes.

Las dificultades orográficas del Camino se acrecentaban por los peligros de los bandidos y las tierras pantanosas que se encontraban en la cima. A remediar estos males dedicó gran parte de su actividad san Juan de Ortega, tal como ya hemos indicado. Claro reflejo de estas circunstancias son las fantásticas narraciones que sitúan sus hechos en estos parajes. Todavía ocurrían sucesos extraordinarios en la incrédula Edad Moderna: un famoso peregrino, Domenico Laffi, sacerdote de Bolonia, viajando hacia Compostela en 1670, se perdió por estos lugares y consiguió sobrevivir comiendo setas que encontraba en el bosque. Laffi describe así su paso por esta sierra:

> ... después partimos subiendo aquella gran montaña, pasada la cual encontramos una gran llanura de prados que dura por espacio de cuatro leguas, sin hallarse ninguna habitación humana. En ellos vimos hongos de extraordinario tamaño, que es cosa increíble, eran grandes como un sombrero de paja. Tomamos dos uno para cada uno, y terminado el trayecto de estos prados llegamos al monasterio, donde están los padres de San Juan de Ortega y el cuerpo de este Santo reposa en dicho monasterio en una caja de mármol. Estos padres son muy ricos y hacen buenas caridades a los peregrinos.

Después de una pronunciada ascensión de 6 kilómetros se remontaba el puerto, en cuya cima, una larga planicie, existían tres hospitales —Valbuena, Muñeca y Valdefuentes—, de los cuales sólo conservamos algunos restos arquitectónicos del último, convertidos en Capilla de la Magdalena.

El *Hospital de Valdefuentes* remonta su origen a una fundación cisterciense del monasterio de Veruela, que disponía un hospital para atender a los viajeros. A principios del siglo XIII correspondía ya al Hospital del Rey de Burgos, quedando desde entonces bajo el dominio de la abadesa de las Huelgas hasta el siglo XIX. Unos estatutos de 1540 nos informan que el servicio de este hospitalillo estaba al cargo de un capellán, obligado a celebrar el domingo y tres días más cada semana, y un hospitalero, con la obligación de recibir a los peregrinos y tener la casa aderezada y las camas limpias y hechas y ayudar al capellán a misa.

En una explanada contemplamos los restos de un ábside gótico, que corresponden a una capilla dedi-

otras cuatro para sacerdotes y personas distinguidas, nueve para enfermos, y otras nueve, en distinta sala, para mujeres enfermas. Una letrilla popular debe aludir a la existencia de varios colchones en la cama, pero falta de cobertores:

> Villafranca de Montes de Oca
> alta de camas y pobre de ropa.

En función de los pobres, «que son toda la hacienda del hospital», según un viejo memorial del siglo XVIII, se construyó en la cocina un hogar cuadrado y a su alrededor dos órdenes de asientos de ladrillo y cal «para que éstos pudieran calentarse cómodamente y secar sus ropas sin embarazarse». Sobre la comida existen numerosos testimonios de su abundancia y calidad.

Al salir de la población, el peregrino podía encaminar sus pasos, por la parte baja de la ladera, hasta un ameno lugar donde se levanta la *Ermita de la Virgen de Oca*. Según la tradición, en este bello paraje, junto a un manantial, fue martirizado san Indalecio, discípulo de Santiago. La iglesia burgalesa considera a este santo como el primer obispo de la sede

cada a santa Magdalena; único resto de la casa grande y capilla que existían aquí durante el siglo pasado. La ruina ha sido remodelada a manera de humilladero, acomodándose así a una tipología de hito-santuario del Camino.

Desde aquí, el Camino continuaba por la derecha, siguiendo el curso del arroyo del Roblegordo, hacia San Juan de Ortega, desviándose del trazado de la carretera. Una segunda variante proseguía la dirección de ésta hacia **Zalduendo,** para llegar hasta Burgos por **Ibeas de Juarros** y **Castañares.** En algunas referencias de viajeros medievales se prefiere esta ruta por considerarla más segura que la primera, donde merodeaban los bandidos. Sin embargo, estos problemas no existirán después, en los últimos años del siglo XV; la eleción de uno u otro camino corresponde a decisiones más prosaicas. Para Künig, la variación es simple: «... a la derecha hallas a lo lejos un hospital y a la izquierda una taberna». Arnold von Harff es más preciso en lo que conviene tener en cuenta en el momento de la elección: «... el de la mano izquierda es el mejor y el más cuidado, pero los peregrinos siguen el de la derecha para recibir limosna en el monasterio de

San Juan, donde tienen un hospital». El viajero actual tiene el mismo dilema: continuar cómodamente por la carretera hasta Burgos, o desviarse por un mal camino hacia el santuario de Ortega.

San Juan de Ortega.—Recuerda el lugar de las principales fundaciones de uno de los grandes promotores del Camino, el burgalés Juan de Ortega, discípulo de santo Domingo de la Calzada. La fundación hospitalaria fue acogida bajo la protección directa del papa Inocencio II, en 1138, organizándose con una comunidad de canónigos regulares de san Agustín. Alfonso VII les concederá privilegios que les permitan controlar la zona y mantener su tarea asistencial. Al iniciarse el siglo XV, una profunda crisis embarga la fundación; para solucionarla, el prelado burgalés, Pablo de Santa María, trajo monjes jerónimos de Fresdeval en 1434. Con el apoyo económico del condestable de Castilla, Pedro Fernández de Velasco, y su esposa, Mencía de Mendoza, se produjo una ampliación y remodelación del conjunto.

En el testamento del santo fundador, redactado en 1152, vemos resumido cuál fue el ideal de su actividad y la función del centro que él había creado, así como su deseo de que permaneciese independiente de la autoridad del obispo burgalés, bajo el control de miembros de su familia:

En el nombre de Dios, sepan todos, tanto los presentes como los venideros, que yo Juan de Quintanaortuño, por la gracia de Dios Señor de Ortega, de la iglesia de San Nicolás y de la casa que para servicio de los pobres he levantado en el Camino de Santiago con mi hermano Martín, y a expensas de nuestros propios bienes, así como de su territorio, que hasta aquí ha sido guarida de ladrones que de noche robaban y mataban a muchos peregrinos que se dirigían a Santiago, hago donación de la referida iglesia con todos sus derechos a todos mis parientes y a los canónigos regulares constituidos en dicha iglesia, para que por derecho de herencia posean dichos bienes a fin de que vivan al servicio de Dios, guardando la regla de san Agustín y encargo especialmente que mis parientes no carezcan nunca de sustento y vestido necesario. Y con el consentimiento de los canónigos, nombro rector de la misma iglesia a mi sobrino Martín Esteban y para después de su muerte a mi otro sobrino Juan, que ha sufrido conmigo muchas persecuciones en tiempos de guerra, señor y rector de dichas posesiones.

Aunque nada conservamos del hospital e iglesia que aquí fundó el santo, sí existe un importante conjunto monumental que sus discípulos y devotos construyeron en su memoria desde finales del siglo XII. En líneas generales, la ordenación de los edificios corresponde a las obras que se emprendieron bajo el gobierno de la comunidad jerónima, que vivió aquí hasta la desamortización decimonónica.

La gran iglesia románica, de tres ábsides e importante crucero, jamás se concluyó en el trazado de sus naves; su terminación corresponde ya a fines del gótico, cuando, por deseo de Pablo de Santa María, su hijo Alonso de Cartagena dispuso su construcción. La parte románica, aunque algunos consideran que fue iniciada por el propio Juan de Ortega, debió ser obra cuyo principio sería algo posterior a su muerte (1163). Entre sus capiteles tienen un gran interés iconográfico el que representa la Natividad y el del combate del gigante Ferragut y Roldán. La parte gótica corresponde al año 1445, y de su proceso sabemos, por el testamento de Alonso de Cartagena, que «tenía —se refiere al propio prelado— hecha concordia y contrato con Pedro Fernández de Ampuero, lapicida, para que en el plazo de ocho años la levantase por un coste de 198.000 maravedís, más las piedras que para ello había mandado previamente acarrear». Para que quedase memoria imperecedera de la especial protección de los Cartagena por esta casa, sus armas aparecen esculpidas en las claves y los muros. Sólo los dos grandes escudos que enmarcan el presbiterio corresponden a la familia Rojas y Avellaneda, patronos de la capilla mayor, cuya colocación corresponde a doña Inés de Rojas en 1602.

En su interior se conserva un monumento funerario dedicado a san Juan de Ortega, cuyos restos descansan en la cripta. Se trata de un conjunto, concluido en 1474, que bajo un baldaquino dispone la imagen, en alabastro, del Santo sobre un lecho en el que se representan diversos milagros del mismo. Aunque pensado para este templo, tuvo que ser recompuesto en San Nicolás, junto a la sepultura original. La traslación no se llevó a cabo por ocurrir un suceso extraordinario, que fue interpretado como un deseo del fundador para que no se le cambiase. Un viejo cuadro representaba el momento en que fue abierta la sepultura para transferirlo al nuevo sepulcro; la escena no sólo se pintaba, sino que un letrero la explicaba:

Queriendo trasladar el cuerpo de este glorioso santo a la capilla e iglesia mayor se halló entero y la carne de las quijadas aún no deshechas, y tenía toda la dentadura sin faltar más que una muela, y porque se llenó la capilla de abejas blancas, lo dejaron donde está.

Así quedaron las cosas hasta que, en 1966, se instaló donde ahora se encuentra. Se hizo la cripta y se colocó en ella el sarcófago de piedra que contiene los restos del santo. También se guarda aquí un sepulcro románico que nunca llegó a ocupar, obra del último tercio del siglo XII, con una rica iconografía representando, en su frente, al Salvador en medio del colegio apostólico y, en la tapa, una escena funeraria

Formando ángulo con la fachada occidental de la iglesia, la *Capilla de San Nicolás,* de hermosa fábrica gótica con fachada renacentista e interesantísimas rejas del siglo XVI. Se ubicaba aquí el antiguo oratorio levantado por el santo, que, por deseo de Isabel la Católica, fue renovado, iniciándose entonces la obra del edificio que hoy contemplamos.

A su lado, la actual hospedería, que durante la Edad Media fue la residencia de los canónigos y después transformada en dependencias para la comunidad jerónima. Cuando en los siglos XVII y XVIII se concluyeron las obras del monasterio moderno, se destinó al hospedaje de los peregrinos. La parte más interesante es un bonito claustro cuadrado, de casi 10 metros de lado, articulado en dos pisos, el inferior de arcos rebajados sobre pilares cilíndricos. Se sabe que para su construcción entregó Pablo de Santa María 130.000 maravedís, quien en 1435 todavía se acordaba en sus mandas testamentarias de esta obra:

... al prior y frailes de San Juan de Ortega para cumplimiento de todo lo que ovieron de haber para

la labor de la claustra e sobre la claustra 18.000 maravedís.

Para el clérigo Laffi, en el siglo XVII, los monjes eran ricos y atendían muy bien a los peregrinos; sin embargo, un siglo después, el padre Flórez —visitó el monasterio el 15 de julio de 1769— nos describe ya una comunidad pobre que hace mucha caridad con los necesitados, seguramente para hacer mayor hincapié en la protección que el santo fundador seguía deparando a su hospital:

En el hospital parece continúa el Santo su maravillosa caridad hasta hoy, pues tiene el privilegio de no sentirse nunca el mal olor y hallarse los pobres asistidos de un modo que parece increíble...pues son muchos los peregrinos y pobres que concurren. Danles de comer cuando llegan, y llegan a casi todas horas. El monasterio es pobre, pero nunca les falta a los pobres. Si vienen enfermos, les asiste con médico y medicinas; si alguno muere, les hace el entierro solem-

ne, asistiendo la comunidad con velas encendidas; de modo que parece que vive la caridad del Santo aunque el cuerpo está muerto.

Antes de abandonar el santuario merece la pena contemplar las reliquias relacionadas con el santo, su casulla —tejido oriental— y un mutilado Cristo de marfil del siglo XII, guardados siempre en la casa con gran veneración. No debemos olvidar que Juan de Ortega es en sí mismo un santo capaz de obrar prodigios. Por su fundación pasan los peregrinos camino de Compostela, pero aquí también se puede venir a impetrar la ayuda sobrenatural. En su cenotafio gótico podemos ver representados alguno de sus milagros, devotos postrados ante su sepultura. Incluso su fama le permitió robar alguna fidelidad al propio Santiago:

Un matrimonio irlandés que viajaba a Santiago, con un hijo mudo de nacimiento, al pasar por Villafranca de Montes de Oca, se enteró de los milagros

El Camino llega al conjunto hospitalario fundado por san Juan de Ortega por la parte de atrás de su iglesia, discurriendo por su fachada meridional. La cabecera del templo responde a las características del románico burgalés del último tercio del siglo XII.

que hacia San Juan de Ortega. Se dirigió entonces al santuario, colocando los padres a su hijo junto a la sepultura a la vez que unas mujeres ofrendaban unas manzanas. Al verlas, el niño pidió una a sus padres. Y oyendo esto sus padres se pusieron de rodillas y dieron muchas loores a Dios y a este santo confesor que tan singular gracia les hiciera.

Siguiendo la marcha hacia Occidente, muy pronto se llega a **Agés.** En su iglesia parroquial, construcción del siglo XVI, dice la tradición popular que, bajo una losa, se enterraron las entrañas del rey García de Navarra, derrotado por su hermano Fernando I en la batalla de Atapuerca (1054). Sin embargo, la reflexiva historia no parece estar muy de acuerdo con el sentimiento popular; sólo recoge que su cuerpo fue sepultado en la basílica de Santa María de Nájera. A la salida de este pueblo se conserva un pequeño puente que, aunque no sea rigurosamente cierto, bien pudiera corresponder con el que se cuenta que aquí construyó Juan de Ortega con sus propias manos. Viene a continuación el pueblo de **Atapuerca.** Al norte de estos dos pueblos se extiende una gran llanura en la que tuvo lugar la célebre batalla. Marchamos por la sierra del mismo

nombre hasta descender al valle del río Pico, donde el Camino francés se une a otra importante ruta, la que procede de Miranda de Ebro, Pancorbo y Briviesca. En los primeros momentos de la peregrinación, cuando los caminos meridionales no eran seguros, esta vía fue muy frecuentada.

Gamonal, en la actualidad un populoso barrio de la capital burgalesa, fue, al principio, como ya hemos indicado, la sede de la primitiva diócesis episcopal. Un importante templo gótico, de planta de cruz latina, con una poderosa torre sobre un pórtico occidental, todavía nos recuerda el pasado esplendoroso de la *Iglesia de Nuestra Señora, la Real y Antigua.* Sus constructores deben ser obreros formados en los talleres de la catedral durante el siglo XIV. Frente a la iglesia, una cruz, realizada en el siglo XVI, servía de mojón monumental del Camino.

Burgos.—La ciudad surge en el siglo IX en coordinación con todo un sistema estratégico de defensa de la Castilla al norte del Duero, fijándose su fundación por el conde Diego de Porcelos en el 844. Desde la creación del reino de Castilla (1035), sufrirá un rápido desarrollo que la llevará a convertirse durante toda la Edad Media en cabeza de Castilla. La decisión de Alfonso VI de reunir aquí los antiguos

De la muralla medieval de Burgos quedan importantes vestigios. La Puerta de San Esteban facilitaba el acceso a la ciudad por la parte alta (Norte).

Capilla de San Nicolás (San Juan de Ortega). Su fundación se debe a san Juan, donde él mismo sería enterrado. Por mandato de Isabel la Católica se renovó la ermita, construyéndose entonces un edificio de estructura gótica, que se terminaría en esta fachada renacentista que contemplamos. La reja corresponde también al siglo XVI.

La Puerta de Santa María fue proyectada en el siglo XVI por Francisco de Colonia y Juan de Vallejo. Concebida en honor de Carlos V, ocupa el lugar de una puerta medieval. Las imágenes de su fachada constituyen un programa que exalta las figuras legendarias de la historia burgalesa.

obispados de Oca, Sasamón y Valpuesta, así como la concesión de una serie de privilegios que mejoraban los viejos fueros, sirvieron decisivamente para desarrollar el protagonismo de la ciudad en la historia castellana.

Su origen militar centra la parte más antigua en torno al castillo, en lo alto del monte; sólo a partir del siglo XI, se iniciará un descenso hacia los ríos Arlanzón y Vena. Los barrios se van extendiendo desde los escarpes superiores hasta el suelo, más cómodo y propicio en la misma ribera de estos ríos: San Esteban, San Lorenzo, Barrioeras, Santa María, San Juan, etc. Como en tantas otras ciudades de Castilla, se agrupan las casas en torrío a las iglesias formando islotes que, con el transcurso del tiempo, terminarán por unirse en un apretado tejido urbano.

El castillo ha quedado reducido a las románticas ruinas de unos torreones. Las murallas, que cerraban la ciudad desde lo alto hasta el río mismo, han sido devoradas por las ampliaciones y las especulaciones urbanísticas; sin embargo, todavía quedan como testigos algunos lienzos de muro y cuatro puertas monumentales. Tres de ellas, realizadas con grandes sillares, fueron remodeladas en el siglo XIII con un importante empleo del ladrillo: la de San Juan, la de San Martín (una reciente restauración la ha devuelto su fisonomía original) y San Esteban. La *Puerta de Santa María,* que comunica la plaza de la catedral con el río Arlanzón, es obra del siglo XVI sustituyendo a otra más antigua. Fue proyectada por Francisco de Colonia y Juan de Vallejo como un monumental arco de triunfo en honor de Carlos V. Las esculturas, obra de Ochoa de Arteaga, representan un programa iconográfico que tiene como fin exaltar a los grandes protagonistas de la historia burgalesa —el fundador Porcelos, los jueces Calvo y Rasura, y los legendarios héroes Fernán Gonzalez y el Cid Campeador, bajo la protección de un ángel custodio y la patrona de la ciudad.

El peregrino del siglo XVI, antes de entrar en la ciudad, se encontraba con el Hospital de San Juan a la izquierda de la calzada y, a la derecha, la iglesia de San Lesmes; cruzando a continuación por un puente el Vena, un riachuelo que unos metros más adelante desemboca en el Arlanzón. Saliendo del puente estaba ya la Puerta de San Juan que le permitía entrar en Burgos. El Camino se convertía aquí en calle que conducía hasta la catedral, donde, hasta el siglo XII, continuaba hacia Occidente para salir de la ciudad por la Puerta de San Martín. Desde la duodécima centuria, la importancia que iba teniendo la margen izquierda del río hacía que por la Puerta de Santa María se pudiese cruzar para seguir por esa margen y emprender el camino hacia Santiago.

La importancia de Burgos, cabeza de Castilla, permitía ofrecer durante la Edad Media una gran asistencia hospitalaria a los pobres y peregrinos que por ella transitaban. A finales del siglo XV, un viajero alemán citaba treinta y dos hospitales, de los cuales el más importante era el Hospital del Rey. La historia hospitalaria de esta ciudad se fundamenta, entre el siglo XI y el XV, en tres centros: el Hospital del Emperador, el Hospital de San Juan y el Hospital del Rey. Los dos primeros ocupaban en el siglo XI los dos extremos del eje Este-Oeste de la ciudad, que se correspondía con el trazado de la calle principal de Burgos, que, a su vez, era la continuación misma de la principal vía de comunicación que pasaba por ella, el Camino francés. Acogía, antes de entrar en la ciudad, a los viajeros que venían en una u otra dirección. Cuando la salida por la Puerta de San Martín cedió en importancia con respecto a la de Santa María, el nuevo ramal del Camino tendría

un nuevo hospital que terminaría por erigirse en el más importante, el Hospital del Rey.

El *Hospital de San Juan* existía ya en 1085; sin embargo, su importancia empezará cuando fue concedido al monje benedictino Adelelmo, en 1091. Éste era un monje francés de la abadía de Casa Dei, que fue llamado por Alfonso VI para que contribuyera en la tarea de reforma religiosa del reino castellano. El monarca le adjudicó este hospital que consistía en una capilla y una casa para acogida de peregrinos. Yepes nos narra así la actividad de Adelelmo, el san Lesmes que llaman los burgaleses que le convirtieron en su patrono:

Como los reyes amaban tanto a San Lesmes, parece que en todo le acomodaban a su gusto, porque el darle la capilla de San Juan Evangelista (que era como un hospital de peregrinos que pasaban a Santiago) no fue otra cosa sino poner en su centro el Santo, porque así juntamente la vida activa y contemplativa con gran contento de su alma, pues cuando quería darse a la contemplación íbase al monasterio de San Juan Bautista, adonde desde luego hubo grandes siervos, criados a los pechos del Santo, y allí se ejercitaba en todas las obras de religiosos encerrado, guardando silencio, rezando, ayunando y haciendo diferentes mortificaciones usadas en los conventos, y

Los peregrinos,
en su marcha hacia el oeste
peninsular, salían
del recinto amurallado
de la ciudad por esta
Puerta de San Martín,
la más sencilla conservada
de la muralla medieval.

Para acudir de la ciudad al Hospital del Rey, los peregrinos debían cruzar el río Arlanzón por varios puentes. El que contemplamos aquí se conoce como Puente de Malatos. El nombre se debe a su proximidad a un hospital de leprosos. En su origen era de fábrica medieval; lo conservado en la actualidad pertenece a las reformas de los siglos XVII al XIX.

cuando quería darse a la vida activa, íbase al hospital de San Juan Evangelista, y allí abrigaba a los pobres, curábalos, recogía a los peregrinos, dábales limosna y granjeaba y servía a Cristo de mil maneras.

En el lugar donde se encontraba la capilla se construyó más tarde la *Iglesia de San Lesmes,* que tuvo que ser derribada en 1367 por causas bélicas. Veinte años después, Juan II concedió unos solares muy próximos al anterior para que se construyese un nuevo templo. Es éste el que contemplamos en la actualidad, con una importante renovación a finales del siglo XV. Se guarda en su interior el sepulcro de san Lesmes: sobre un bloque de jaspe, la estatua yacente del santo, con birrete y báculo abacial. Es obra de un cierto arcaísmo, de una gran dureza en la materialización de las telas, pero de una gran expresividad en el rostro. Luis de Gabeo cobró en 1596 por la realización de esta escultura.

Frente a San Lesmes, al otro lado de la plaza, se puede contemplar ahora una gran portada de hacia 1500, el único resto conservado de lo que fue el Hospital de San Juan renovado al finalizar la Edad Media. El viejo centro hospitalario se encontraba en plena crisis, por lo que fue preciso que la comunidad benedictina y los Reyes Católicos solicitaran de Six-

to IV autorización para restaurarlo, lo que les fue concedido en 1479. De la monumentalidad del edificio que entonces se emprendió es testigo esta portada blasonada, cuyas delicadas formas corresponden al arte gótico que los Colonia difundieron por Castilla. La institución hospitalaria terminó por convertirse en un gran hospital; sin embargo, como podemos ver por estas palabras de Yepes a principios del siglo XVII, ya no era un centro de acogida de peregrinos especialmente:

> ... de manera que es uno de los mejores hospitales de España. Sustenta al presente más de 110 camas, repartidas en diferentes dormitorios, para hombres y mujeres, en los cuales se curan de varias enfermedades, hasta de males contagiosos, y hay tambien su apartamiento para convalecer... Tiene también el hospital un cuarto muy grande, con sus aposentos harto buenos y honrados, en los cuales han vivido y siempre viven mujeres principales, que tienen de comer bastantemente y con mucho cumplimiento en sus casas, pero recógense en un aposento del hospital para huir del bullicio y tráfago de la gente...

El *Hospital del Emperador* estaba situado fuera de la ciudad murada, frente a la parroquia de San

Pedro. Fue una fundación de Alfonso VI cuya importancia se vio muy disminuida desde el siglo XIII, al fundarse el del Rey.

El *Hospital del Rey* se debe a una fundación de Alfonso VIII, en 1195, que desde 1212 estaba bajo la jurisdicción de la abadesa de las Huelgas. Ésta dispuso para su cuidado a doce «freires» y siete capellanes. De su obra medieval y moderna nos hemos ocupado con cierto detenimiento en la introducción. Ya en la época de Alfonso X se había convertido en un gran centro de acogida, de peregrinos especialmente:

... que todos los romeros que pasan por el camino francés et de otro logar, dond quier que vengan, que ningund non sea refusado dend, mas todos reçebidos, et que ayan y todas las cosas que mester les fueran de comer et de beuer et de albergue, en todas las oras del día et de la noche quando quier que lleguen; et a todos los que y quisieren albergar que les sean dados buenos lechos et complimientos de ropas. Et esto assi se mantiene y oy cutianamientre; et al que y uiene enfermo, o enferma o que enfermare, y danle mugieres y varones que piensen del y le den guisadas et prestas todas las cosas quel fueren menester, fasta que sane y muera.

Los peregrinos modernos que pasaban por Burgos todavía se encontraban muy satisfechos de la buena acogida que aquí se les deparaba. A fines del siglo XV, el hospital disponía de ochenta y siete camas, lo que le convertía en uno de los más importantes de todo el recorrido. Si tenemos en cuenta el tipo de alimentación que aquí se daba a los acogidos, según unos estatutos del siglo XVI, nos daremos cuenta del gran presupuesto que era necesario para su mantenimiento:

Le fundaron para receuir y ospedar a los pobres peregrinos que van al Señor Santiago de Galicia y a todos los pobres que a él vinieren, y darles de comer en él, mandamos que los pobres, ansí extranjeros como naturales destos reynos, que vinieren a este hospital, sean recibidos con toda caridad y benignidad y se les de el mantenimiento siguiente: A cada uno para una comida un pan que pese medio cuartal, que es veinte onzas; de carne mandamos que entre tres romeros se les dé dos libras, la una de cecina e la otra de carne fresca, carne o baca, según el tiempo, e porque estamos informados que el potaje que dan a los peregrinos es muy sin grasa e sin sabor, porque dicen no le echan tocino, mandamos se le eche una libra de tocino en la olla que se guisare para los peregrinos

El viejo hospital de Alfonso VIII ha sufrido numerosas ampliaciones desde su fundación a finales del siglo XII. En la imagen podemos ver la parte del hospital que corresponde a las obras del Renacimiento: Puerta y Casa de Romeros, en el patio de igual nombre.

El Patio de Romeros se cierra por su flanco oriental con la iglesia del hospital, cuya fábrica más antigua es del siglo XIII. En la fotografía vemos el armónico pórtico plateresco que antecede al templo.

cada día, y el limosnero se lo reparta como les paresciere, y de vino entre tres una azumbre —medida que corresponde a 2 litros y 16 mililitros—, que sea puro e para ellos haga medida propia del tercio de azumbre e póngales agua delante. El pescado mandamos se les dé conforme al valor de la carne y denles su potaje de garbanzos y lentejas o otra legumbre y ágale echar aceite, según hubiere la gente, o paresciere al limosnero, en tanto que en manera alguna non sean fraudados los dichos peregrinos en el peso o medida de todo, lo cual sea bien limpiamente guisado y aderezado, y si la culpa estuviere en alguno de los ministros, será duramente castigado; e porque en la cozina haya limpieza y concierto, mandamos al limosnero que la haga tener siempre cerrada, que no consienta que se le dé a los pobres res alguna mortecina a comer, ni tripas, ni asaduras, ni cabezas, ni cuajares, pues el Rey Católico dejó en cada un año 1500 carneros para los dichos pobres peregrinos, salvo si fuese un Sábado.

La dieta que Manier nos describe en el siglo XVIII era algo más reducida: sopa, carne, una libra de excelente pan blanco y un cuartillo de vino, y en la segunda, pan más negro que a mediodía y media ración de carne, sin vino.

El número de pobres y peregrinos que se acogía en el hospital creaba graves problemas a la hora de darles cama, llegando incluso a recomendar que no durmiesen más de dos en el mismo lecho:

> E mandamos al dicho limosnero que de tal orden de aposentar a los dichos peregrinos, que si fuere posible duerman solos cada uno en su cama, y si no cupieren no duerman más de dos en una cama, tengan más respecto al descanso e buen tratamiento de los pobres, que al de la mujer que tiene a cargo de hacer la cama.

Como en el hospital de Villafranca se notaban ciertas carencias de ropa de cama, por lo que se presta un especial cuidado a que no salga de las dependencias hospitalarias. Algunos administradores desaprensivos podían encontrar en su venta una manera de conseguir pingües beneficios:

> E porque alguna vez se ha sacado la ropa del palacio para otras partes, e ha hecho falta a los pobres, de aquí adelante ninguna ropa se pueda sacar aunque sea por mandato del comendador.

También aquí se encontraba con una marcada distinción entre los huéspedes que se acogían:

> Otrosí mandamos que para algunas personas religiosas, clérigos y otras calificadas así, estén ocho ca-

mas de mejor ropa e más ataviadas fuera del palacio de los Romeros en un lugar honesto, donde le pareciere al comendador y freires.

Los peregrinos que morían eran enterrados en el cementerio que se levanta frente a la Puerta de Romeros. El lugar, en medio de la arboleda, con sus modestas cruces y lápidas, resulta una conmovedora evocación de la pobreza de los caminantes del Apóstol. Presidía este espacio la capilla dedicada a san Amaro, el romero francés que, renunciando a volver a su patria, dedicó su vida al cuidado de los peregrinos y, en muchas ocasiones, se ocupó de enterrar sus cuerpos en este mismo sitio. En el interior de la capilla se conserva su monumento funerario, una ingenua imagen muy venerada por los burgaleses. Un epígrafe sobre el sepulcro nos informa del momento en que se hicieron la capilla y el sepulcro:

Año de mil seiscientos y catorce, siendo Bedor Fray P. de Lazcano de este Hospital hizo reedificar esta ermita del Señor San Amaro a costa de dicho hospital; y este sepulcro del Santo hizo hacer a su costa. Sea para honra y servicio de Nuestro Señor.

Antes de abandonar el lugar, nos conviene dar un paseo contemplando algunos de los restos principales del viejo hospital, hoy aprovechados en mo-

dernas instalaciones universitarias. Entramos por la Puerta de Romeros, edificada en 1526, presidida por una imagen sedente de Santiago bajo el busto de Alfonso VIII y san Miguel, en lo más alto, alanceando el dragón. En el patio nos encontramos un armónico espacio que articula construcciones del siglo XIII al XVIII. Al fondo, dos puertas: una, la de la enfermería, del siglo XIII; la otra corresponde a una obra del XVI y se abría a la capilla de la enfermería. Al Este, un elegante y equilibrado pórtico plateresco, coronado por una representación del Santiago Matamoros. Detrás del pórtico, la iglesia, con una portada del XIII similar a la de la enfermería; ambas puertas se corresponden formalmente muy bien con las obras de las Huelgas, signo evidente de su construcción simultánea. Las puertas de madera —dos hojas labradas en roble— reproducen sendas escenas con la representación de Santiago como intercesor de un devoto mientras que san Miguel alancea al demonio vencido, y un grupo de peregrinos, una verdadera escena de género. Las figuras muestran una anatomía vigorosa, de facciones y gestos expresivos que algunos han considerado de un «realismo brutal». Se atribuye su autoría a Francisco de Colonia. Se cierra el patio por el Este con la Casa de Romeros, obra representativa del plateresco realizada por Juan de Vallejo. Por la parte de atrás del conjunto hospitalario existe todavía la Puerta del Compás, realizada en el siglo XVI con un sentido más funcional, con lo que carece del empaque del arte de representación que acabamos de ver en la entrada principal. Se completa el conjunto con grandes pabellones, de tres naves, transformados hoy en biblioteca y seminarios universitarios, que corresponden a diversas ampliaciones de los siglos XVII y XVIII.

Los viajeros de los siglos XI y XII encontraban en Burgos una ciudad, sede regia, en pleno desarrollo, donde el nuevo estilo, el románico, se empleaba en los principales edificios. La catedral de Santa María era, con toda seguridad, su mayor empeño artístico. Sin embargo, el gran florecimiento comercial de la ciudad va a permitir una importantísima renovación de todo el patrimonio arquitectónico monumental, sustituyendo grandes edificios, como la catedral, que apenas tenía algo más de cien años de existencia, por otros acordes a estilos más modernos. Burgos es la ciudad del gótico y del primer renacimiento; la subsistencia del románico quedará reducida a las Claustrillas, obra escondida durante siglos en la impenetrable clausura de las Huelgas.

La *Catedral de Santa María* bajo su forma gótica surgió por el impulso renovador de un obispo viajero, don Mauricio, que quiso adoptar la modernidad artística que triunfaba en la Isla de Francia. La primera piedra se colocó por Fernando III en 1221. Las obras avanzarían rápidamente a lo largo de la centuria quedando concluidas en los muros perimetrales hasta una cierta altura. Mediada la centuria se contemplarían las grandes portadas de la extremos del crucero, la del Sarmental y la Coronería. Durante el siglo XIV se terminaría por abovedar el edificio y se construiría el gran claustro con las capillas de su entorno. A partir de la segunda mitad del XV, la intervención de los Colonia, familia de arquitectos, dotó a la catedral de la obra afiligranada del gótico final y de una sutil concepción del espacio arquitectónico. Su mano se aprecia en la interpretación de las agujas de las torres como si se tratase de una obra de orfebrería. En paralelo con éstas, también construyeron un cimborrio, que tuvo que ser sustituido por el que contemplamos en la actualidad, obra de Juan de Vallejo a mediados del XVI. La riqueza de los aristócratas de la ciudad traerá consigo la ruptura de la unidad arquitectónica del conjunto, pues su deseo de construirse grandes ámbitos funerarios propios forzó al cabildo a conceder permiso para erigir suntuosas capillas. Entre éstas merece especial mención la del Condestable, verdadera obra maestra de Simón de Colonia, uno de los grandes forjadores del gótico final hispano.

Numerosas iglesias parroquiales adoptan el gótico experimentado en la catedral para su renovación. La primera de ellas, y la más suntuosa, es la de *San Esteban*, situada por encima de la catedral hacia el castillo. La nueva edificación se inició hacia 1280. Los ecos de la escultura de la catedral los apreciamos en la gran portada, en la que se representan dos escenas del santo titular bajo la imagen del Cristo del Juicio entre san Juan y la Virgen.

Cuando, desde finales del siglo XIV, los peregrinos entraban a rezar en estos templos burgaleses encontraban en ellos grandes retablos de una magnífica imaginería, obra de escultores como los Siloé o Vigarny.

Cerca del Hospital del Rey existía una ciudad-monasterio, muchísimo más importante en tamaño que la mayoría de las poblaciones que cruzaba el Camino: **Santa María la Real de las Huelgas.** Alfonso VIII y su esposa Leonor establecieron en el momento de su fundación, en el año 1187, que estaba destinado a monjas del Císter:

> Construimos para honor de Dios y de su Santa Madre la Virgen María, un monasterio en la Vega de Burgos, que se llamará Santa María la Real, en el cual ha de observarse la Regla cisterciense.

El matrimonio regio se dedicó con gran ahínco a favorecer la construcción del monasterio y del hospital próximo, de tal manera que de su denodado desvelo quedó constancia en los documentos y en el alma del pueblo; los poetas lo reflejaban en sus versos, como vemos en esta estrofa de las *Cantigas* de Alfonso X referidas al monarca fundador:

> Et pois tornous a Castela
> De sí en Burgos moraba;
> E un Hospital facia
> El, e su moller labraba
> O monasterio das Olgas.

Gracias al apoyo regio, las obras del monasterio avanzaron con gran celeridad; surgió así un conjunto en torno a una modesta iglesia y un primer claustro, el conocido hoy por las Claustrillas. Pero la importancia que fue adquiriendo hizo que inmediatamente se iniciasen las obras de una gran iglesia, que en 1279 debían ir muy avanzadas, pues se pudieron colocar en medio de la nave mayor los sepulcros de los reyes fundadores. Para el nuevo templo se edificó un gran claustro, el de San Fernando, que después se cubriría con una riquísima decoración de yeserías. Al claustro se abre una monumental sala capitular, de esbeltas proporciones, donde se reuniría la comunidad presidida por la abadesa que, desde su sitial, mostraba su gran poder, tantas veces comparado con el de los propios reyes. En estas palabras, que solían encabezar la expresión de su voluntad, podemos apreciar claramente las «legítimas» ínfulas de su autoridad, nacida del apoyo regio y de la sanción pontificia:

El eco del gótico de la catedral se aprecia en diversas parroquias de la ciudad. De éstas, la más interesante es la de San Esteban. Vemos aquí su puerta occidental, en cuyo tímpano se representan escenas alusivas al santo titular bajo la imagen de Cristo-juez.

Detalle del sarcófago de Alfonso VII (coro de la iglesia de las Huelgas). Se representa aquí el acto solemne de fundación del monasterio, cuando el monarca hace entrega del acta fundacional a la primera abadesa.

Nos por la gracia de Dios y de la Santa Sede Apostólica, abadesa del Real Monasterio de las Huelgas, cerca de la ciudad de Burgos, Orden del Cister, Hábito de nuestro Padre San Bernardo, Señora, Superiora, Prelada, Madre y legítima administradora en lo espiritual y material del dicho Real Monasterio y su Hospital, que llaman del Rey, y de los conventos, iglesias y ermitas de su filiación en virtud de bulas y concesiones apostólicas, con jurisdicción omnímoda y «sin estar sujeta a diócesis...».

Cuando se visita el monasterio, inmediatamente nos damos cuenta de que estamos en un gran panteón. En los pórticos exteriores, bajo la gran torre que se yergue altanera sobre el nártex, se disponen los sepulcros de los caballeros que desean reposar en la eternidad lo más próximos posible a sus señores los reyes y príncipes de la corona castellana. Al entrar en la iglesia —antes sólo se podía en el gran crucero, lo demás era de clausura—, se contemplaban a través de la reja las sepulturas reales. En la nave central, en medio del coro de las monjas, los dos arcones funerarios de Alfonso y Leonor, refulgentes en los brillantes colores de los blasones que los adornan.

A un lado, guardando el orden de la jerarquía en la organización del espacio, el sepulcro de doña Berenguela, hija de Fernando III, monja en el monasterio desde 1242 hasta 1288 —el sepulcro había sido labrada para su abuela, Berenguela la Grande—. Por las naves laterales se suceden los diferentes sepulcros de los príncipes y del rey niño Enrique I, destacando entre ellos el del infante don Fernando de la Cerda, hijo de Alfonso X, muerto a los veintiún años, en 1275. El cenotafio fue enmarcado por un gran arco en cuyo tímpano se colocó un calvario que, aunque ha perdido la policromía, muestra en lo delicado de las formas, que definen unos rostros idealizadamente hermosos, el nuevo concepto de la espiritualidad y de la plástica que la materializa en imágenes durante la época del gótico.

Pero, si los sepulcros blasonados tienen claros timbres de espíritu caballeresco, en las Huelgas exis-

Este recoleto claustro del monasterio de las Huelgas recibe el nombre de «Claustrillas». Realizado en el siglo XIII, sus dependencias medievales han desaparecido bajo las construcciones modernas.

ten otros espacios en los que los ecos de la Caballería resuenan con más fuerza. Y éstos están en clara relación con el Santiago caballero al que ya hemos aludido detenidamente en la introducción. Aquí se armó caballero Fernando III en 1219, y veló sus armas Eduardo, rey de Inglaterra, cuando vino a Burgos en 1254 para casarse con la infanta Leonor, de cuya ceremonia nos da cuenta unos de los protagonistas, el rey Alfonso X:

> La primera vez que vine a Burgos, después que yo reiné, que vino aquí don Eduart, primero fijo e heredero del rey Enric de Inglaterra, rescibió de mí caballería en el monasterio de Santa María la Real de Burgos, e casó con mi hermana la infanta doña Leonor.

Se sucedieron las fiestas de las coronaciones de Alfonso XI, Enrique II, Juan I y Enrique III. De las justas que con los caballeros peregrinos se lidiaban aquí, también hemos hecho mención. Como punto focal de todo este ideal caballeresco, la capilla de Santiago, al oeste del conjunto monasterial. Un espacio de líneas arquitectónicas muy sencillas, pero

Portada de la capilla de Santiago (monasterio de las Huelgas). En este monasterio burgalés existieron albañiles musulmanes que nos han dejado hermosas muestras de su arte, tal como podemos contemplar en este arco de ladrillo y en sus columnas de mármol. En el interior de este oratorio velarían sus armas los más importantes caballeros de los siglos XIII y XIV.

que originalmente iba cubierto de una rica decoración de yeserías y vistosa armadura de madera. Se accede a su interior por una puerta en arco de herradura apuntada sobre columnas marmóreas de origen califal. Dentro se guarda la imagen de Santiago, talla de madera con el brazo derecho articulado que desde el siglo XIII sirvió para armar caballeros.

Antes de abandonar la ciudad, los peregrinos no podían dejar de visitar el *Santo Cristo* que se veneraba en el convento de San Agustín. Desde el siglo XIII se tiene constancia de su existencia, obrando tales prodigios que su fama se extendía por toda Europa; a ello contribuían enormemente los romeros que compraban reproducciones suyas, ya en papel o plata, para una vez pasadas por el Cristo llevárselas a sus países de origen. Su carácter de reliquia sagrada le venía dado por considerarse, según una remota tradición, obra del mismo Nicodemo. La mitificación popular le atribuía características de un ser vivo: la sangre manaba por las heridas, el pelo crecía y era necesario recortarle la barba, etc. Sin duda, la escenografía en la que era expuesto debía ser decisiva para una mayor y más trascendente sacralización de la imagen. Se guardaba en una lujosa dependencia del claustro, cuya luz se conseguía con el alumbrado de ocho grandes candelabros de plata y numerosas lámparas. Para contemplarlo había que correr tres cortinas: una primera, negra, que tenía dibujada la imagen del Crucifijo; la segunda, de seda roja jaspeada; la tercera era una gasa fina y transparente, a través de la cual se veía el Cristo. Al ser destruido el convento a principios del siglo XIX, se trasladó a una capilla de la catedral, donde se conserva en la actualidad. Es una imagen de madera cubierta de cuero ennegrecido.

Saliendo de Burgos, el Camino iba por la margen izquierda del río hasta **Villalbilla.** Al abandonar este poblado, el viajero debía volver a cruzar el río Arlanzón, por el *Puente de la Tabla,* hoy denominado del Arzobispo. Aunque conserva formas más antiguas, lo que podemos contemplar se remonta a una reconstrucción del siglo XVIII.

Un poco más allá, un crucero del siglo XVIII señala el inicio de **Tardajos,** población cuyo origen se remonta a la época de Augusto, situándose entonces en la vía romana que unía Clunia con Julióbriga. Durante el Medievo se habla de un hospital, del que tan sólo persiste el recuerdo. En adelante, el trazado del primitivo Camino se apartaba de la carretera, continuando por la vega hasta alcanzar **Rabé de las Calzadas.** En este pueblo, el vestigio monumental más antiguo que se conserva es la portada de su *Parroquia de Santa Marina,* obra del siglo XIII. Rabé fue donado por Alfonso VI al gran Hospital de Burgos para contribuir con sus rentas al manteni-

miento de su alberguería. Aunque en la actualidad se puede hacer el camino entre estas dos poblaciones cómodamente, en el pasado el acecho del lobo y las incontroladas crecidas del río Urbel hacían muy penosa la marcha del peregrino. Esta vieja letrilla nos lo recuerda:

> De Rabé a Tardajos
> no te faltarán trabajos.
> De Tardajos a Rabé
> libéranos Domine.

Laffi, en su viaje, no se encontró con las crecidas del río, ni con el acecho del lobo, pero desde luego conservó un penoso recuerdo en el trayecto que iba de Burgos hasta Hontanas:

... caminando todo el día por aquella gran llanura absolutamente abrasada, no ya por el sol, sino por la langosta, que había destruido todo, hasta el punto de no verse árbol alguno, ni hierba, ni aun piedras, que todo es arena, y era tanta la cantidad de las malditas langostas, que se camina con dificultad, y a cada paso que se da, se elevan al aire en nubes, que apenas dejan ver el cielo, lo cual dura las seis leguas que hay de Burgos a Hontanas.

Hornillos del Camino organiza su caserío sobre el trazado lineal del Camino. Su *Iglesia de Santa María* recibió en 1360, del obispo de Burgos y otros catorce prelados de Aviñón, el privilegio de conceder a los peregrinos cuarenta días de indulgencias en determinadas solemnidades.

Puente sobre el río Hormazuela (Hornillos del Camino). La obra medieval ha sido tan reformada que apenas es perceptible; lo que vemos corresponde básicamente a la obra de 1590.

Hontanas. El Camino entra en el núcleo urbano bajo esta galería. Los viajeros del siglo XVII decían de este pueblo que se trataba de un pobre villorio, de cabañas de paja. Las casas más antiguas que aún se conservan son modestas construcciones de adobe y madera.

se trataba de un villorrio de marcado aspecto medieval:

A unas seis leguas de Burgos se llega a Hontanas, villa oculta en el fondo de un pequeño valle con un riachuelo, y apenas se ve hasta que se está dentro. Además de pequeña es desgraciada y pobre. Hay diez o doce cabañas cubiertas de paja que parecen neveros, donde no viven más que pastores. Tienen una gran empalizada en torno a estas cabañas para protejerlas de los lobos, que vienen por la noche, tan hambrientos que se devoran unos a otros, y en tan gran cantidad, que el que quiera hacer un viaje debe hacerlo al mediodía, cuando los pastores están fuera, con grandes perros, porque entonces se pasa fácilmente.

A lo largo de un vallejo que riega el río Garbanzuelo, el antiguo Camino y la actual carretera alternan las laderas. Se pasa por unas ruinas informes que corresponden al templo de San Vicente, lugar hoy desaparecido.

El Camino pasa bajo el mismo pórtico occidental de la iglesia del *Convento de San Antón*. Existía aquí un importante hospital regentado por los antonianos. Como era habitual en este tipo de centros hospitalarios se cuidaba, al principio de la existencia de la orden, a los enfermos del «fuego de San Antón», una especie de gangrena producida por comer cereales afectados por el «cornezuelo», un hongo que se reproducía especialmente en el centeno; pronto se extendieron sus cuidados a todo tipo de apestados y pobres errabundos. Los antonianos se establecieron aquí gracias a una fundación de Alfonso VII en 1146, que terminaría por convertirse en la casa principal de la orden en España. Una importante ayuda recibiría en 1304, cuando Fernando IV eximió de todo pecho a cincuenta pobladores que fuesen a morar a «la Casa del Confesor bienaventurado San Antón». La ruina que actualmente contemplamos arranca de la supresión de la comunidad en 1791, siendo habitado entonces por doce religiosos y un comendador.

Las ruinas de la iglesia son el testimonio de un importante edificio, de tres naves y crucero, con una interesante portada, aunque de escultura muy erosionada. Responde todo ello al gótico burgalés del siglo XIV, aunque el pórtico sobre la calzada debe ser de hacia 1500. Construido seguramente por la necesidad de contrarrestar el desplome de la fachada, se convirtió con habilidad en un atrio porticado que permitía circular a los viajeros bajo sus arcadas-contrafuerte.

De los varios hospitales que acogían aquí a los peregrinos, entre ellos la conocida Malatería de San Lázaro, tan sólo podemos ver el del *Santo Espíritu*, aunque en estado ruinoso. También tiene dos puentes medievales, uno sobre el río Hormazuela, el otro sobre un arroyo.

Al salir de Hornillos el Camino discurre por una zona llana, sólo interrumpida por el cauce del arroyo de San Bol. Al pasar por el **Despoblado de la Nuez,** unas cuantas ruinas recuerdan el viejo lugar de abadengo de la Orden de los Caballeros Hospitalarios de San Juan de Acre. Cruzado el San Bol, unas nuevas ruinas indican el lugar en el que existió el monasterio de San Baudilio, dependiente durante algún tiempo de los antonianos de Castrojeriz. La vieja ruta medieval continuaba hasta Hontanas, donde se une con la moderna carretera que sigue el Camino jacobeo.

Hontanas, cuyo nombre evoca las numerosas fuentes existentes en el lugar, presenta un trazado en calle-camino. En la misma calle, la iglesia parroquial, obra neoclásica, y el *Hospital de San Juan* con restos medievales. La villa perteneció al obispado burgalés, quien la había comprado por 500 maravedís en 1204. La descripción que Laffi nos da de este pueblo en el siglo XVII corresponde a la de un pobrísimo caserío, donde no existían construcciones pétreas. Aunque por los restos conservados parece que exageraba algo —seguramente, las fatigas de este tramo de su viaje no le permitieron verlo con ecuanimidad—, es evidente que, por entonces, todavía

Castrojeriz.—Es un antiguo poblado celtibérico romanizado, que se convertirá en un lugar destacado durante la repoblación. El conde Garcí Fernández concederá a *Castrum Sigerici* un fuero con el

Una pequeña carretera circula por el valle del río Garbanzuelo, en muchos de sus tramos coincidiendo con el trazado del viejo camino. Este ameno paisaje contrasta con las descripciones de los viajeros antiguos, en las que se habla de lo inhóspito de estos parajes.

Bajo el castillo se extienden las casas de Castrojeriz disponiéndose a lo largo del Camino convertido aquí en calle mayor.

que pueda regirse, en el 974. Superada la época en que constituyó un papel fundamental en la estrategia defensiva frente a los musulmanes, será su privilegiada situación en la red viaria lo que favorecerá un cierto desarrollo durante siglos.

Una larguísima calle-camino, de casi kilómetro y medio de longitud, bordea el cerro sobre el que se yerguen todavía las ruinas del castillo. Al final de la Edad Media había siete hospitales.

Los peregrinos, que descubren la silueta del castillo en la lejanía, lo primero que se encuentran es el barrio que se levanta junto a la *Iglesia de Nuestra Señora del Manzano*. Algunos investigadores especulan que la historia de este santuario se remonta al siglo X; sin embargo, las primeras noticias bien documentadas corresponden al siglo XIII, coincidiendo perfectamente la información diplomática con la cronología de la arquitectura que contemplamos. Empezó a construirse bajo la protección de la reina Berenguela, madre de Fernando III el Santo, convirtiéndose entonces en una importante colegiata atendida por una comunidad de dieciséis canónigos. El templo conserva la imagen de la titular, la Virgen del Manzano, que fue loada en alguna de las *cantigas* de Alfonso X. La estructura general del edificio responde a la fábrica del siglo XIII, de unos cálidos tonos ocres, a la que en el XVIII se le añadieron la capilla lateral, destinada a la Virgen, la torre y la renovación del presbiterio; en todas estas obras intervino el ar-

En la lejanía se contempla el monte en cuya ladera se encuentra Castrojeriz, el viejo Castrum Sigerici, *que custodiaba la seguridad del entorno. En lo alto, las ruinas del castillo medieval; abajo, el barrio de Nuestra Señora del Manzano.*

quitecto Juan de Sagarvinaga. La causa de tan importantes ampliaciones fue convertir en gran panteón la cabecera de la iglesia, en la que se dispuso los bultos funerarios del marqués de la Hinojosa y el conde de Ribadavia. En el retablo mayor se pueden contemplar obras de Antonio Rafael Mengs.

Circulando por la calle Real, el Camino urbanizado, poco antes de salir por la puerta occidental, se encuentra, a la izquierda, la *Iglesia de San Juan.* La gran fortaleza de la torre confiere al edificio un marcado aspecto militar, que contrasta con un interior de etérea espacialidad. El primitivo templo sufrió una gran remodelación en torno a 1500, adquiriendo una forma de tres naves separadas por elegantes y fasciculados pilares que, sin solución de continuidad, apean las nervaduras de unas bóvedas que alcanzan la misma altura en las tres. En la fachada meridional subsisten tres pandas de un claus-

tro gótico. Otras iglesias parroquiales fueron la de Santiago de los Caballeros, considerada en el siglo XVIII como la más antigua de la villa, y la de Santo Domingo.

Las órdenes mendicantes establecieron aquí sus casas, lo que demuestra su pasada importancia urbana. De *San Francisco,* sólo unas melancólicas ruinas nos recuerdan su templo del siglo XIV, cuyas dependencias conventuales eran ya inhabitables en 1711, cuando se le conocía como el de los «Descalzos junto al Camino de los franceses». El *Convento de Santa Clara,* situado extramuros, se comenzó a construir en el siglo XIV.

Al salir de Castrojeriz por la actual carretera, tan sólo debemos circular unos 100 metros; la ruta medieval se desviaba hacia el Oeste, cruzando el río Ordilla por un puente moderno que conserva anegados una serie de ojos de remoto origen medieval. Se as-

Colegiata de Santa María del Manzano. El sol de la tarde ilumina la fachada occidental de la iglesia (siglo XIII). La capilla es obra del siglo XVIII, dedicada a la Virgen. En este santuario tuvieron lugar los prodigios marianos que cantó Alfonso X.

San Francisco de Castrojeriz era conocido como «Convento de los Descalzos junto al Camino de los franceses». Figuraba ya como deshabitado en el siglo XVIII. De su iglesia gótica sólo perviven estas evocadoras ruinas.

El Puente de Fitero permite cruzar el Pisuerga, que separa las provincias de Burgos y Palencia. En la actualidad se compone de once arcos, algunos de ellos de fábrica gótica, tal como podemos apreciar por lo agudo de su trazado. Se tienen noticias documentadas de importantes renovaciones del puente durante los siglos XVI y XVIII.

Crucero de Matajudíos. La actual carretera, como algún ramal antiguo, al salir de Castrojeriz se desviaba por Matajudíos para, desde aquí, seguir al Puente de Fitero.

ciende el teso de Mostelares y, al otro lado, podemos ver ya el valle del Pisuerga.

El río Pisuerga era el límite entre los reinos de Castilla y León; para salvarlo, Alfonso VI ordenó realizar un puente en el mismo lugar donde se levanta el actual. Antes de llegar a él, pero muy cerca, los caminantes podían encontrar refugio en el *Hospital de San Nicolás,* fundado por el conde Nuño Pérez de Lara en 1174. De éste, se conservan las ruinas de su iglesia y restos de la nave septentrional de un edificio iniciado en el siglo XIII que sería reacondicionado como ermita entre 1711 y 1721.

Se juntan aquí, antes de cruzar el puente, el viejo Camino y el trazado de la carretera moderna que, procedente de Castrojeriz, ha pasado por Castrillo-Matajudíos. El *Puente de Fitero,* también conocido como «Ponteroso», es de once arcos; alguno de ellos mantiene todavía la traza aguda del gótico.

Cerca del puente se encuentra la población de *Itero del Castillo;* como su mismo nombre indica, se trata de una plaza fuerte que protege un lugar fronterizo, claramente estratégico. De época medieval todavía perdura una torre, residuo de la antigua fortaleza.

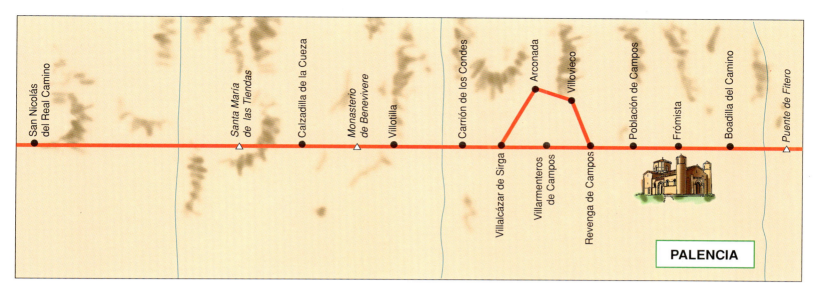

San Nicolás del Real Camino △ · Santa María de las Tiendas △ · Calzadilla de la Cueza · Monasterio de Benevivere △ · Villotilla · Carrión de los Condes · Villalcázar de Sirga · Arconada · Villarmenteros de Campos · Villovieco · Revenga de Campos · Población de Campos · Frómista · Boadilla del Camino · Puente de Fitero

PALENCIA

PALENCIA

Cruzado el Pisuerga, el Camino recorrió diversos trazados que el paso del tiempo ha modificado sustancialmente, haciendo muy difícil su total reconocimiento. A unos dos kilómetros a la derecha, se encuentra **Itero de la Vega,** el Itero palentino que se correspondía con su homónimo burgalés a la otra orilla del río. Antiguo pueblo de behetría que fue repoblado por Fernán Mentales. Hasta hace muy poco existía en él una antigua panera que los habitantes del lugar consideraban que era un viejo hospital de peregrinos.

Los antiguos trazados de la ruta jacobea y la carretera actual no coinciden hasta Boadilla del Camino.

Boadilla del Camino tiene una iglesia de los siglos XVI y XVII, ante la cual se levanta un airoso rollo jurisdiccional, con una decoración de motivos de claro sabor jacobeo, en el que se mezclan temas ornamentales del último gótico con los del plateresco.

De una antigua iglesia parroquial dedicada a Santiago quedaba una modesta ermita que, a principios de este siglo, se mantenía gracias a la piedad de unos vecinos. Existió un hospital para recoger pobres transeúntes fundado por Antonio Rojas, arzobispo de Granada y presidente del Consejo de Castilla, poco antes de su muerte en 1526.

En la villa de Frómista nació san Pedro González Telmo, patrón de los marineros, ex deán de la catedral de Palencia, que fue elegido patrón de la villa en 1651. Un moderno monumento recuerda su figura en la plaza. Las casas soportaladas de esta plaza constituyen los pocos vestigios que perduran del viejo caserío; en una de ellas estuvo el Hospital de los Palmeros.

Continuar la ruta por los viejos senderos medievales se vuelve a complicar por las obras de infraestructura para el Canal de Castilla, realizadas durante los siglos XVIII y XIX. La carretera actual describe un ángulo casi en escuadra para ir a Frómista, mientras que el camino medieval más utilizado se dirigía en línea recta.

Frómista.—Su origen aparece incierto, aunque debe estar relacionado con la repoblación de la zona a partir del siglo X. Su situación nuclear en las comunicaciones axiales de Norte a Sur y de Este a Oeste hizo que su hábitat adquiriese un rápido desarrollo. En el año 1066, la reina doña Mayor, viuda de Sancho III el Mayor de Navarra, dotaba con largueza el monasterio de San Martín de Frómista para que se construyera su iglesia.

Antes de entrar en el caserío, los romeros se encontraban, en un alto, la *Ermita de Santiago,* también conocida como del Otero. Era un viejo edificio que sufrió una reforma radical hacia 1500.

Para su hospedaje había diversos hospitales. El más antiguo era el de San Martín, junto al monasterio de su nombre, al que un incendio destruyó en el siglo XV. El *Hospital de Santiago* se encontraba en la calle que formaba el Camino a su paso por la

villa, donde ahora se levanta el ayuntamiento. Fue una fundación de Fernán Pérez y de su mujer Isabel González, en el año 1507. Todavía existe, detrás de la iglesia de San Pedro, un lugar conocido como «Huerto de los romeros», que se destinaba a cementerio de los que morían en este hospital. El obispado palentino contaba con el *Hospital de los Palmeros,* el único que todavía se conserva, aunque transformado en hostal desde 1970. Una curiosa noticia, recogida en un documento del Archivo Parroquial, nos permite saber cómo subsistían las instituciones hospitalarias de la localidad en el año 1770:

Que en esta villa hay dos hospitales, que el uno se llama de Santiago y el otro de Palmeros, que sirven para recoger pobres enfermos, viajantes y peregrinos que van y vienen de Santiago en romería, que el de los Palmeros tiene de renta anual ochenta y tres fanegas que producen sus tierras sembradas y mil seiscientos sesenta reales que producen de rentas las viñas y réditos de censos que tiene a su favor. El de Santiago tiene de renta anual cincuenta y seis fanegas y media de trigo que producen sus tierras y doscientos y sesenta y seis reales que producen las viñas y

Iglesia de San Pedro de Frómista. El edificio responde en la estructura de sus naves a la tradición gótica, que se cubre con bóvedas de crucería estrellada. La portada es renacentista, bajo el pórtico neoclásico.

Junto a la iglesia de Boadilla del Camino, se levanta un rollo jurisdiccional del siglo XVI. Los temas jacobeos se entremezclan con la decoración gótica.

ochocientos y setenta y ocho reales y diez y nueve maravedises los réditos de diferentes censos, que tiene a su favor en la villa.

Al final de la Edad Media surgirá en la cristiandad europea una nueva preocupación teológica: un importante incremento de los que dudan sobre el misterio eucarístico. El peregrino que, durante siglos, había deambulado por los caminos de Europa buscando las reliquias de los mártires para satisfacer ante ellos sus impulsos piadosos, se encontrará en Frómista con un extraño prodigio que le adoctrinará sobre la sagrada forma. Como una reliquia o un icono venerado, se conservará aquí el testimonio que avala la realidad de lo que les cuentan, que nosotros seguiremos en las palabras del erudito Yepes:

Por el año de 1453 vivía en la villa de Frómista un labrador honrado que se llamaba Pedro Fernández de Teresa y era mayordomo del hospital de San Martín. Por cierta desgracia se quemó este hospital y, queriéndole el Pedro Fernández reedificar y no hallándose con posibilidades de dineros, los pidió prestados a Manutiel Salomón, judío que a la sazón vivía en aquel pueblo. Cumplióse el plazo del empréstito, y no hallándose el Pedro Fernández con dineros, el judío que no se aprovechaba de los ministros de la Iglesia para aprender la fe de Jesucristo, se supo aprovechar en esta ocasión de las censuras eclesiásticas. Pues, ¿qué hace? Saca una excomunión contra el Pedro Fernández (porque sabía que los cristianos las temían), y procedió contra su deudor, el cual, como era buen cristiano, procuró luego hacer dinero y pagar su deuda, y pensando ignorantemente que aquello le bastaba para quedar libre, aunque se había pasado el término, no acudió al juez por la absolución. De allí a algunos días cayó malo el Pedro Fernández de una grave enfermedad, que fue tan peligrosa que le mandaron confesar y recibir el Santo Sacramento. Era cura de la parroquia (que siempre la había habido en San Martín) Fernán Pérez de la Monja, el cual confesó a Pedro Fernández y luego le trajo el Sacramento de la Eucaristía. Era día de Santa Catalina, que es el 25 de noviembre, y vinieron muchas personas acompañando al cura, que fueron testigos del caso que voy contando.
Entró el Fernán Pérez en el aposento del enfermo. Sacó el Santísimo Sacramento y púsole en una patena de plata, y queriéndole administrar al Pedro Fernández, halló la forma pegada a la patena, de suerte que con ninguna diligencia fue posible despegarla toda. Turbáronse y acongojáronse el enfermo, cura y circunstantes; creyó Fernán Pérez que era algún pecado oculto el que estorbaba al enfermo de recibir el Santísimo Sacramento, y para averiguar esto mandó salir a los presentes del aposento donde estaban, y viéndose a solas conjuró al enfermo y encargóle la

conciencia que le dijese si había faltado en la confesión y dejado de decir algún pecado, por el cual Nuestro Señor le desfavorecía y no quería entrar en su pecho. El buen hombre dijo la verdad, y que no le acusaba su conciencia cosa que le impediese de recibir el Santísimo Sacramento. Iba discurriendo el cura haciéndole diferentes preguntas, y vínole a tratar de las excomuniones, si se acordaba haber incurrido en alguna o no haberse absuelto de ella. Entonces se le acordó al labrador del caso que le había acontecido con el judío, y vino a entender el cura que, si bien el hombre había pagado los dineros, nunca se había absuelto de la excomunión. Mandóle reconciliar, absolvióle, comulgóle con otra forma, porque la pasada se quedó de la manera que luego diré, con admiración de todos cuantos supieron el caso. Murió el hombre de allí a poco tiempo, y puédese creer piadosamente fue en buen estado, pues con tan singular milagro Nuestro Señor le avisó para que fuese lavado de sus culpas.

Hasta aquí la narración del suceso, tal como se les contaba a los peregrinos, pero además éstos tenían una prueba. Como testimonio del prodigio, todos los que pasaban por Frómista podían contemplarlo con sus propios ojos...

Aunque el milagro que hasta ahora se ha contado es muy grande, parece aún mucho mayor el haberse conservado sin corrromperse, más de ciento sesenta años, estando las especies del Santísimo Sacramento en las partículas, la una pegada con la misma patena, y la otra apenas se puede juzgar si está pegada con la otra partícula o en el aire.

De la impresión que causaba su contemplación, que se mostraba con gran pompa y aparato, son esclarecedores los comentarios de Ambrosio de Morales cuando las vio en el siglo XVI: «los cabellos se erizan, el cuerpo todo tiembla y el alma, aunque indigna, concibe algo de temor y reverencia». Desde luego contribuía mucho a esta reacción la especial puesta en escena que se hacía para mostrar la venerable forma: «El cura se viste y dos monjes le acompañan con dos grandes cirios encendidos. Dicen la Confesión general de rodillas, porque se limpien aun los pecados veniales, los que han de adorar tan alto misterio. Cantan luego al descubrir "Tantum ergo Sacramentum".» Yepes consideraba que el hecho de que el milagro se hubiese producido en Frómista, en plena ruta jacobea, era muy beneficioso para la difusión del tema eucarístico, muy especialmente entre los extranjeros:

Misericordia es de Nuestro Señor que este semejante milagro fuese en el Camino francés, por donde pasaban muchos extranjeros a visitar el cuerpo del

glorioso Apóstol Santiago, para que vean en medio de su peregrinación tan soberano misterio y se admiren de él, y den relación en Francia y Alemania, de los milagros que hace Nuestro Señor para certificación de las verdades que confiesa la Santa Iglesia Romana.

La *Iglesia de San Martín* es el monumento más importante de la villa, una de las principales obras de la arquitectura románica española. Sufrió a principios de este siglo una considerable restauración; sin embargo, se puede decir que, aunque se completaron los elementos escultóricos destruidos o rotos, no se inventó nada que no estuviese bien documentada su existencia. Es un edificio paradigmático para definir las características del románico pleno en la región. El templo se muestra equilibrado en la organización de los volúmenes de las naves y su arti-

culación bajo el cimborrio. La escultura monumental se emplea como elemento definidor de las principales líneas arquitectónicas: cornisas, impostas y, sobre todo, en los capiteles. En éstos se reproducen, junto a los temas meramente ornamentales, representaciones inspiradas en los motivos moralizadores de las fábulas o escenas bíblicas, sin olvidarse de los sucesos de la vida diaria de la época. Entre los diferentes escultores que trabajaron aquí, destaca uno que, inspirándose en obras tardorromanas como el sarcófago de Husillos, supo dotar a sus composiciones de un gran dinamismo y un especial cuidado en la definición de la anatomía de los cuerpos (sobre la tópica interpretación de este monumento como un ejemplo del románico de peregrinación, véase el capítulo dedicado al Camino y el arte).

Desde Frómista, la carretera y el antiguo Camino discurren por un terreno llano, cómodo para el ca-

Iglesia de San Martín de Frómista. Es otro de los edificios paradigmáticos del románico hispano erigido en el camino jacobeo, aunque su origen no esté relacionado con el culto a Santiago. La organización de sus volúmenes y la ornamentación escultórica de sus paramentos, realizados aquí en el tercio final del siglo XI, servirán de modelo a la arquitectura renovadora que informa los nuevos edificios de esta área geográfica.

minante, quien después de 3 kilómetros llegará a Población de Campos.

Población de Campos fue lugar perteneciente durante mucho tiempo a los caballeros de la Orden Militar de Malta. Estos caballeros tenían aquí un hospital agregado a la *Iglesia de la Magdalena;* nada queda ya del hospital, y el templo corresponde al siglo XVI con una importante reforma barroca. Dos ermitas, San Miguel y Nuestra Señora del Socorro, nos ayudan a recuperar la fisonomía de algunos aspectos medievales de la población.

San Miguel, situada bajo una chopera a la entrada, viniendo de Frómista, es una modesta construcción del siglo XIII, de románico inercial, en la que se han producido algunas alteraciones ya plenamente góticas. La imagen del titular se representa en una talla del siglo XVIII, feamente repintada.

Nuestra Señora del Socorro aparece hoy hundida en el asfalto de la calle, como por el peso de su sólido y compacto volumen. Interiormente presenta dos tramos cubiertos por bóvedas de crucería. Junto a la ermita existía un hospital, de la que ésta debía ser su capilla y cementerio. Se conserva un epígrafe funerario datado en 1165, lo que demuestra que antes del templo actual existía ya otro.

Al salir de Población, debemos cruzar el río Ucieza para luego tomar rumbo hacia el Oeste. Siguiendo la ruta pasamos por **Revenga de Campos,** con su iglesia barroca dedicada a san Lorenzo, y donde los más antiguos recuerdan que había existido una calle que denominaban «la Francesa». Antes de continuar por la actual carretera en dirección de Villarmenteros de Campos, debemos realizar un pequeño desvío para pasar por varios lugares por donde, en algunos momentos, circulaba alternativamente el Camino francés.

Saliendo de la actual carretera, al otro lado del río Ucieza, está **Villovieco.** En su iglesia parroquial, el retablo del siglo XVIII tiene representadas las armas de Santiago, alusivas a la batalla de Clavijo. Cruz sobre media luna, alfanje y cetro árabe, rematando la concha de Santiago sobre la cruz de Pelayo. Durante el siglo XI el Camino se dirigía hacia el Noroeste, hasta alcanzar **Arconada.** En esta villa, el conde de Carrión, Gómez, construyó un hospital para pobres y peregrinos, que junto con la iglesia consagrada en 1047, donó a San Zoilo de Carrión, según consta en un documento en el que el propio conde declara:

... vínome este pensamiento de fundar un monasterio, por remedio de mi alma y de mis parientes, donde se diese limosna a los pobres y huéspedes que allí viniesen, y fundéle en honor de los bienaventurados San Facundo y Primitivo, y San Cristóbal y de todos los santos, en la villa que llaman Arconada, cabe el camino o calzada hecha de tiempos pasados para los que van y vienen a visitar San Pedro y Santiago Apóstol.

Seguía el camino hacia Villalcázar de Sirga pasando por la *Ermita de Nuestra Señora del Río,* donde se guarda un busto de Santiago peregrino, escultura en alabastro labrada en el siglo XVI por un escultor capaz de dotar a la obra de una gran expresividad, aunque con una factura algo ruda.

Ermita de Nuestra Señora del Socorro. Este sólido edificio, de rotundo volumen y con cubierta de crucería en su interior, debió formar parte de un hospital, del que sería su capilla y cementerio.

*Se inició la construcción
de este templo en los años
finales del siglo XII, aunque
lo esencial de sus partes
más antiguas, la cabecera
y el crucero, responden
ya a las formas del gótico.
Las naves no se
llegaron a rematar en su
parte occidental. Su
tamaño y esbeltas
proporciones corresponden
más a las dimensiones
de una catedral que a las
de una colegiata.*

Regresando a Revenga seguiremos la marcha hacia **Villarmenteros de Campos.** Podemos contemplar unos interesantes artesonados en su *Iglesia de San Martín,* así como su retablo mayor obra de Giralte y Villoldo, discípulos de Berruguete.

En la distancia vemos ya Villalcázar de Sirga, apiñada la población bajo la monumental mole de su templo de Santa María la Blanca.

Villalcázar de Sirga.—Hasta el siglo XVI recibió el nombre de Villasirga, lo que quería decir «Villa-camino». Desde 1567 comenzó a llamarse Villalcázar de Sirga. Perteneció durante mucho tiempo a la Orden del Temple pasando, a la extinción de esta orden, a ser patrimonio de los Girón, Manrique y Sotomayor, sucesivamente.

Existieron aquí diversos hospitales. En uno de los milagros de la Virgen se cita uno relacionado con la Orden del Temple, pero no ha quedado ni rastro material, ni otra noticia documental. Seguramente es el que se verá ampliado en 1304 cuando se le agregó el de Villamartín, de la Orden de Santiago.

Se conserva de este hospital un curioso documento, de 1231, que nos informa de cómo era la dieta que se daba a los peregrinos:

... se establece que a cambio de un aniversario se den a los pobres dos panes, para los peregrinos que pasen de día sendos panes, a los que se alberguen sendas jarras de vino que también se les darán a los que pasen; piden igualmente para los pobres que alberga el hospital, haya carne tres días por semana y que se les dé, a los que se alberguen de noche o pasen de día, su ración de conducho, queso y manteca que se haga de las ovejas que tienen.

Se encuentra este hospital en la calle Mayor, junto a la colegiata. Tiene una gran cruz de Santiago sobre la puerta, y en su interior existe una gran sala que en el pueblo era conocida como la «Peregrina».

Santa María la Blanca fue uno de los más importantes santuarios marianos del reino castellano-

leonés durante los siglos XII al XIV. De su trascendencia es significativo que Alfonso X dedicase a la Virgen de Sirga catorce milagros de sus *cantigas:*

Esto foi en aquel tempo
Que a Virgen começou
A facer en Vila-Sirga
Miragres, porque sanou
A muitos d'enfermidades
Et mortos ressocitou
Et por ende as gentes algo
Começaban d'y facer.
Come sofre muj gran coita
O om'en cego seer,
Assi faz gran piedade
A virgen en ll'acorrer.

El culto que se originó en torno a Santa María la Blanca de Villalcázar se hizo en gran medida en competencia con el de Santiago, como tantas otras devociones a lo largo del Camino. Sus milagros re-

caen en peregrinos que iban a Compostela y, en algunas ocasiones, vemos que se recomienda a los romeros no ir tan lejos y quedarse en Sirga, donde la Virgen es muy milagrosa. En una de estas curaciones, el romero no sólo no fue curado en Santiago, sino que todavía se puso peor y a la vuelta en el santuario de Sirga...

Cómo Santa María curó en Villasirga a un buen hombre alemán que estaba paralítico.

Este hombre estuvo mucho tiempo enfermo, y al fin, paralítico y pobre, vio que una gran peregrinación de gente de su país iba a Santiago. El quería ir también, pero se lo impedían; mas al fin, por piedad, le admitieron. Con gran dificultad hizo el camino, pues por sus pecados no quiso curarle. Quedó ciego. A su vuelta hacia casa, cuando el grupo llegaba a Carrión, continuaron hasta Villasirga, donde le dejaron, sabiendo que allí había un hospicio. Él invocó a la Virgen en la iglesia apelándola gloriosa y a los pocos días fue ya capaz de ir a su casa.

Santa María la Blanca (Villalcázar). El portal del templo se enmarca por estas dos graciosas portadas góticas, situadas en la esquina meridional de las naves y el crucero; ante ellas tuvo lugar el milagroso suceso acaecido a un conde francés.

De todos estos grandes prodigios que obraba la Virgen, los peregrinos fueron sus principales propagadores tal como cantaba el trovador:

> Romeus que de Santiago
> Ya forum lle contando
> Os grandes miragres que a Virgen
> Faz en Vila Sirga.

La iglesia fue proyectada como una gran catedral gótica con una cabecera de cinco grandes ábsides, los tres centrales con testeros rectos, que se prolongan en sus correspondientes naves de dos tramos. Por cuestiones económicas, se produjo una reducción del proyecto terminando el templo con tan sólo tres naves. Fue un santuario por el que los reyes sintieron una gran predilección. Cuando en 1196 ó 1197 entró en Castilla Alfonso IX de León, los moros intentaron destruir el templo que, por aquel entonces, estaba en construcción. Cuentan las *Cantigas* de Alfonso X que los obreros que estaban trabajando abandonaron la obra, sin embargo, los moros no pudieron arrancar una sola piedra gracias a la intervención de la Virgen que aquí se veneraba. No obstante, la obra que actualmente vemos debe corresponder ya a pleno siglo XIII. Al morir el infante don Felipe en 1274, quinto hijo de Fernando III y Beatriz de Suabia, las obras debían ir muy avanzadas pues pudo ser enterrado en su interior. Sancho IV lo tuvo como uno de sus santuarios marianos más queridos.

La Virgen venerada por monarcas y cantada por juglares se representa como imagen de culto y en un pilar bajo un doselete, ambos de piedra y en forma sedente con el Niño en la rodilla y dos ángeles turiferarios en lo alto. Las figuras han sido concebidas con un esquema gótico, donde el naturalismo define tanto las facciones como el ritmo de los pliegues del ropaje, sin embargo, hay un cierto arcaísmo en la inexpresividad de los rostros.

Una capilla funeraria contiene los sepulcros del infante don Felipe, de su esposa doña Leonor Rodríguez de Castro y de un caballero santiaguista. Todos en estas sepulturas exhalan orgullo caballeresco, desde la profusa representación de escudos y armas de sus linajes hasta su misma actitud arrogante enfundados en sus ropas más solemnes. El mismo infante parece desafiar la eternidad blandiendo sobre su hombro una gran espada desnuda. En los arcones de piedra que soportan las imágenes de los yacentes, una serie de escenas nos transmiten con una gran viveza los actos de los funerales. Entre éstos, el espíritu de la caballería queda plasmado en la patética imagen del caballo del infante, totalmente enjaezado, sin jinete y con el escudo invertido en señal de duelo. Son obra de un gran efectismo compositivo acrecentado por la policromía que todavía conserva, aunque sin gran calidad. Se han atribuido, sin

fundamento documental, al escultor Antón Pérez de Carrión. Preside la capilla un retablo del siglo XVI en el que aparecen una serie de escenas pintadas sobre la vida de Santiago, con una representación escultórica del titular como peregrino. La capilla fue creada para tener en su centro el enterramiento del caballero, siendo depositados aquí modernamente los sepulcros de los infantes, que antes se encontraban a los pies del templo, bajo el coro.

En un ángulo de la fachada meridional se sitúa un curioso pórtico de esbeltas proporciones que cubre una doble portada gótica que forma escuadra. Sobre ellas, un doble friso con relieves que presentan el colegio apostólico, una *maiestas* y la epifanía a los magos; todo ello muy arcaizante, como obra de época gótica reproduciendo modelos más antiguos. En este pórtico tuvo lugar el milagro de un conde francés, pecador empedernido, que al querer entrar en la iglesia, quedó inmovil en él; «creyendo sus compañeros que se burlaba de ellos le empujaron con tan mala fortuna que, cayendo al suelo, empezó a arrojar sangre por boca y nariz... Repuesto del susto y limpio, iluminado resolvió confesarse, y confesado, pasó a cumplir la penitencia a la iglesia, entrando sin dificultad alguna».

Carrión de los Condes.—La ciudad más importante que los peregrinos cruzaban al pasar por la Tierra de Campos. Se ubica sobre un altozano que se escarpa sobre el río de su nombre. En medio de la llanura, constituye un lugar privilegiado para erigir en él una plaza fuerte, centro neurálgico de toda la región. En la época de la Castilla condal se encontraba aquí el río-frontera entre Castilla y León, sucediéndose los hechos de armas que luego cantarían los juglares, como este enfrentamiento entre Fernán Gonzalez y el rey leonés:

> Venido se han a juntar
> en el vado de Carrión,
> y a la pasada del río
> movieron una questión,
> los del rey que pasarían
> y los del conde que non.
> El rey como era risueño,
> la su mula revolvió;
> el conde con lozanía,
> su caballo arremetió;
> con el agua y el arena
> al buen rey ensalpicó
> Allí hablará el buen rey
> con el rostro demudado:
> «¡Cómo sois soberbio el conde!
> ¡Cómo sois desmesurado!
> Si no fuera por las treguas...»

Fue sede de uno de los primeros condados leoneses que, desde el siglo XI, alcanzará una gran vitalidad

Ermita de la Piedad. Junto a este edificio pasaba el Camino antes de entrar en el recinto amurallado de Carrión. De su fábrica gótica sólo se conserva la cabecera; la nave responde ya a las obras realizadas en 1625.

Convento de Santa Clara. El recientemente restaurado patio conserva todo el sabor de la arquitectura popular del siglo XVI.

política y comercial. El monasterio de San Zoilo, fundado por los condes Gómez Díaz y Teresa Peláez en 1047, se convertirá en uno de los centros monásticos más activos del reino, sobre todo desde que en 1076-1077 pasó a ser una de las casas principales de Cluny en el reino. Bajo el reinado de Alfonso VII alcanza su período más floreciente. En el siglo XII llegó a los 12.000 habitantes distribuidos en nueve o diez parroquias, agrupadas en dos grandes barrios: en el altozano, en torno a Santa María, y el de San Zoilo, abajo, al otro lado del río. Fue precisamente en esta centuria cuando la visitó Aymeric Picaud, encontrándola «una villa próspera y excelente, abundante en pan, vino, carne y todo tipo de productos».

Después de un cierto declinar durante el siglo XIII, volvería a ser una villa con una floreciente economía hasta el mismo siglo XVI. Con los Trastámara pasó definitivamente a ser una ciudad de la corona. Entre

sus hijos ilustres figura el célebre marqués de Santillana, habiendo sido también vecino el autor de los *Proverbios morales,* Sem Tob, conocido entre los cristianos como don Santos de Carrión.

El Camino, antes de entrar en la ciudad, mantenía a su derecha la *Ermita de la Piedad,* construcción popular del siglo XVII con restos góticos reaprovechados, y a la izquierda el *Convento de las Clarisas.* Algunos restos de muros recuerdan la muralla que ordenó reafirmar Enrique IV. Dentro de la ciudad se encontraba, de inmediato, el templo de Santa María del Camino, cuya advocación no deja lugar a dudas sobre su relación con la peregrinación. La calle conducía a la plaza Mayor, donde se levantaba el templo y hospital de Santiago. Un poco más allá, la calle torcía a la izquierda para descender hacia el río y, tras cruzarlo, pasar al barrio al que daba nombre el monasterio de San Zoilo.

La iglesia de Santa María del Camino es el templo más antiguo de Carrión. Su edificio responde a las formas del románico pleno, aunque su lento proceso de construcción y diversas remodelaciones han impedido que tenga el sentido unitario de San Martín de Frómista. Esta esculturada portada se abría a la calle por donde pasaba el Camino.

En el siglo XV existían en Carrión, según el testimonio de un peregrino, dos conventos y dos hospitales en donde el viajero podía recibir ayuda. Uno de ellos era el *Hospital de San Zoilo,* que formaba parte del monasterio de su nombre. Sabemos que su fundadora fue la condesa doña Teresa; sobre ello, los que se encargaron de enterrarla en el interior de la iglesia, en medio de la nave, a fines de la Edad Media —pasaría después a un arco del presbiterio—, dejaron memoria en un epitafio, cuya traducción dice así:

> Aquí yace enterrada en esta sepultura la condesa doña Teresa, amada de Dios. Murió a los 9 días del mes de junio, y con razón le deben de llorar todos. Edificó esta iglesia, el puente y el buen hospital para los peregrinos; siendo parca para sí misma y muy liberal para con los pobres. Dios, que siendo trino, reina en todas partes, le dé el reino que dura por todos los siglos. Falleció en la era de 1095, y es el año de Nuestro Redentor 1057.

A este hospital, cuando quedó viuda, dedicaría el resto de su vida la condesa, según se recordaba en papeles del monasterio conservados aún en el siglo XVI. Nada queda de las dependencias hospitala-

rias. A principios del XIII, fundó otro hospital Gonzalo Ruiz Girón, mayordomo del rey, que con el tiempo se conocería como *Hospital de la Herrada.* Se le daba este nombre porque a su puerta había siempre una herrada o cubo con agua para los peregrinos. Otra interpretación, creo que equivocada, atribuye el nombre a la forma de arco de herradura de su puerta principal. Los restos arquitectónicos —dos arcos apuntados, unas columnas entregadas y unos espacios indefinibles—, conservados junto a la iglesia de Santiago, han sido considerados como parte de un hospital de época del románico. A principios del siglo XVI, la cofradía de Santa María del Camino construyó el cuarto hospital del que tenemos noticias, cuya existencia sobreviviría hasta el siglo XIX.

La *Iglesia de Santa María del Camino* presenta, aunque maltrecha por la ruina y sus sucesivas remodelaciones, su forma tal como fue proyectada en la primera mitad del siglo XII. Por su planta era un templo similar al de Frómista, pero, sin embargo, no se realizó con la misma rapidez, por lo que la estructura de soporte presenta una cierta disintonía con arcos y abovedamientos, que responden ya al tercer cuarto del XII. La portada meridional, agobiada en medio de los grandes contrafuertes que impiden el desplome de toda la fachada, conserva, aunque muy erosionado, un completísimo programa iconográfico, en el que destaca el gran friso corrido que representa diversas escenas del ciclo de los reyes magos.

De la *Iglesia de Santiago,* tan modificada desde las restauraciones del siglo XIX, se conserva una fachada con una hermosa decoración escultórica. En la arquivolta se esculpen las figuras de artesanos en plena actividad; seguramente, son ellos los principales protagonistas del esplendor alcanzado entonces por la ciudad. Arriba, en medio del colegio apostólico, la imagen mayestática de la divinidad rodeada de los símbolos de los evangelistas. La imponente figura de Dios, realizada con un cuidado naturalismo de idealizada belleza, emerge de la fachada con la fuerza plástica que recuerda las grandes creaciones escultóricas de los artistas clásicos. La pujanza económica de Carrión permitía concitar la presencia de los mejores artistas del tercer cuarto del siglo XII, pertenecientes a los movimientos renovadores de la ya vieja escultura románica. La forma como se concibió la fachada causó tal impacto, que fue imitada en numerosos templos de la región, sintiéndose su huella hacia el norte de la provincia, en Moarbes, y hasta en la misma colegiata de Santillana del Mar.

La importancia de *San Zoilo* se aprecia en la calidad de los edificios que aún conserva. El establecimiento de los cluniacenses favoreció el que fuese aquí donde surgiesen las primeras experiencias del románico pleno. Los peregrinos encontraban en este templo donde ejercer su piedad orando ante las

Iglesia de Santiago de Carrión. Posee este templo, en su fachada occidental, un friso escultórico representando a Cristo y el colegio apostólico. En la imagen podemos contemplar la mayestática imagen de Cristo rodeada por los símbolos de los evangelistas. El escultor, uno de los mejores artistas del tardorrománico español, ha imprimido a su obra un sentido de la plasticidad que recuerda las obras de la Antigüedad clásica.

Iglesia de Santiago de Carrión. Diversos restos arquitectónicos, obra del siglo XIII, corresponderían a diversas dependencias que, tal vez, pudieran pertenecer a un hospital que en esta iglesia existía.

Monasterio de San Zoilo. Fachada de la iglesia, en la que podemos apreciar los restos del antiguo templo románico, sobre los que se dispuso esta gran portada barroca, obra atribuida a Felipe Berrojo.

reliquias de san Zoilo y san Felices, traídas de Córdoba por el primogénito de los condes fundadores, Fernando Gómez. Ante ellos estaba, también, el gran cementerio condal; en la galilea de la iglesia reposaban en su sueño eterno los protectores del monasterio; alguno de ellos había sido gran promotor del Camino —recuérdese el conde Gómez, al que hemos aludido al tratar de Arconada—. El templo románico fue sustituido por otro en el siglo XVII, aunque todavía podemos apreciar algunos restos del primitivo junto a la fachada de la iglesia actual —parte de una torre y de varias impostas—. Un gran claustro, proyectado por Juan de Badajoz, se fue realizando entre 1537 y 1604. Pese a lo dilatado de su proceso constructivo y a la intervención de numerosos artistas, mantuvo una gran coherencia no sólo arquitectónica, sino también ornamental. Entre la nervadura gótica surge toda una galería de retratos históricos —héroes veterotestamentarios, apóstoles,

evangelistas, reyes, reinas, emperadores, santos, sabios, cardenales, pontífices y doctores—, creados con una gran fuerza expresiva y una acusada plasticidad monumental.

Del que fue panteón condal de San Zoilo tenemos un recuerdo material en los sepulcros de nobles encontrados hace algunos años. Son muestras de un arte escultórico muy popularizado en el último tercio del siglo XIII y, aun, durante la centuria siguiente, que está en relación con la escultura funeraria que acabamos de ver en Villalcázar de Sirga. En uno de ellos, el letrero nos transmite el nombre del artista, que ha querido ligar su recuerdo al del cliente, y así ambos permanecen unidos en el paso de los siglos: «Don Pedro, el pintor, me fiso este mio monumento, Alvar Fernández podestat.»

El *Convento de Santa Clara* remonta, según una vieja tradición, su origen a 1231, cuando unas doncellas italianas yendo como peregrinas difundieron

Antes de salir de la tierra palentina podemos contemplar, a la derecha e izquierda del Camino, viejos palomares de adobe. La sabia arquitectura popular ha conseguido en este tipo de obras creaciones, no sólo de gran utilidad funcional, sino de una gran belleza.

entre las mujeres de Carrión las normas de las damianitas —monjas de santa Clara—. Se fundó entonces el convento en Santa María del Páramo, trasladándose años más tarde al lugar que ocupa hoy en Carrión. La fábrica de la actual casa corresponde a la época de la madre Luisa de la Ascensión Colmenares (1565-1636).

Al salir de Carrión, el Camino no continuaba por la actual carretera. Dirigiéndose hacia **Villotilla,** como iba por la vega de un río estaba constituido por losas algo levantadas sobre el nivel del suelo para evitar el lodo que allí se forma —calzada realizada en el siglo XVIII—, llegaba hasta el *Monasterio de Benevivere.* Éste era de canónigos regulares de san Agustín, fundado por el conde Diego Martínez Sarmiento de Villamayor, mayordomo de Alfonso VIII, en 1165. Actualmente no quedan más que ruinas, aunque se han salvado los sarcófagos de los nobles aquí enterrados, hoy depositados en el Museo Arqueológico de Palencia. Cerca estaba el **Priorato de San Torcuato,** en el que la tradición sitúa el hospital denominado «Blanco». En su iglesia se guarda una teca representando en busto al titular del templo, discípulo de Santiago. Marchando hacia el Oeste, se alcanza el valle del Cueza.

Camino y carretera se vuelven a encontrar en **Calzadilla de la Cueza,** donde las excavaciones han sacado a la luz un importante yacimiento romano sobre un poblamiento vacceo. En la única calle del pueblo, llamada de los peregrinos, estaba antiguamente el hospital. Desde aquí, el Camino se dirigía hacia el límite occidental de la actual provincia, pasando por Santa María de las Tiendas, Ledigos, Terradillos de Templarios, Moratinos y San Nicolás del Real Camino.

Santa María de las Tiendas fue un célebre hospital regentado por la Orden de Santiago, ahora convertido en una casa de labor. Recibió una importante donación de don Pedro Fernández, de 5.000 maravedís, en 1222, destinada al mantenimiento del centro. Era obligación de la comunidad que lo regía mantener tres religiosos que oficiaran la misa diariamente para los peregrinos.

En **San Nicolás del Real Camino** había, desde el siglo XII, una leprosería bajo el cuidado de los canónigos de San Agustín. Si al principio se destinaba sólo a los peregrinos, terminó por convertirse en un centro de leprosos de cualquier condición. Se encontraba en las inmediaciones del actual cementerio.

Monasterio de San Zoilo. El claustro fue proyectado por Juan de Badajoz, las obras se prolongaron de 1537 a 1604. Pese a lo dilatado del proceso constructivo, ha conservado una gran unidad estilística.

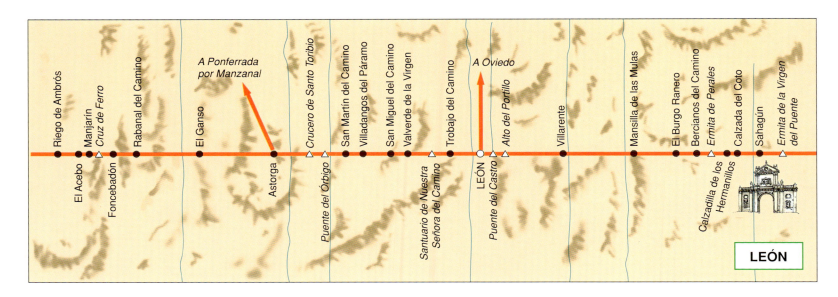

Riego de Ambrós · El Acebo · Manjarín · *Cruz de Ferro* · Foncebadón · Rabanal del Camino · El Ganso · *A Ponferrada por Manzanal* · Astorga · Crucero de Santo Toribio · *Puente del Órbigo* · San Martín del Camino · Villadangos del Páramo · San Miguel del Camino · Valverde de la Virgen · *Santuario de Nuestra Señora del Camino* · Trobajo del Camino · *A Oviedo* · LEÓN · *Puente del Castro* · Alto del Portillo · Villarente · Mansilla de las Mulas · El Burgo Ranero · Bercianos del Camino · *Calzadilla de los Hermanillos* · *Ermita de Perales* · Calzada del Coto · Sahagún · *Ermita de la Virgen del Puente*

LEÓN

LEÓN

La carretera cruza el Valderaduey y penetra, entonces, en la provincia de León. Antiguamente lo hacía algo más a la derecha, allí donde se ve bajo unos árboles una ermita; en sus inmediaciones, unas piedras nos indican la ubicación del viejo Camino.

La *Ermita de la Virgen del Puente* es un sencillo edificio de ladrillo, de la segunda mitad del siglo XIII, aunque con reformas del XVIII. Debió formar parte de un hospital que todavía existía aquí en el siglo XIX, que fue fundado por una cofradía de clérigos en el año 1180. La iglesia sirvió de cementerio de los sirvientes y peregrinos que fallecían en el hospital.

Desde esta ermita, la ruta se dirigía directamente hasta Sahagún; la actual carretera quedaría a su izquierda.

Sahagún.—Los peregrinos franceses, al llegar a Sahagún, recordaban la vieja épica carolina que contaba que esta población había nacido a la vera de un monasterio fundado por el propio Carlomagno, agradecido por la victoria que Dios le había concedido sobre Aigolando:

> ... en unos prados, es decir, en un lugar llano y muy bueno... se construyó por mandato y con la ayuda de Carlomagno, la grande y hermosa basílica de

Ermita de la Virgen del Puente (Sahagún). Antes de entrar en Sahagún existía un hospital fundado por clérigos; de él sólo subsiste la iglesia, este bonito edificio en ladrillo de la segunda mitad del siglo XIII.

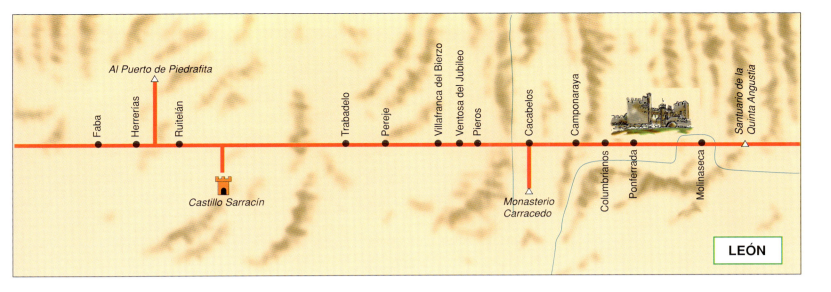

Faba · Herrerias · Ruitelán · Al Puerto de Piedrafita · Castillo Sarracín · Trabadelo · Pereje · Villafranca del Bierzo · Ventosa del Jubileo · Pieros · Cacabelos · Camponaraya · Monasterio Carracedo · Columbrianos · Ponferrada · Molinaseca · Santuario de la Quinta Angustia

LEÓN

*En Sahagún, junto
a las aguas del río Cea, tuvo
lugar el épico encuentro
entre los ejércitos de
Aigolando y Carlomagno.
Se produjo entonces un
extraordinario prodigio,
las lanzas de los caballeros
cristianos que iban a morir
en la batalla florecieron;
sus raíces dieron lugar
a la arboleda que crece
en estas riberas. En otoño
estos árboles se cubren
de un manto amarillo,
mientras que a lo lejos
todavía permanece en pie
la torre del monasterio
benedictino.*

Iglesia de San Lorenzo de Sahagún. Se conoce la existencia de este templo desde 1110; sin embargo, el edificio que contemplamos en la actualidad corresponde al siglo XIII.

Hubo entonces algunos de los cristianos que al preparar con todo cuidado sus armas de combate la víspera de la batalla, clavaron sus lanzas, enhiestas, en tierra delante del campamento, es decir, en los prados junto al citado río, y a la mañana siguiente los que en el próximo encuentro habían de recibir la palma del martirio por la fe de Dios, las encontraron adornadas con cortezas y hojas; y presa de indecible admiración y atribuyendo tan gran milagro a la divina gracia, las cortaron a ras del suelo, y las raíces que quedaron en la tierra a modo de plantel engendraron de sí más tarde grandes bosques que todavía existen en aquel lugar. Pues muchas de sus lanzas eran de madera de fresno. Cosa admirable y grande alegría, magno provecho aquel para las almas y enorme daño para los cuerpos. Pero ¿qué más? Aquel día se trabó la batalla entre ambos, y en ella fueron muertos cuarenta mil cristianos; y el duque Milón, padre de Rolando, con aquellos cuyas lanzas reverdecieron, alcanzó la palma del martirio; y el caballo de Carlomagno fue muerto. Entonces Carlomagno, pie en tierra con dos mil infantes cristianos, desenvainó su espada, llamada *Joyosa,* en medio

de las filas de los sarracenos y partió a muchos por la mitad. Al atardecer de aquel día volvieron a sus campamentos cristianos y sarracenos. Al día siguiente vinieron a socorrer a Carlomagno cuatro marqueses de la tierra de Italia con cuatro mil guerreros. Apenas los reconoció Aigolando, volviendo grupas, se retiró a las tierras de León, y Carlomagno con sus ejércitos regresó entonces a la Galia.

Transcurridos apenas 5 kilómetros alcanzamos **Calzada del Coto,** antiguo dominio del monasterio de Sahagún, por el que el Camino se prolonga por su ancha calle Real.

A partir de aquí existieron dos rutas casi paralelas que terminaban por confluir en Mansilla de las Mulas para, por su puente, cruzar allí el río Esla. Ambos ramales recorren poco más de 30 kilómetros, por una zona de páramos tan sólo surcados por los cauces de pequeños ríos. La carretera actual se desvía bastante hacia el Sur, siguiendo un trazado que conduce hasta Mansilla de las Mulas por Gordaliza del Pino y Santas Martas.

Santuario de la Peregrina (Sahagún). Esta arruinada iglesia es lo poco que se conserva del antiguo convento franciscano fundado en 1257. La ladrillería de sus muros es la prueba de la continuidad de unos recursos materiales y técnicos locales que han sabido interpretar las diferentes corrientes estilísticas desde el siglo XIII al XVIII.

Para continuar la marcha, a las puertas de la misma Sahagún, debemos cruzar el río Cea por este puente. Los historiadores discuten su cronología. Aunque no faltan los que indican una cronología medieval, todo parece indicar que los arcos más antiguos, los de los extremos, corresponden al siglo XVII.

Mansilla de las Mulas. De origen romano, esta localidad, dada su privilegiada situación en la red de caminos que confluían al cruzar el río Esla, seguirá manteniendo su importancia durante los siglos del Medievo. La arruinada muralla medieval testimonia aún su valor estratégico-militar.

La ruta más septentrional sólo pasa por una población, la de **Calzadilla de los Hermanillos.**

La otra ruta es la que mantuvo siempre la denominación general de Camino francés. Discurre por una gran cañada, llegando, cuando se han recorrido poco más de 3 kilómetros, a una pequeña depresión del terreno donde se encuentran las lagunillas de El Hito, serie de pozas endorreicas, formadas al acumularse el agua de lluvia en unas concavidades arcillosas impermeables. Antes de entrar en Bercianos del Camino, vemos, a la izquierda, la *Ermita de Perales*. Ésta es el único testimonio de lo que debió ser la Santa María de Bercianos que Fernando II otorgó al Hospital del Cebrero.

Bercianos del Camino, con su iglesia de ladrillo en medio de un pobre caserío de adobe y tapial, es una clara muestra de la pobreza del territorio por el que se transita. De aquí se desciende a un pequeño valle, para seguir después sobre una meseta desde la que se domina una amplia perspectiva que llega hasta las montañas de Riaño. Continuamos en una zona inhóspita, de la que se tienen noticias de diferentes viajeros que encuentran duro su viaje por ella, y en la cual merodeaba el lobo. Laffi nos cuenta un dramático episodio ocurrido entre Bercianos y Burgo Ranero:

... partimos hacia Brunello [Burgo Ranero], situado a cuatro leguas largas; mas recorridas tres aproximadamente, dimos con un peregrino muerto y llegaron dos lobos que comenzaron a devorar aquel cuerpo; les hicimos huir y continuamos hacia Brunello, y llegados a la tarde, fuimos a buscar un capellán para que fuese a levantar el cadáver, y nos procuramos un albergue tan pobre que fue preciso dormir en la tierra; porque aquí todos son pastores de rebaños de ovejas que viven en esta villa, toda ella formada de cabañas cubiertas de paja...

El actual **Burgo Ranero** tiene poco que ver con el miserable poblado que vio el boloñés Laffi, aunque las casas antiguas denotan la pobreza de las construcciones de tapial y adobe. Unido al barrio de la estación forman un vasto núcleo urbano de moderna e insípida fisonomía.

Mansilla de las Mulas.—De origen romano, sólo en el siglo XII empieza a tener una existencia histórica continuada. Durante la primera mitad de esta centuria es citada como una de las poblaciones por donde pasaba el itinerario de Aymeric Picaud. Fernado II ordena su repoblación en 1181, y siete años más tarde le concede carta puebla. En los siglos XIV y XV pertenecerá a la familia de los Enríquez.

Si para el viajero Künig en el siglo XV se trataba de una ciudad, para Manier, que pasó por aquí el 21 de octubre de 1726, no era sino una «villa de poca cosa, en la cual los muros no son hechos más que de tierra amarilla, altos y fuertes». Todavía se conservan partes importantes del encintado murario, con un grosor medio de casi 3 metros. Su urbanismo primitivo se organizaba en un cuadrilátero, ligeramente trapezoidal, junto al río Esla. En los cuatro puntos cardinales se abrían las puertas principales. La ruta jacobea entraba por el Sur y salía hacia el puente del río por el Norte. La muralla, realizada en diversos momentos, conserva trozos aparejados con buenos sillares que deben corresponder a lo más antiguo de la segunda mitad del siglo XII. Las partes con tapias de cal y canto son obra bastante más tardía.

Al finalizar la Edad Media existían tres hospitales que acogían peregrinos, pero nada sabemos de ellos en particular. Hasta principios de este siglo se conservó una modesta edificación de planta baja y tapial que se conocía como «Casa de peregrinos», que podría ser el último testimonio de una de estas instituciones hospitalarias. Ya en el siglo XVI, una cofradía de Sancti Spiritus y Santiago sólo se ocupaba ocasionalmente de atender a los romeros.

Una vez cruzado el Esla por un puente de ocho arcos, se encuentra, a la izquierda, una carretera que conduce al *Monasterio cisterciense de Sandoval*. Aunque se tienen noticias de que algunos peregrinos se desviaban para recibir cobijo aquí, no fue éste un hito significativo del Camino. La hospedería que se cita desde el siglo XIII es la habitual de todos los monasterios, que en algún momento, dada la proximidad de la ruta jacobea, pudo ser aprovechada por algún peregrino. En la iglesia monasterial hubo un altar dedicado a Santiago, del que se conserva una

Calle porticada de Mansilla de las Mulas. Hasta principios del siglo XX se conservó una modesta edificación conocida como la «Casa de los peregrinos», que podría ser el último testimonio de los tres antiguos hospitales que acogían a estos.

magnífica talla del siglo XVII, representando al santo como peregrino.

El Camino recorría 6 ó 7 kilómetros para cruzar el río Porma por Villarente. No siempre siguió el mismo trazado; antes de fijarse por la dirección de la carretera actual y pasar por **Villamoros,** lo hacía por **Mansilla Mayor.**

El ancho cauce del Porma, debido a las grandes avenidas, obligó a construir un largo puente. Los viajeros del siglo XII ya lo consideraban «un enorme puente». Las continuas riadas obligaron a diversas restauraciones, algunas tan profundas como la de 1396, que hicieron que se repusiesen los pilares. Hasta el siglo XIX tenía diecisiete arcos, que fueron ampliados a veinte para permitir el paso de la carretera. Cruzado el río se encuentra **Villarente.** A la izquierda, el viejo hospital que fundó en el siglo XVI el arcediano de Triacastela, en cuyo testamento, otorgado el 23 de febrero de 1536, según Uría, explicaba las circunstancias por las que se había decidido a su construcción:

> ... por ver la gran necesidad que abia del en aquel lugar donde se hedificó por ser despoblado y por estar en camino frances y a causa del rrio que por allí pasa que cuando cresçe ympide el paso a los peregrinos y caminantes y por no hallar donde se acoger rrescebian mucha fatiga en sus personas y a las veces peligro de las vidas considerando que era mucho servicio de Dios y gran obra de caridad proveer cerca de todo ello me determine de hazer y edificar dicho ospital de la manera que agora esta para que dios nuestro señor y su bendita madre sean servidos y en el que se cumplan las obras de misericordia y por que mejor se haga e cumpla todo lo suso dicho para agora e para siempre jamas.

El hospital no pasa de ser una sencilla construcción doméstica, de dos plantas, sin grandes afanes monumentales. Las diferentes dependencias aparecían ya en el siglo XIX transformadas en vivienda particular, apreciándose que se organizaban en torno a un patio porticado. Queda aún la puerta principal de sillería, el zaguán con su cubierta de madera y el alero del tejado.

Hasta llegar a **Arcahueja,** en un pequeño altozano, carretera y Camino discurren en paralelo, separados por unos cientos de metros. Seguía, dejando do **Valdelafuente** en un alto a la izquierda, hasta alcanzar el **Alto del Portillo,** desde donde se puede contemplar una gran panorámica de la ciudad de León. Se desciende hasta el río Torío, para cruzar por el *Puente de Castro,* así llamado en recuerdo de la aljama —«el castro de los judíos»— que ocupaba el cerro próximo. Son numerosos los testimonios que se han conservado de esta presencia hebrea en la zona: varios epitafios de los siglos XI y XII, algunos

de ellos labrados sobre basas romanas. Aunque el puente se ha atribuido a los romanos, sólo algunos materiales de esta época han sido reaprovechados, seguramente indicio de un viejo puente; el actual corresponde al siglo XVIII.

León.—El peregrino contaba en León con una buena asistencia hospitalaria: no menos de diecisiete centros de este tipo se documentan al final de la Edad Media. De ellos, los más famosos fueron el de San Marcos, el de San Froilán y el de San Marcelo, que luego cambiaría su nombre por el de San Antonio. El picardo Manier nos informa que los peregrinos solían utilizar el primero a la ida del viaje, mientras que el tercero lo era a la vuelta.

Recientemente se ha restaurado el viejo *Hospital de San Marcos* con el fin de que pueda servir de albergue a los peregrinos. Su origen se remonta a la fundación de la reina doña Sancha, que mandó edificar una iglesia y un hospital junto al puente que cruza el río Bernesga, en 1152. A partir de esta misma centuria, se encargaron de su custodia los caballeros santiaguistas. Es un enorme caserón de dos pisos, que contrasta por su sencillez con San Marcos, la casa matriz de los santiaguistas, verdadera joya del Renacimiento. Había en el hospital dos grandes salas, una en cada planta, en la que se disponían doce camas en recuerdo de los apóstoles. Se entregaba a los peregrinos una libra de pan, pero los hospitaleros tenían cuidado, según nos cuenta Laffi, de marcar el bordón para no repetir la limosna. En la portada, una inscripción nos recuerda cuándo fue erigido el edificio que aún vemos: «Hízose esta obra siendo prior Don Diego González de Tena. Año 1791.»

El *Hospital de San Froilán* fue creado por el cabildo de San Isidoro. Durante el siglo XII se practicó en él no sólo la habitual caridad del servicio hospitalario, sino que los capitulares ejercitaron un interesante ritual: «todos los sábados, miembros de la colegiata acudían al hospital a lavar ritualmente los pies a los allí albergados». La misma ceremonia, pero con una mayor complejidad protocolaria, se desarrollaba durante todos los días de la Cuaresma. Los tres canónigos oficiantes, con los pies descalzos, se encaminaban a realizar el consiguiente lavatorio, mientras que el resto de los capitulares permanecía en el coro salmodiando. Desde el siglo XIII, aunque siguen siendo los canónigos los que llevan su control, suele estar al frente directo un laico, generalmente una hospitalera. Al finalizar la Edad Media, apenas hay referencias a la acogida de peregrinos, limitándose a los pobres de la ciudad. En el año 1601, el abad de San Isidoro, don Marco Antonio de los Ríos, donó el hospital a los frailes franciscanos menores descalzos, de la Orden de San Pedro de Alcántara.

De las visitas piadosas que los romeros debían realizar durante su viaje por España, no debían olvidar

la de las reliquias de san Isidoro. Ya en el siglo XII, Aymeric Picaud lo recomendaba especialmente:

A continuación se ha de visitar en León el venerable cuerpo de san Isidoro, obispo, confesor y doctor, que instituyó una piadosa regla para sus clérigos y que ilustró a los españoles con sus doctrinas y honró a toda la Santa Iglesia con sus florecientes obras.

Desde 1065 consta que estas reliquias, poco antes traídas de Sevilla, eran custodiadas en el interior de una caja-relicario leñosa recubierta de chapas de plata repujada con abundante figuración. La obra, que todavía podemos admirar en el tesoro de la colegiata de San Isidoro, fue una donación de Fernando I, quien encargaría a un orfebre de evidente formación germánica su factura. Se reproduce un corto

ciclo de imágenes referentes a escenas del Génesis, y el retrato del propio monarca.

Una vez encontrado hospedaje y alimento, y cumplido con la pía recomendación de visitar las reliquias de los santos y mártires, el peregrino recorría las calles de la ciudad, donde existía un abundante comercio de recuerdos venerados por los romeros. La urbe, si no llamó la atención de los viajeros modernos, durante la Edad Media vivía bajo la aureola de su carácter de antigua urbe regia, en la que sobrevivían multitud de restos de su pasado esplendor. La imagen de León a fines del primer milenio, cuando se erigía en la capital de los cristianos que resistían frente Al-Mansur, Claudio Sánchez-Albornoz nos la ha descrito en breves y sugestivas líneas; leyéndolas podemos ver cómo todavía la vieja ciudad castramental romana sigue perviviendo y enmarcando el esquema urbano:

Durante el siglo X, fue la población más importante de la España cristiana. No la imaginen, sin embargo, los lectores como una gran ciudad. Era reducido su perímetro. Tenía la forma de un rectángulo casi perfecto. Su eje mayor iba, de Sur a Norte, desde el mercado fronterizo a San Martín, hasta el castillo, y su eje menor cruzaba desde la Puerta del Obispo a la Cauriense, situada a la altura del espléndido palacio que levantaron después los Guzmanes. Ceñida por la antigua cerca que edificaron los romanos, daban acceso a ella cuatro puertas: la llamada *Archo Rege* conducía al mercado y se abría en la calle donde se alzaba el palacio del rey, enclavado a espaldas de la iglesia actual del Salvador. Al oriente, no lejos de la Torre Cuadrada, se encontraba la Puerta del Obispo, como tal conocida hasta hace pocos años. La del Conde, al septentrión de la ciudad, desde la Puerta del Castillo, debía su nombre al gobernador de León por el monarca, cuyo palacio y fortaleza se hallaba junto a ella. Por último de la Puerta Cauriense se abría frontera a San Marcelo, de extramuros, en el lugar citado arriba, y conducía a la llamada Carrera de Fagildo.

En su interior la cruzaban, en direcciones diferentes, numerosas vías, calles, carrales y carreras, regis-

Pórtico septentrional de San Isidoro de León. En el Panteón regio y en este pórtico se sucedieron las primeras experiencias del románico pleno en tierras leonesas, bajo el auspicio de los sucesores de Fernando I.

tradas en diversos diplomas... Las antiguas termas se convirtieron en sede episcopal por Ordoño II; trasladó éste el solio regio a un palacio situado junto a la Puerta del Mercado, desde entonces llamada *Archo Rege,* y en el curso del siglo que estudiamos se alzaron en León, fuera y dentro de sus viejas murallas, diversas iglesias y numerosos monasterios.

Este es el León nuclear que encontraron durante siglos los peregrinos medievales. Su importancia como ciudad regia hace que siempre se produjesen aquí experiencias artísticas de vanguardia para la época. Dos grandes edificios, la iglesia de San Isidoro y la catedral de Santa María, de fábrica románica la primera, gótica la segunda, todavía testimonian con su presencia lo que fue el esplendor leonés de aquella época.

La *Iglesia de San Isidoro,* en principio, estaba dedicada a los santos Juan y Pelayo, cuya modesta construcción se debía a la intervención de Alfonso V (999-1027). Por entonces, se dispuso aquí el lugar de enterramiento de los reyes leoneses. Su hija San-

cha y su esposo, Fernando I, realizaron una transformación del edificio, introduciendo entre los titulares a san Isidoro, del que habían traído sus cenizas de forma solemne en 1063. Doña Urraca, hija de éstos, siguió prestando especial cuidado a la vieja fundación familiar que, ya por entonces, se había convertido en un estable panteón real. Llevó a cabo una ampliación de la iglesia que sería concluida con la solemne consagración del 6 de marzo de 1149.

Aunque la secuencia histórica de este monumento no ha sido resuelta a satisfacción de los especialistas, no cabe duda que entre sus muros se encuentran creaciones muy importantes en el desarrollo del estilo románico en territorio hispano. El cementerio de los reyes es un espacio cuadrangular que se dispone, siguiendo la estructura del panteón prerrománico que adoptaba una forma similar al que ya existía en la ciudad de Oviedo para los reyes de la monarquía astur, a los pies de la iglesia. Los capite-

les reproducen no sólo temas decorativos, sino un pequeño programa iconográfico relacionado con el espacio funerario. Las bóvedas se cubren con una riquísima decoración pictórica de época románica, en la que sobresale la composición del anuncio a los pastores, realizado con recursos ilusionistas de claros recuerdos romanos.

La iglesia conserva dos portadas historiadas en su fachada meridional que corresponden a los primeros años del siglo XII, cuando aún se estaban definiendo las primeras manifestaciones de este tipo en el románico pleno. En la conocida como la del Cordero, se representa en el tímpano la exaltación del *Agnus Dei* sobre diversas escenas que reproducen el sacrificio de Isaac, y las esposas de Abraham con sus descendientes, Isaac e Ismael. En interpretación de J. Williams, se habría querido representar aquí la realidad histórica del momento: el enfrentamiento de moros y cristianos, es decir,

Portada del Perdón (San Isidoro de León). Durante el primer cuarto del siglo XII, las puertas de la fachada meridional de este templo contribuyeron decisivamente en la configuración de las grandes portadas del románico. En ésta podemos contemplar una de las creaciones más canónicas del estilo.

los descendientes de Ismael y de Isaac. En la otra portada, la del crucero, conocida como del Perdón, un artista que dota a sus figuras de una mayor monumentalidad esculpe un tímpano con tres escenas cristológicas: el Descendimiento de la cruz, la Ascensión y las Marías ante el Sepulcro. La manera de reproducir el ascenso de Cristo a los cielos, ayudado por dos ángeles, ha sido concebida con una soltura de gestos y acciones que no parece responder a los condicionamientos tópicos del estilo en aquellos momentos.

La vieja catedral románica fue sustituida en el siglo XIII por una fundación gótica, que dio comienzo en 1255 bajo el episcopado de Martín Fernández, notario real y amigo personal de Alfonso X, lo que motivaría un franco y decisivo apoyo del monarca. Lo esencial de su conjunto estaba concluido en los primeros años del siglo XIV, cuando el obispo Gonzalo Osorio, en una concesión al cabildo de determinadas rentas que habían correspondido a la financiación de la catedral, afirmaba: «la obra ya está hecha gracias a Dios».

Una profunda restauración fue llevada a cabo durante el siglo XIX, confiriendo al conjunto una cuidada imagen de su fisonomía original; sin embargo, se produjo una importante sustitución de materiales ornamentales y de placaje del paramento. El peregrino encontraba aquí una réplica de los edificios del gótico francés, donde los recuerdos de Reims o Amiens eran muy evidentes. La girola, dotada de capillas, configura una cabecera que parece una reducción del modelo remense. El tratamiento de los muros, con una importante desmaterialización de los paramentos en beneficio de unas vidrieras que crean en su interior un atractivo efecto lumínico, no tiene parangón en ninguna otra catedral gótica española. Sus tres grandes portadas occidentales aparecen cubiertas de una prolija imaginería centrada por el gran tímpano del Juicio final, mientras que siguiendo un esquema iconográfico clásico, la puerta de la izquierda representaba escenas de la infancia de Cristo, y en la de la derecha se exaltaba la figura de la Virgen. Entre el apostolado, la imagen de Santiago aparece ataviada como un peregrino del siglo XIII.

En otra de las puertas de la catedral leonesa, el peregrino podía contemplar una de las composiciones más queridas de la plástica gótica del siglo XIII, la coronación de la Virgen.

Los grandes edificios monumentales de León tienen en *San Marcos* su último exponente. Se trata de la casa central de los caballeros de la Orden de Santiago, que no debemos confundir con el hospital de peregrinos propiamente dicho del que ya nos hemos ocupado, y que estaba bajo la tutela de estos caballeros. Consta el edificio de dos partes bien definidas: el palacio-convento, con una gran fachada de casi 100 metros de longitud, y la iglesia. El templo es aún una obra del gótico tardío, en cuya fachada incompleta inscribió su firma el arquitecto: «Juan de Orozco *me fecit*»; muestra grandes analogías con otros edificios construidos en la época de los Reyes Católicos. Su gran nave en forma de salón aparece flanqueada por capillas-hornacinas, mientras que al fondo se abre la capilla mayor con una forma trebolada con los testeros rectos. Empezadas las obras en 1514, se concluirían en 1541, «siendo prior de este monasterio don Hernando de Villares», según consta en una inscripción de una de las torres.

Las obras del convento se prolongaron durante varios siglos. La gran fachada es una interesante muestra del plateresco español en la que abundan los motivos jacobeos, en clara alusión a la orden propietaria. El claustro, de dos pisos, es obra de Juan de Badajoz, responsable de la construcción desde 1539, aunque no se concluiría hasta el siglo XVII.

Se sale de la ciudad de León por la parte occidental de San Marcos, cruzando el río Bernesga. Nada queda del puente medieval construido en el siglo XII en relación con el hospital. El actual es una

Fachada de San Marcos de León. A partir del siglo XVI y hasta muy avanzada la centuria siguiente, se prolongaron los trabajos de la gran casa matriz de los Caballeros de la Orden de Santiago. En primer término podemos contemplar la fachada de la iglesia, todavía gótica en muchos detalles, y a continuación el frente del convento, de más de cien metros en los que la decoración plateresca combinó multitud de temas jacobeos.

construcción del siglo XVI, modificada dos centurias después. Nos dirigimos hacia Astorga por **Trobajo del Camino,** donde había una ermita dedicada a Santiago, cuidada por una cofradía de la misma advocación. De aquí procede la imagen de Santiago Matamoros que se venera en la iglesia parroquial, y una tabla representando la traslación del cuerpo de Santiago en el carro de bueyes (Museo Diocesano). Venía a continuación, después de 6 kilómetros, el *Santuario de Nuestra Señora del Camino,* desde el siglo XVI el centro mariano más importante de León. Fundado en 1502 en el lugar donde se apareció la Virgen a un pastor, ha conocido diversas construcciones, hasta que fray Coello de Portugal edificó la actual en 1961. Espectaculares son las trece grandes esculturas de bronce de la fachada, realizadas por Subirachs, en las que, pese a la modernidad de su momento, se aprecia la huella de los conjuntos escultóricos de las grandes portadas góticas. El edificio se muestra al viandante como un macizo paralelepípedo, tan sólo roto en la desnudez de su volumen por las broncíneas esculturas. El interior muestra igual contraste entre la sencillez del cemento arquitectónico y la exuberancia del retablo barroco que enmarca la dramática imagen de la piedad, escultura del XVI.

Desde el santuario, el Camino seguía en línea recta, a la izquierda de la carretera. Al llegar a una pequeña depresión por la que discurren los riachuelos Raposeras y Oncina, nos encontramos **Valverde de la Virgen,** que en tiempos medievales llevaba el apelativo del Camino. Carretera y ruta jacobea vuelven a discurrir por el mismo trazado en dirección a **San Miguel del Camino,** donde unos restos recuerdan la existencia de un antiguo hospital. Nada queda ya aquí del caserío antiguo, en el que existían casas con cubiertas de paja que llamaron la atención del boloñés Laffi. Ahora tenemos que esperar a llegar a tierras del Ganso y la Somoza para poder ver vestigios de este tipo.

En la iglesia parroquial de **Villadangos del Páramo,** las puertas de madera poseen dos relieves pintados, obra de un ingenuo artesano del siglo XVIII, que reproducen dos escenas de la batalla de Clavijo, en las que se representan cabalgando al rey Ramiro y a Santiago. A la salida de este pueblo, nos encontramos con la Fuente de Ancos, donde corren abundantes las aguas que han alabado siempre los peregrinos.

El Camino discurre por un páramo, en el que se cultivaban cereales y que ahora empieza a ser transformado en huertas por los modernos regadíos del Órbigo. Entramos, así, en **San Martín del Camino,** donde en tiempos ya muy lejanos existió un hospital, del que no resta ya más que el solar.

El Camino desciende hacia el Órbigo, donde se encuentra el famoso puente del «Paso Honroso» y el Hospital de Órbigo. Desde tiempos de la monarquía visigoda fue éste un lugar de una cierta importancia estratégica, en cuyas cercanías se produjeron continuados hechos de armas. Belicoso fue lo sucedido entre Suero de Quiñones y los caballeros que con él justaron (a ello hemos aludido en la introducción) en 1434; seguramente, las llanas tierras, hoy cubiertas por los chopos, fueron el escenario de tan caballeresco torneo.

Es el más espectacular de los puentes de toda la ruta jacobea, y tiene en la actualidad diecinueve ojos. La historia de las ampliaciones y modificaciones de este puente parece el desarrollo de un «ser vivo» que, a lo largo de su existencia, se va adaptando a las nuevas condiciones del fluir del río y de su uso por el hombre. Algunos especialistas han querido ver restos de construcción romana, aunque los arcos más antiguos reconocibles son cuatro que parecen del siglo XIII. Se cree que son el resto de un puente que tendría ocho ojos, describiendo el característico perfil quebrado de los construidos en la Edad Media. A finales del siglo XVI se procedió a una importante ampliación de nueve arcos más, que debían estar concluidos en 1620. Las reformas del siglo XIX supusieron la ampliación con dos arcos en un extremo, y tres en el otro.

Al otro lado del río se encontraba el hospital, fundación de los caballeros de San Juan, que terminaría por dar nombre al barrio que creció en su entorno. En el siglo XVII, el lugar y la hospitalidad que aquí se deparaba eran de una gran pobreza; a ella alude Laffi:

> Aquí pasamos una mala noche, tumbados sobre el mismo suelo. Los vecinos son tan pobres, que más bien están para recibir limosna que para darla, por lo que es obligado abonar el hospedaje que te ofrecen en una mala cabaña.

El Camino, siguiendo prácticamente el mismo trazado de la carretera, empezará a empinarse hasta llegar al Alto del Foyo —Hoyo—, así llamado por las abundantes cárcavas que aquí existen. Volvemos a encontrarnos con el paisaje del páramo, donde aparecen arboledas en las que abunda el roble. A partir del cruce de la carretera que lleva a Santibáñez de Valdeiglesias, el Camino y la actual carretera se irán entrecruzando hasta Astorga; a veces, según la época, surgieron diferentes vías alternativas. En una de estas separaciones se encuentra el *Crucero de Santo Toribio,* en una elevación del terreno, desde la que se contempla por primera vez Astorga. La tradición afirma que en este lugar santo Toribio se sacudió las sandalias cuando escapaba de Astorga camino de la Liébana. Desde el crucero bajaremos hasta **San Justo de la Vega,** para cruzar por un puente el río Tuero.

Los peregrinos salían de la ciudad de León cruzando el río Bernesga por este puente. Conocemos noticias desde el siglo XII. La parte más antigua de lo conservado corresponde al siglo XVI. Entre los años 1770 y 1780 se llevó a cabo una importante renovación, que ha sido ensanchada recientemente.

Astorga.—La antigua *Asturica Augusta* de los romanos siguió teniendo durante los siglos del Medievo una gran importancia en el sistema de comunicaciones del noroeste peninsular. A partir de ella, la vía transversal Este-Oeste se articulaba con los caminos verticales que unían el Sur con el Norte, o dicho de otra manera, llamando a los caminos por sus nombres populares, el Camino de Santiago con la Ruta de la Plata.

Las murallas romanas sirvieron, con pequeñas reparaciones, para proteger la ciudad durante siglos; su carácter de sede episcopal mitigó el recuerdo de la importante ciudad del Imperio.

Al ser ciudad episcopal fueron muchos los hospitales que en ella existieron; sin embargo, la mayoría no corresponden, como en tantas otras poblaciones de la ruta, a centros de caridad propiamente jacobeos, sino que son centros asistenciales para pobres de la misma ciudad. Tenemos muchas noticias que,

incluso, al ser el paso de los peregrinos muy importante, se prestaba especial cuidado en que no permaneciesen mucho tiempo en ellos. Ya en el siglo XI se documentan dos hospitales: el de San Esteban y el de San Feliz, ambos junto a la Puerta del Sol. De los veintidós que llegó a tener, sólo continúa en uso el conocido por San Juan, construido junto a la fachada occidental de la catedral. Se dice que fue fundado en la duodécima centuria; al menos, figura ya en la documentación en 1189.

Los dos edificios más representativos de la ciudad son la catedral y el palacio episcopal.

La catedral fue al principio una construcción prerrománica que terminaría siendo sustituida por un edificio de pleno románico. En el siglo XIII se conoce en la documentación la cita de una claustra vieja, lo que supone que ya, por entonces, se había levantado una gótica. Durante el siglo XV se pensaba en construir un nuevo templo catedralicio. El

obispo don Álvaro inicia en 1444 la recogida de recursos para la obra, que, según una inscripción, se iniciaría con la colocación de la primera piedra en 1471. El proyecto corresponde a Juan Gil de Hontañón, siendo continuado por su hijo Rodrigo, quien aparece al frente de la obra a partir de 1542. Es un gran edificio de tres naves de marcada factura gótica, muy manifiesta en la configuración de los vanos y molduras, así como en la sencilla estructura de estribos, contrafuertes y pináculos. Su fachada occidental es una creación barroca, con una compleja decoración de elementos ornamentales e historiados. A media altura, enmarcada por el frontón, aparece la figura de un Santiago peregrino, monumental testimonio de la ciudad a los caminantes jacobeos que continuamente transitaban por sus calles. El espacio interior se muestra algo angosto, seguramente por mantener las proporciones de la anterior catedral románica.

A distancia de la ciudad, los peregrinos contemplaban sobre el tejado de la catedral la figura broncínea de un personaje portador de una bandera. Es Pero Mato, héroe de Clavijo, portaestandarte del guión de Santiago en la batalla. Los astorganos están tan convencidos de la historicidad del personaje, que conservan en la casa consistorial el propio pendón que flotó al viento en tan memorable acontecimiento.

El *Palacio Episcopal* es obra del catalán Gaudí. Fue el obispo Juan Bautista Grau Vallespinós, amigo del arquitecto, quien le encargó la construcción del palacio. La modernidad del proyecto causó una fuerte reacción en contra de gran parte de la sociedad astorgana, lo que produjo, después de la muerte del obispo (1893), que las obras sufriesen numerosos parones y retardos. Cansado del problema, el arquitecto catalán dejó de acudir a la obra, que se iría construyendo con tal retraso que

Fachada de la iglesia del Santuario de Nuestra Señora del Camino. Este tradicional santuario mariano de los leoneses conocerá una radical modernización con la construcción de esta iglesia, obra de Coello de Portugal. Los bronces de Subirachs, pese a la vanguardista modernidad de su momento, denuncian la impronta de modelos góticos: sobre un fondo de vidriera se recortan las esbeltas figuras de la Virgen y los apóstoles.

sólo se concluyó hasta la decada de los sesenta del presente siglo.

Como toda la obra gaudiana, la fantasía de sus formas rompe con cualquier tipo de aspectos funcionales determinados. La silueta de su conjunto nos recuerda un fabuloso castillo de hadas, donde no hay la más mínima concesión a la simetría de volúmenes. Su función actual es servir de Museo de las Peregrinaciones.

Partiendo de Astorga por la carretera de Murias, llegamos a **Valdeviejas,** antaño conocido con el nombre del santo titular de su iglesia, *Sancti Verisimi.* Llegaron a contarse aquí hasta dos hospitales: uno del siglo XII; el otro fundado por Sancha Pérez en el siglo XV. A la salida del pueblo se encuentra un rústico edificio de piedra, la «Ermita del Ecce Homo», con su portalito para acoger a los viandantes, y un pozo con agua fresca.

El primer pueblo de la comarca de la Maragatería es **Murias de Rechivaldo.** Aunque el Camino antiguo no pasaba por **Castrillo de los Polvazares,** un mínimo desvío de 2 kilómetros nos lleva a él; sus calles conservan aún el aire de los viejos pueblos de la Maragatería.

Santa Catalina de Somoza es cruzada por el Camino, que ha dejado su huella en la habitual calle Real. Existió aquí un centro de hospedaje que las crónicas denominan «Gran Hospital».

Cuatro kilómetros más allá, se encuentra **El Ganso.** Podemos ver ahora las llamadas «casas teitadas», las primeras casas conservadas con cubiertas de paja de centeno y retama —hasta el siglo XVIII era bastante habitual que este tipo de tejado vegetal se utilizase en muchos otros lugares del Camino; varios viajeros (acabamos de citar a Laffi) nos han dejado referencias muy elocuentes—. Junto a la calle prin-

El camino alcanza una elevación, donde la tradición cuenta que santo Toribio, al escapar de Astorga, se volvió para contemplar esta ciudad. Un crucero rememora este sitio, desde donde el actual viajero también puede ver en la llanura la episcopal Astorga y la cadena montañosa que le anuncia nuevas dificultades en su marcha.

Al llegar a Astorga por su parte oriental, nos encontramos con una imagen de la ciudad que sintetiza tres grandes momentos de su historia: las murallas que hablan del pasado romano, la catedral con su magnífica fábrica del último gótico, y el palacio episcopal, verdadera joya del modernismo.

Junto a la fachada occidental de la catedral astorgana, se encuentra, aunque muy modificado por las transformaciones y ampliaciones modernas, el Hospital de San Juan. Su custodio y administrador fue y sigue siendo desde 1187 el cabildo catedralicio.

Catedral de Astorga, fachada occidental. Durante todo el siglo XVII se trabajó en la realización de esta fachada. Bajo la dirección del maestro de obras Francisco de la Lastra, muerto en 1683, se realizó esta obra reproduciendo el esquema gótico de la catedral leonesa disfrazado con una decoración barroca.

cipal, por la que discurría antes el Camino y ahora la carretera, se levantaba la iglesia, en cuyo pórtico se han albergado tantos peregrinos.

Se cruza el riachuelo Reguerinas por el Puente del Pañote y, por la Ermita del Cristo de la Vera Cruz, se llega a Rabanal del Camino.

Rabanal del Camino.—Situado en la falda del Irago, era el final de la novena etapa del itinerario de Aymeric Picaud. El Camino asciende por una calle por la que descienden arrolladoras las aguas de una reguera. Una informe casa, situada al principio de la calle, a la derecha, es lo que queda de lo que debió ser hospital. Subiendo, en la acera opuesta, la ermita de San José, construida en el siglo XVIII. Por último, después de remontar la calle está la iglesia parroquial, vieja fundación de los templarios de Ponferrada. El templo conserva un ábside semicircular románico, de feo aspecto por la alteración de sus formas con el añadido de múltiples postizos. La tradición cuenta que en este pueblo, en una casa de la calle principal, conocida como la de las Cuatro Esquinas, pernoctó Felipe II en su viaje a Compostela.

Carretera y Camino antiguo, coincidiendo a veces y en paralelo otras, ascienden penosamente hasta Foncebadón. Los topónimos que jalonan la ruta aluden a siniestras historias: la Degollada, la Horca...

Foncebadón, sobre un amplio collado, en el último tramo antes de alcanzar la cima del Irago, es en la actualidad un pueblo en ruina y, prácticamente, abandonado. La dureza de las tierras por las que pasamos han obligado a emigrar a sus gentes, y sus derruidas casas, que se manifiestan como una visión fantasmagórica, hablan por sí solas de su mísera existencia. Los peregrinos debieron circular por aquí fatigosamente, pero apresurados; no era tierra para plácidos solaces. Preocupado por esta dureza del territorio, un solitario berciano, Gaucelmo, se propuso ayudar a cubrir el Camino a los viajeros. Para ello solicitó de Alfonso VI, en 1103, privilegios y exenciones sobre la zona. Edificó una iglesia y un hospital, que poco tiempo después se convertiría en un monasterio.

Volvemos a reanudar la ascensión y, por fin, se alcanza la cima del Irago; allí, *La cruz de Ferro,* a algo más de 1.500 metros de altitud. Dejamos atrás la Maragatería, y de frente contemplamos la gran depresión del Bierzo, mientras que a nuestra izquierda se yerguen las estribaciones del Teleno, por donde penetran los valles en los que los antiguos bercianos se perdían en la profunda soledad del silencio. En ellos encontraron retiro los monjes de la célebre «Tebaida leonesa».

El monumento es un sencillo tronco de roble con una modesta cruz de hierro en su extremo. Como tantos signos cristianos, se trata de un viejo símbolo romano readaptado; el hito que separaba dos circunscripciones territoriales, se ha convertido ahora en un indicador de la ruta jacobea. Cientos, miles de peregrinos, al pasar por allí, como los antiguos viajeros romanos, arrojaban un guijarro que contribuía a apuntalar el enhiesto mojón. Hoy la cruz, tan desnuda como el tronco mismo, se yergue soberbia recortándose sobre el cielo y enfrentándose a la inclemencia del tiempo.

Se desciende hacia Ponferrada, continuando Camino y carretera confundidos a trechos, unas veces, y entrecruzándose, otras. Lo sinuoso del terreno, bordeando numerosas gargantas, no permite muchas variantes viarias. Prados y pequeñas tierras de labor, así como los pequeños caseríos, se cuelgan de los escuetos resquicios que permite la orografía. El primer pueblo berciano que nos encontramos es **Manjarín,** totalmente abandonado desde hace años. Siete kilómetros más abajo entramos en **El Acebo.** De aquí sale un desvío que conduce a Compludo, lugar que nos trae el recuerdo de ilustres padres del monacato hispano (san Fructuoso, san Genadio, etc.). Contemplamos, ahora, un nuevo concepto de casa, en la que el piso superior avanza sobre la calle al prolongarse en graciosos corredores de madera, convertidos en solana donde personas y frutos se calientan al tímido sol que por aquí asoma en los fríos del largo invierno de estas montañas. Las gentes de este lugar fueron dispensadas de tributos por los Reyes Católicos con la condición de que marcasen con ochocientas estacas, cuando se produjesen avalanchas de nieve, el camino que iba hasta Foncebadón. Al abandonar el lugar podemos ver, junto a la rústica ermita, un moderno monumento. El hierro se retuerce para adquirir la forma de una bicicleta y los atributos del peregrino; se trata de un sencillo homenaje a un sexagenario peregrino ciclista, al que la muerte le sorprendió en este sitio.

Seguimos descendiendo por **Riego de Ambrós,** que cruzamos por medio del caserío. Los árboles, que habían desaparecido del paisaje, empiezan a ser ya abundantes. Pasamos junto a pintorescos lugares de castaños.

Dejamos de descender al llegar al cauce del río Meruelo. Pasamos por delante del *Santuario de la Quinta Angustia,* donde se venera «La Preciosa»;

A menos de dos kilómetros del trazado tradicional de la ruta jacobea se encuentra uno de los más interesantes pueblos de la comarca de la Maragatería, Castrillo de los Polvazares. Sus cuidadas calles aparecen flanqueadas por blasonadas mansiones que nos recuerdan la prosapia de sus habitantes.

Calle principal de Rabanal del Camino. Los peregrinos ascendían por esta rúa, a la que daban los principales edificios de la población. Al comienzo de la misma se encontraba el hospital, mientras que en lo alto, al final de la calle, todavía podemos encontrar, aunque muy transformada, la iglesia románica. (Página siguiente arriba).

Foncebadón, enclavado en lo alto de un dilatado collado, ofrecía a los peregrinos acogida y descanso antes de emprender la ascensión al último tramo del Irago. Siempre fue un lugar triste e inhóspito, con una población reducida. La carretera bordea ahora su abandonado caserío, que, en la distancia, muestra un bucólico aspecto en medio de un paisaje pradeño. La imagen cambia si nos decidimos a entrar por su solitaria calle mayor, flanqueada de ruinas y casas abandonadas, en las que ladran perros vagabundos, es la misma por la que marchaban los viajeros, pero en plena ruina y desolación. (Página siguiente abajo).

Iglesia parroquial de El Ganso, dedicada a Santiago. La carretera actual, como el antiguo camino, bordea el templo junto a su pórtico; bajo éste, los peregrinos podían encontrar refugio para pasar la noche. De su fábrica primitiva se conservan, reaprovechados en los muros, diversos materiales, el más interesante es una cruz discoidal.

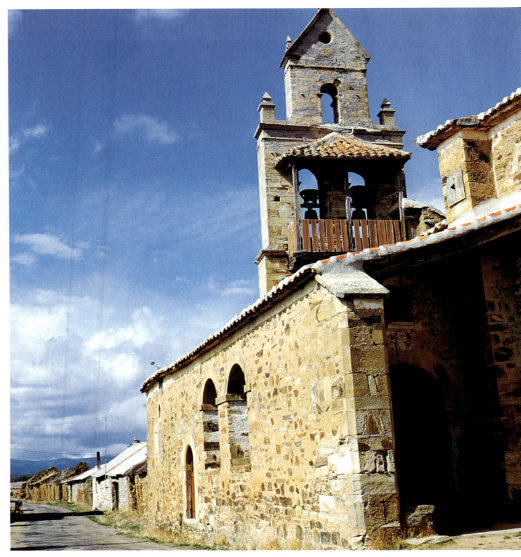

La Cruz de Ferro, situada en lo alto del Irago, se muestra desnuda y clavada en el tronco de roble que los peregrinos se encargan de apuntalar arrojando los guijarros que se amontonan sobre su base.

El Camino a su paso por El Acebo. Al iniciar el descenso del Irago, el caserío cambia de aspecto. Hemos dejado atrás las rojizas casas de la Maragatería y nos empezamos a encontrar con viviendas en cuya fachada se disponen corredores de madera, donde productos y personas se dejan acariciar por los tímidos rayos del sol.

giado por los peregrinos de todos los tiempos. La ruta, que deja a la izquierda la ermita de Santiago, sigue hasta **Columbrianos,** y de aquí a **Campo-naraya.**

Cacabelos se encuentra a unos 12 kilómetros de Ponferrada. Su historia documentada alcanza la época del obispo compostelano Gelmírez, que la repobló y consagró su iglesia en 1108. Desde entonces perteneció a la sede compostelana, hasta que se vinculó definitivamente a la de Astorga en 1870. Su carácter de avanzada santiaguesa en tierras del Bierzo aseguraba una buena acogida a los caminantes jacobeos, con varios hospitales. La gran devoción mariana de este pueblo se centra en el Santuario de la Quinta Angustia.

De aquí podemos tomar un pequeño desvío de 3 kilómetros hacia el Sur, que nos conduce hasta el *Monasterio de Carracedo.* Su fundación se remonta al siglo X; sin embargo, lo que actualmente se ve es un ingente conjunto que se debe a la actuación de la comunidad cisterciense que allí se estableció con el apoyo de Alfonso VII. Durante el siglo XVIII se comenzó a construir una gran iglesia que no llegaría a concluirse por el saqueo de los franceses en 1811, el cual hizo huir a la comunidad. El monasterio está en ruinas, aunque una reciente res-

tauración las haya consolidado. Se conserva en muy buen estado parte de la panda de la sala capitular, con una serie de dependencias de los siglos XIII y XIV.

Volviendo al Camino pasamos por **Pieros,** donde se localiza la antigua capital del Bierzo en la época romana, y una inscripción empotrada en el muro de la iglesia nos habla de la fundación de un antiguo templo en los años finales del siglo XI. Ésta dice así, según traducción de Concepción Cosmen:

He aquí la casa del Señor y puerta del cielo, iglesia difundida y no dividida en honor de San Martín, obispo y confesor, San Salvador con los doce apóstoles y Santa María Virgen y otros muchos mártires confesores y vírgenes y el presbítero Pedro edificó esta iglesia y Álvaro García y su mujer Adosinda, y Rodrigo, presbítero, la completó y ornó todo lo bueno que aquí está por el interior y exterior en los días del rey Alfonso, reinante en León y en Toledo, y lo consagró Osmundo, obispo de la sede astoricense en la era 1124 —año de 1086—, era el día de las Kalendas de diciembre.

Después de pasar **Ventosa del Jubileo,** se alcanza Villafranca por la zona alta de esta villa (Ci-

Villafranca del Bierzo, situada en el encuentro de los ríos Burbia y Valcarce, no se muestra a los ojos de los viajeros que se le aproximan por el Oeste; tan sólo se atisban en el horizonte los tejados de su castillo señorial, el resto de la población permanece oculto en la hondonada.

Cacabelos, Santuario de Nuestra Señora de la Quinta Angustia. El profundo espíritu mariano que caracteriza a todos los leoneses se manifiesta en los habitantes de Cacabelos en este templo neoclásico, en cuyo interior se custodia la imagen de la Virgen.

madevilla), descendiendo hacia el centro de la actual población por la significativa calle de Peregrinos.

Villafranca del Bierzo.—Siguiendo el itinerario de Aymeric terminaría aquí la décima jornada de marcha, que llevaba desde Rabanal hasta Villafranca, «en la embocadura del valle del río Valcarce». El nuevo día de viaje habría de llevar al viajero hasta Triacastela.

Antes de entrar en la «Villa-franca» del Medievo, los viajeros y peregrinos pasaban ante la *Iglesia de Santiago,* en la que, postrados bajo las arcadas de su portada septentrional, podían recibir las indulgencias aquellos peregrinos que tan sólo habían podido llegar hasta allí. Es un modesto edificio de románico de inercia, con algunos toscos resabios decorativos de inspiración ya gótica. Su construcción entra ya en pleno siglo XIII. En sus proximidades existió un albergue para peregrinos.

El Camino baja hacia el centro de la población, pasando junto a los macizos torreones del castillo-palacio de los marqueses de Villafranca del Bierzo, construcción iniciada en el siglo XIV, que ha visto perder la esbeltez de sus torres al ser desmochadas en la guerra de la Independencia.

Los viajeros que han paseado por sus calles siempre han hablado de su belleza. Si los ingleses Ford o Street quedaron impresionados por lo pintoresco del lugar, un peregrino como Laffi no regatea los elogios:

Ésta [Villafranca] es una hermosa población, encerrada entre cuatro ingentes montañas, confluencia de dos grandes ríos. Es la última población del Reino de León que merece el título de ciudad, por su magnitud, por el número de conventos, tanto de varones como de mujeres. Posee una hemosa plaza y espléndidos palacios.

Tuvieron los peregrinos varios lugares de acogida; el mismo Laffi cita como «gran ospital» el de Santiago, hoy convertido en colegio.

De los conventos que cita el viajero boloñés, todavía están en pie los más importantes. *San Francisco* se dice fundado por el propio santo para no ser menos que los que ya hemos referido a lo largo de la ruta desde la misma Jaca. Conserva, entre múltiples reformas modernas, una portada de románico inercial y un perfil de iglesia gótica. El *Colegio de los Jesuitas* es una construcción barroca, cuya iglesia recuerda en su fachada la de la misma orden en Roma. La *Colegiata de Santa María* es el edificio de mayores pretensiones de la localidad. El marqués

Iglesia del convento de San Francisco (Villafranca). Esta cabecera gótica, con torres del siglo XVII, fue añadida, en la época de los primeros condes de Lemos, al templo primitivo. La fundación del convento se atribuye al mismo san Francisco.

de Villafranca, don Pedro de Toledo, virrey de Nápoles, consiguió que fuese elevada la dignidad de la vieja iglesia abacial, de los cluniacenses, a colegiata, en 1533. Reconstruyéndose, entonces, según trazas de Rodrigo Gil de Hontañón, aunque se prolongarían los trabajos hasta el siglo XVIII. La mole de su vasto edificio, en el que se mezclan las estructuras góticas con la ornamentación renacentista, destaca sobre el conjunto urbano.

Dejamos atrás Villafranca al cruzar el Burbia, y siguiendo el lecho del río Valcarce bordeamos el monte que, en la actualidad, es perforado por la carretera nacional en el Túnel de Anguía. Las laderas de los montes parecen ahogar el río y el Camino cubiertos por frondosos bosques de robles y castaños. La angostura es tal, que, según una leyenda popular, un abad del monasterio de Santa Marina tuvo que rom-

per la peña para que por ella pudiesen discurrir las aguas y los hombres.

Al salir del túnel, la carretera nacional coincide con el Camino y discurren juntos por un ameno valle hasta **Pereje,** en medio de un castañar con añosos ejemplares, tuvo en tiempos albergue de peregrinos, cuya posesión se disputaron abades y obispos, polémica que terminó con la decisión regia de encomendarlo al Santuario del Cebrero. Poco después llegamos a **Trabadelo,** donde el paisaje se cubre, junto al río, de las pequeñas parcelas de los huertos familiares, y el Camino deja el trazado de la carretera nacional que asciende hacia el Puerto de Piedrafita. En esta zona, los viajeros circulaban con grandes precauciones, pues desde el Castillo de Auctares —del que ya no queda ni la ruina—, acechaban gentes de mal vivir.

Villafranca vista desde el valle del Valcarce.

Siguiendo el curso del río se llega a **Ambasmestas** que, como su mismo nombre indica, es en donde se encuentran dos cursos de agua: el Valcarce que venimos remontando y un arroyuelo que desciende del Cerro de Ameirais. Viene después **Vega de Valcarce.** Al otro lado del río, sobre un montículo frondoso, se yergue la silueta del arruinado *Castillo de Sarracín.* Por el nombre que lleva, se supone que su origen se relaciona con el conde de Astorga y el Bierzo, Sarracino, que aparece citado en un documento de Alfonso III haciendo cesión de unas propiedades, precisamente por estos lugares, a la sede compostelana. De este período nada se conserva en la actual ruina, cuyas formas realizadas en piedra pizarrosa hacen pensar en una construcción de los siglos finales de la Edad Media. Ocupa un lugar estratégico, privilegiado en la defensa del paso obligado por el fondo del valle.

A partir de **Ruitelán,** el valle se abre algo más permitiendo que las verdes praderías surcadas por arroyuelos dominen el paisaje entre las boscosas laderas de las montañas.

Herrerías lleva este nombre por la industria del hierro que aquí existía. El curso de los torrentes es aprovechado para con grandes mazos hidráulicos trabajar el metal; su tamaño y ruido al machacar las piezas dejaron impresionados a Laffi. Se trata de un mecanismo, de indudable origen romano, que ha seguido construyéndose hasta nuestros días. Un poco más allá de este pueblo, existe un pequeño barrio que se llama el Hospital; es el recuerdo de un viejo establecimiento para peregrinos ingleses que existía aquí. Unas piedras y un solar son ense-

El castillo de Sarracín, desde su privilegiada situación en un promontorio, vigila el camino que discurre por el valle del Valcarce. Su existencia se remonta a la época de Alfonso III, aunque las ruinas de sus muros tan sólo correspondan a una fábrica de finales de la Edad Media.

ñados al viajero como único recuerdo en la actualidad. Causa cierta extrañeza encontrarse con un hospital para ingleses en un lugar de tierra adentro, tan alejado de la habitual ruta marítima empleada por ellos. Como ya dijimos en la introducción, los peregrinos de las Islas podían desembarcar en la costa francesa y seguir su camino desde Burdeos por tierra; además, la Aquitania era en aquellos tiempos un territorio dominado por la corona británica.

Desde el barrio donde se encontraba el hospital se podía optar por seguir por la Faba y Laguna de Castilla hacia El Cebrero, o por un camino algo más a la derecha continuar a Piedrafita, y, de aquí, a El Cebrero, o en épocas tardías se podía seguir en dirección a Compostela pasando por Lugo. Ambos caminos describían una abrupta pendiente, pues se veían obligados a ascender rápidamente desde lo hondo del valle a las altas cumbres de los montes que separan el Bierzo de Galicia.

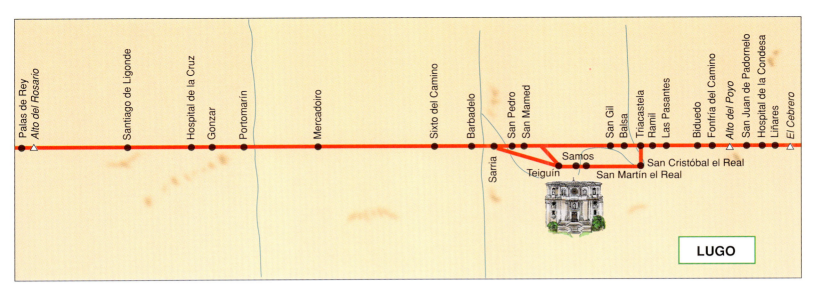

LUGO

El itinerario de Aymeric Picaud, al entrar en tierras de Galicia, muestra su entusiasmo alabando a sus gentes y sus tierras; no tiene mayor elogio que hacerles que decir que los gallegos son el pueblo hispano más parecido al de los franceses:

> Viene luego la tierra de los gallegos, pasados los confines de León y los puertos de los montes Irago y Cebrero. Es una tierra frondosa, con ríos, prados, de extraordinarios vergeles, buenos frutos y clarísimas fuentes; pero escasa en ciudades, villas y tierras de labor. Es escasa en pan, trigo y vino, pero abundante en pan de centeno y sidra, bien abastecida en ganados y caballerías, en leche y miel, y en pescados de mar, grandes y pequeños; rica en oro, plata, telas, en pieles salvajes y otras riquezas, y hasta muy abundante en valiosas mercancías sarracénicas. Los gallegos son el pueblo que, entre los demás pueblos incultos de España, más se asemeja a nuestra nación gala, si no fuera porque son muy iracundos y litigiosos.

Estas breves pinceladas de la tierra y de las gentes demuestran un buen conocimiento del medio. Sin embargo, los viajeros que remontaban las cuestas no se encontraban a primera vista la Galicia descrita. Alcanzar la cota de El Cebrero, 1.293 metros, era una tarea siempre penosa, pero en invierno se convertía en algo sumamente peligroso.

El Cebrero.—En El Cebrero se encontraba un antiquísimo monasterio, donde se permitía a los peregrinos recuperar las fuerzas. Era un lugar que la historia y la leyenda habían convertido en extraordinario, donde se había producido un milagroso prodigio:

> ... Cerca de los años de mil trescientos había un vezino vasallo de la casa del Zebrero, en un pueblo que dista media legua, llamado Barjamayor, el cual tenía tanta devoción con el santo sacrificio de la misa, que por ninguna obligación o inclemencia de los tiempos recios faltaba de oír misa. Es aquella tierra combatida de todos los aires, y suele cargar tanta nieve que no sólo se toman los caminos, pero se cubren las casas, y el mismo monasterio, iglesia y hospital suelen quedar sepultados, y allá dentro viven con fuegos y luces de candelas, porque la del cielo en muchos días no se suele ver y si la caridad (a quien no pueden matar ríos ni cielos) no tuviesen allí entretenidos a los monjes para servir a los pobres, parece imposible apetecer aquella vivienda. Un día pues, muy recio y tempestuoso lidió y peleó el buen hombre y forcejeó contra vientos, nieves y tempestades; rompió por las nieves y como pudo llegó a la iglesia.
>
> Estaba un clérigo de los capellanes diciendo misa, bien descuidado de que en aquel tiempo trabajoso pudiese nadie subir a oír las misas. Había ya consagrado la hostia y el cáliz cuando el hombre llegó, y espantándose cuando le vio menosprecióle entre sí mismo diciendo:
>
> —¡Cuál viene ese otro con una tan grande tempestad tan fatigado a ver un poco de pan y vino!
>
> El Señor que en las concavidades de la tierra y en partes escondidas obra sus maravillas, la hizo tan grande en aquella iglesia, a esta sazón, que luego la hostia se convirtió en carne y el vino en sangre, queriendo su Majestad abrir los ojos de aquel miserable ministro que había dudado y pagar tan gran devoción como mostró aquel buen hombre viniendo a oír misa con tantas incomodidades. Estuvieron mucho tiempo la hostia vuelta en carne en su patena y la sangre en el mismo cáliz donde había acontecido el milagro, hasta que pasando la reina doña Isabel en romería a Santiago y hospedándose en el monasterio del Zebrero, quiso ver un prodigio tan raro y maravilloso, y dicen que entonces, cuando lo vio mandó poner la carne en una redomita y la sangre en otra, adonde hoy se muestran ... Yo aunque indigno, vi y adoré este sagrado misterio cuando pasé por aquel lugar, y vi las ampollas, en una está la sangre como si cuajara ahora, y tan colorada como si fuera de cabrito recién muerto; la carne se ve dentro del viril como cecina colorada y seca. En el mismo cáliz, que hoy día se conserva y muestra, está todavía la señal de la sangre, y todas estas cosas se sacan en procesión el día de Cor-

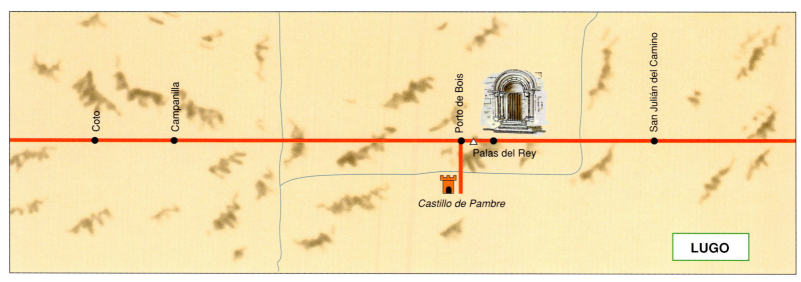

Coto • Campanilla • Porto de Bois • San Julián del Camino •

Palas del Rey

Castillo de Pambre

LUGO

pus y de Nuestra Señora de agosto y de septiembre, en los cuales acude mucha gente por gozar del milagro y de las indulgencias. Y cuando pasa alguna persona de calidad o peregrino, los monjes, revestidos y con hachas encedidas, lo muestran con mucha decencia.

Mientras que Yepes aceptaba los hechos como la tradición recogida por los monjes narraba, y sus ojos certificaban lo que le habían contado, como si se tratase de uno más de los devotos y peregrinos que por allí pasaban, Ambrosio de Morales se había mostrado ya, tiempo antes, bastante más crítico. Su espíritu analítico le había obligado a mostrarse receloso en su comunicación al rey:

> El misterio está en dos ampollitas muy pequeñas de cristal, guarnecidas de plata. En la una dicen está la carne, y en la otra la sangre, en un trapito; yo me remito en esto al haberlo visto V. M. que cierto yo no percibí aquello con la evidencia, que en la Bula se narra, y allí no hay más mención que la de la sangre. También no hay más mención que de la sangre en otra bula de Alejandro VI.

Sobre la historia del monasterio poco es lo que sabemos, pues ha desaparecido prácticamente la documentación antigua, teniendo que servirse los his-toriadores de la que referencia Yepes en su estudio de la orden benedictina. Hasta el siglo XII no encontramos constancia de monjes; por un documento de Fernando II de León, datado en 1166, sabemos que dependían de la abadía francesa de San Geraldo de Orleans. Alfonso VII había acogido bajo su amparo el hospital, concediendo a sus ganados libertad de pastar y otras varias exenciones. Nunca fue su historia brillante, salvo en la caridad que tenía con los peregrinos y la fama de su prodigioso milagro. En el siglo XVI, el ya citado Morales nos da una idea de la modestia de la fundación:

> No es agora Abadía, sino Priorato, con un Hospital anejo a San Benito de Valladolid, y hay tres o cuatro monges que gobiernan la hacienda y el hospital, y esto a mi juicio por lo que vi, se hace bien, y va mucho en que se haga, porque como es aquel Puerto tan áspero, y paso ordinario para los Peregrinos, habría mucho trabajo sin aquel refrigerio de los pobres.

La iglesia es un edificio de compacto volumen, apegado al suelo por la rotundidad de sus muros de granito, en el que sólo se acusan los cuerpos de un pórtico de entrada y una torre rechoncha. Es una forma de construir muy popular, que iremos viendo reproducida en diferentes edificios según descendemos por el puerto. Se diría que es una obra más ar-

Estas pallozas han conservado en el transcurso de los siglos unas formas de hábitat cuyo origen se remonta a los primeros tiempos de la historia de estos lugares. Su buen rendimiento y una práctica constructiva ancestral han asegurado su existencia hasta los albores de esta centuria; hoy no son más que una reliquia que las instituciones conservan como piezas casi museísticas. En los crudos días de invierno su interior proporcionaba un cálido abrigo a personas y animales.

Iglesia de El Cebrero. Las formas conservadoras de este tipo de arquitectura hacen muy difícil poder precisar su cronología. Su primitiva estructura recuerda la tipología de los templos prerrománicos; sin embargo, las obras de los siglos XVII y XVIII la han transformado completamente.

Desde El Cebrero, el peregrino contemplaba hacia el Occidente una amplia panorámica que sólo le permitía ver un paisaje absolutamente montuoso.

Iglesia parroquial de Liñares. Su sólida arquitectura, tanto en la torre como en el aparejo pétreo, nos recuerda la de El Cebrero.

caizante que antigua, aunque una reciente restauración ha puesto al descubierto su posible estructura planimétrica original, denunciando un claro tipo prerrománico. Esta circunstancia ha hecho pensar a los especialistas que nos encontramos ante una basílica de tres naves, separadas por pilares, y cabecera tripartita con testeros rectos. Sobre su cronología tendríamos que pensar en un amplio período que podría ir desde el siglo X a finales del XI. De todas formas, estas apreciaciones no son más que meras conjeturas, que necesitan ciertas comprobaciones arqueológicas y documentales. Un análisis comparativo con edificios de su entorno inmediato podría resolver las dudas cronológicas.

Junto al templo existen, todavía, las dependencias de lo que fue un mesón levantado en el siglo XVIII por los monjes, «que —según Uría— debió proporcionarles algunos ingresos destinados al resarcimiento de los gastos que ocasionó su fábrica».

Los que visitan en la actualidad el conjunto de El Cebrero se encuentran con un hábitat absolutamente arcaizante, de origen protohistórico, que lo apartado y montuoso del lugar ha conservado en el transcurrir del tiempo, entre otras cosas, por su indiscutible utilidad hasta el presente siglo. Son las pallozas, con sus muros de granito y su cubierta de paja. Los muros son recios, y apenas perforados por vanos; se evita la luz, pero se consigue mantener el calor con el que combatir el intenso frío. La cubierta es de «celme», paja entrelazada y cosida con retamas con las que forman una especie de cordoncillo para sujetar el tejado. Su agrupamiento en torno al monasterio todavía conserva la organización urbana de los antiquísimos poblados de tipo castreño.

Su valor etnológico es considerable; han permitido estas pallozas que puedan ser observadas todavía en «vivo» como si se tratase de un raro especimen

del pasado. Sin embargo, a los viajeros del Medievo no les llamaron tanto la atención; construcciones de este tipo iban encontrando en diferentes lugares del Camino, lógicamente con características particulares adaptadas al medio concreto en que se hallaban.

Al abandonar El Cebrero, el viajero tiene ante su vista una gran panorámica montuosa por la que ve alejarse el Camino en dirección a su meta compostelana. Las montañas se suceden hacia el Poniente, Piornal, Alvela, Ouribio…, mientras que, al Norte, los Ancares aparecen inhóspitos, y al Sur, la Sierra del Caurel.

Por los días de verano la ruta serpentea por verdes praderías tachonadas de florecillas amarillas. Los pequeños regatos de agua y los muretes que marcan las propiedades aparecen indicados por una secuencia de árboles. Pero pronto, este hermoso colorido, realzado por el sol, dejará paso a los días grises del invierno, en los que la nieve lo enseñorea todo. En medio de este paisaje surge en el camino **Liñares**. Era ésta una posesión del monasterio de

El Cebrero, donde tenía plantaciones de lino. La iglesia levanta su sólida torre sobre su fachada occidental; la parte baja de la misma con el despiece de su arco denuncia una mayor antigüedad que el cuerpo de campanas, obra de época ya moderna. Su arquitectura nos recuerda la del templo de El Cebrero y la que veremos en el Hospital de la Condesa.

El *Hospital de la Condesa* lleva en su nombre implícito su origen: un albergue destinado a dar acogida a los peregrinos, que debe su existencia a la magnanimidad de una condesa. Algunos aventuran que esta noble dama se debe identificar con la que fue esposa del conde Gatón, señor de Triacastela y repoblador del Bierzo durante la décima centuria.

San Juan de Padornelo y el Alto del Poyo figuran entre las propiedades de la Orden de San Juan de Jerusalén. Después de 12 kilómetros de marcha desde El Cebrero, se llega al **Alto del Poyo**; hemos alcanzado una altitud de 1.337 metros. La carretera cambia aquí de vertiente, iniciando el descenso hacia el valle.

Tras recorrer 2 kilómetros, entramos en **Fonfría del Camino.**

Nada queda del hospital que aquí acogía a los peregrinos; sin embargo, un cáliz de plata sobredorada, del siglo XVIII, nos recuerda su existencia al informarnos en una inscripción su origen: «Soy del ospital de Fonfría.» Dependía del convento de Sancti Spiritus de Mellid. Se cuenta que, cuando pernoctó aquí la reina Isabel, le concedió el derecho de asilo. Viejas noticias nos informan que la hospitalidad que aquí se daba consistía en lumbre, sal, agua y cama con dos mantas.

Viene a continuación **Biduedo,** cuyo nombre a algunos les hace recordar los «bidueiros», abedules, de sus bosques, mientras que otros buscan la etimología de un posible topónimo que indicaba la existencia de dos caminos. La ruta jacobea se dirige recta a **Filloval,** mientras que la carretera describe un amplio rodeo hacia la derecha para llegar a este último lugar pasando por Lamas.

Carretera y Camino descenderán desde aquí, por separado, hacia Triacastela; mientras que la primera lo hace abriéndose en un recorrido más amplio que facilite la bajada, el segundo lo hace más directamente, por un recorrido abrupto que pasa por las localidades de **Las Pasantes** y **Ramil.** Desde cualquier punto del Camino observamos en el fondo Triacastela.

Triacastela.—Terminaba aquí la undécima jornada de Aymeric Picaud, que se había iniciado en Villafranca. El mismo autor nos informa que estaba «Triacastela, en la falda del mismo monte, ya en Galicia, lugar donde los peregrinos cogen una piedra y la llevan hasta Castañeda, para obtener cal destinada a las obras de la basílica del Apóstol».

La proximidad de Santiago hacía que ya empezasen a aparecer por este lugar gentes de esta ciudad con el fin de engañar a los incautos. El Calixtino nos cuenta curiosas anécdotas sobre la actuación de estos desaprensivos en Triacastela y sus alrededores:

Al descender el puerto, los peregrinos contemplaban, a lo lejos, Triacastela, el principal núcleo habitado que se iban a encontrar desde que habían salido de Villafranca.

Otro —se refiere a ganchos enviados por los posaderos compostelanos— va a Barbadelo o Triacastela a su encuentro —peregrinos—, y cuando los avista los saluda y les habla astutamente de otras cosas; luego así les dice: Hermanos míos que vais a Santiago, yo soy un ciudadano rico de esa ciudad, y no he venido hasta aquí para procurarme huéspedes, sino con un hermano mío que habita en esta villa: mas si queréis tener un buen hospedaje en Santiago, hospedaos en mi casa y decidle a mi mujer y a mi familia que os trate bien por amor mío; yo os daré una señal, para que se la mostréis. Así, con falsas palabras, a unos peregrinos les da su navaja, a otros el cinto, a otros la llave, a otros la correa, a otros el anillo, a otros el sombrero, a otros los guantes, como señal, enviándolos a su casa. Cuando éstos llegan a la casa del mismo y se hospedan en ella, después de darle la primera comida, la dueña de aquel hospedaje les vende un cirio, que vale cuatro monedas, en ocho o diez.

Desconocemos cuáles fueron los tres castillos que, según indica el nombre (Triacastela), dieron origen a esta población; aunque lo más lógico sea pensar, con algunos estudiosos, que el nombre lo que indica es «hacia Castilla». Las primeras citas documentadas corresponden al siglo X. Será durante el reinado de Alfonso IX cuando el mismo monarca propicie una repoblación del lugar, que le llevaría a erigirse en la población más importante en la falda del puerto, propiciando la estancia de numerosos personajes de fama en su paso hacia Galicia: el 15 de septiembre de 1486, pasaron los Reyes Católicos de regreso de Santiago; el emperador Carlos, cuando sólo contaba veinte años, comió en Triacastela, el 22 de marzo de 1520; Felipe II, siendo aún príncipe de Asturias, cruzó por aquí camino de embarcarse hacia Inglaterra para contraer matrimonio con María Tudor.

La iglesia parroquial, como parece lógico, está dedicada a Santiago; es un edificio románico que ha sufrido una ampliación moderna, y una inscripción en la fachada occidental nos da la fecha de ésta y de la torre que se levanta ante ella: «año de 1790». Por su situación, la torre nos recuerda las que hemos visto en los pueblos de la montaña; sin embargo, sus formas recuerdan más soluciones simplificadas del barroco gallego.

De los hospitales que hubo, el único que llegó a tener una cierta nombradía es el que en el siglo XVII se cita como «espital del Señor san Pedro, sito en la villa de Triacastela». En el mismo documento se nos dice que dependía del obispo de Lugo. Se ha querido identificar con una casa de recios muros, conocida como «Casa Pereira», que se encuentra en el centro de la villa. Al reconstruirse se encontraron varios esqueletos humanos; podrían corresponder al cementerio del hospital.

Desde Triacastela podían seguirse dos caminos: la ruta más antigua continuaba en dirección a Samos, siguiendo el curso del río, por donde actualmente corre la carretera; a partir del siglo XVI, algunos viajeros y peregrinos continúan por San Gil y Calvor hasta Sarria, dejando la otra ruta a su derecha.

DE TRIACASTELA A SARRIA POR SAMOS

Una vez dejada atrás Triacastela, después de 2 kilómetros de marcha, podemos ver, a la derecha, Pena Partida, por donde iba antes el Camino; dos grandes tajos abrían la roca para permitir el paso de la calzada.

La carretera, que circula por la ladera del valle, encuentra pequeños pueblos como San Cristóbal, Lusio, Renche y San Martín, hasta llegar a Samos, una vez recorridos 10 kilómetros.

San Cristóbal el Real se sitúa en una angosta y fértil vega por donde discurren tranquilas las aguas del río Ouribio. El caserío, con característicos muros de lajas de pizarra y galerías de madera voladas sobre el Camino, va familiarizando al viajero con la arquitectura doméstica de los gallegos.

San Martín el Real es una pequeña localidad dependiente de Samos. Se piensa que estuvo en este lugar el monasterio de San Esteban y San Martín, fundado por Egila en tiempos del rey Fruela. Una modesta iglesia románica de lajas de pizarra y cubierta de madera es testimonio de la antigüedad de este pueblo.

Monasterio de Samos.—La pequeña localidad de Samos es la capital del municipio; ocupa un pequeño valle angosto, situada a la derecha del río Ouribio. La población surgió a la vera del monasterio que aquí ha existido desde los primeros momentos de la más Alta Edad Media.

Se atribuye su fundación a san Martín Dumiense, allá por el siglo VI. El monasterio sirvió de cobijo al hijo de Fruela, el príncipe que terminaría siendo Alfonso II. Después de un largo período de florecimiento durante los siglos centrales del Medievo, sería uno de los primeros cenobios que pasaron a afiliarse en la Congregación de San Benito de Valladolid, siguiendo la decisión de los Reyes Católicos. La importancia que adquirió desde entonces se manifiesta en los monumentales edificios que pudieron levantar hasta la exclaustración del siglo XIX.

El Camino llegaba hasta el monasterio por su parte de atrás, circunvalándolo por el lateral septentrional. La inmensa mole del conjunto monasterial aparece en medio de los campos de labor; el río baña sus muros, e, incluso, son habituales los animales pastando en su entorno.

De las dependencias claustrales medievales quedan pocos vestigios, siendo más modernas las obras

más importantes y mejor conservadas, especialmente dos claustros.

El más antiguo, llamado hace siglos el principal, corresponde también al más pequeño. Su construcción se llevó a cabo entre 1539 y 1582, aunque las partes altas no se terminarían hasta el siglo siguiente. Un epígrafe nos informa sobre el maestro de obras que lo construyó: «PERO RRºS NATURA D MOFOTE.» En su conjunto, pese a su cronología, es una fábrica todavía gótica. La riqueza de la decoración de las claves hace que los que pasean por sus galerías se entretengan observando los mil y un detalles de lo que está allí representado, por lo que en un momento dado pueden leer en una clave «qué miras tonto». Seguramente, consciente el reponsable de la obra que con tan fastuosa decoración contribuía a romper la meditación obligada de los monjes, decidió, siguiendo las recomendaciones de los padres del monacato, censurar tal actitud con semejante cita. En medio del patio se levanta la fuente de las Nereidas, obra barroca, realizada por el monje samonense fray Juan, entre 1713 y 1717.

El claustro grande, de arquitectura de líneas clasicistas, resulta más soso, aunque su tamaño alcance los 54 metros de lado. Sus obras se prolongaron entre 1685 y 1746.

La iglesia es monumental, construida entre 1734 y 1748, bajo la dirección de Juan Vázquez, maestro de obras y monje de esta abadía. Su aspecto más espectacular es la gran fachada occidental, concebida como un gran retablo de tres calles y dos cuerpos, careciendo de frontón. Para alcanzar la puerta de entrada se sube por una bonita escalera de doble acceso, similar a la del Obradoiro de Compostela. Sobre la puerta, enmarcada por una hornacina, una estatua de san Benito, obra del escultor José Ferreiro. En el piso superior, otras dos esculturas representan a san Julián y santa Basilisa. Las tres figuras resumen la historia de las advocaciones monásticas de la casa. Los dos últimos constituyeron un casto matrimonio, que serían por ello nombrados patronos de los monjes altomedievales. San Benito representa la regla que se practicaría hasta nuestros días en esta casa.

A menos de 100 metros de distancia se levanta un pequeño templo, de una nave y un ábside rectangular. Sus modestas proporciones y la terminación de sus muros responden a una construcción prerrománica, que bien pudiera corresponder a la décima centuria.

Todas las referencias sobre la acogida de peregrinos en este monasterio corresponden a la Edad Moderna y no son muy explícitas, más bien parecen las

habituales prácticas hospitalarias que los monasterios benedictinos ejercían en todas sus casas, estuviesen o no en la ruta jacobea.

Saliendo de Samos se seguía por la carretera hasta **Teiguín,** donde se coge un ramal a la derecha que, después de pasar por **Pascais** y **Perros,** se une a la anterior variante que viene de Triacastela.

DE TRIACASTELA A SARRIA
POR SAN GIL Y CALVOR

Fray Martín Sarmiento, después de comer en Triacastela al mediodía del 17 de mayo de 1754, hace este recorrido hasta Sarria que es la variante moderna al anterior Camino de los peregrinos. Su diario nos transmite un puntual detalle de los lugares por donde pasa y las distancias:

A San Gil, cuarto de legua. A Montan, cuarto de legua. A Fontearcuda, cuarto de legua, a la izquierda, Lousada. A la Aguada, cuarto de legua. A Vigo, cuarto de legua. A la izquierda, Perros —por aquí venía el ramal procedente de Samos—. A San Mamed del Camino, cuarto de legua. A Vigo, cuarto de legua. Al puente de Sarria y Sarria, cuarto de legua.

Algunos de estos poblados han ido arruinándose, y los restantes permanecen en precario. **Balsa** está formada por despoblados y ruinas como el que corresponde a San Pedro de Ermo, donde en el siglo IX existía un monasterio dedicado a San Pedro. Al coronar el puerto que separa Triacastela de Sarria, se encuentra **San Gil,** modesta aldea como el resto de las que nos encontramos en la ruta hasta alcanzar Sarria; posiblemente, las más significativas sean las de **San Mamed** y **San Pedro,** pues todavía acompañan su nombre con el apelativo «del Camino».

Sarria.—El Camino ascendía por la calle Mayor de Sarria, situada en una colina, circulando por delante de la iglesia de Santa Marina y continuando por la misma calle hasta alcanzar el templo del Salvador, pasando entre éste y el Hospital de San Antonio que estaba enfrente. Calle y Camino siguen ascendiendo hasta bordear por debajo el castillo y llegar, así, al convento de la Magdalena. De allí descendía por un terreno abrupto, que conducía rápidamente al río, pasando por un puente, el Celeiro.

Antigua ciudad romana que durante la Edad Media sería sede de importantes nobles que ostentarían el título de condes de la misma. De los edificios que hemos citado en el recorrido que hacían los pe-

Cuando el peregrino llegaba al monasterio benedictino de Samos se encontraba con la monumental mole de sus edificios, que hablaba por sí sola de la importancia del cenobio; no obstante, por su entorno no conseguía independizarse del medio rural en el que se encontraba. Junto a sus muros discurren las aguas del río Ouribio, permitiendo mover los engranajes del molino y la herrería. Bajo sus balcones, en los verdes prados, pastan los rebaños del monasterio. Según la época del año, los conversos trabajan en las amplias huertas que producen lo suficiente para la cocina monástica.

Monasterio de Samos. Si son pocos los restos que perduran del monasterio medieval, las obras modernas alcanzan una calidad tan excepcional que nos hacen olvidar lo que se haya perdido. La grandiosa fachada de su iglesia dieciochesca ha sido concebida como un monumental retablo ante el cual se ha dispuesto una espectacular escalera. En el centro, una imagen de san Benito; arriba, las figuras de san Julián y santa Basilisa. El claustro pequeño (abajo), el más antiguo de los dos conservados, es obra del siglo XVI en su piso bajo, mientras el alto corresponde ya a la centuria siguiente. El claustro grande, de formas clasicistas realizadas entre los siglos XVII y XVIII, está formado por un cuadrado de cincuenta y cuatro metros de lado.

Iglesia del Salvador de Sarria, portada septentrional. Típica representación de un románico inercial, que termina mezclándose con fórmulas ya góticas. La imagen del Salvador en el tímpano corresponde a un arte popular, esquemático y expresionista. Tienen un gran interés los herrajes de la puerta, obra de herreros medievales que en la provincia lucense han dejado obras de cierta calidad, como los aplicados en la portada septentrional de la catedral de Lugo.

Hospital de San Antonio (Sarria). Esta modesta construcción, que ha servido en nuestros días de juzgado, alojó, desde su fundación en el siglo XVI, las dependencias hospitalarias. Entre esta vieja casona y la iglesia del Salvador, que está enfrente, discurría el Camino.

regrinos, pocos han desaparecido o transformado, son importantes los vestigios que aún quedan en pie.

El templo parroquial de Santa Marina fue un edificio románico que subsistió hasta el siglo XIX, cuando fue derribado para construir la actual iglesia.

De la *Iglesia del Salvador* tenemos abundantes noticias desde finales del siglo XI. Su fábrica actual corresponde a una iglesia de tradición románica, con ábside semicircular y pequeña nave rectangular cubierta de madera. En su fachada septentrional, por donde discurre el Camino, se abre una puerta con un tímpano apuntado en el que se representa una tosca imagen del Salvador.

El *Hospital de San Antonio* es fundación de la casa de Lemos. Don Dionis de Castro, hijo de los marqueses de Sarria, deja una manda testamentaria, en 1588, con destino al hospital de peregrinos. Se atendía en él a los que regresando de Santiago traían su correspondiente certificado de haber cumplido con la peregrinación, por lo que se les proporcionaba posada y 8 maravedís. A los enfermos se les daba cama, luz y 24 maravedís diarios para su alimento, siendo atendidos por una hospitalera y un cirujano. Todos estos datos corresponden a la información que nos suministra el catastro de Ensenada. El edificio es de obra moderna, del que se sabe que en el siglo XVI se encargó su construcción al maestro de obras Juan de Seara. Hoy, convertido en juzgado, tiene la apariencia de una insulsa casona.

Noticias más antiguas se tienen del *Convento-hospital de la Magdalena*. Parece ser que dos monjes italianos de la Congregación de la Penitencia de los Mártires de Cristo, de la regla de san Agustín, fundan este establecimiento como refugio para los peregrinos. Los mismos fundadores tomaron esta decisión cuando caminaban por aquí con destino a Compostela. Eligieron para su obra el lugar que ocupaba una capilla dedicada a San Blas de Vilanova, que terminaría adoptando la advocación de la Magdalena. Consta una bula del papa Juan XXII, expedida en Aviñón en 1332, en la que se consigna que en esta casa se daba limosna y cama a los peregrinos que iban a Santiago, así como santa sepultura a los que fallecían, por lo que concedía indulgencias a los que favoreciesen su mantenimiento.

Iglesia del convento-hospital de la Magdalena (Sarria). La vieja iglesia gótica ha sufrido diversas transformaciones desde el siglo XVI, pese a ello todavía podemos contemplar detalles de su obra medieval.

Desde lo alto de Sarria el Camino desciende precipitadamente hasta el lecho del río Celeiro, que cruza por este puente. Seguramente tuvo su origen en una obra medieval, sin embargo, su forma actual corresponde a diversas remodelaciones modernas.

Lo más monumental de los edificios conservados en la actualidad corresponde a las obras del siglo XVI, aunque quedan pequeños restos del templo de los siglos XIII y XIV. La iglesia es gótica, con una sola nave y un ábside poligonal; en éste se encuentra el sepulcro del maestrescuela Nuño Álvarez de Guitian, en el que consta que fue el constructor de la capilla mayor en el año 1511. A la misma centuria corresponde el claustro que se levanta al Norte.

El puente recibe el nombre de Aspera; es una sencilla construcción de cuatro ojos, que, aunque tiene sus fundamentos medievales, corresponde en su actual forma a modificaciones modernas.

Cruzado el río Celeiro el Camino se desvía por el sur de la carretera actual, para pasar por Barbadelo y, poco después, cruzar la carretera discurriendo a cierta distancia de ésta por su flanco septentrional hasta Portomarín, donde se juntarán para cruzar el Miño.

Barbadelo era el otro lugar, junto al ya citado de Triacastela, elegido por los rufianes para engañar a los peregrinos. Cruzaba el Camino este lugar entre el templo románico, dedicado a Santiago, y la antigua casa del priorato, durante muchos años casa rectoral, hoy de propiedad privada. De muy antiguo se tiene constancia de la existencia aquí de un monasterio que, al principio, era dúplice, pasando después a convertirse en priorato de Samos.

A partir de aquí la ruta irá pasando por una serie de pequeñas aldeas enclavadas en las laderas del ondulado paisaje, que por un recorrido de 20 kilómetros nos conducirá hasta bajar al lecho mismo del río

Iglesia de Santiago de Barbadelo, portada occidental. Interesante muestra del románico popular lucense. En el tímpano, bajo una esquemática representación antropomorfa, posiblemente del Salvador, un característico dintel pentagonal en el que se reproduce una cabeza de animal, de cuya boca surge toda una intrincada maraña de roleos.

Casa prioral de Santiago de Barbadelo. Frente a la fachada meridional de la iglesia se levanta la que fue casa del priorato. En algún tiempo funcionó como lugar de acogida de peregrinos. Obsérvese la ingenuidad del desplazamiento del frontón con respecto al vano de la puerta.

Miño. Los campos de labor que los campesinos arrancan al monte, aparecen como islotes enmarcados por los bosques de robles y castaños, que en su larga y añosa vivienda van adquiriendo formas esqueléticas y fantasmagóricas. A veces, en medio de estos bosques descarnados surgen como monumentales ramos de flores de vivo amarillo, las enormes matas de los espinosos tojos. En nuestro caminar nos vamos encontrando con estos pequeños hábitats, cuyos nombres se suceden: **Mercado de Serra, Mouzos, Sixto del Camino, Domiz, Leimán, Belante, Lavandeira, Brea, Morgade, Ferreiros,** donde una iglesia dedicada a Santa María posee una portada románica con tímpano bilobulado. Se cita también aquí un hospital de la Orden de San Juan; viene después **Mercadoiro,** en el que existió otro hospital de peregrinos; finalmente, tras cruzar **Moutras, Parrocha** y **Vilacha,** avistamos Portomarín.

Portomarín.—El río Miño se cruzaba aquí desde tiempos de los romanos. Un puente realizado por ellos todavía estaría en uso cuando lo destruyó la reina Urraca, que, según nos cuenta Aymeric en su itinerario, sería reconstruido por Pedro. La obra de re-

construcción debió tener lugar hacia 1120. Seis años después, Alfonso VII confirma una donación de su madre al constructor del puente y de un hospital para peregrinos anejo a él. Junto a la carretera se conserva parte del viejo puente.

Fernando II haría entrega de la villa a los caballeros de Santiago, pero pronto se la arrebataría por sospechar de su proclividad hacia los intereses castellanos. Pronto se establecerían aquí los sanjuanistas.

Entre los templos existentes aquí destacan dos iglesias: la de San Nicolás o San Juan, y la de San Pedro.

La *Iglesia de San Nicolás* conserva su fisonomía de templo encastillado tan habitual en las iglesias medievales. Un rotundo volumen prismático, de esbeltas proporciones, aparece coronado por un camino de ronda protegido por merlones y almenas. Destinada a encomienda de los caballeros debía realizar la doble función de castillo y templo. Sus portadas, bellamente exornadas de figuras, pertenecen a la actividad de un taller que muestra los ecos de las obras que bajo la dirección del Maestro Mateo se realizan en la catedral compostelana.

Desde el río Celeiro
los peregrinos se han visto
obligados a seguir un
empinado camino hasta
Barbadelo; desde aquí,
durante un breve recorrido,
mientras que dejan atrás
la iglesia, seguirán por
un cómodo sendero
que discurre en medio
de un ameno paisaje.

San Nicolás de Portomarín.
Importante iglesia
encastillada que protegía
el paso del río Miño.
La severidad de sus líneas
arquitectónicas contrasta
con la riqueza decorativa
de sus portadas. Se trata
de un edificio que
corresponde al románico
del último tercio
del siglo XII.

Junto a la fachada de la iglesia se construyó por fray Juan Piñeiro la casa de la encomienda y hospital, entre los años 1475 y 1484. Nada existe ya de esta construcción, salvo el epígrafe en que consta el nombre del patrocinador, conservado en el Museo de Lugo. Debió ser decisivo para allegar medios para la obra el que, en 1461, Enrique IV permitiese que se aumentasen los impuestos sobre los portazgos de mercaderías y bestias con el fin de que se dedicase al «reparo de la iglesia e ospital… e para el reparo del Camino francés».

La *Iglesia de San Pedro* sólo conserva de su fábrica románica su portada, de tímpano bilobulado, como el que acabamos de ver en Ferreiros. Una inscripción nos informa sobre su consagración; su traducción dice así, según Vázquez Saco:

> Esta iglesia fue consagrada en honor de la bienaventurada María y de los santos Pedro, Cosme y Damián, siendo obispo de Lugo D. Rodrigo en la Era MCCXX —año 1182—. Fernando.

El barrio de San Pedro era el primero que se encontraban los peregrinos al acercarse a Portomarín, teniendo en sus inmediaciones, al menos desde 1266, un hospital de acogida.

El antiguo pueblo de Portomarín ha quedado sumergido bajo las aguas al construirse la presa de Belesar, edificándose más alto un nuevo pueblo, al que han sido trasladados los monumentos más significativos del viejo.

Al salir de Portomarín, carretera y Camino marchan juntos hasta **Gonzar,** habiendo pasado antes por **Tojibo.** Separándose de la misma, continúa por otra carretera secundaria que sigue la antigua dirección de la ruta para, pasando por el Hospital de la Cruz, Ventas de Narón, Prebisa, Lameiros, Santiago de Ligonde, Eirexe, Portos, Lestedo y Brea, alcanzar el Alto del Rosario, donde se juntaba con la carretera general que viene de Lugo en dirección a Compostela (ruta jacobea que, aparte de su uso por los peregrinos de la región, fue bastante utilizada durante la Edad Moderna por aquellos que eligieron en Piedrafita la dirección de Lugo-Santiago).

En todo este rosario de pequeñas poblaciones que jalonan la ruta jacobea por esta zona, nos encontramos indicios de su antiguo paso, referencias a hospitales ya desaparecidos e iglesias dedicadas al Apóstol. Es un territorio en el que la presencia de los caballeros de Santiago está siempre presente; a poca distancia hacia el Norte tenían una importante casa en Villar de Donas.

El *Hospital de la Cruz* nos recuerda su nombre un establecimiento de acogida de romeros que ya existía en el siglo XIII y del que se tiene noticia todavía en el siglo XVIII, perteneciente entonces al monasterio de Ferreira. Hoy es un poblado perteneciente a la parroquia de San Mamed del Río.

Santiago de Ligonde es, de todas las poblaciones de este recorrido, la que reúne un mayor número de citas de viajeros y peregrinos así como la que conserva más recuerdos de la vieja calzada francesa, empezando por ser de la Encomienda de Santiago, presentación de San Marcos de León. En él se detuvo el emperador Carlos a comer, el 24 de marzo de 1520. El hospital de peregrinos fue una fundación de los Ulloa; una casa conocida como de Rego se llamaba hasta hace poco Casa do Hospital. En las afueras de la población existió hasta hace poco una tierra con un crucero de granito, que era conocida como cementerio de los peregrinos. El templo parroquial está dedicado a Santiago, conservando de época románica su arco triunfal.

Poco antes de llegar a Palas del Rey, la carretera-camino se junta con la citada carretera general para ascender al **Alto del Rosario.** Se contempla desde aquí una hermosa panorámica, vislumbrándose en la lejanía, hacia el Poniente, el Pico Sagro de Compostela. Se dice que esta visión confortaba tanto a los caminantes, que algunos caían postrados en tierra y rezaban un rosario.

Descendemos la suave pendiente del puerto para entrar en un pueblo de resonancias regias, **Palas del Rey.** Se quiere que su origen, en una interpretación mitificada, corresponda nada menos que a la época de Witiza. A principios del siglo XII aparece ya citada como población de cierta importancia, pues Aymeric Picaud sitúa en ella el fin de la duodécima jornada, la que hemos visto iniciarse en Triacastela. De su antiguo pasado, la iglesia parroquial conserva la portada románica en su fachada occidental. Aún

Iglesia de San Tirso de Palas del Rey, portada occidental. Es lo único que se conserva del antiguo templo románico, el resto ha sido reconstruido.

San Pedro de Portomarín. Al trasladar aquí los edificios monumentales del pueblo de Portomarín, de este templo sólo se conservó su puerta occidental. Por un epígrafe sabemos que fue consagrado en 1182.

Castillo de Pambre. Se trata de una de las fortalezas mejor conservadas de Galicia. Fue construida por Gonzalo Ozores de Ulloa en el último tercio del siglo XIV. Podemos ver aquí la torre del homenaje entre los árboles.

se sigue hablando de un lugar, en la parte baja del pueblo, llamado el Campo dos romeiros. Sería en él donde antes del amanecer se juntarían para comenzar la última jornada de marcha, según Aymeric, aunque, evidentemente, la distancia de algo más de 60 kilómetros no estaba al alcance de los que irían a pie.

El Camino vuelve ahora, otra vez, a separarse de la carrtera general, siguiendo en dirección a **San Julián del Camino,** cruzando el río Pambre por el Puente de Campaña. Por esta zona es donde se producían por el siglo XIV los asaltos de las gentes que se refugiaban en la fortaleza de Felpós —Castillo de Pambre—, que fueron sometidas por el arzobispo Berenguel de Landoira, sucesos a los que nos hemos referido en la introducción. Sin embargo, la hermosa imagen de esta fortaleza, con su torre emergiendo entre los árboles que se levantan sobre un ameno prado, no merece ser recordada por tan tristes sucesos, y la imaginación popular quiso corregir la historia, narrando una leyenda rosa convertida en romance, que nos cuenta lo acaecido a un romero y dos doncellas enamoradas. Losada Díaz y Seijas Vázquez nos la han transmitido de la siguiente manera:

... en una nutrida comitiva de las que por aquí desfilan frecuentemente camino de Compostela venía un gallardo caballero de aquella nación —Francia—, el cual resultó malherido en un asalto de los bandoleros,

siendo recogido por el castellano —de la fortaleza de Pambre—, cuyas dos hijas le atendieron con toda solicitud, hasta que, restablecido, pudo continuar la romería, no sin dejar conturbado el corazón de sus dos hermosas y gentiles enfermeras, que se habían enamorado de un doncel de tan bellas prendas. No fue tampoco el galán insensible a los dulces encantos de aquellas jovenes encantadoras, por lo que, después de cumplir su voto, regresó al castillo, en donde se casó con la más joven de las doncellas, marchando con ella a su patria luego de celebradas las bodas. La otra hermana los vio partir desde lo alto de la torre, siguiéndoles con nostálgica mirada hasta que sus figuras se perdieron en la lejanía, y desde entonces todos los días subía al mismo lugar para otear el horizonte, con la soñada esperanza de ver retornar de nuevo al ser amado, y languideciendo en este empeño infructuoso, murió en ansia y sed de amor, sobre las almenas de la torre, en un apacible y suave atardecer.

Cuando en nuestros días nos acercamos al idílico paraje en el que se yergue la fortaleza de Pambre, lo primero que vemos, al doblar un recodo del camino, es la torre donde languidecía el alma enamorada de la hija del castellano.

Volviendo a reanudar la marcha sobre nuestra ruta, pasamos por **Porto de Bois, Campanilla** y por **Coto** se sale de la provincia de Lugo y se entra en la de La Coruña.

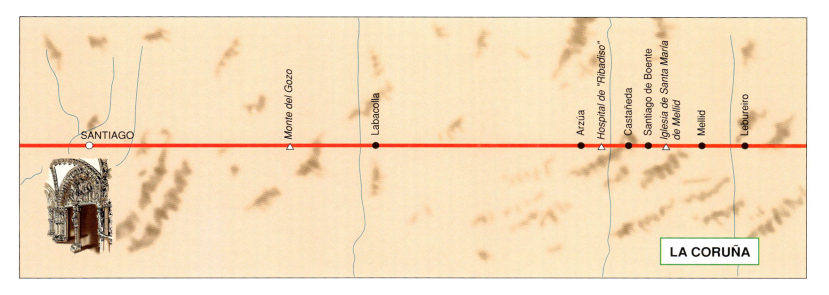

SANTIAGO · Monte del Gozo · Labacolla · Arzúa · Hospital de "Ribadiso" · Castañeda · Santiago de Boente · Iglesia de Santa María de Mellid · Mellid · Lebureiro

LA CORUÑA

LA CORUÑA

El Camino va a recorrer poco más de 53 kilómetros por tierra coruñesa hasta llegar a su meta final. El trazado de la ruta correrá paralelo con el de la actual carretera general, a muy poca distancia, coincidiendo en algunos tramos y cruzándose en otros. La proliferación de núcleos habitados, con sus comunicaciones propias, en la mayoría de las ocasiones independientes de la articulación viaria general, ha producido un verdadero caos en la interpretación de cuál ha sido la verdadera secuencia de los hitos de la calzada jacobea, que por aquí todavía sigue llamándose «Camiño francés». Sólo los grandes núcleos marcan indudablemente un itinerario histórico; en los demás casos, el uso de los peregrinos puede ser simplemente circunstancial.

Desde lo alto de Coto se observa ya Mellid, pero el viejo itinerario no bajaba directamente hasta allí como hace la actual carretera, sino que desviándo-

Puente de Furelos, también conocido como de la Magdalena. Aunque el perfil de su trazado describe un agudo ángulo, la mayor parte de este puente no corresponde a la Edad Media, sino a importantes reformas modernas.

se ligeramente hacia el Sur entraba en **Lebureiro,** localidad citada por Aymeric Picaud en su «Guía». Fue una localidad de dominio regio hasta que Fernando II la cedió al monasterio de Sobrado, el 26 de septiembre de 1185. Bajo dominio monástico se construiría la iglesia, modesto ejemplo del románico tardío, de una sola nave y ábside semicircular. Frente a este templo parroquial estaba el hospital, que algunos identifican con una casa que lleva las armas de los Ulloa.

Al salir de esta villa, desciende el Camino hasta el *Puente de Furelos,* también conocido como el de la Magdalena; es de origen medieval pero con importantes reformas del siglo XVIII. Como en tantos otros puentes, se cita junto a él un hospital, del que queda constancia en una casa que es conocida en el lugar como «do hospital». Subiendo una pequeña cuesta entramos en Mellid.

Mellid tuvo una gran importancia a lo largo de los siglos medievales. Su situación estratégica exigía una protección de la que careció hasta el mismo siglo XIV, en que se inició su cerca por los arzobispos de Santiago.

Las iglesias de Santa María, a corta distancia de esta localidad, y San Pedro son testimonio del gran desarrollo urbano alcanzado por esta villa en la época del románico. Del Convento de Sancti Spiritus, fundado a finales del siglo XIV, sólo se conserva la cabecera gótica y buenos sepulcros señoriales del XV.

Hospital de Sancti Spiritus: tan sólo una inscripción de caracteres góticos pervive de esta vieja fundación hospitalaria que regentaron los frailes del convento de igual nombre, perteneciente a la Orden Tercera.

Fue fundado por Fernán López, notario de esta villa, y su mujer, Aldera Gonzálbez, en el año 1375.

Estaba situado ante la puerta de Mellid, en el camino que venía de Oviedo, antes de entrar en el pueblo. Carro ha dado a conocer una transcripción del documento fundacional en la que se dan unas curiosas informaciones sobre el funcionamiento del mismo:

> Era de 1413 años ocho días andados del mes de Janeiro Fernán López notario de Mellid, y Aldera Gonzálbez su mujer ordenan en hacer un Hospital a la Puerta de la villa de Mellid, a que llaman o camiño de ovedo fuera de la dicha villa el que tenían hecho y en el puestos, doce leitos de ropa apostados e fornidos de toda ropa de estrar e cubris pa alvergar en meter en ellos los pobres e romeus que quisiesen maer e alvergar e no amor de Deus en los cuales leytos todo fazan veintiquatro personas en cada uno dos... En dicho Hospital se había de dar para siempre a los Pobres fogo camas alvergue esmola e caridad en el amor de Deus y se había de dar para siempre esmola de doce paas cada día.

La voluntad del notario Fernán López se cumplía todavía con gran puntualidad en el siglo XVIII, tal como figura anotado en un libro de visita:

> ... Hay también un hospital extramuros de la dicha villa que dicen que tiene obligación de poner doce camas para veinticuatro peregrinos y además desde el día de todos los santos hasta el día del apóstol san Pedro tres ferrados de pan diarios y juntamente un religioso que no se debierta en otra cosa más que mandarles hacer lumbre, decirle misa de madrugada para que puedan hacer su romería al Apóstol Santiago.

Los datos que nos suministran estos documentos hablan de un hospital importante, para la media ge-

Iglesia románica de San Pedro de Mellid, portada occidental.

Si la catedral compostelana fue admirada por el crecido número de sus torres románicas, en la actualidad éstas o han sido sustituidas o enmascaradas por otras de estilos modernos. Todo un hermoso repertorio de torres coronan el volumen del conjunto catedralicio. El poeta Gerardo Diego ha subrayado con sus versos su etéreo sentido ascensional: también la piedra, si hay estrellas, vuela. Sobre la noche biselada y fría creced, mellizos lirios de osadía, creced, pujad, torres de Compostela. Las torres románicas de la fachada occidental fueron enmascaradas por un artístico disfraz barroco: iniciadas las obras, en el último tercio del siglo XVII, por la llamada Torre de las Campanas, se concluyeron en la centuria siguiente por su pareja, conocida como la de la Carraca, cuando Fernando de Casas terminó por dar unidad a toda la fachada (Obradoiro). La Torre del Reloj o de la Trinidad presenta una estructura superior barroca, obra realizada por Domingo de Andrade hacia 1680. La Torre de la Corona, levantada en el ángulo sudoeste del claustro, adopta el exótico remate apiramidado que Rodrigo Gil proyectó para la Torre del Tesoro.

La cabecera de la catedral compostelana verá desvanecerse sus formas medievales con las grandes obras llevadas a cabo en el siglo XVII, bajo la orientación del canónigo fabriquero Vega y Verdugo. El arquitecto José de la Peña, cuya estancia en Compostela se documenta desde 1652 hasta su muerte en 1676, proyectará el revestimiento del cimborrio gótico y diseñará el cierre recto de toda la cabecera, ocultando así el desarrollo circular de la girola románica.

Pórtico de la Gloria. La catedral románica será concluida en su parte occidental con un gran pórtico sobre una cripta. El maestro de estas obras fue Mateo, que nos ha dejado testimonio de su autoría en un monumental epígrafe fechado en 1188. En el parteluz, bajo la representación del Salvador, la figura de Santiago.

Esta insigne iglesia, adonde concurren los viajeros y se dirigen los peregrinos de todos los ángulos de la cristiandad, no cede en tamaño más que a la de Jerusalén, y rivaliza con el templo de la Resurrección (o Santo Sepulcro) por la hermosura de las fábricas, la amplitud de su distribución y lo crecido de sus riquezas y de los donativos que recibe. Entre grandes y pequeñas hay sobre trescientas cruces labradas de oro y plata, incrustadas de jacintos, esmeraldas y otras piedras de diversos colores y cerca de doscientas imágenes de estos mismos metales preciosos. Atienden al culto cien sacerdotes, sin contar los acólitos y otros servidores. El templo es de piedras unidas con cal y lo rodean las casas de los sacerdotes, monjes, diáconos,

clérigos y salmistas. Hay en la ciudad mercados muy concurridos.

Vista la facilidad con la que había sido expugnada la ciudad, se decidió fortificar mejor la misma e, incluso, ampliar ligeramente su perímetro, lo que tendrá lugar bajo el episcopado de don Cresconio (1037-1066). La nueva muralla, según López Alsina, alcanzará ahora un perímetro de 2 kilómetros.

Con el obispo Diego Peláez se proyectará en Santiago una obra que cambiará radicalmente las tradiciones artísticas hispanas: una catedral que seguirá las formas que se estaban creando allende los Pirineos, según el estilo que ahora llamamos románico.

Desde lejos, y entre el caserío circundante, el peregrino podía admirar esta bella estampa cuajada de torres que enmarcan la impresionante fachada del Obradoiro.

El entorno de la catedral compostelana está compuesto por un conjunto de plazas que la historia de la ciudad y su templo ha sabido unificar armoniosamente por medio de escalinatas e inverosímiles intersticios: la de España o del Obradoiro al Oeste; la de la Azabachería al Norte, antigua del Paraíso; la de la Quintana al Este; y la de las Platerías al Sur. En la fotografía vemos los escalones que nos llevan hacia la fachada de las Platerías, mientras que, por el ángulo del fondo, la monumental arquitectura se rasga para permitir un acceso angosto al amplísimo espacio de la Plaza de la Quintana.

La Plaza de la Quintana se cierra por una impresionante fachada fortaleza, la posterior del monasterio de San Payo de Antealtares, que tan sólo se desmaterializa con la simétrica distribución de sus enrejadas ventanas. La severidad de sus ventanas se dulcifica con el colorido de las flores.

Los especialistas consideran que este templo, cuya construcción empezó en la década de los años setenta del siglo XI, se convertirá en el paradigma del estilo. Las obras no pudieron avanzar rápidamente, pues las desavenencias entre el obispo y Alfonso VI provocaron la huida del primero y la paralización de los trabajos entre 1087 y 1088.

Será durante la prelatura de Gelmírez cuando la catedral y la ciudad terminen por modernizarse totalmente, bajo el estilo que entonces imperaba, el románico. Su hechos fueron contados por la *Compostelan*; en ellos podemos ver cuál fue el protagonismo del prelado en esta extraordinaria transformación:

Terminación y consagración de la catedral, construcción de un claustro, palacio episcopal, residencia de los canónigos, un hospital para peregrinos, un acueducto, urbanización de la Rúa Nueva, construcción o remodelación de nueve iglesias santiaguesas, etc.

La catedral que hasta entonces se construyó —la opinión mas generalizada supone que alcanzaría hasta el penúltimo tramo de las naves—, responde a un proyecto bastante unitario que podría estar perfectamente definido cuando comenzaron las obras. Un templo de planta cruciforme, de tres naves en los dos brazos de esta cruz, y una cabecera en la que se disponían cinco capillas radiales, que se completarían con otras dos en cada brazo del crucero. Mientras que se edificaba este templo, la vieja iglesia prerrománica siguió utilizándose; tan sólo se derribó en 1112, cuando ya estorbaba el progreso de las obras.

Sobre las naves colaterales corría una tribuna que, a la vez que apuntalaba la estabilidad del abovedamiento de la nave central, permitía crear nuevos espacios para los fieles en las grandes solemnidades.

En los extremos de los brazos del crucero, grandes portadas monumentales disponían sobre los muros y los tímpanos complejos programas iconográficos que adoctrinaban a los fieles del lugar y los

El desnivel existente entre la plaza y el Pórtico de la Gloria se resuelve internamente mediante la cripta, al exterior se necesitó proyectar esta compleja escalera de doble recorrido.

Fachada del Obradoiro. El cabildo catedralicio deseó armonizar la fachada románica de su catedral, empezando las obras, durante la segunda mitad del siglo XVII, por la Torre de las Campanas —la meridional—. En 1670, el revestimiento de lo románico y el añadido de un cuerpo barroco estaba concluido. Fernando de Casas, al realizar la parte central de la fachada, también completó la torre septentrional —la Carraca— a semejanza de su gemela, entre 1738 y 1750. El trabajo de Casas tiene el enorme mérito de dar unidad a la fachada, articulada como un monumental tríptico, a la vez que facilita una mayor iluminación del interior. La tremenda gravedad de su sólido volumen inferior empieza a desmaterializarse a partir del segundo piso, lo que facilitará a continuación el lanzamiento ascensional, propiciado por el adelgazamiento apuntado, de los tres cuerpos superiores.

peregrinos. Hoy día, la fachada septentrional ha sido sustituida por obras modernas. Muchos de los relieves de esta portada se encastraron en la meridional, conocida como Platerías, donde hoy podemos contemplar todo un repertorio de imaginería románica.

Durante la segunda mitad del siglo XII, el protagonismo artístico de la ciudad será más conocido por el mismo artista que por el promotor de la obra. Se inicia, entonces, la era del maestro Mateo. En 1168 Fernando II contrata a este maestro para que se ponga al frente de la obra catedralicia. No han pasado veinte años cuando bajo su dirección ya se ha construido gran parte de la fachada occidental, la que faltaba para concluir definitivamente el templo. El orgullo del artista le lleva a colocar en los dinteles de las puertas una monumental inscripción en la que no hay más referencia a un ser humano que a él, ni el arzobispo, ni el propio monarca:

EN EL AÑO DE LA ENCARNACIÓN DEL SEÑOR DE 1188, LA ERA DE 1226, EN EL DÍA DE LAS CALENDAS DE ABRIL, LOS DIN-TELES DE LAS PUERTAS PRINCIPALES DE LA IGLESIA DEL SEÑOR SANTIAGO FUERON COLOCADOS POR EL MAESTRO MATEO, QUE DIRIGIÓ LA OBRA DESDE LOS CIMIENTOS DE LAS PUERTAS.

Bajo la dirección de Mateo se construye la gran cripta que soportará el tramo final de la iglesia y el portal entre dos torres que constituyen la gran fachada que será transformada después en la obra barroca que hoy conocemos, el Obradoiro. En el interior del templo se realizará un hermoso coro pétreo, del que sólo se conservan algunas piezas sueltas, hoy en el museo de la catedral y aprovechadas en la Puerta Santa. El Pórtico de la Gloria, en el portal occidental, muestra una serie de figuras de apóstoles, patriarcas y evangelistas, bajo una gran visión teofánica, que, por la incidencia de las luces que iluminan su policromía y por el efecto plástico de sus actitudes, parecen un grupo animado en el que vibra la vida, como hasta entonces la plástica europea no había sido capaz de conseguir. Esto ha hecho suponer que no tenemos aquí una

primera manifestación del gótico, sino algo más avanzado que sólo se consigue en la plástica del siglo XIV.

El arte de Mateo dejará su influencia en Compostela en multitud de obras. Todavía al principio, en los primeros émulos, con una cierta calidad, como sucede en la decoración del llamado Palacio de Gelmírez; sin embargo, con el paso del tiempo se convertirá en un arte empobrecido, como de cartón piedra, que pesará como un gran lastre durante siglos.

En el siglo XIII, la importancia del flujo de las gentes que acudían a Compostela insufló el ánimo de los responsables de la catedral para iniciar la construcción de una nueva, ahora acorde con los gustos del gótico. Menos mal que el proyecto sólo se inició.

Durante los siglos del gótico, la catedral sufrió diversas obras de acondicionamiento, muy especialmente las que contribuyeron a fortificar el templo en función del carácter de fortaleza que tenía; en realidad era el castillo del arzobispo, señor feudal de su territorio. A estas actuaciones corresponde la llamada torre del Reloj, junto a la fachada de Platerías. Iniciada por Rodrigo de Padrón, fue terminada por el arzobispo Berenguel de Landoira para colocar en ella la máquina de guerra. El aspecto guerrero de su fábrica gótica aparece hoy enmascarado por el suntuoso manto barroco con que la dotó el arquitecto Domingo de Andrade, durante la segunda mitad del siglo XVII. También son obras góticas diversas capillas y el cimborrio, aunque éste aparezca enmascarado por el adorno barroco.

Al renacimiento corresponde ya el gran claustro que sustituiría al viejo. Es obra de Juan de Álava, quien daría comienzo a los trabajos en 1521. Siguiendo los gustos de la época, muestra una sólida estructura gótica, con una fina decoración plateresca. En una esquina del mismo, coronando el llamado Cuarto del Tesoro se levanta una curiosa torre, terminada en una extraña composición piramidal, todo ello debido al maestro Rodrigo Gil de Hontañón, cuya presencia en Santiago se constata desde 1538.

A lo largo de toda la parte oriental del templo se construirán grandes obras durante los siglos XVII y XVIII. En su parte más meridional se edifica la Puerta Real, concluida en 1666, siendo maestro de obras José de la Peña. La girola con sus capillas quedaron cerradas por un muro continuo que se levanta en 1667. En éste se abre la Puerta Santa, también conocida como la de los perdones, abierta únicamente en los años santos o jubilares. En la parte alta, tres esculturas, representando a Santiago y a sus discípulos Atanasio y Teodoro, esculpidas por Pedro Campo en 1694.

La gran reforma barroca de la catedral se centra en la fachada occidental: la ya citada del Obradoiro, que se realiza según las trazas de Fernando de Casas entre 1738 y 1750. Poco después, la Puerta de la Azabachería, la septentrional del crucero, amenazando ruina, fue derribada y construida en su lugar, según planos de L. Ferro Caaveiro, la que actualmente vemos.

Santiago conoció a finales de la Edad Media la construcción del que iba a ser el segundo gran edificio de la ciudad, el *Hospital de los Reyes Católicos*. Su construcción se debe a la voluntad de estos monarcas, que dispusieron una cédula, de 3 de mayo de 1499, por la que se ordena al deán de Santiago, Diego de Muros, que se proceda a su edificación. Poco después remitirían las trazas y un memorial de instrucciones. Ya en 1501 se iniciaron las obras que habían de prolongarse por varios años. El autor del proyecto es el maestro mayor de los Reyes, Enrique Egas, seguramente con la colaboración de su hermano Antón.

El plano consistía en una iglesia cruciforme, en cuyos flancos se articulan sendos patios, en torno a los cuales se dispondrían las dependencias de hombres en uno, y de mujeres en el otro. En la cabecera del templo quedaría un gran espacio destinado a huerta, que durante el siglo XVIII sería aprovechado para construir dos nuevos patios. La gran fachada aparece centrada por una portada renacentista, contratada por los maestros franceses Martín de Blas y Guillén Colás en diciembre de 1519. Como protección de la fachada, el concejo cedió una faja de terreno que fue delimitada por gruesas cadenas engarzadas en pilares renacentistas, obrados por el maestro Miguel, en 1543. Todavía en el siglo XVII, fray Tomás Alonso, monje de San Martín Pinario, tuvo que intervenir para reparar la ruina que amenazaba la fachada, construyendo dos balconadas, con sendos huecos.

Portada principal del Hospital de los Reyes Católicos. Obra renacentista realizada por los maestros franceses Martín de Blas y Guillén Colás en 1519.

VARIANTES
DEL CAMINO FRANCÉS

El Camino francés por antonomasia es el que se inicia en Valcarlos y termina en Compostela, tal como acabamos de ver al recorrerlo con un cierto detenimiento. Sobre esta ruta principal surgirán diversos ramales secundarios; unos conducirán a otros lugares de culto, y la mayoría corresponden a posibles atajos o a vías secundarias que vienen a confluir en él procedentes de diferentes puntos de partida.

Debemos tener en cuenta que la ruta jacobea principal es la vieja y moderna arteria de comunicación principal que recorre la mitad norte peninsular de Este a Oeste. Discurre ésta por la zona natural más aconsejable, por lo que los territorios al norte y al sur de ella deben buscar su comunicación con el occidente de la Península a través de ella. De esta forma, los posibles peregrinos que procedan de los territorios septentrionales y meridionales del Camino francés crearán pequeños ramales hasta llegar a la ruta principal. Lógicamente, no podemos hacernos aquí eco del sinnúmero de todos estos caminos y vericuetos. Reseñaremos sólo aquellos caminos que constituyeron vías que confluían en el Camino de Santiago aportando un número considerable de viajeros y que sobre ello exista una documentada historia. En este sentido, las más interesantes rutas fueron:

1) Irún-Burgos.

2) Oviedo-León.

3) Astorga-Ponferrada, por Manzanal.

4) Piedrafita-Santiago, por Lugo

IRÚN-BURGOS

Es un camino más reciente, que terminó por ser muy frecuentado durante la Edad Moderna. Las referencias históricas medievales son escasas y bastante ambiguas, mientras que son muy precisas a partir del siglo XVII.

Arrancando en Bayona, pasaba de Behovia a Irún, aunque no falta la referencia a Fuenterrabía, donde una ermita dedicada a Santiago indicaba el paso de los peregrinos hacia el interior. Por Hernani continuaba hasta Cegama, y de allí encontraba su primera dificultad en el **Puerto de San Adrián.** Es un lugar que siempre asustó a los viajeros. Se sube con dificultad la sierra y, cuando parece que no hay salida, surge un túnel natural, que produce no pocos recelos. El tantas veces citado Lalaing, relatando ahora el viaje de su señor, Felipe el Hermoso, describe así su paso por aquí en febrero de 1502:

> La montaña de San Adrián es mala y peligrosa, siempre cubierta de nieve; en su cumbre hay un túnel por donde es fuerza pasar para ir a Santiago, en cuyo honor hay en el interior de dicho túnel una capilla, por lo que sabe que aquel es el camino.

La comitiva principesca hizo pasar por allí un carruaje, por lo que las gentes, que nunca lo habían visto, se quedaron maravilladas. Veintitrés años después pasaría el italiano Navaggiero:

> ... el puerto de San Adrián, que es muy áspero así a la subida como a la bajada, con muchas piedras y lodo, y donde han querido remediarlo han puesto maderas de través, y de tal suerte que hubiese sido mejor dejarlo sin artificio alguno. El camino está rodeado de bosques de encinas y tilos altísimos, y hay mucha variedad de hierbas; no se llega hasta lo alto de la montaña, porque en ella hay un gran agujero que pasa de parte a parte y que tiene de largo un tiro de ballesta; dentro hay una fuente que se filtra entre los peñascos de arriba y se recoge en un vaso labrado en las mismas peñas, y en el verano suele ponerse allí un ventero, hay también una capilla dedicada a San Adrián, y creo que es la que da su nombre a la montaña.

Capilla y venta estaban allí en el siglo XVIII cuando pasó el sastre Manier, que pensaba que era una de las montañas más altas del mundo.

Para bajar al llano de Álava se podían seguir dos rutas. La más antigua seguía por Araya y Eguílaz, donde se aprovechaba del trazado de la vía romana

Piedra de Roldán, en Roncesvalles (Navarra), inicio del Camino francés.

que iba desde Burdeos a Astorga; es considerada por Lacarra la más antigua, pues en esta última población existía un monasterio dedicado a Santiago ya en el siglo XII. La otra variante seguía por Zalduendo a **Salvatierra.** Esta última era una de las villas alavesas más importantes; su fundación es obra de Alfonso X, en 1256. Tuvo, al final de la Edad Media, un hospital de San Lázaro donde además de pobres de la localidad, también se acogían peregrinos.

La ruta se dirigía después a **Vitoria.** Repoblada por los navarros en 1181, pasó a la corona castellana tras su conquista por Alfonso VIII en 1200.

Noticias sobre centros de acogida a peregrinos son tardías. El Hospital de Santiago se funda en 1419 por don Fernán Pérez de Ayala, junto al convento de San Francisco. Hubo otros hospitales, pero no es posible precisar una asistencia a los romeros: el de la Magdalena, en las afueras de la ciudad, y el de Santa Ana, que ya figura en los documentos en el siglo XV.

Saliendo de Vitoria se dirigían los peregrinos al **Santuario de Armentia,** donde un templo muy transformado conserva el más interesante conjunto de esculturas del románico tardío alavés. Por Ariñez, Puebla de Arganzón y Armiñón y cruzando el Zadorra se llegaba a **Miranda de Ebro.** Tierra ya de los condes castellanos, Miranda fue repoblada por García Ordóñez, y obtuvo su fuero de Alfonso VI en 1099. La exclusividad del puente para cruzar el Ebro en muchos kilómetros de distancia proporcionó al municipio pingües beneficios que permitieron un importante desarrollo urbano a uno y otro lado del río.

De Miranda el camino se dirige al desfiladero de Pancorbo para de aquí, cruzando Zuñeda y Grisaleña, entrar en **Briviesca,** capital de La Bureba. Su planificación urbana medieval mostraba una regularidad propia de un evidente origen romano; los Reyes Católicos la tomaron como referencia para planificar la fundación granadina de Santa Fe. En las afueras de la población hubo un hospital llamado de los Peregrinos o de Santa María.

Por el monasterio de Rodilla, del que conservamos todavía un hermoso templo románico, Quintanapalla, Rubena, Villafría, Gamonal, terminaba entrando en Burgos por el Hospital de San Juan.

Desde finales del siglo XV es habitual ver cómo muchos peregrinos, regresando de Santiago, en vez de volver a Francia por Roncesvalles, lo hacen por este camino.

OVIEDO-LEÓN

Aunque la indicación de esta ruta supone un fluir de los peregrinos de Oviedo a León para poder seguir después hasta Compostela, no era esto lo habitual. El culto de las reliquias que se conservaban en la catedral ovetense tuvo una gran aceptación entre los fieles, pero siempre en el cómputo general de lo que significaron las peregrinaciones fue muy secundario con relación a lo jacobeo. Generalmente, una minoría de los que viajaban a Compostela se dirigía desde León a Oviedo o, una vez cumplido el voto jacobeo, regresaba por Oviedo.

Desde el siglo XVI sonaban unos versos entre los peregrinos que, en el fondo, denotan un cierto complejo de inferioridad por parte de los defensores del Salvador de Oviedo:

> Quien va a Santiago
> Y no a San Salvador
> Sirve al criado
> Y deja al Señor.

Las reliquias ovetenses se guardan de antiguo en la catedral, pero no recibirán una atención muy especial hasta el siglo XI. Alfonso VI hará cuantiosas donaciones en su favor y, por entonces, se recogerán en un arca metálica de gran belleza. La relación de las mismas se difunde en testimonios escritos más allá de nuestras fronteras en esta misma centuria.

A finales del siglo XII el culto ovetense aparece ya ligado al de Santiago. Se dice que la existencia documentada de un «camino francisco» por Tineo, en 1204, podría confirmar esta relación. Hemos citado en la introducción diversas noticias que confirman la referencia conjunta de la «romería a Santiago y al Salvador» a partir de este siglo.

De León a Oviedo.—Nada más cruzar el puente sobre el Bernesga, para salir de la ciudad de León, diferentes viajeros nos citan la posibilidad de seguir hacia el Oeste, con el fin de ir a Santiago, o torcer a la derecha con rumbo septentrional hasta el Salvador de Oviedo.

El camino de Oviedo aparecía ante ellos difícil, pues había que cruzar algo más de un centenar de kilómetros por un terreno muy montuoso.

Llegaba el camino a la Abadía de Arbás, en la ladera leonesa del puerto, donde desde principios del siglo XIII existía un albergue para peregrinos. Se remontaba el puerto que alcanzaba casi los 1.400 metros de altitud. Se iniciaba, entonces, el descenso cruzando la aldea de Pajares, hasta bajar al fondo del valle en un lugar donde su nombre habla bien claramente de su función: Las Puentes del Fierro. Al llegar a Campomanes, el camino discurría en paralelo con el río Lena. Aquí pasaban los romeros por debajo de un pequeño cerro en el que se encontraba la Ermita de Santa Cristina de Lena, hermoso ejemplar del prerrománico asturiano. Desde Mieres, que recibe el nombre del Camino, se asciende el puerto del Padrún, en cuyo lugar de Copian existió un hospital cuyo origen se relaciona con Alfonso VI, en 1103. Desde la

cima de este puerto se baja al pueblo de Olloniego, desde donde se alcanzaría la cima de la Manjoya.

El Alto de la Manjoya responde a un planteamiento similar al del Monte del Gozo en Compostela y otros tantos lugares de peregrinación. Se trata del lugar donde, por primera vez, se contempla directamente el lugar hacia el que se ha encaminado, donde se da rienda suelta a la alegría y emoción de ver cerca la meta del viaje. La primera referencia de este lugar corresponde a un documento de hacia 1300.

Desde la Manjoya a Oviedo apenas había 2 kilómetros. Ya en la ciudad, se encaminaban los romeros a la catedral donde se les enseñaba la colección de reliquias. El relato del sastre Manier nos demuestra con qué detenimiento los encargados de su custodia las mostraban, después de explicar cómo los mismos apóstoles las habían guardado en el arca y las vicisitudes que ésta había pasado hasta llegar a Oviedo procediendo de Toledo. Para no ser menos que en Santiago se concedían a los visitantes numerosas indulgencias.

El peregrino que no había estado en Santiago se dirigía, entonces, hacia allí por el camino de la costa, principalmente. Se bordeaba el litoral hasta Riba-

deo, desde donde se podía optar por ir a Lugo y de allí a Santiago, o por Mondoñedo, Villalba, Bahamonde, Sobrado, Boimorto y en la Arzúa tomar el Camino francés.

Había otro camino, muy montañoso, por el interior. Por Grado, Salas, el Puerto de la Espina, Pola de Allande, Grandas de Salime, siguiendo por tierras lucenses de Fonsagrada hasta Lugo.

ASTORGA-PONFERRADA (POR MANZANAL)

El Camino francés tradicional al salir de Astorga se dirigía hacia Ponferrada por el Irago, mientras que sólo algunos viajeros evitaban esta ruta siguiendo el trazado de la actual carretera nacional de La Coruña que pasa por el Puerto del Manzanal.

La primera noticia de un itinerario de peregrino recomendando esta ruta se debe a Herman Künig, en el siglo XV. Después de indicar el camino por el puerto donde está la cruz de hierro —debe referirse

Santuario de Armentia (Álava). Relieve del pórtico representando a Cristo y el colegio apostólico, hacia 1200.

a Foncebadón—, recomienda dirigirse a Ponferrada por el Manzanal, por ser un territorio menos áspero, con más gentes, y muy generoso en pan y vino. En este recorrido no faltaban los centros asistenciales. Entre ellos, los monásticos de San Juan de Montealegre, de la Orden de San Juan, y el de San Miguel de las Dueñas, de monjas cistercienses.

Esta ruta terminó siendo más frecuentada por los viajeros que se dirigían a Galicia a partir del siglo XVI, aunque los itinerarios extranjeros siguieron manteniendo la ruta tradicional por falta de información y seguir las indicaciones más antiguas.

PIEDRAFITA-SANTIAGO (POR LUGO)

Se trata de otra variante que terminará definiendo la ruta moderna hacia Compostela. Como en la anterior será Künig el primero, entre los autores de itinerarios jacobeos, que la señale.

Pasado Herrerías, se cruzaba el Valcarce y después un afluente suyo que baja del Puerto de Piedrafita. Künig recomienda subir por esta hondonada camino de la cima de la montaña; es una ascensión rápida que se aprecia en algún camino de carros que todavía pervive. Seguiría paralelo a la carretera actual con la que se juntaría en lo más alto.

Aunque Künig no cita ninguna población desde Piedrafita a Lugo, la relación más antigua de caminos de este trayecto sigue el siguiente itinerario: Doncos, Nogales, Becerreá, Constantín, Villaceleiro y por Bóveda a Lugo. La parte final de este camino pasa por lugares de claras resonancias romanas, lo que debe indicar que se trata de las secuelas de una vieja vía. En Lugo confluían los peregrinos que procedían de diversos puntos de la costa o del camino interior que venía de Oviedo.

De Lugo se marcha a Compostela por una dirección similar a la carretera actual, hasta confluir con el Camino francés que venía de Portomarín. La unión se producía en el Alto del Rosario, después de haber pasado por Villar de Donas, importante sede la Orden de Santiago.

De Herrerías sale uno de los ramales del viejo camino que, ascendiendo por estas duras rampas al Puerto de Piedrafita, se dirigirá a Lugo para luego continuar a Compostela.

Iglesia de Santa María de Gamonal (Burgos). Nada se conserva aquí de la antigua sede episcopal del siglo XI, la iglesia corresponde ya a la arquitectura gótica que irradia de los talleres de la catedral burgalesa.

ÍNDICE

LOS CAMINOS